白居易传

诗人的七座花园

周文翰 著

清华大学
出版社
北京

内 容 简 介

　　本书追溯了白居易作为士人、诗人、造园家的成长之旅。他长于庭院，终于园林，在一座座美丽的花园中，他得到了，失去了，又对这一切如此迷恋。庭院和园林，是他的游乐园、避风港，保护他，也限制他。

　　在园林中，他欣赏雪月风花，也抒发无奈、烦恼和遗憾。他也有自己的坚持和不屑，只是不大声喊出来而已。他不是激进的冒险家，也不是阴险的权术家，更不是隐居山林的隐士、怪人。他温和地活了一生，就像老朋友一样念旧、唠叨。他热爱世俗的生活，喜欢林泉、风月，喜欢城市生活的便利，又不乏超脱的趣味。他以自己的方式书写日常生活、个人情绪，尽管历史背景有了千年的变幻，依旧让我们感到亲切。

图书在版编目 (CIP) 数据

白居易传：诗人的七座花园 / 周文翰著. —— 北京：
清华大学出版社，2024. 10. —— ISBN 978-7-302-67077-3

Ⅰ . K825.6

中国国家版本馆 CIP 数据核字第 20242K9P32 号

责任编辑：孙元元
封面设计：谢晓翠
责任校对：欧　洋
责任印制：杨　艳

出版发行：清华大学出版社
　　　　　网　　　址：https://www.tup.com.cn, https://www.wqxuetang.com
　　　　　地　　　址：北京清华大学学研大厦A座　　　　　邮　　编：100084
　　　　　社 总 机：010-83470000　　　　　　　　　　　邮　　购：010-62786544
　　　　　投稿与读者服务：010-62776969, c-service@tup.tsinghua.edu.cn
　　　　　质量反馈：010-62772015, zhiliang@tup.tsinghua.edu.cn
印 装 者：三河市春园印刷有限公司
经　　销：全国新华书店
开　　本：154mm×230mm　　印　　张：22.5　　插　页：8　　字　数：370千字
版　　次：2024年10月第1版　　　　　　　　　　　　　　印　　次：2024年10月第1次印刷
定　　价：128.00元

产品编号：104372-01

| 目录 |

引言：当诗人踏入花园　001

第一章　符离之离：失恋者的咏叹　002

第二章　再入长安：进士也会孤独　016

第三章　盩厔县尉：唯有一曲长恨　048

第四章　翰林学士：长安第一诗人　055

第五章　无奈闲居：乡村生活日记　086

第六章　被贬江州：闲官直言招嫉　100

第七章　庐山脚下：凿小池修草堂　109

第八章　忠州刺史：开东坡隐小城　141

第九章　再回京城：小心翼翼当官　153

第十章　杭州刺史：满眼湖山养心　176

第十一章　闲居洛阳：初理南园池亭　192

第十二章　苏州刺史：边当官边修行　198

第十三章　诗坛国手：见到了刘禹锡　210

第十四章　一步之遥：没当宰相的命　216

第十五章　闲居东都：喝酒写诗度日　228

第十六章　终老洛阳：花园里的囚徒　267

参考文献　334

附录一　诗人的七座花园　336

附录二　白居易的官职列表　341

附录三　白居易的园艺与园林营建活动列表　343

后记　346

《白居易画像》 故宫博物院

引言：当诗人踏入花园

曾经年少轻狂，以为白居易不过尔尔，觉得他是"凡尔赛诗人"，因他晚年爱显摆自家的闲适生活——"凡尔赛"虽在西洋，也是园林，一语双关。

后来，写《孤星之旅：苏东坡传》，我第一次意识到白居易的魅力。白公在杭州"在郡六百日，入山十二回"，苏公亦相仿，"在郡依前六百日，山中不记几回来"。在黄州，苏公也是模仿白公在忠州的举动开辟"东坡"，才得来"东坡居士"这个雅号。此时，他宽慰自己的概念也常取自乐天的诗文，如"中隐""寒灰"等。东坡常假设自己是黄州人、惠州人、儋州人，以此安慰亲友，这也来自乐天的那首《九江春望》，"此地何妨便终老，譬如元是九江人"，"此心安处是吾乡"也化用乐天的"我生本无乡，心安是归处""身心安处为吾土，岂限长安与洛阳"。元祐年间，坡翁在京城公开说"我似乐天君记取""出处依稀似乐天"，可惜，他没有如白公那样及时抽身，晚年又遭了场大风波。

从那时起，我细读白居易的全集、年谱，渐渐接触到闲适以外他心中潜藏的苦悲、无奈，瞥见了他刻意掩藏的另几副面孔。于是，有了兴趣写这样一本书。要说这本书与其他的白居易传有什么不同，大概就是我想还原他所处时代的真实物质环境、信息环境、礼俗制度，追溯一个文士的生命体验之旅：

漫长而无果的初恋；

曲折多变的政坛竞逐；

租房子，买房子，修整园林，设计景观，其间，生、老、病、死；

学习写诗，写更多的诗，成为那个时代最著名的诗人、名士，万众瞩目。

在具体时空的局限条件之下，皇帝、文臣、宦官、藩镇节帅、将领、士人、商人、僧人、乐伎、农夫，等等，皆在其中，各自为生。

他活在众人之间，有一颗敏感的心。

第一章 符离之离：失恋者的咏叹

爱恋、欲念、希望与失望，何以滋生？何以纠缠？何以了断？

初恋的情火灼烤着他的心：为什么相爱之人无法相守？为什么长辈都反对他与她结合？为什么这一切都发生在自己身上？

他与她，相识于河南道徐州符离（今安徽宿州市埇桥区符离镇）。战国时期这里曾是楚国的边境，设有军事堡垒符离塞。之所以叫这个名字，据说是因为这里出产可编织席子的符离草，即莞草。为什么偏偏是"符离"——这个地名似乎就是个不祥的预兆，合该离别。

从少年时代起，白居易就总是在离别一处处地方，离别一个个刚刚熟识的朋友。要怪，只能怪父亲吧，谁让他是个官员呢，经常调动官职，母亲、自己都得跟着他不停迁移。

父亲白季庚以明经身份出仕为官，先后任萧山县尉、左武卫兵曹参军、宋州司户参军一类小官，每次任满都要按朝廷制度待在家中"守选"几年。他早年带在身边的妾生下长子白幼文，此后多年没有子嗣。白季庚的妹妹嫁给颍川官宦子弟陈润，可惜，陈润在坊州鄜城县尉任上早逝，还不到三十岁[1]。遗孀陈白氏带着八岁的独生女儿陈氏回到河南新郑县，依靠娘家生活。新郑的这座宅子，是祖父白锽当洛阳县主簿时置办下的家产。寡母孤女依托父兄生活也不容易。几年后，女儿陈氏到了谈婚论嫁的年纪。令人意外的是，白季庚看上了外甥女。最终，四十一岁的他娶了十五岁的陈氏为妻。舅舅娶外甥女，这桩"舅甥婚"违反了朝廷颁布的《户婚律》，按法律条文的话要被处以杖打一百下并离婚的惩罚。但是此时上到皇族、下到民间百姓，有不少"舅甥婚"，人们对此习以为常，并没有人在乎。

1　如无特别说明，本书出现的年龄一律为虚岁。古人年纪以虚岁计，所以比周岁大一岁。

代宗大历七年（772）[1]正月二十日[2]，十八岁的陈氏在新郑县城东的白家宅邸生下一个婴孩。白季庚给这个孩子取名"居易"，这两个字来自《礼记·中庸》的"君子居易以俟命"，意为君子安于现状等待天命。后来又给他命字"乐天"，来自《周易·系辞上》的"乐天知命，故不忧"，希望他顺顺利利长大成人，能怀着平常心而有所作为，不必为了富贵、权位而焦虑。

白家是个大家族，自称祖先是楚国王室的分支，因治理白邑而得名。后来子孙投奔秦国，出了白起这样的名将。也有人议论说白家的源头并非楚国、秦国的白氏，而是从西北来到中原的胡人[3]，采用了"白"这个姓氏而已。他们的祖先白包得到北魏皇帝的任用，当上了太原太守，子孙便定居在那里，出了北齐的五兵尚书白建等人物。

后来白家开枝散叶，白居易的曾祖父这一支迁移到下邽（今属陕西渭南市），祖父又迁移到新郑。祖父生了五个儿子，白季康是老大，二子、三子、四子也都是县令、参军这类小官。在下邽、洛阳、新郑等地都有同一曾祖的白氏分支。按照家族的序列，白居易在众兄弟中排行二十二。这时长兄幼文已二十岁出头，六十七岁的祖父白锽正在河南府下辖的巩县当县令。次年五月，祖父去长安公干时因病而逝。为了节省费用，就安葬在长安附近的下邽县下邑里，那里有他的兄弟居住，可以帮忙照看坟墓。忙完丧葬，父亲白季庚便带着母亲陈氏回到新郑家中，按丁忧的制度，他要在家中待两年半。

---

1 本书在帝王年号纪年后面标注了对应的公元纪年年份，但是需要注意的是，两者仅仅大致对应，因为通常帝王年号纪年的十二月对应的往往是公元纪年的下一年一月。

2 书中的月、日如果没有特别说明，皆指当时通行的月、日，而非公元纪年的月、日。

3 白居易自陈"白氏出自楚公族芈姓"，先人乃秦人白起。《旧唐书》卷一六六"白居易传"记载白居易是太原人，乃北齐五兵尚书白建之后；但王定保《摭言》记载白居易的从弟白敏中曾以胡人后代自居，云"十姓胡中第六胡，也曾金阁掌洪炉"；孙光宪《北梦琐言》记载大中年间崔慎由就白敏中、毕諴、曹确、罗劭权等任相的局面说"近日中书尽是蕃人"，可见当时就有士人背后议论白家的祖源乃胡人。史书记载东汉永元三年（89），西域都护班超及其属下司马姚兴废黜龟兹王尤利多而立白霸为王，白氏是龟兹的王族，陈寅恪推测白氏与西域之白或帛有关。陈寅恪的学生姚薇元在《北朝胡姓考》中认为"西域白氏，本龟兹族，原居白山，以山为氏"，"盖龟兹当西域北道之孔要，天竺佛法之传入，每由龟兹为媒介。自吕光灭龟兹，传入龟兹音乐。故龟兹沙门及乐工之来中土者，颇不乏人"；顾学颉的《白居易世系、家族考》、新疆社会科学院历史研究所研究员薛宗正的《龟兹历史与佛教文化》等也持类似观点。白姓龟兹人来中原或为充当质子、使者的贵族，或者来寻求给予的乐师、商人、工匠。白居易祖先或许就是其中的人物。龟兹王兼龟兹都督有武周时期的白延田跌、开元时期的白莫苾、被赐名"白孝节"的白多币等。

在家里，祖母年老，主要是外祖母和母亲照顾白居易。他从蹒跚的幼儿长成跑来跑去的儿童，熟悉了庭院里的花草树木。白居易四岁时，母亲又生下一个男孩"行简"，小名"阿怜"。外祖母会弹琴、写字，母亲也识字，她们两人常拿着《千字文》《蒙求》等蒙学课本教导白居易学字、诵诗，循循善诱，让九岁的他学会了作诗的声韵讲究。新郑是个小县城，他经常和其他孩童一起到城墙内外玩耍，见识草木鱼虫，从那时起就喜欢花花草草、山山水水。

白居易六岁时，祖母薛氏在新郑宅邸故去，父亲只好继续在家闲居，要守孝两年半。九岁时，父亲出任彭城（今江苏徐州市区）县令。彭城县是徐州州治所在的繁华地方，父亲带着母亲去上任，他和弟弟行简则留在老宅，由外祖母照看。

建中二年（781），白居易十岁，彭城遭遇了一场乱事。淄青节度使李正己病逝后，他的儿子李纳控制了那里的军队，上书请求承袭父亲的节度使官位。那时前任节度使逝世后，亲属或者手下将领"擅自做主"的情况时而发生。朝廷一般都会依次派遣吊祭使、册赠使、宣慰使前去安抚军队、侦测军情，再决定是授予官职还是另行任命。李纳与朝廷使节来来往往，拖延了几个月还未得到任命书，就派军攻打宋州（今河南商丘市睢阳区），屯兵埇桥，断绝汴水、淮水的漕运，以此威胁朝廷正式任命自己当节度使。徐州刺史李洧是李纳的从伯，他不愿听从侄儿之命对抗朝廷，在白季庚等下属的参谋下宣布归顺朝廷，被皇帝提升为御史大夫兼徐州刺史。李纳派兵来攻打彭城，李洧率一千多军士坚守徐州城，在宣武节度使刘洽、神策都知兵马使曲环等增援下，打败了围困徐州的敌军。白季庚因守卫徐州有功，升为徐州别驾充徐泗观察判官，成了五品官员，这对官场之人来说意义重大——五品以上官员由中书省选任，从此他就摆脱了吏部的铨选考试和离任要"守选"的限制。在州府中，别驾、长史、司马号称"上佐"，是刺史最主要的僚属。别驾负责辅助刺史行政、年终上计的重任；如果刺史空缺，别驾可以暂时代理刺史处理州务。只是，如今州县官吏并不好当，因为年景不好、发生战乱等缘由，时而遭遇停发俸禄或者减少发放数额的事情。当然，官吏们也不全靠俸禄维生，还有其他门道的收入。

白居易十一岁[1]时，父亲见河朔、淄青的藩镇与朝廷争斗，河南形势紧张，怕是又要有一场大乱，赶忙安排白居易到越中的亲戚家中待一段时间。白居易第一次离开新郑老家，随着一位亲戚登上船只，沿着运河往东，再转而南下，经过苏州、杭州，到越中一座县城依托亲戚生活。江南城镇人口密集，商业繁荣，但是对他这样的小童来说，最熟悉的还是亲戚家的庭院，可以捉虫、做游戏。父亲每年托人给亲戚送来钱粮，白居易也如一般士人子弟那样进私塾学写诗赋、文章，为将来参加科考做准备。建中四年（783），听说母亲生下了三弟幼美，小名叫"金刚奴"。

　　白居易十五岁时，成了身着儒衫、身形清瘦的翩翩少年，熟悉了江南的小桥流水。可是，毕竟远离亲人，他第一次有了羁旅之思，写了首《江南送北客因凭寄徐州兄弟书（时年十五）》，陈述想念远在徐州的亲人的心情：

> 故园望断欲何如，楚水吴山万里余。
>
> 今日因君访兄弟，数行乡泪一封书。

　　白居易十七岁时，父亲调任检校大理少卿兼衢州（今浙江衢州市）别驾，他也在亲戚的护送下到衢州与父母及两个弟弟相会。衢州下辖龙丘县、信安县、常山县、须江县，因为水陆交通发达，可通吴越、闽越、南越三地，故称"衢州"。衢州城南、西、北三面环山，州城围绕一座龟形小山——峥嵘山（今府山公园）而建，由护城城濠、夯土城墙以及州府所在的子城组成。州府衙门就设在峥嵘山腰，居高临下。相比杭州、苏州，这里只能算是浙西一处小城，城内外不过上万户人家而已，城南的远郊山里还有官营的银矿。白居易跟着父母住在官舍，对衢州自然也有些了解。衢州离杭州比较近，乘船沿着衢江、兰江、富春江而下就能到杭州，所以白居易会到杭州、苏州游览。年底，擅长诗歌的韦应物就任苏州刺史[2]，好写诗；而房孺复是杭州刺史，

1　白居易《宿荥阳》云"去时十一二"，那么他大约十一岁离开新郑，《江楼望归（时避难在越中）》云"悠悠沧海畔，十载避黄巾"，即在江南待了近十年。

2　此处采罗联添《白乐天年谱》（台湾编译馆 1989 年版）之说，认为贞元四年（788）白居易有苏杭之游，主要由韦应物此年年底到任苏州刺史倒推。贞元六年（790）年初他应该就回符离了，或许与这年春夏淮南、浙江、福建道发生死者甚多的瘟疫有关。

好喝酒。两人以豪放风流闻名。白居易十分羡慕他们的才华和格调，觉得以后自己要是能当上苏州、杭州的刺史，也有如此名誉，就堪称人生圆满了。

贞元六年（790），白居易十九岁，浙东、浙西大旱，接着便是饥荒、瘟疫，死了不少人，加之他也快到备考科举的年龄了。父亲命他回符离的田庄，学习诗赋、对策，为参加徐州的"解试"做准备。外祖母也带着七岁的三弟幼美一起回符离，督导仆从照顾他们的起居。

他们乘船沿着运河北上，再沿着汴水西行，回到符离南郊埇桥镇的田庄。这是父亲之前置办的，位于汴水岸边，交通方便。可以栽种粮食、果树，边边角角有些乡间的花草树木。见识过苏州、杭州的繁华之后，符离县对他来说只是个小城而已。不过，在北方，埇桥镇算是繁华的大镇。隋炀帝疏通东西走向的汴水时，在符离县南郊的这段河道截断了南北走向的官道，官府在汴水上修建了一座石桥通行。因两侧的河堤较高，故名为埇上，石桥就被称作"墉桥""埇桥"。由于这里是水路、陆路相交的交通枢纽，于是官府在埇桥南侧设立驿站。越来越多的人汇聚到这里夹河而居，渐渐形成了上万人生活的市镇。肃宗时朝廷又在此修建了盐铁院仓库，是全国十三个盐铁院仓库之一。埇桥镇就成为汴水沿岸有名的繁华地方，甚至比北部的符离县城更热闹。

白居易见过世面，又是士人子弟，经常从自家田庄骑马到县城，到汴河边游览，又娴熟诗文，很快成了县城有点名气的文学青年，认识了比自己年长的刘翕习（刘五）、张彻、贾谏等人。他们经常一起相携游览，秋夜在灯下写诗，春天在炉火旁饮酒，雨天在草堂中彻夜闲谈，去看陂湖的白鸥，吃滩水的红鲤。当然，也会迎着春风去武里村、流沟寺踏青赏花，"偶语闲攀芳树立，相扶醉蹋落花归"（《醉后走笔酬刘五主簿长句之赠兼简张大贾二十四先辈昆季》）。

让白居易兴奋的是，他认识了十五岁的邻家少女湘灵。在情动的少年心中，她犹如天仙、莲花般美丽，悄悄作了一首《邻女》赠给她：

> 娉婷十五胜天仙，白日姮娥旱地莲。
> 何处闲教鹦鹉语，碧纱窗下绣床前。

湘灵也识字，懂得诗里传递的意思。她正是情窦初开的年纪，对这个少年郎青眼有加，从此两人私下有了往来，你情我愿，开启了一段默契的少年恋情。

可惜，湘灵出身低微，属于"贱人"，法律规定不得与士人通婚[1]，而白居易是士族，他的五世祖白士通曾任利州都督、高祖白志善曾任朝散大夫、尚衣奉御，曾祖白温曾任朝请大夫、检校都官郎中，祖父是七品的县令，父亲是五品的别驾，家中叔伯、兄弟、姐妹的婚姻对象都是官宦人家。婚姻讲究门第，父母希望他能娶门第相当的仕宦家族女子，不会同意他和湘灵来往，更不用说嫁娶了。

两家背景悬殊，加之男女有别，白居易和湘灵两人只能私下秘密来往。她时而趁家中长辈外出，偷偷跑到白家的田庄与他私会。她识字、懂诗，他就不断写作诗歌抒发思慕之情，博美人一笑。

秋天时，有一段时间湘灵的家人看管得比较紧，两人多日没有见面。秋日多雨，他待在房中读书，可是心潮起伏，经常想到湘灵，默默躺在床上思念佳人，写下一首五言绝句《昼卧》：

抱枕无言语，空房独悄然。谁知尽日卧，非病亦非眠。

傍晚他站在庭院中，多么期待她能来找自己，一直等到斜月照在前楹上，听蟋蟀有气无力地鸣叫。她依旧没办法脱身前来，他无心睡眠，坐在灯下，写了一首《夜坐》表达相思之情：

庭前尽日立到夜，灯下有时坐彻明。
此情不语何人会，时复长吁一两声。

等到湘灵的家人外出，两人又在夜里幽会。一天，他写了首《凉夜有怀》表达渴望私会之心：

1　今人推测可能是小商人之后或更低的工匠、奴婢、娼门之后，唐代的"贱人"阶层包括隶属官府的杂户、官户、工乐户（工匠、乐工）、官奴婢，隶属官僚富户的部曲、随身（武官侍从）、私奴婢等。贱人子弟不能参加科考，不能当官，除太常音声人、得到主人同意的部曲以外，其他的贱人不能与本阶层以外的良人、士人结婚。

清风吹枕席，白露湿衣裳。好是相亲夜，漏迟天气凉。

对陷入热恋的少年来说，爱情是最牵动心绪的。她时不时夜间潜入白家见他，天蒙蒙亮就偷偷跑回家去。剩下他一人回味着被窝中遗留的气息，写了一首《春眠》回味昨晚的美好：

枕低被暖身安稳，日照房门帐未开。

还有少年春气味，时时暂到梦中来。

家中当然也有大大小小的事情，贞元八年（792），刚九岁的三弟幼美早夭，让外祖母伤心了一阵。这个弟弟七岁就会念诵诗赋，八岁就能读书、鼓琴，是个聪慧的小孩，可惜命不长久。家人把他埋葬在县城东郊滩水南岸的古原上。这一年，父亲调任襄州别驾，白居易便前去襄阳与父母会合。父亲与本州和周边的几位刺史时常打交道，谋划让白居易在襄州或者附近的州参加科考。

襄阳是长江中游的繁华城市，是山南东道节度使、襄州刺史的驻地。白居易一家住在襄阳城东的别驾官舍中。平日白居易在书房温习功课，空闲时，经常望着南郊的鹿门山，遐想已故的名诗人孟浩然隐居在云朵下的哪一处地方。这里是孟浩然的老家，白居易读过孟氏写楚山、汉水的诗歌，模仿孟浩然的风格写了一首《游襄阳怀孟浩然》。

到了贞元十年（794）夏天，父亲不知怎么生了病，请医生开了许多药吃也不见好，请巫师道士做法事也毫无效用。五月二十八日，父亲不幸病逝，享年六十六岁。对全家来说，这是个大变故，没有了父亲的俸禄和身份，家业如何延续是个难题。三兄弟当然听说过某某人故去后其家境衰落、子女流散这类故事。护送棺木回老家安葬的话要花一大笔钱，为了节省费用，三兄弟和母亲商量之后，决定先把父亲暂时埋葬在襄阳县东郊，等以后经济宽裕些再迁葬到故乡去。

母亲和三兄弟带着一众奴仆回到符离的田庄。兄长年过四十，有家小，加上自己、行简和奴仆、婢女，近二十口人只能靠这个田庄的收入维持生活。如果遇到水旱灾害，经济就会变得紧张。

父亲逝世前的最高官职是检校大理少卿、襄州别驾，可以门荫一子当个八九品的小官。家人商议之后，决定让长兄白幼文守丧期满后去办理门荫手续，届时他的俸禄可以帮忙养家；而二十二岁的白居易和十九岁的白行简，两人年轻而且头脑聪敏，应力争考取进士，这才是出仕的正途。

白居易知道，不能再如从前那样悠闲了——从前的他也并不浪荡，但毕竟有父亲这棵大树可以依靠，做事不紧不慢。如今家事如此，更要努力攻读。唯一牵扯心思的，还是湘灵。因母亲、兄弟都在田庄，人多嘴杂，白居易与她只能偶尔私下相会一次。既然如此，他只好收心，把大部分时间用来读书、作文。他白天念诵诗赋，模拟考试方式写作诗、歌、箴、表等各种"杂文"；晚上背诵和默写儒家经传。因为翻书、写字，手肘经常在桌子上摩擦，都磨出茧子了；而晚上常常在灯下看书，使眼睛变得有点模糊，有时看书久了感觉好像有飞蝇挂在眸子中似的。

贞元十一年（795），二十岁的弟弟行简认识了一位好写神怪、男女情事之类传奇故事的李公佐。受他的影响，对各种传奇兴趣浓厚，模仿李公佐写了一篇《李娃传》，讲述天宝年间荥阳大族子弟某生赴京应考，热恋长安娼女李娃，后花光了带来的资财，被妓院老板赶出门，流落街头。他的父亲得知此事后把他痛笞一顿，弃而不顾。李娃不顾鸨母阻止，搬出来与他同居，鼓励他发愤读书。后来他考试连中，入仕当了高官，李娃也因此被封为汧国夫人。这篇故事并非完全虚构，哥哥和湘灵的爱情或许就是他参考的事件之一。白居易知道，这仅是年轻士子、市井百姓的梦幻，士人哪有那么容易脱离自己的家族，哪能毫不顾忌自己的士林名声。

在家中苦读两年之后，贞元十二年（796）秋冬，三兄弟结束守孝。哥哥去京城办理门荫手续，被授予浮梁县主簿的九品小官，负责管理县府文书、监督用印、办理纸笔等杂事。浮梁县是全国最大的茶叶出产地，比较富有，想必主簿也有其他的灰色收入。符离家中，二十五岁的白居易帮助外祖母、母亲掌管家事，照顾弟弟，监督奴仆打理田庄。他意识到肩头有了压力，无忧无虑的青春生活结束了，要考虑未来的出路。好在，外祖母、母亲为了让他备考，把田庄的杂事揽过去处理，他和弟弟行简可以安心攻读，准备考举人、进士。

湘灵因为年纪大了，面临出嫁的压力。她找各种理由推脱结婚，想着能与白居易双栖双宿，就算是当妾也可以。白居易也是真的喜爱湘灵，这么多年相处下来，觉得她最懂自己。可惜，他侧面打探过母亲的口风，她和族人都觉得士族不可与贱人婚姻，不会同意自己娶湘灵，当妾都不行。

两人心知这段感情恐怕不会有什么结果，可是依旧无法忘情，一找到机会就私下相会。春天，他写了一首《花非花》形容两人幽会的情形，她半夜悄悄来，天明悄悄离开，对自己来说"似花非花""似雾非雾"：

> 花非花，雾非雾。夜半来，天明去。
> 来如春梦几多时，去似朝云无觅处。

中秋节晚上，他想到在浮梁当主簿的大哥，在杭州的於潜县当县尉的族兄七哥，在乌江县（治所在今安徽和县乌江镇）当主簿的族兄十五哥，还有几个有来往的兄弟、姐妹在下邽，自己和弟弟行简在符离。此时各地藩镇常常发生内乱，彼此攻击，地方局势并不平静，亲人也各奔前程，难以相聚。他只能写诗感叹"共看明月应垂泪，一夜乡心五处同"（《自河南经乱关内阻饥兄弟离散各在一处因望月有感聊书所怀寄上浮梁大兄於潜七兄乌江十五兄兼示符离及下邽弟妹》）。

要顺利通过州里的解试，最好能得到刺史的赏识或与刺史有些交情，可是他的父亲已经故去，难以再依靠他过去维系的人情。他们家族与如今的徐泗濠节度使兼徐州刺史张建封也没有什么过硬的关系，白居易没能通过徐州的解试。

有亲戚说他认识河南府的官员，不如去参加河南府的解试，取中的机会比徐州要高。加之，贞元十四年（798）二月汴州（今河南开封市）发生兵乱，江淮的漕粮难以运到关中，听说那里粮价暴涨，母亲担心战乱，便带着两个儿子搬到洛阳，留下外祖母陈白氏在符离看守田庄。

白居易最难割舍的是湘灵，她如今已二十二岁，就婚嫁来说已有些迟了。离开符离时，他偷偷去和湘灵告别，湘灵送了一个装在匣子中的铜镜和一双自己亲手织造的鞋履，希望恋人照镜子、穿鞋子时能想起自己，能如同他的脚与鞋履一样"双行复双止"。

到了洛阳，白氏母子租了一处小房子住下。白居易的堂兄白十五住在毓材坊，也算有个照应。这位十五兄三十多岁年纪，是吏员出身，当过乌江县主簿，现在守选在家，等待参加吏部铨选。白居易、白行简与同族的十五兄、高九（小名）两人最为投缘，经常一起闲谈、出游，还曾到长安游玩。可惜，这一年白居易参加河南府的解试，又没有能考中[1]。

他们在洛阳租房、吃用，花费不少，白居易去浮梁县找长兄求助。浮梁远在两千里外，二十七岁的白居易第一次独自出远门，家人肯定有些担心，告别时一再叮嘱他要小心。让他担忧的是，母亲之前就患有"心疾"（今谓精神病），时而沉默，时而胡言乱语、神志不清。外人以为这是她为人蛮横、嫉妒招来的病，实际与她稍微有点反常的婚姻、在家中受的压力有关，成了外人眼中的怪异之人。丈夫死后她面临的压力更大，两个儿子经常要去叔伯、长子那里求助。她在家中又操心家事，又思念儿子，精神压力巨大，"心疾"也就更频繁地发作。白居易只能叮嘱弟弟多加关注，安排得力的奴婢小心服侍母亲，不要惹她生气[2]。

在路上，在浮梁兄长家中，他一次次想起湘灵，那些如梦幻一般的夜间相会，那美人刚刚离去遗留的香味，使他模仿她的语气写《空闺怨》《寒闺夜》之类描述独守空房心情的诗歌。这段情往下怎么发展，他万般无奈，觉得耽误湘灵这么多年，有愧于她，不敢打开她赠给自己的那个匣子，更不敢穿那双鞋子。

冬至晚上，他怎么也无法入睡，想到她应是也在西楼上思念自己，于是默默写了首《冬至夜怀湘灵》寄给对方：

> 艳质无由见，寒衾不可亲。何堪最长夜，俱作独眠人。

贞元十五年（799）春天，白居易带着兄长给的钱粮回到洛阳。亲戚与河南尹有些交情，可以帮助白家兄弟中的一人通过这年的解试，但是要是两个人都取中容易招人非议，白居易就把这个好机会让给了弟弟行简[3]。他又去

---

1 白居易《祭乌江十五兄文》有"同参选于东都"似指此事。

2 （元）辛文房，傅璇琮.唐才子传校笺·卷第六·白居易.北京：中华书局，1995，7-8。

3 白行简曾参加贞元十六年的科举考试，从这一点推测白家兄弟应是在两州府分别通过解试。黄大宏.白行简行年事迹及其诗文作年考//文学遗产.2003年第4期，40-49。

投奔在宣州溧水县当县令的从叔父白季康，想在他的运作下参加宣州的"解试"。这位从叔的原配薛氏生下两子一女后病故，娶了继室敬氏，她的儿子白敏中，这一年刚八岁。

在溧水，白居易备考之余，一日实在无法忍耐相思之苦，便打开了湘灵送给自己的那个匣子。里面的铜镜的镜面上落满了微尘，抹干净以后照出一张憔悴的面孔。镜子背面有两龙相戏的图案，可惜自己却无缘与情人结合，他写下一首《感镜》描述惆怅的心绪：

> 美人与我别，留镜在匣中。自从花颜去，秋水无芙蓉。
>
> 经年不开匣，红尘覆青铜。今朝一拂拭，自顾憔悴容。
>
> 照罢重惆怅，背后双盘龙。

即便知道这段感情恐怕没有什么好结果，他仍然因思念在秋天的夜晚辗转难眠，写了一首《长相思》，模拟女方的视角记录两人这段持续八年的恋情：

> 九月西风兴，月冷霜华凝。思君秋夜长，一夜魂九升。
>
> 二月东风来，草折花心开。思君春日迟，一日肠九回。
>
> 妾住洛桥北，君住洛桥南。十五即相识，今年二十三。
>
> 有如女萝草，生在松之侧。蔓短枝苦高，萦回上不得。
>
> 人言人有愿，愿至天必成。愿作远方兽，步步比肩行。
>
> 愿作深山木，枝枝连理生。

他们相爱八年，可是因为家庭背景、身份的差距，湘灵这样的"萝草"无法高攀白家这棵大树。白居易付出过努力，试图说服母亲、叔伯同意让自己娶湘灵为妾，可是他们都反对，觉得他还没有成婚就娶妾不妥——这是犯他父亲当年的毛病；而娶身份低微之人更会让别的仕宦人家笑话，败坏白家的名声。白居易十分苦闷，甚至梦想两人能逃遁到荒山野岭之中生活，那样就能避开礼法、家族的限制，如远方深山中的野兽一般并肩而行，如树木一样虽不同根，但连生在一起。

让白居易忧愁的是，母亲思念儿子，又担忧家事，一度"心疾"发作，拿着割苇草的刀要自杀，幸好有仆从强行夺下刀子，从此她的病时好时坏。白居易要备考，无法回家照顾母亲，只好写信叮嘱弟弟白行简安排两个身体壮实的婢女服侍母亲，给她们优厚的待遇，好让她们随时盯着母亲。

母亲的疾病、无奈的情缘、为了"解试"四处求人的窘困，都让白居易烦恼。这时又听到一个坏消息，十五兄在陵阳不幸病逝，还不到四十岁。他只有一个妹妹已出嫁，没有后嗣，亲友只能暂且把他葬在宣城西郊，恐怕以后都没有归葬故土的机会了。

白居易在学业上比较争气，所作诗文颇有功底。秋天，到宣城参加宣州的解试，所作《射中正鹄赋》《窗中列远岫诗》被宣歙观察使崔衍取中，冬天就能以"乡贡进士"（举子）的身份前去长安参加"省试"。弟弟行简来信，他也通过了河南府的解试，冬天将与哥哥在京城会合。

各州的举子一般十月底到达长安，等候参加明年的省试。在考试之前，要争取拜会著名官员、士人，给他们进呈自己写作的诗文卷轴，博取他们的赞誉。这些话如果能传入考官的耳中，多少有助于他们留意自己的名字，有利于考中进士。所以各地举子在前往长安的路途上，都会拜访沿途可能见到的著名官员、士人。

一日落脚一座城镇，白居易听说在江淮颇有名气的文士顾况正逗留此地，便带着自己的名刺、诗文卷轴前去他的住处拜访，希望能获得他的好评。刚进入厅堂，顾况就拿他的名字开玩笑："米价方贵，居亦弗易。"长安米价高，房价更贵，要在那里功成名就绝非易事。许多文士都是借宿旅店、寺观的匆匆过客，顾况自己就是十年前从京师铩羽而归的。可是打开眼前的卷轴，看到第一首《赋得古原草送别》时，他不由念出"野火烧不尽，春风吹又生"几句，赞叹说，"能写出这种诗句的人，留在京城是件容易的事"。[1] 他的褒扬，

1 （唐）张固，罗宁. 幽闲鼓吹. 北京：中华书局，2019，65。晚唐人张固所撰《幽闲鼓吹》记载这件事发生在京城，稍后五代人王定保所撰《唐摭言》记载的类似故事没有点明这段对话发生在何地。顾况是至德二载（757）进士，贞元三年（787）入朝担任著作佐郎，被贬为饶州司户参军，从此离开了京城，所以贞元十五年才第一次进京的白居易不可能在京城见到顾况。顾况晚年在江南活动，贞元十六年皇甫湜曾在扬州见到他（《顾况诗集序》），因此白居易可能是之前一年去京城途中在江淮某地（如扬州等）遇见过顾况，于是发生了这段故事。另一种可能是白居易贞元五年在苏州碰见了顾况，当时顾况被贬南下，在苏州与韦应物有交往，或许白居易曾去拜会顾况。

让白居易对前往长安这个"名利地"有了点信心。

这是他几年前写的诗。为了准备科举考试，白居易经常模仿科考的要求创作限定诗题、内容的五言诗，这类诗赋题目按照惯例都须加"赋得"二字，意即摘取古人成句为题目，其作法与咏物诗类似。一天，有人出了个题目《赋得古原草送别》，这是源于"王孙游兮不归，春草生兮萋萋"的题目，于是他写下这首诗：

> 离离原上草，一岁一枯荣。野火烧不尽，春风吹又生。
> 远芳侵古道，晴翠接荒城。又送王孙去，萋萋满别情。

这是有些经历、有些故事的人才能写出来的，饱经忧患而又带着期望。从少年时代起，他就一次次无奈地离别，总是离开亲人，离开情人，去另一个陌生的地方。

有时，他在城镇门外送别友人，也一次次告别父母、外祖母、弟弟，体验依依惜别的情绪。写诗的时候，白居易模仿的是王维、韦应物诗中那种舒缓的语气，"王孙"这个词也是王维爱用的字眼。更重要的是，他与湘灵的爱恋，让他对别离和思恋有了深刻的体验。

虽然写的是有点凄凉的"送别"这一主题，可他在开头描绘了城外的原野上宏大而永恒的生命现象：野草生生不息，在空间上那样茂密、繁盛，在时间上冬去春来，似乎永远在循环，下一个春天总会继续出现，野草也会再次布满原野，甚至侵占了道路。或许，也预示着生命中虽然有离别、死亡，但是还会有相遇、重生。

"野草"这个意象最早出现在西汉末期刘向或刘歆作的七言诗中，描述一个文人官员想要回家隐居，用野草搭建茅屋，仅仅是客观叙述而已。那以后凡是"野草"出现在诗句中，都带着荒芜的气息。而白居易却在这首诗中把"荒城"外的野草写得富有勃勃生机，散发着生命的气息。如此与众不同的诗句，无怪能让顾况也感到惊讶。

白居易熟悉野草，小时候生活在新郑、彭城那样的小县城，和小伙伴在庭院中、城墙下玩耍，对花花草草十分熟悉。当他成为青年，学会了骑马后，又常常和朋友一起骑马去踏青，初春的绿草红花每每让他欣喜。当然，也有野草让他产生过荒芜之感。这年经过当涂县，他特地去探访采石江边的李白墓。相传当年李白在采石江边喝了太多酒，醉后为了捉月而掉落水中，丢了性命。李白墓的周围都是田地、野草，似乎已许多年无人扫墓。白居易心感凄凉，在水边采集了一把花草放在墓前，祭奠这位三十多年前故去的诗人，作了一首《谪仙楼》：

> 采石江边李白坟，绕田无限草连云。
> 可怜荒垄穷泉骨，曾有惊天动地文。
> 但是诗人多薄命，就中沦落不过君。
> 渚蘋溪草犹堪荐，大雅遗风已不闻。

　　他经历了多次离别，见惯了庭院中一丛丛杂草，道路上的一溜溜野草。而"离离原上草"中野草一望无际，漫天遍野，是他无法掌控的宏大的未知世界。他不得不一次次踏入茂盛草丛之间的陌生道路，为了投亲靠友，为了科考，为了那些还新鲜的梦想。

　　春天还会再来，草会再度变绿，可是，他已经快两年没有见湘灵了。这些年，两人渐行渐远。现在，他已二十八岁；她也二十三岁了，不得不出嫁。两人只能默默地在梦中、在心中相会。这一段心心相印的感情，却抵挡不住母亲、叔伯的几句话，身为士子、儿子，他只能无奈地接受别离。

　　她嫁为人妇，自己即将上京科考，也不知道何年何月再相见，可是，相见又如何？有情人终成眷属，对自己来说犹如梦幻。

第二章　再入长安：进士也会孤独

德宗贞元十五年（799）冬天，二十八岁的白居易第二次踏入长安城。他带着仆从，入城时已是傍晚敲鼓的时候，"出门可怜唯一身，敝裘瘦马入咸秦。冬冬街鼓红尘暗，晚到长安无主人"，（《两年后起笔酬刘五主簿长句之赠兼简张大贾二十四先辈昆季》）由于没有亲友接引，只能急忙找一家旅社住下。虽然白家在所在州县有点名声，但是在京城毫无根基，仅仅是外州来的普通士子而已，没有什么后援可以依靠。

长安是大唐的首都，是一座人口近百万的繁华城市[1]。这里自周、秦以来屡次为都，如今的城池是隋文帝命将作大匠宇文恺设计修建的，由宫城、皇城和外郭城三部分组成，是大唐面积最恢宏的城市（占地面积 84.1 平方公里）。

长安城里有三座宫殿，正北的太极宫是宇文恺修建的。入唐以后，高宗又在太极宫东北角龙首原上修建了地势更高的大明宫（占地 3.2 平方公里），这两座宫殿在西内苑处相连。玄宗把自己当年在隆庆坊居住的王府以及周边几位兄弟的王府合并，改造为兴庆宫，此后历代皇帝多在兴庆宫居住、办公。兴庆宫的标志是西南角那座高耸的三层楼阁"花萼相辉楼"，这便是玄宗修建的，取《诗经》中海棠花的花萼相互辉映之意，象征兄弟友爱之情。当年他经常邀请兄弟上楼同他一起饮酒、赏乐，在上面可以俯瞰百姓通行的街道，远观长安全城的房舍。宫廷内外俗称大明宫为"东内"，兴庆宫为"南内"，因为他们相对太极宫一在东侧，一在东南侧。玄宗还让人在紧靠东北角的城墙边修建了一道墙壁，此墙与原城墙形成"夹道"，供皇族、宫人来往"东内"和"南内"。

---

1 今天的学者对长安的人口数量的估算有分歧，从 50 万至 180 万不等，参见严耕望《唐代长安人口数量之估测》、冻国栋《唐代人口问题研究》等研究，但是仅计长安城之内和近郊人口，可能不足百万。

皇城在太极宫正南，是朝廷三省六部、五寺七监、十二卫各机构的衙署所在地，皇城和宫城隔着一条东西向的横街，横街宽达三百步（合441米），与其说是一条街，不如说是一个大广场。皇帝登基、大赦、献俘等大典礼常在此举行，这种场合皇帝都要登临宫城正南门"承天门"的城楼，面向横街颁诏、观礼。

皇城正南门"朱雀门"到外郭城正南门"明德门"之间，是宽达百步（今考古发掘约127米，不含两侧路沟）的朱雀大街。这是贯通南北的主道，也是长安城的中轴线。大街以东有一市五十三坊（本应有五十五坊，但被城东南角曲江的山水占去两坊之地），隶属万年县；大街以西有一市五十五坊，隶属长安县。朱雀大街东西两侧整齐排列着一个个里坊，每个坊内的居民或多或少，有些坊里仅有四五户高官的大宅或大寺观，也有的一个坊里住着上百户低级官吏、商人、平民。

每个坊四面都有比人高的夯土坊墙（墙基厚度2.5米至3米，都临近各街沟边，墙高2米左右）包围，围墙四面有门。有人守护大门，日出时听到钟楼的声响开启坊门，日落时听到鼓楼的声响就关闭坊门。百姓都要根据"暮鼓晨钟"决定行止，坊门关闭后除非有公务或者生了急病，不得在街上行走。有官兵来回在主街巡逻。百姓使用的水，要么从井中取，要么从流经城市的水渠取。城东有一条从浐河引水的黄渠，流经曲江池、兴庆宫、太极宫；城西有从潏河引水的清明渠、永安渠，向北流经外郭城、皇城、宫城。沿途百姓都可以使用渠水，也有些官员、寺观修建小渠道，把大渠的水引入宅邸、寺观的园林循环一圈，成为自家园林中的水景。

平日里，长安最热闹的地方是佛寺道观。下令修建长安城的隋文帝尊奉佛教、道教，建城之初就修建了大兴善寺、玄都观等几座皇家寺观。佛寺的数量远比道观多，佛教的信徒也远超道教。自北朝以来，佛寺常举办各种宣扬佛法的法事活动吸引、团结信众，各大佛寺举行的大小法事都有乐队演出，大型法事、庆典活动中更是要组织大型乐舞、百戏演出，吸引附近民众前来观礼和施舍。

大唐的近几代皇帝都虔信佛法，比如代宗皇帝尊崇佛教，每年七月十五日前命宫人在宫内的内道场筹备盂兰盆节，装饰金、翠，还让设立高祖、太宗等"七圣"的神座，在周围布置旗幡、龙伞等。到十五日当天，让宫人、僧人从宫内护送到京城的寺观巡礼，朝廷百官都要站立在光顺门迎接，长安全城百姓也都站在街上围观和欢呼。这一天长安城中到处都是鼓声和歌舞表演，十分热闹。各佛寺都会在这一天举行施舍钱物供养佛像、施舍饭食招待僧人的活动，寺中还制作蜡花饼、假花果树等摆放在佛殿前供奉，民众纷纷到各个佛寺参观、礼拜、施舍，各式供品或饭食摆设在寺庙中，场面热闹非凡。还有些重大的法事活动更是轰动全城乃至附近州县，之前高宗、武后、肃宗都曾迎请法门寺佛骨到长安或洛阳的皇宫、佛寺供奉，引发全城礼拜的热潮。贞元六年（790）正月，德宗命人将佛骨从法门寺迎入长安皇宫中的内道场供养，后置京都诸寺以示众，士人、百姓纷纷礼拜，二月才送回法门寺。当年白居易还是十九岁的少年，在符离读书，只是听人说过当年京城的热闹气氛。

佛寺经常在寺内或寺外不远处的场地请来演员表演百戏，以此吸引民众入寺观看，趁机宣扬佛法，吸引信徒施舍。人们把这类场地叫作"戏场"，比如慈恩寺、青龙寺、荐福寺、永寿寺的戏场都相当有名。一些民间奇人异士自动到这类庙会、戏场表演杂技、魔术乃至讲"小说"（传奇故事）挣钱。有个著名的乞丐解如海擅长杂技、幻术表演，会表演手突然从胳膊上掉落这类神奇的魔术，还会击球、蒲戏、剑舞等，他和妻子常年在长安的戏场表演，常常有数千人前去围观。

每年的皇帝降诞日、每月八日的斋会日，僧人都会在佛寺中设斋行香，在寺观中面向民众讲经，称作"俗讲"。有些僧人的俗讲绘声绘色，吸引许多民众入寺听讲，如兴福寺有个叫文淑（又作文溆）的僧人是长安首屈一指的"俗讲"高手，极受民众欢迎。他善于宣讲夹杂佛教思想的世俗故事，情节动人，每次他开讲时围观人群众多。一些正统儒臣、保守僧人觉得他讲述的故事注重渲染曲折怪异的情节和场面，有违礼教和佛经宗旨，多次借故把他流放到外地；可是过不了多久，那些喜欢他的权贵、官僚又会把他迎请回长安。

寺庙举办的这类活动能吸引万千民众汇集观看，就渐渐形成了"庙会"。从前长安、洛阳实行严格的坊市制，商业交易活动都被限定在东市、西市这样的专门市场中，必须在午后到黄昏之间的固定时间交易。可是近些年来，以寺院、道观等宗教场所为依托，许多商贩、民众都在特定日子聚集到佛寺所属的空地或者附近的空场上买卖货物、观赏表演。这类经济交流与寺庙或道观的法事、斋会等宗教活动相结合，形成了"庙市""庙会"。寺观所属的空地或者周围的空地、街道成为商业活动频繁的街区，打破了之前坊市的局限。

许多善男信女都去这些寺观里面朝拜神灵、进献贡品，大型寺观的建筑也都雄伟壮丽，墙壁、门板上有名家绘制的神佛绘画。长安最高耸的建筑就是几座大佛寺的高塔。长安城西南角有两座隋朝皇帝设立的大佛寺——大庄严寺和大总持寺东西并立，各有一座高达三百三十尺[1]的七层高塔。这两座佛寺规模宏大，各自占据一坊之地，殿宇壮丽，院落众多。大庄严寺供奉着当年隋朝豫章王杨暕敬献的佛牙舍利，每年都定期举行供养佛牙的盛会，贵族、僧人、士庶争相到寺顶戴礼拜、发愿布施，鼓乐喧天，倾动京师。

而在长安城的东南角，占据晋昌坊（今陕西西安市南）东侧一半土地的大慈恩寺是本朝高宗皇帝修建的，内有一座"慈恩寺塔"，又称"雁塔"，本是五层的高塔，用于存放玄奘法师从天竺带回的佛像、佛经。后此塔倾塌，女皇武则天敕令重新营建了十层楼阁式佛塔，塔高三百尺（现存大雁塔七层，高 64.5 米，平均每层约 9 米，那么原来十层高的佛塔应为约 90 米），内设楼梯，可以登上十层塔顶远眺长安城池。雁塔素来是京城一处名胜，在上面可以俯瞰曲江、远观全城，当年高适、杜甫就曾在上面眺望长安城和远方的峰峦、原野。据说中宗时的新科进士张莒在慈恩寺游览时，一时兴起，提笔蘸墨把同一年考中的十几个进士的名字都写在雁塔内的墙壁上，让来来往往的游客都能看到他们的名字。此后，历年考中的进士都效仿他的做法，有了进士必来雁塔题写名字的习俗。

除了本地居民，每年都有数万人进出首都，有进京参加科考的士人，参加吏部、兵部铨选的数千"选人"，参加吏部"小选"（流外铨）的吏员、品子（六品至九品官员之子），前来汇报公事、上供的地方官吏、藩属使者，有运送粮草的民夫、船工，还有僧人、道士、商人、工匠、士兵、歌姬等。街道上有形形色色的突厥人、波斯（今伊朗地区）人、大食（今阿拉伯地区）人、

---

1 王贵祥先生认为隋尺 1 尺约为 0.273 米，那么这两座木塔高约 81.9 米。王贵祥.隋大兴禅定寺高层木塔形式探 // 建筑史.2013 年第 1 期，43-73；李志红.唐长安城市景观研究 // 郑州大学博士论文，2006.

拂麻（今土耳其和叙利亚）人、日本人、新罗人、天竺（印度）人、真腊（柬埔寨）人、骠国（缅甸）人乃至黑皮肤的昆仑奴，不一而足。这里毕竟是首都，比洛阳还要热闹，东市、西市能见到全国各地乃至海外的各种物产、奇珍异宝。酒楼、贵族宅邸举办的酒宴上可以欣赏到乐人演奏的《凉州》大曲。这是开元年间凉州都督郭知运进献给朝廷的乐舞，所用的乐器有钟、磬、鼓、笙、箫、弹筝、琵琶、五弦、横笛等，王之涣、王翰等都写过配合这种曲子演唱的歌词《凉州词》。

只是，如今的大唐朝廷已没有太宗、高宗、玄宗朝的荣光，天宝十四载（755）安禄山叛乱之后，河南、河北、关中混战七八年，全国人口从五千两百多万锐减到一千六百多万。此后河朔、河北、山东等处一些藩镇割据一方，自行收税、任命官吏，西部的吐蕃虎视眈眈，不时侵扰边境，其他地方也时常动乱，朝廷只能勉强维持统治，内靠禁军、朝臣，外靠南方八道的税赋[1]。帝都长安城比起从前来也黯然失色，已三次陷于敌手。安禄山的叛军占据过长安，吐蕃的军队攻陷过长安，当今皇帝也受过一场惊吓。建中四年（783），皇帝调集泾原的军队去镇压东部的淮西节度使李希烈。谁知泾原的士兵经过长安郊区时，因待遇不公而哗变，杀入长安，拥立原来的泾原军统帅朱泚称帝。皇帝只好仓皇逃离京城，一年后才平定叛乱，回到京城。经历这场事变之后，当今皇帝颇为猜忌朝廷文武官员，让亲信的宦官主掌最重要的禁军左、右神策军，对宰相也颇为严苛。几年前宰相窦参因为"交结中外"被赐死以后，朝中宰相都谨慎小心，不敢与同僚公然酒宴，不敢在朝堂多嘴，以免有"朋党"的嫌疑。皇帝懈怠政务，中书、门下、尚书三省和翰林学士院的官员经常多年不变动，有空缺也不及时任命，地方节度使的人选也多年不变，却也不让他们入朝觐见，一些节度使长期坐镇一方作威作福。

如白居易这样来京参加进士、明经考试的举子（各州解试选取的"乡贡"）、生徒（国子监、弘文馆、崇文馆、各地州学和县学选取的合格考生）有两三千人之多，进京赶考时一般都带着一两名仆从，或者投亲靠友，或者

1　李吉甫撰《元和国计簿》云："每岁赋入倚办，止于浙江东西、宣歙、淮南、江西、鄂岳、福建、湖南等八道，合四十九州，一百四十四万户。比量天宝供税之户，则四分有一。天下兵戎仰给县官者八十三万余人，比量天宝士马，则三分加一，率以两户资一兵。"刘昫．旧唐书卷四十一．北京：中华书局，1999，287。

寄居旅社、寺观，或者租个小房子。同时，还有两三千名有当官资格的"选人"汇集在京城。他们或是有为官资历的"前资官"，或是之前三年考中进士或之前七年考中明经的"有出身人"，因为"守选"期满所以前来参加吏部铨选考试，考试合格之人方可被授予官职。所以每到冬春，长安可供出租的房舍都比较热闹，许多寺观也都出租空余房舍给士子、选人居住，经常能看到士人在大街小巷呼朋唤友的场景。

白居易在长安没有能依靠的亲友，便租住了一处小房子，然后到尚书省贡院门口观摩悬挂在那里的家状范本，按照这个范本检查自己所写家状的籍贯、三代名讳的格式。小心核对之后，连同州府发给的"文解"（证明考生的籍贯、身份、学习和考试情况）一起呈送尚书省，由户部核查后登记在册。举子还要准备一份担保书，声明自己提交的文书没有弄虚作假、考试时会遵守规矩。这份担保书由举子互相签名担保或者请一名朝廷官员签名担保，上面还要写明举子在京城的住处，以备查验。

举子都渴望能考中进士、明经，成为有资格当官的"选人"。可是，每年参加进士考试的举子和生徒有一两千人，仅能取中二十来名及第进士，录取率极低；有资格参加明经考试的人有两三千，能录取约百人，比进士好考一些[1]。只是，明经的声誉远不如进士。在官场，进士背景的官员更容易升迁为中高级官员，所以有才华、有背景的士人子弟大都期望考取进士。

省试考官能清楚地看到考卷上的诗文、考生名字，考官判卷时如果认识考生或者早已闻听大名，取舍时自然会有倾向。为了增加考中概率，举子、生徒几乎都会提前入京，把自己得意的诗文抄写多份、装裱成多个卷轴，把这种"行卷"呈送给主持考试的礼部官员等有名望的官僚，力图给他们留下好印象。如果能得到名流或者官高权重之人的赞誉，这些话传入考官耳中，就多了一份被录取的可能性。有背景的士子也会请朝中高官显贵、宫中权宦以权势、钱财或人情向考官说情，希望考官录取自己，官场私下称这类请托为"关节"。白家虽然在地方也堪称官宦世家，可是近几代人物都官职低微，无人在朝担任显要官职，并不是人人皆知的高门大族，所以投行卷时免不了遭受白眼。白居易对此并不陌生，父亲去世后，他求助亲友的时候也经受了

1　吴宗国. 唐代科举应举和录取的人数 // 内蒙古社会科学. 1981 年第 1 期，17。

各类冷遇。

好在，听说主持进士省试的礼部侍郎高郢为人刚正。去年他第一次主持进士考试，看不惯举子进京以后频繁拜会高官、追逐声名的举动，拒绝各路人士的请托，严格按照考试成绩选拔熟悉经文、擅长诗文的人才，士人对他选取的及第进士名单都比较服气。白居易对自己的才学有信心，觉得碰上这位考官，自己想必有机会考中。

他一边备考，一边按照惯例参加考前的各种仪式，如十一月，各州和崇文馆、弘文馆、国子监选送的两三千名举子在大明宫含元殿前集合，听值班官员代表皇帝宣慰，念诵"卿等学富雄词，远随乡荐，跋涉山川，当甚劳苦，有司至公，必无遗逸，仰各取有司处分"。

贞元十六年（800）农历元日，举子们都入宫，与各地进贡的物产一道在含元殿前列队，由皇帝亲自检阅。这对上上下下各色人等而言都是走过场而已。

这以后十多天，长安街头都是人们迎来送往的场景，比往日热闹许多。长安平日都实行夜禁，日落以后禁止在街上行走。但是，上元节前后（正月十四、正月十五、正月十六三天）朝廷特别取消宵禁，允许百姓普天同庆，晚上也可以上街观花灯、走亲戚。官府、权贵、富户的门前都安装着各式大灯轮，高达二十丈，缠绕着五颜六色丝绸锦缎，还有教坊、京兆府、长安和万年两县组织的乐人在各个街角、佛寺的广场唱歌跳舞、耍杂技，欢呼雀跃的孩子们成群结队在门前玩闹，把一根根竹子扔进火堆里发出爆响声。

欢乐是别人的，寂寞属于自己。白居易在长安孤身一人，没有亲友可以共度佳节，时而感到寂寞。正月十五全城的街道都人流涌动，喧闹无比，他独自在旅舍中，觉得自己与长安城格格不入，"喧喧车骑帝王州，羁病无心逐胜游。明月春风三五夜，万人行乐一人愁"（《长安正月十五日》）。

许多个月夜，他孤独地望着月亮，想念在洛阳的母亲、弟弟，以及湘灵。难受的时候，他只能借酒浇愁。一次和临时认识的几个人到曲江的酒馆喝酒，因为缺钱，他脱下长衫质押换酒接着喝，后来他写有回忆此事的诗句"忆昔羁贫应举年，脱衣典酒曲江边"（《府酒五绝·自劝》）。

可是，他也知道，自己要走仕途之路，最好的门径就是考中进士。上元节后，他打起精神，继续给京城有名的官员呈送"行卷"，希望得到赏识和赞誉。给事中陈京的文章颇为著名，深受皇帝信任，在朝中有一定影响力，各地举子争相去拜谒他，想要获得他的赞誉。说起来，白居易与陈京还有一点亲戚关系，他的母亲陈白氏与陈京都是陈朝宜都王陈叔明之后[1]，可谓同族；只是已出了五服，有些远了，不知道他会不会顾念这点微薄的情分。于是，白居易把自己的杂文二十首、诗一百首精心抄写在卷轴上，另外附上一封信札《与陈给事书》，派家童呈送到陈府，信中坦陈自己"上无朝廷附丽之援，次无乡曲吹嘘之誉，然则孰为而来哉？盖所仗者文章耳，所望者主司至公耳"，希望陈给事在空闲时间看看自己的诗文，觉得能入眼的话给自己指点一二。其中有一篇《中和节颂》，二月一日的中和节是当今皇帝于贞元五年（789）设立的新节日，意在鼓励农事、祈求丰收，皇帝每年都会在这一天赐群臣宴饮，只是个别年份因雨雪天气改日或者因有水旱灾害而停办。这篇文章的主题不外歌颂皇帝的功德，但是能证明自己的才思、辞藻。

中和节后，汇集京城的生徒、举子奉命到国子监履行考前的最后一场仪式：众人拜谒孔子像，听学官讲课，学官当场点名让一两名举子回答问题，然后一起吃顿大餐。之后几日，就要准备进考场。进士省试要考三天，每天一场考试，第一场考写作诗、赋、箴、论、表、赞这类"杂文"两篇，合格者才能参加第二场帖经考试，考十道经文填空题，通过的话才能参加第三场时务策考试，考五道策论[2]。策论、帖经全取中为甲等；策取中四道、帖过四道以上为乙等及第。

考试第一天，白居易天蒙蒙亮就赶到尚书省的礼部贡院排队等候，要自己带着照明用的蜡烛、吃饭的餐具、取暖用的木炭，用于在里面照明、烧小灶煮饭煮水。早有士兵用木棘把贡院围起来，守卫各处，以防闲杂人等靠近贡院。考生依次排队入内，吏员挨个检查考生的衣服，以防夹带小抄作弊。一旦查出，本人、保人都要受到处罚。

进入贡院，中间是庭院，两侧长长的走廊下是一个个隔间。众人按照自己的号码寻找小间入座，拿到考题之后就可以开始答卷。考生可以从白天一直写到夜晚，在三根大蜡烛快烧完时交卷。当然，一些人白天答完之后也可

1　陈才智．韩愈、白居易《与陈给事书》考辨 // 文学遗产．2018 年第 4 期，177-179。

2　此时的"策"为精致工丽的骈体文，傅璇琮先生称之为"策赋"。傅璇琮．唐代科举与文学．西安：陕西人民出版社，2007，168。

提前交卷。白居易按照考题要求写了《性习相近远赋》《玉水记方流诗》,顺利通过第一场考试。之后两天他也顺利完成。

十几天后,礼部在南院东墙公布及第进士榜单。天色朦胧时众人纷纷骑马、坐车前去观看,快到那边时人们闹哄哄传扬黄纸之上写着的进士名字。一共录取了十七人,白居易位居第四,二十九岁的他是本年岁数最小的进士,足以对亲友夸耀一番。

能从一千多名考生中脱颖而出,一日之内就名扬京城,当然是人人羡慕的事情。白居易也十分得意,以前祖父、父亲都是明经出身,在仕途上只当过县令、郡佐而已,长兄则以门荫入仕,前途更是艰涩。自己成了进士,或许能够超越父亲,有一番大作为。认识的亲友、士人纷纷前来祝贺,他又与共同考中的进士一起去拜会考官,认座主、同年,热闹了几日,认识了同年进士陈权、吴丹、郑俞、李谅、王鉴、戴叔伦、杜元颖、陈昌言、崔玄亮等。

几天后,皇帝按照惯例下敕,在曲江赐"闻喜宴"招待众及第进士,座主、朝廷官员参加,新及第进士意气风发地与众人作揖、寒暄。宴会结束之后,白居易和一众同年进士去慈恩寺的雁塔题写名字。他们推举一名擅长书法的进士,将每个同年的姓名、籍贯、及第时间用墨笔题写在大雁塔的墙壁上。其中若有人日后升到卿相的高位,好事者会把该人的姓名改为朱笔书写,以示荣耀。白居易当然也心怀期待,希望以后也能留下红色的名字。他们在雁塔题名时,吸引了不少围观者,多年后白居易还对此十分得意,追忆说"慈恩塔下题名处,十七人中最少年"。那时,三四十岁的文士考中进士是常见现象,比如四年前孟郊考中进士时已四十五岁,他兴奋地写下那首著名的《登科后》诗,宣称"春风得意马蹄疾,一日看遍(一作尽)长安花"。

曲江位于长安城的东南角,是京城有名的景点。这里原是一大片水塘和沼泽,林木茂盛,禽兽出没,在秦代是皇家的离宫别苑,称为"宜春苑",汉代改称"乐游苑",是皇帝射猎的地方。汉武帝让人疏浚这里的湖泊,修成一处周回五里的大湖,在池中栽种荷芰、菰蒲,号称"曲池",他常来这里游览和射猎。汉武帝之孙汉宣帝在曲池之北的乐游原上修建了一座乐游庙,是此地的标志性建筑。隋初修建长安城时,觉得曲江边的小山比皇帝居住的宫城地势还高,不利宫城的风水,就没有把这一片区域包裹在城墙之内,而是整治为一处以曲江池为中心的皇家离宫,占地三十顷,周回十七里。隋文帝讨厌"曲江池"这个名字，见这里的水泽中长着许多芙蓉（荷花），便改名"芙蓉池"，又称"芙蓉园"。入唐之后，芙蓉园依旧是皇家园林，占地广阔，园内有曲江池，周围有山丘、平原、茂林、修竹和点缀其间的楼宇、走廊。玄宗喜欢游览，为了从长安城东北角的兴庆宫来芙蓉园，开元二十年（732）命人沿着长安的东城墙修建了一道墙壁，与原城墙组成"夹道"（"夹城"），皇帝一行可以从夹道来游览芙蓉园。曲江地域广阔，一部分地方颇有野趣，大家平素都可游览，还有一部分地方为皇家园林芙蓉园。皇帝允许百姓在一些时间段之内进入芙蓉园内游览，只有个别几处皇家建筑如东坡下的"凉堂"、堂东的"临水亭"等处守卫森严，禁止百姓进入。

每年春季曲江最为热闹，尤其是三月三日上巳节更是游人蜂拥而至，曲江岸边到处是彩幄、翠帱、华车、骏马，岸边花红柳绿，水中菰蒲葱翠、荷叶新开，热闹非凡。来游的贵族女子都打扮得漂漂亮亮，正如杜甫在《丽人行》中写的："三月三日天气新，长安水边多丽人。"

众位进士轮流做东，或者到曲江相聚，或者去平康坊的妓楼酒宴。酒宴上众人常常一边游戏一边饮酒、欣赏歌舞，通常都是让一位聪慧的妓女充当"酒妓"（席纠、觥使），由其发出"酒令"监督众人按照规则玩猜谜语、唱小曲、掷骰子之类游戏，谁违反酒令就要饮酒或者表演节目。酒妓经常用演唱的方式说出酒令，演变为可以演唱的"歌令"。青楼女子都以擅长歌令、充当席纠为荣。在这等场合，白居易听了不少歌女或婉转动情或诙谐可笑的酒令，对妓院中庭的红芍药、门口的绿杨柳也有了印象，认识了几位梳着时尚高髻的美丽女子。

这一年白居易已二十九岁，士人子弟到这个年纪尚未婚配，显得有点另类。既然他如今成了进士，前途看好，自然有许多门第相当的官宦人家前来提亲，称赞哪一家的女子如何贤惠、美丽，如何知书达理，家族如何资产丰厚，门第如何显赫。可是他不为所动，找各种借口推脱，因为他的心里还牵挂着远在符离的湘灵。

几天后，礼部把新及第进士的名单移交吏部，白居易等进士到吏部参加"关试"，考核书写三篇判词（一说两篇）。这只是走个过场而已，然后就正式成为吏部登记在册的"选人"，有了做官的资格。因为"选人"众多而官职有限，玄宗朝出现过数万选人来京参加吏部铨选考试而最终只有一两千人被授予官职的事情，落选的"选人"议论纷纷，容易形成舆论风潮。于是朝廷改革铨选制度，规定新及第的进士、明经以及任期届满的低级官员，都必须按照各自的资历"守选"若干年后才能来京参加吏部铨选考试，考中才能被授予官职，实质就是让"选人"能错开时间轮流来京考试。这样每次考试的录取率比较高，可以平息选人的抱怨，也免得众多选人频频入京花费太多。按照制度，新进士需要"守选"三年后才能参加吏部的铨选考试，通过考试才能当官。当然，也可以在州郡官员举荐下参加吏部的"科目试"，或者得到朝廷中高级官员和地方的都督、刺史、长史、司马等主要官员的举荐，参加皇帝主持的制举考试，考取这两位考试的"选人"不必遵循守选时间的限制，可以提前出任官职。可是，要得到官员的保荐并不容易，考试的录取率甚至比考进士还低，竞争格外激烈。也有的"选人"不愿浪费时间守选，便去地方寻求给节度使当幕僚的机会。藩镇经常要对上呈送奏、疏、表、状、笺、启，对下发布牒、檄、露布等各种公私文书，还要处理许多杂事，所以在幕府聘请掌书记、观察使判官等专司起草这类公私文书和办理杂务，观察使支使、巡官也兼掌笺表写作。节度使一般都会上表朝廷给自己的幕僚挂校检员外郎、试校书郎之类的官衔，同样可以积累资历，工作几年以后如果有得力人物提携或有幸为皇帝所知，也有入朝为官的机会。

成了"选人"，新科进士按照惯例，集体到曲江之西的杏园参加"关宴"，饮酒、赏花、欣赏音乐、歌舞，热闹一场之后就一一告别，各奔东西。

离开长安这天，六七个交好的同年到东门相送。白居易挥手告别诸人，回到洛阳向母亲当面报喜。其实，母亲等亲友早已经从别人口中得知他考中的消息，如今见面也只是说说在长安见识的人物、经历的趣事、风物而已，也应邀参加了亲友组织的几次庆祝酒宴。去毓材坊时，他感慨原本住在这座宅子的十五兄已故去两年[1]，写了一首《重到毓材宅有感》：

> 欲入中门泪满巾，庭花无主两回春。
>
> 轩窗帘幕皆依旧，只是空堂（一作堂前）欠一人。

之后，他赶去宣州感谢崔刺史，希望他能继续给予资助、提携，之后又

1　龙成松. 新出墓志与白居易家族祖业问题考论 // 地域文化研究. 2021 年第 4 期, 101-110。

去浮梁向兄长报信。在途中，白居易碰到了曾任县府主簿的六兄。他也是去江东谋划前程，两人匆匆话别。不料之后就听说他在途中生了病，回到符离家中不久便与世长辞，还不到四十岁。六兄有个年纪幼小的孩子，以后只能靠亲友多多帮衬了。四月中旬，白居易又接到消息，外祖母于四月一日在徐州丰县病逝，享年七十岁。外祖母对他有养育之恩，他却没有能来得及报答，心中甚为抱憾。

他顺便去了一趟江陵、襄阳寻求节度使、刺史之类主官的举荐或资助，大多数地方的节度使、刺史都广结善缘，对及第进士多少会馈赠点钱物。只是，他并不擅长交际，所得并不多。

尽管考中进士，在别人看来春风得意，前途可期，可白居易的心中却有许多忧愁，如与湘灵的感情，总让他时而空虚，时而烦恼，无法安心，无处依归。种种家事、情事让他对生死、离合的意义有些疑惑，回到洛阳后，为了寻求解脱之道，他常去圣善寺向僧人法凝请教。

圣善寺位于洛阳长夏门之东第三街从南往北第四坊章善坊，本是中宗在神龙元年（705）设立的，名为中兴寺。后中宗为了给母亲武则天追福，改名圣善寺。圣善寺规模宏大，内设众多院落，不同院落中活跃着不同派系的僧人。禅宗以达摩为祖师，后分化为北宗、南宗两个派系。武后至玄宗时，北宗的神秀及其弟子普寂、义福在长安、洛阳影响较广，他们尊奉神秀为禅宗第六祖。肃宗以来，神会、法海一系的南宗影响越来越大，他们尊奉慧能为禅宗第六祖，南北两派禅僧对谁才是禅门正宗颇有争论。四年前，当今皇帝下诏让皇太子召集禅师梳理禅门宗旨、传法证物等，宣布立神会为禅宗"第七祖"，在宫廷内的神龙寺竖立碑铭，御撰从达摩到慧能、神会的禅宗七代祖师赞文。这让南宗禅僧声势大振，而北宗僧人对此并不服气，觉得普寂或义福才算是七祖。

白居易遵奉的法凝师从义福，属于北宗禅，他在圣善寺的法宝严持院（钵塔院）传法。白居易经常去那里向法凝求示心要，请他指点修行禅宗的观、觉、定、慧、明、通、济、舍"八渐"之法[1]。白居易还认识了他的弟子如信、

1　对法凝的禅学背景是北宗禅还是南宗禅有争议。简宗修.《白居易集》中的北宗文献与北宗禅师 // 佛学研究中心学报第六期，213-242；肖伟韬.白居易从法凝所学为南宗禅法考论 // 宗教学研究.2007 年第 1 期，193-198。

智如两人，经常与他们交流修行法门。尽管得到禅师的开导，白居易的心境依旧时常起伏。四五月槐花落地时，他傍晚独自在佛堂修行，可是心中总是不平静，又一次感慨万千，写了一首《暮立》记述心中的苦涩：

> 黄昏独立佛堂前，满地槐花满树蝉。
>
> 大抵四时心总苦，就中肠断是秋天。

在洛阳待了一段时间，他又去符离处理田庄的事宜。在路途上，他为了平息内心的相思之苦，特地写诗向一位僧人求助："借问空门子，何法易修行。使我忘得心，不教烦恼生。"（《客路感秋，寄明准上人》）他到自家田庄住了一段时间，此时湘灵已嫁为人妇，两人无法如从前那样私会，只能喟然叹息。

贞元十七年（801）年初，白居易离开符离时，湘灵好不容易寻得机会到南浦给他送行。两人无比凄凉，白居易写下一首《南浦别》，以"一看肠一断，好去莫回头"赠别，心知以后恐怕难以再见。

在船上，遥遥望着码头上的人影越来越小，乃至于消失，白居易只能无奈地望着汴水出神。回到船舱中，他依旧心潮起伏，写了一首《生离别》，向越离越远的湘灵诉说衷肠，感叹自己为了这段感情饱经忧伤，身体早衰，已出现少量白发：

> 食檗不易食梅难，檗能苦兮梅能酸。
>
> 未如生别之为难，苦在心兮酸在肝。
>
> 晨鸡再鸣残月没，征马连嘶行人出。
>
> 回看骨肉哭一声，梅酸檗苦甘如蜜。
>
> 黄河水白黄云秋，行人河边相对愁。
>
> 天寒野旷何处宿？棠梨叶战风飕飕。
>
> 生离别，生离别，忧从中来无断绝。
>
> 忧极心劳血气衰，未年三十生白发。

就这样，他又一次告别符离，这是他的离别处，也是他的伤心地。

为了早点出仕为官，他要寻取朝廷官员或地方都督、刺史等主官举荐参加吏部科目试或制举，得经常与各地的亲友、同年联系，寻求得到举荐或去地方当某个节度使、都督、刺史幕僚的机会。他有时去长安与同年祝贺座主高郢升为太常卿，有时回洛阳与同年聚会，寻求河南府官员的援助。冬天，他去滑州、邯郸拜会官员，寻找资助和机会。文士李翱是贞元十四年（798）的进士，如今在滑州节度使李元素的幕府担任观察判官。白居易去拜会他时，认识了同在那里的文士唐衢，此人善写诗，性情直爽，是个可交的朋友。三人白天一起游览古人修筑的滑台，晚上留宿在李翱处，一边闲谈一边饮酒，夜深了才罢休。第二天下大雪，三人又大喝一场，下午白居易、唐衢告别李氏，冒着风雪并马而行，到晚上才分别。

作为选人，来往的官吏、士人比以前多了不少，亲友婚丧嫁娶、亲朋往还、官场酬应等都要写作书信。白居易常参照武后时卢藏用所撰《仪例》、开元年间士人杜友晋所撰《吉凶书仪》《新定书仪镜》等书仪撰写各类内外族吉书、凶书、婚礼和凶礼仪注、口吊仪礼、祭文等，针对各人的情况把一些文字略作变通即可。当然，还要跟座主、同年、亲友时而通问，保持联络。

幸运的是，贞元十八年年底，白居易得到官员的举荐，可以参加第二年初的吏部"书判拔萃科"科目试，如果考中就能被提前授予官职。这个考试需要书写三道判词。为了准备考试，他赶到长安，借宿一间房舍专心备考。他把历年的考试题目、判词范本都找来研读，针对为政之道、婚姻家庭、科举教育、丧葬礼仪、军事、品行、犯罪行为等各类事宜，分门别类摘抄资料，汇集了一本私人资料集，然后以此为基础，针对能想到的各类案件一一撰写判词，共作了一百道判词（后整理为《百道判》）[1]，比如他模拟这样一道"判题"："得：景为县令，教人煮木为酪。州司责其烦扰，辞云：'以备凶年。'"此题化用王莽时期"煮木为酪"的典故，当时青州、徐州发生大饥荒，王莽派出大夫、谒者教授民众煮木为酪，白居易就此写了一篇"判词"分析此事：

事不举中，有灾宁救？政或扰下，虽惠何为？景念在济时，动非率法。且烦人而不恤，是昧烹鲜；何歉岁以为虞，将勤煮酪？信作劳于无用，岂为教之有方？必也志切救灾，道敦行古。《周官》荒政，自可择其善者；新室

1　付兴林.白居易散文研究.北京：中国社会科学出版社，2007，40-78。

弊法，焉用尤而效之？宜听责言，勿迷知过。

　　这篇文字虽然短，但是意思层层递进，一是指出这位县令的举措扰民而无用；二是指出如果真要预防灾荒，有更好的方法；三是指出这是王莽新朝的弊政，实际是揭示题目的来源，表明自己了解相关的文献背景。如此，同意州司的意见才有理有据。他反复练习撰写各种主题的判词，不断修改、背诵，这样，等考试的时候无论拿到什么题目，自己都不必担心。

　　这时，他认识了也在备考"平判入等科"的士子元稹，有了交往。元稹比白居易小七岁，乃北魏皇族元氏之后，出身官宦世家，家在长安靖安坊。八岁时他的父亲在比部郎中任上病逝，他跟母亲去凤翔依靠舅舅生活。因为家贫上不起私塾，是母亲教他启蒙知识，姨兄、姐夫教他学诗。他十分聪慧，九岁跟着远房表哥胡灵之学诗，十五岁便考取"明经"[1]，获得"选人"资格，虽说有"三十老明经，五十少进士"的说法，他如此年少就考中明经，还是让人惊叹。只是，按制度"明经"需要"守选"七年才可参加吏部铨选考试去当官，他便花了许多心思在创作诗文上。十六岁时他迷上陈子昂的那一组《感遇诗》，一天之内仿写出近似的《寄思玄子》诗二十首，让亲戚相当惊讶。得到众人的赞许以后，他广泛涉猎诗文，从友人处得到杜甫数百首诗歌的抄本，细心揣摩研究，从此技艺大进。他平日读书、出游、闲暇都喜欢作诗，积累了不少诗作。前几年他去河中府投奔亲戚，常与比自己大二十四岁的杨巨源研讨作诗方法，在那里还与双文、莺莺（也有人怀疑莺莺乃元稹写作时给双文所起化名）等女子有几段情缘。大前年元稹守选满七年，回到京城参加铨选考试，可惜连续两次都没有考中，不过，他的才华得到京兆尹韦夏卿的赏识，去年把小女儿韦丛嫁给了他。有这样的岳丈，加之他又擅长诗文，自然可以得到官员的举荐，得以参加科目试，众人都看好他的前途。

　　等到贞元十九年（803）初，考试那日，白居易、元稹等几百人鱼贯进入吏部的考场，写作"毁方瓦合判"等三篇判词。数日后公布榜单，白居易考中"书判拔萃科"，而吕炅、王起考中"博学宏词科"，元稹、李复礼、吕颖、哥舒恒、崔玄亮考中"平判入等科"，这八个人随后都将被授予官职，不必如其他选人那样"守选"。

1　周相录.元稹明经及第确切年代考//唐都学刊.2005年第4期，16-19。

考中之后，白居易和元稹等八名科目试同年一起去曲江西岸的杏园设宴庆祝。此时春渐暖、花渐开，长安人纷纷穿街过巷到郊区踏青，曲江尤其热闹，车马喧闹。白居易以前也来过曲江几次，都不像如今这样畅快。他们八人延请歌姬酒宴，"争入杏园齐马首，潜过柳曲斗蛾眉"（《和元九与吕二同宿话旧感赠》）。之后，众人一起去柳曲欣赏歌舞表演，白居易、元稹在那里结识了美丽的歌姬阿软、秋娘。乐人演唱的曲子都配有曲子词，大都是粗通文字的乐师撰写的，也有的乐伎求请进士、名士撰写曲子词，以能演唱新词为荣。元稹风流多情，自己也能演唱曲子词，白居易也喜爱音乐，当即写了一首绝句赠给阿软演唱，让这位美人十分得意。

随后，白居易、元稹、崔玄亮、吕炅同一天被任命为从九品上的秘书省校书郎，王起被任命为集贤馆校书郎。秘书省、弘文馆、崇文馆、著作局、司经局都设有校书郎，事务清闲而又能接触朝中高官，是初入仕的美职。秘书省是管理宫廷藏书的机构，设秘书监一人、少监二人、丞一人、秘书郎四名、校书郎八名、正字四名，其他还有主事、令史、书令史、典书、楷书手、亭长、掌固、熟纸匠、装潢匠、笔匠等吏员，事务稀少。校书郎负责校订典籍、勘正讹误，是个闲散的官职，不必如五品以上官员那样必须每天都清早起来去参加早朝，只需要每月朔日、望日参加大朝会，朝会之后顺便去一下官署，其他时间都待在家中，有许多时间交友、读书、作诗、游览。

对白居易来说，秘书省校书郎每月有一万六千钱俸禄，这笔钱可以支撑一大家人的生活，比田庄的收入更稳定。兄长在浮梁县当主簿，月俸只有一千零五十个铜钱，远不如自己。当然，在地方当官还有职田所得的米粮以及一些灰色收入。父亲去世后，白家兄弟过了近十年紧凑的日子，现在，终于有了大的改善。从此，他就成了家中的顶梁柱。

他租赁了长安东市之东的常乐坊（今西安交通大学兴庆校区）一处小宅院居住，这是六年前故去的宰相关播的园林"东亭"所在的地方。关相国故去后，关家无力维持这么大的园林，便把园林分隔为几处院子，出租给白居易这样的官员或士子、商人居住。

他租下的是个有四五间房舍的小庭院，仅有一个小院子和一排房屋，分别作为中堂、书斋、厨房、仆从房等。对三十二岁的他来说，这是自己掌控的第一座房子。以前，白居易住过家里的宅院和田庄、亲友的房子、父亲和哥哥的官舍、旅途中的旅店。虽然那些房子也有庭院、花园,可是他做不了主,而这处房舍是他租赁的,在这里他说了算。

竹、松、柏等是少数几种在关中依旧四季常青的植物,长安士人喜欢栽种在庭院中。这个小院的东南角有一丛竹子,几十根而已。据看门的老者说,这些竹子是当年关相国亲手栽种的,本来有一大丛,以前的租客砍掉竹子做筐、扫帚,剩下的这丛缺乏照料,和杂草混杂在一起,看上去有些憔悴。白居易爱好园艺,便和仆人动手清理竹林里的杂草,砍掉杂木,平整土壤。十几天后,这些竹子便长得比以前更茂盛、青翠了。

这一丛青葱的竹子让小院有了灵性,白日有清阴乘凉,风来有清声悦耳。白居易与之日夕相对,常在竹林下与友人饮酒、闲聊,喝完了酒就叫仆从去附近的酒家再买,"窗前有竹玩,门外有酒沽。何以待君子,数竿对一壶"(《常乐里闲居偶题十六韵兼寄刘十五公舆王十一起吕二炅吕四颖崔十八玄亮元九稹刘三十二敦质张十五仲元时为校书郎》)。白居易在亭子的壁上题写《养竹记》,记述自己从养竹联想到的大道理,希望后来居住这里的人可以借鉴。对他来说,竹子不仅是一种观赏植物,还寄托了他的情思。竹子根本稳固、身杆挺直、中心空虚、竹节坚固,这些优点让他想到君子要以德性为本、以正直立身、以虚心求教、以坚贞为志。总之,竹子是陪伴君子的良友。

白居易不仅在这处租赁的私宅庭院养竹子,还在秘书省自己办公的房舍前移栽了些竹子,从此无论在家中还是秘书省,都能欣赏它们摇曳的姿态。

他每旬去一次官署,新认识了刘公舆、刘敦质、张仲元等几位校书郎,有了来往。大多时候清闲无事,他就待在家中读书、作诗、作文,"茅屋四五间,一马二仆夫。俸钱月六千,月给亦有余。既无衣食牵,亦少人事拘。遂使少年心,日日常晏如"(《常乐里闲居偶题十六韵兼寄刘十五公舆王十一起吕二炅吕四颖崔十八玄亮元九稹刘三十二敦质张十五仲元时为校书郎》)。其实,他已不算少年,却依旧没有结婚。父母的婚姻给他留下了心理阴影,初恋被家人拆散的结局让他心灰意冷。他对婚姻充满了抵触心理,一再拒绝别人给自己说亲,似乎这就是他对抗母亲、族人的唯一方式。

他的内心有深深的挫败感,一方面,爱而不得,母亲患有怪病,让他烦恼;另一方面,他对长安的风气也心存抵触,觉得无法融入。长安、洛阳的士子见多识广,不少人娴熟书、画、棋、博,以此娱乐、交友,而他只擅长诗文，不善其他技艺和社交，除了与元稹等几人比较亲近以外，并没有多少朋友。他常常独自借酒浇愁，尽管酒量不大，却染上了严重的酒瘾[1]。

常乐坊与皇帝居住的兴庆宫仅有一坊相隔，也靠近长安的东门春明门、延兴门，方便到东门外郊游。白居易与元稹等同僚经常去东门外或者曲江游览。没有伙伴相陪时，他就独自去漫步。早春柳枝刚刚变黄，随风飘摇的时候，他独自骑马走到曲江池边散步。这时杏花、桃花还没有开，很少有人来这里，比较清静，听着伯劳的叫声，他作了首《曲江早春》形容这里的风光：

> 曲江柳条渐无力，杏园伯劳初有声。
>
> 可怜春浅游人少，好傍池边下马行。

假日，他常和秘书省的七八名青年官员一起聚餐、游览，尤其和元稹来往密切，常相约一起去城内外的寺观、山水名胜游玩。元稹是长安人，正好可以给他介绍各处风景。他们流连曲江池的春光，也去观赏唐昌观的玉蕊花、西明寺的牡丹花。安业坊的唐昌观中有一株独特的玉蕊花，开花时满树白色的花朵，轻轻薄薄，犹如瑶林琼树，每年春末开放时都会吸引许多士人前去观赏。白居易在唐昌观欣赏玉蕊花时，想起未能一起前来的王起，写有《惜玉蕊花有怀集贤王校书起》：

> 芳意将阑风又吹，白云离叶雪辞枝。
>
> 集贤仇校无闲日，落尽瑶花君不知。

牡丹花开的时节，京城士民都去慈恩寺、崇敬寺、西明寺、永寿寺等处欣赏，这些地方会变得非常喧闹。

其实牡丹首先在洛阳流行，是武则天让牡丹成为大唐权贵瞩目的名花。显庆五年（660），高宗和皇后武氏一起去武后的老家山西并州文水巡视，二月到达，四月离开。四月正是牡丹花开的时节，他们在汾州（今山西汾阳）

---

1 尽管当时还没有酒精度很高的蒸馏白酒，可是长期、大量饮用十度左右的酿制酒也足以成瘾。或许他后来子嗣过少就与过度嗜酒有关，可惜他自己不知道此中缘由。

城东五里文湖岸边的众香寺看到了庭院中盛开的牡丹花，这是御园中没有的花。或许是为了缓解乡思，武后让人把牡丹移植到洛阳的宫廷中。后来宫廷中有一株双头牡丹开放，年少有才的上官婉儿写了诗句"势如连璧友，心似臭兰人"（《咏后苑双头牡丹》），歌颂高宗、武后二人联袂统治天下，同心同德，如君子那般高尚。

后来武后当了皇帝，更是推崇牡丹，洛阳的王公权贵也纷纷栽种牡丹。足以说明洛阳首先流行牡丹的证据是，那里出了位培育牡丹的高手宋单父，栽培出上千种颜色有别的牡丹，成为名人。后来玄宗有意遮掩武后的事迹，把武则天兴建的许多建筑拆毁、改名。但是牡丹却依旧留在洛阳的宫苑中，因为玄宗自己也爱好园林、艺术。他听闻宋单父的大名，召他到长安，给宫廷栽培牡丹，据说光在骊山华清宫就种了上万株。兴庆池的沉香亭周围栽种了红、紫、浅红、通白四种牡丹，玄宗和杨贵妃去这里赏牡丹时，让翰林供奉李白写了《清平乐词》助兴，"一枝红艳露凝香"是许多人熟悉的句子。

那以后牡丹成了长安权贵、高官的园林中流行的花木，最初显贵们栽种的都是比较常见的紫牡丹、红牡丹。开元末期有一名官员裴士淹从众香寺中移植来一株白牡丹种在长安的私宅中，许多好奇的官员都去观看，还有人写了《裴给事宅看牡丹》表达推崇之意。后来渐渐各处多有移栽，白牡丹已经不算稀奇了。自从玄宗皇帝以来，牡丹已在长安流行了七八十年。每年春天三月五日前后牡丹开放时，满城的士人、市民纷纷到附近的寺庙观赏牡丹花。各个寺庙也培育出色的牡丹花招引民众，慈恩寺、兴唐寺、西明寺的牡丹都享有盛名。宫廷中、官署中和一些权贵、官僚的宅邸中也会栽种牡丹，在花开时节也会举办赏花的酒宴之类，招请亲友一起聚会赏花。

秘书省内的庭院栽种了许多牡丹花，白居易去办公就能看到。静安坊北部元稹家中也栽有牡丹，白居易多次在那里与元稹赏花、饮酒、谈诗，干脆就把元家的花园称作"牡丹院""牡丹庭"。

白居易孤身一人在京，时而感到寂寞难耐。他结交了也住在常乐坊的萧彻，时而相约去仅隔两个坊的平康坊寻欢作乐。

那里是青楼楚馆集中之处，有许多风情女子，如以前见过的阿软、秋娘等都是其中的出色人物。他们一般傍晚到青楼，选好自己中意的女子，一起坐在装饰精美的厅堂中。仆从点起银烛，献上玉杯，香炉中燃烧着麝香。众人一边饮酒，一边听乐伎演奏音乐、歌女唱歌，一边观看舞女跳舞，"旧曲翻调笑，新声打义扬"。等到夜深了，宴会即将结束，女子纷纷换了衣裳坐在客人身边，力争让客人留下，选自己当今晚的陪侍。然后，留宿的客人便带着自己选中的女子一起到"洞房"寻欢。

去这样的高级妓馆花费不少，去一次每人至少要花费一两千铜钱[1]。白居易心知自己有一家人要养活，只偶尔去放浪形骸一番。几个月后，他熟悉了态奴宅、得怜堂等几家妓楼。那时妓女流行梳高髻、化淡妆，头上插着凤钗、红色的石竹花，两肩搭着紫色的帔帛，耳戴蝉翼一样轻薄的耳环。冬季天冷时手中还会拢着暖手的球形金属小香炉，名为香毬、香囊。这种金属小香炉分内外三层，中层有两个同心圆环，以活轴连接外壁和内层的焚香盂，无论如何转动里面的焚香盂都能保持平衡，因此燃烧着的香料不会洒出来。此时的贵妇、良家女子、妓女都流行佩带或者手持这种小香囊，既能取暖，又能散发出动人的香味。

每次游览、饮酒、闲聊之后，白居易常常一个人孤独地回到常乐坊，面对小院中的那一丛竹子。那是他在长安唯一最长久相伴的朋友。对在小县城、田庄长大的他来说，这些寻常花木让他感到更亲切。他对长安城中人人传扬的玉蕊花、牡丹花这类"奇花""名卉"没有太大兴趣。

悠悠闲闲，就这样到了秋冬时节。一天白居易照镜子，发现头上冒出不少白头发，与黑发相间，可谓二毛。这是《左传》就有的说法，南朝士人虞羲、江总也在诗中引用，感叹年华逝去。在有些寒意的京城，在落叶飘零的庭院，他想起当年与湘灵那些亲密的私会带给自己的温暖，写下一首致湘灵的《寄远》：

> 欲忘忘未得，欲去去无由。两腋不生翅，二毛空满头。
>
> 坐看新落叶，行上最高楼。暝色无边际，茫茫尽眼愁。

---

1 有研究认为走访女妓的费用非常昂贵。宣宗朝时，一斗米值四十文，一匹绢要二百文，在平康里办宴席要花费九千六百至三万八千文钱。如五到十人去妓馆，按照较低的费用并考虑通货膨胀，则每名士人要支出至少一千铜钱。宋德熹. 唐代的妓女 // 中国妇女史论集·续集. 台北: 台北稻乡出版社，1991，67-122。

在冬天的晚上，摇曳的灯火下，他又想起她，忍不住写下《寄湘灵》，托人带给她：

> 泪眼凌寒冻不流，每经高处即回头。
> 遥知别后西楼上，应凭阑干独自愁。

也不知道，这首诗湘灵能否收到，是否也有同样的感受。白居易的爱情，就封存在那遥远的地方，在那个人的身上。

不去秘书省，也不外出游览、酒宴时，白居易在家中花了许多时间学诗、作诗，这是受到元稹的刺激。年初他们刚认识时，元稹已有诗作数百篇，其中颇有些诗作让白居易感到惊讶。元稹十六岁时就模仿杜甫的笔调写长诗《代曲江老人百韵》，其中还以"李杜诗篇敌，苏张笔力匀"并称李白、杜甫，把这两位名位不显的诗人与位居宰相的苏颋、张说并列。这时长安、洛阳的不少文士都抄写、阅读李、杜二人的诗作。杜甫虽然生前名声不显，可是他的诗歌功力深厚。

白居易虽然九岁就懂声韵，可他少年时所写诗赋大多都是为考进士而写。虽然加起来也有三四百首，但是大多是符合格律要求的"工整"之作，是用来练笔和备考的，缺乏个人情感的表达和写作的技巧，不像元稹的作品那样有自己的性情，技巧也更复杂，可资谈论。白居易也写过一些表达个人性情的诗作，大都与湘灵的恋情有关，这些诗与元稹这样的密友谈谈尚可，不便公之于众。

白居易熟悉格律，也爱好写作，对自己的诗歌略逊元稹的局面并不甘心。为了与元稹一比高下，他着力学诗、写诗。

白居易广泛借阅、购买各种诗文选本的抄本，为了增加自己的学识，平日阅读经、史、子、集各种著作时，他随时把自己感兴趣的典故、名物、词句等分门别类摘抄下来，汇集成自己写作的参考资料集（后整理为《事类集要》三十部）。这样写诗、作文的时候，写到什么主题、事物就可从这份资料集中寻找前人相关的辞藻、写法，可以稍作变化或者从中得到启发，从而有所创新。

白居易和元稹都是闲官，只需要一个月去官署两三次而已，业余时间两人经常见面。每每写出得意之作，白居易就拿去与元稹探讨、比较，讨论谁的哪一首哪一句更出色，写作的技巧很快就有了进步。他与元稹除了讨论作诗，还经常一起赏月、拂琴、吟诗、换书阅读，到仇家酒楼买醉，欣赏葛氏美女的风姿。当然，也会结伴去游览长安的名胜。春天去曲江池踏青，去登慈恩寺的高塔，去人少的皇子陂漫步，偶尔还会邀歌姬随行，在花花草草之间设立幄幕，一边饮酒赏花，一边观摩歌姬的表演，"香飘歌袂动，翠落舞钗遗。筹插红螺碗，觥飞白玉卮。"（《代书诗一百韵寄微之》）

家在长安的元稹比白居易更适应京城的社交气氛，他认识的人比白居易多，参加的酒宴也更多。

此时的京城中，活跃着两代以诗文著名的士人，文名最大的官僚是四十五岁的权德舆。他出身官宦世家，从小聪慧异常，十五岁就带着数百篇文章拜谒京城名士，闯出了名声，先后被淮南黜陟使韩洄、江淮水陆转运使杜佑等人征辟当幕僚。贞元八年（792）入朝任太常博士，从那时便以诗文著称京师。贞元十年（794）起，他先后以起居舍人、驾部员外郎、司勋郎中、中书舍人身份兼任"知制诰"，负责给皇帝书写诰命，尤其以文章著称。高官显贵经常拜托他撰写碑铭、集纪之类文字。前年他以中书舍人身份主持进士考试，去年升为礼部侍郎主持进士考试。他大力选拔人才，很受文士的尊崇，刘禹锡、柳宗元等年轻士子从前都曾给他投献"行卷"，求其品题。

至于年轻一辈文士，韩愈、刘禹锡、柳宗元三人的诗文颇受瞩目。这三人都出身官宦世家，今年闰十月得到御史中丞李汶的推荐。韩、刘出任监察御史，柳氏出任监察御史里行，成了皇帝近臣，前途看好，许多年轻士人都愿意与他们结交。他们三人彼此交好，常常一起探讨诗文、政事。韩愈比白居易大四岁，他早年三次科考未中，贞元八年（792）才考中进士，之后又三次参加制科、吏部科目试都没有通过，只能落寞地去外地寻找机会，先后给宣武节度使董晋、徐泗濠节度使张建封当幕僚，积累了一定资历。去年他才通过吏部的铨选考试，得以出任正七品上的国子监四门博士。刘禹锡和白居易同岁，从小擅长吟诗作赋，得到诗僧皎然、灵澈的指点，贞元九年（793）二十二岁的他便考中进士，后考取吏部科目试，历任太子校书、淮南节度使杜佑的掌书记，去年调任京兆府渭南县主簿。柳宗元比白居易小一岁，与刘禹锡同年考中进士，历任集贤殿书院正字、蓝田尉。

这一年京城和关中地区天气异常，从正月到七月都没怎么下雨，田地干旱，收成大减。士人、百姓议论纷纷，觉得天象异常，预兆不祥。皇帝为此在七月下令停止今年的吏部铨选和礼部贡举，天下的士子少了一次鱼跃龙门的机会。因为没有什么收成，秋天关中饿殍遍地，灾民流离失所，京城周边常能见到四处乞讨之人。管理京城民政的京兆尹李实却对皇帝说今年虽然有一点旱灾，田地的收成挺好，非但没有上书请求朝廷减免百姓的赋税，反而横征暴敛，许多农民只好卖掉房子、种子缴税。卖唱人成辅端见民众可怜，作了一首诗陈述百姓的艰辛[1]：

> 秦地城池二百年，何期如此贱田园。
> 一顷麦苗硕伍米，三间堂屋二千钱。

这首诗歌四处传唱，李实得知后上书指控成辅端诽谤朝廷，皇帝下诏处死了成辅端。这个李实是宗室子弟，爵位是嗣道王，颇受皇帝宠信，别人都不敢得罪他。从前他和御史王播的轿子在路中相遇，两人互不相让，李实上书指责王播，皇帝便把王播贬为三原令。

冬天，皇帝也从耳目那里约略了解到关中的灾情，下诏免去京兆府民众今年的税赋。其实京兆府已经把大部分税赋都收上来了，而且官吏依旧在强征还未交税的百姓的赋税，许多百姓流离失所。监察御史韩愈见到饥民的惨状，心中不忍，上书《御史台上论天旱人饥状》，揭发"京畿诸县，夏逢亢旱，秋又早霜，田种所收，十不存一……至闻有弃子逐妻，以求口食；坼屋伐树，以纳税钱。寒馁道途，毙踣沟壑。有者皆已输纳，无者徒被追征"[2]。请求皇帝下敕让京兆府停征百姓还未缴纳的税钱、粮食等，等明年麦子收成以后再征收。他顾忌李实的权势，并没有直接指责李实，但如此上书等于变相暴露京城的灾情，让李实心有不满。加之韩愈之前曾上疏指责宦官主导的"宫市"强买民间商品的弊端，引起宦官的不满。于是几天后他便被贬为连州阳山县

---

1 （后晋）刘昫，等．中华书局编辑部．旧唐书卷一百三十五　列传第八十五·李实．北京：中华书局，1975，3731。

2 （唐）韩愈，刘真伦，岳珍．韩愈文集汇校笺注卷二十七·御史台上论天旱人饥状．北京：中华书局，2010，2810。

038

（今广东清远）县令。据说，韩愈怀疑是友人刘禹锡、柳宗元泄露了他私下议论朝政、朝臣的过激言语，导致自己被贬，有点怨怪他们。

十月时，担任许昌县县令的叔父白季轸来信，拜托白居易给自己修缮的县衙新厅撰写记文。白居易便精心写了一篇《许昌县令新厅壁记》，称颂叔父的政教措施、修建此厅的意义。这是他第一次有文字被书写在公共场合。按照常规，官员修建楼堂馆舍之后要请擅长文章的亲友乃至朝中的中书舍人、翰林学士之类文学侍从撰写记文，以期留名千古。

年底，朝中发生了件令人唏嘘的事情。给事中陈京颇受当今皇帝赏识，当年白居易曾给他呈送过诗文卷轴。据说皇帝考虑提拔他当宰相，不知为何，陈京生了怪病，想要自杀，被家人阻止，他又上书指责中书舍人崔邠、御史中丞李汶诽谤自己。皇帝觉得他精神状况不佳，改任他为秘书少监这样的闲官。随后皇帝任命太常卿高郢、吏部侍郎郑珣瑜两人为同平章事，成了新任宰相。高郢是白居易进士考试的座主，郑珣瑜则是他考吏部书判拔萃科目试的主考，他们成为宰相对白居易来说算是件好事。只是，当今皇帝对宰相与士人结交颇为猜忌，高、郑两人为人刚正而谨慎，不爱交际，白居易也不是钻营之人，与他们并没有多少私交。

贞元二十年（804）初，为了与母亲、弟弟团聚，白居易把剩余的俸禄拿出来，母亲也拿出一些积蓄，买下华州下邽县义津乡金氏村的一处田庄（今渭南市信义乡上太庄西南），有几百亩田地，可以种植稻谷、麦子。白居易称之为渭村旧居、渭上旧居。这座田庄中有"新屋五六间，古槐八九树"（《西原晚望》），栽种了枣树、梨树、桑树等果树，有一条"南涧"流经田庄，四周以篱笆包围。村中一共约四十户人家，附近有西原、北原两处土原，北原有许多坟墓。

这是白居易购置的第一处地产，此处距离长安百里之遥，骑马快走半天就能赶到。他家的田庄在渭河北岸百余步处，紧邻渡口"蔡渡"，每次从长安走到这里，都需要在南岸的渡口坐船、过河，上岸后很快就能到自家的庄园，周围村里还有一些人家。白居易的校书郎官衔是个闲职，每月去两三回就可以，所以他经常回田庄，督促奴仆耕种土地、采桑织布。在长安，为了拉近与两位宰相的关系，白居易精心撰写了一篇《泛渭赋并序》，称颂这两位为"贤相"。他没有其他特长，也不会钻营，只好以文字上的特长略表心意。

二月，他去洛阳迎接母亲和弟弟白行简。听闻圣善寺的法凝大师去年故去，他特地前往圣善寺悼念，为法凝当年讲述的观、觉、定、慧、明、通、济、舍"八言"的每一言各作一首偈，跪在佛堂前唱给亡人。这位大和尚对他多有启示，让他没有一直沉溺在与湘灵的情事中无法自拔。

之后，他去符离处理田庄的事务，还顺便去拜会徐州刺史、武宁军节度使张愔，在招待酒宴上欣赏舞姬盼盼的舞姿。离开符离时，他又一次偷偷与湘灵会面。离别后，他写下一首《潜别离》记述自己的心绪：

> 不得哭，潜别离，不得语，暗相思。两心之外无人知。
> 深笼夜锁独栖鸟，利剑春断连理枝。
> 河水虽浊有清日，乌头虽黑有白时。
> 唯有潜离与暗别，彼此甘心无后期。

两人都把这次别离看作最后一次见面。这段感情到了这时，也该彻底斩断，只能在心底默默留存一点点温情。这段漫长而又无奈的初恋深深影响了白居易的情感世界，他为此忧愁、酗酒、生病，为此多年不肯结婚，如今依旧单身，在这个年代绝对是让人侧目的怪事。

回到长安，回到渭水边的田庄。田庄南部有许多桃树，春天，他喜欢去欣赏那里的桃花，江边还有一株紫桐，那一枝枝花朵常让他想到远方的湘灵。似花非花，如梦非梦。有时候，他带着弟弟白行简到京城结交士人，月色皎洁时，约上元稹、李建、庾承宣、庾敬休（字顺之）、李复礼等一起到曲江漫步。

元稹与来京准备参加明年进士科举的李绅交好。在靖安里元家闲谈时，元稹谈起崔莺莺的故事，李绅大感兴趣，当场作了首《莺莺歌》，又督促元稹作了一篇《莺莺传》，详细记述这则爱情故事的来龙去脉。白居易对这类故事深有感触，因为这让他想到湘灵。

进入新年（805）正月二十三日，六十四岁的德宗驾崩，遗诏传位于太子李诵（顺宗），四十五岁的新帝三日后即位，白居易也参加了大典。

一朝天子一朝臣，政坛又起波澜。原太子侍读王叔文、王伾因为是东宫旧臣，大受信任，号称"二王"。他们先推荐友人、侍御史凌准充任翰林学士，另一位友人韦执谊升尚书左丞、同平章事，成为宰相，与杜佑、高郢、贾耽、郑珣瑜一起执政。后王叔文以起居舍人充翰林学士，王伾以左散骑常侍充翰林学士，经常出入宫廷，为皇帝出谋划策。

听说新皇帝去年就已中风，连话都说不清楚，只能靠写字与近侍、臣下"笔谈"或者把自己的意思模模糊糊说给身边的牛美人、亲信宦官李忠言。他们再告知"二王"，"二王"与亲信文士商议之后起草文书，再移送中书的韦执谊等人施行。"二王"与韦执谊三人掌权后，鉴于京兆尹李实不顾去年的旱灾横征暴敛，为了强征赋税已经杀了几十人，民愤极大，二月二十一日宫中下诏把李实贬为通州长史。长安百姓听闻消息都揣着瓦片、石头，准备等李实出城时攻击他。李实听说消息后连夜从皇家园林北苑（西内苑）的西门"月营门"偷偷出城。百姓听说他逃走了，都互相祝贺，可见他是多么遭人愤恨。朝廷陆续下令取消翰林院冗员、宫市、撤销五坊使（管理雕坊、鹘坊、鹞坊、鹰坊、狗坊的宦官官职）、取消盐铁使在常贡之外的进奉、放宫女三百人和掖庭教坊女乐六百人回家，这一系列措施让朝野颇为振奋，觉得新皇帝能改革德宗后期的弊政，振兴有望。

"二王"得宠，他们两家日夜都有人前去拜会，与他们关系亲近的刘禹锡、柳宗元、韩泰、韩晔、陈谏、凌准、程异、陆质、吕温、李景俭、房启等纷纷得到任用，如监察御史刘禹锡二月兼署崇陵使判官，众人皆知这是个美差，埋葬完毕先帝之后就能得到晋升。刘、柳两人大受王叔文信赖，经常入宫到翰林学士院为王叔文出谋划策。官员、士人听闻之后，不少人争相与刘、柳结交。盛传刘禹锡每天能接到上千信函，他一一写回信，仆从每日要用一斗面粉做糨糊，用来给信函封口[1]。这当然有些夸张，不过，刘禹锡、柳宗元确是京城炙手可热的人物，许多年轻士人都去拜访他们。有的人希望他们指点自己的诗文，美言几句；也有的人期望通过他们认识"二王"，寻求入仕、升官的门路。比如，白居易的同年李谅就因为与王叔文、柳宗元交好，去年被王叔文荐为度支盐铁巡官，今年又出任了左拾遗，成为皇帝近臣。

三月牡丹花开时，京城士人纷纷前去赏花。白居易独自去西明寺看花，

---

[1] 《云仙杂记》记载"顺宗时，刘禹锡干预大权，门吏接书尺日数千，禹锡一一报谢，绿珠盆中日用面一斗为糊，以供缄封"。见（后唐）冯贽，张力伟. 云仙散录·序·云仙散录·二二九面糊. 北京：中华书局，2008，113。

见到了前年与元稹一起来时的题名。可惜元稹去东都洛阳办事，无法与自己同来。要说长安哪里的牡丹花著名，浑家大宅的牡丹肯定排名靠前，他家原是铁勒族浑部酋长、浑瑊担任皋兰州（今宁夏回族自治区吴忠市青铜峡市南）都督时，应召带兵参与平定"安史之乱"以及之后朱泚、李怀光之乱，是德宗最为信任的武将之一，长期镇守河中（今山西西南部）防范吐蕃。德宗给他在大宁坊赏赐了豪宅，因浑瑊曾任侍中，京城人就把他家的宅邸叫作"浑侍中宅"。四年前浑瑊去世，他的几个儿子依旧在朝中当官，如浑瑊第三子浑镟现任鸿胪寺卿，与众多官员有来往。他家的牡丹享有盛名，每到春天盛开时，经常邀京城官僚去欣赏，刘禹锡、柳宗元都是他家的座上客。刘禹锡去赏花时作了一首诗《浑侍中宅牡丹》：

> 径尺千余朵，人间有此花。今朝见颜色，更不向诸家。

白居易、李绅也有幸得到机会到浑家观赏牡丹。因为不是京城的名人、高官，只是跟着其他官员一起游览。回来后，白居易写了一首打趣的诗《看浑家牡丹花戏赠李二十》：

> 香胜烧兰红胜霞，城中最数令公家。
> 人人散后君须看，归到江南无此花。

白居易个性孤直，不愿攀附。他虽然知道刘禹锡、柳宗元的文名，也知道他们在官场的影响，却无意去拜会对方。他依然沉浸在失恋的情伤中，对长安这座城市感到疏离。唯有花木、美酒能让他从感伤中暂时挣脱出来。

蔷薇花容易生长，花色漂亮，是常见的花木。一天白居易到秘书省，见认识的校书郎卢氏移栽蔷薇花到庭院中，便写了一首诗《戏题卢秘书新移蔷薇》，戏称只能让懂得欣赏花木之美的"别花人"看到它：

> 风动翠条腰袅娜，露垂红萼泪阑干。
> 移他到此须为主，不别花人莫使看。

此时朝中纷纷扰扰，几个月内数度翻覆。宫中、朝中由"二王"和韦执谊包揽大权，而四位宰相冷眼旁观——杜佑、高郢不怎么理事，贾耽、郑珣瑜两人称病不来办公，显然对韦执谊有所不满。翰林学士中王叔文、王伾、凌准为一派，与其他六人不和。宫中宦官也分为亲近皇帝、太子的不同派系。三月，宦官俱文珍与翰林学士郑絪、卫次公、李程、王涯谋划，以皇帝有病为由，于四月六日立皇长子、二十八岁的广陵王李淳为太子。王叔文则提拔刘禹锡转任屯田员外郎、判度支盐铁案，辅助宰相杜佑管理财政，柳宗元转任礼部员外郎，掌管礼仪、享祭和贡举。宫内、朝内隐隐已在明争暗斗。

藩镇也与宫中遥相呼应，剑南西川节度使韦皋四月十四日上表请求皇太子监国，荆南节度使裴均、河东节度使严绶相继上表要求皇太子监国并罢免王叔文等人。韦执谊与"二王"谋划从宦官手中夺回禁军兵权，五月初任用老将范希朝为京西神策诸军节度使、韩泰为神策行营行军司马，试图掌握驻扎在京郊的神策军，引起一向把持神策军的宦官势力的警惕。五月二十三日，宦官俱文珍传诏提升王叔文为户部侍郎，削去他的翰林学士，让他难以轻易入宫。六月，王叔文因母亲故去，不得不离职回家守孝。作为这一政治集团的核心人物，他离任后形势急转直下；另一翰林学士王伾难以见到皇帝，觉得形势叵测，以中风为由闭门不出。

七月二十八日，宫中下诏令皇太子监国，任命袁滋、杜黄裳为宰相，取代高郢、郑珣瑜，与杜佑、韦执谊一起执政。八月四日，皇帝下诏"内禅"，自称太上皇，传位给皇太子（宪宗）。两天后，新帝贬王叔文为渝州司户，王伾为开州司马，随后提拔尚书左丞郑余庆为相。九月十三日，皇帝下诏贬刘禹锡、柳宗元、韩泰、韩晔到边远地方当刺史，随后又追贬韦执谊、刘禹锡、柳宗元、韩泰、韩晔、程异、凌准、陈谏为偏远州郡的司马，而且特别强调"纵逢恩赦，不在量移之限"[1]，即以后朝廷举行大典大赦天下时也不许让他们享受恩泽，要让他们在边荒自生自灭。这些人前几个月还炙手可热，如今却都被贬谪远方，真可谓身不由己，祸福无常。

1　（后晋）刘昫，等.中华书局编辑部.旧唐书卷十四　本纪第十四·宪宗上.北京：中华书局，1975，418。

年底白居易就将三年任满。按照制度，六品以下的官员任满以后仍需"守选"数年，才能再以"前资官"的身份到吏部参加铨选考试，考试合格后才有可能被委派新的官职。按照这种"守选"的制度，一个九品小官要是老老实实等待"守选"，恐怕二三十年都在七八品的低级官位上打转，难以成为中级官员。有才华、能力、背景的官员想要摆脱守选，有四条路径：

一是被推荐参加皇帝特诏举行的制举考试，考中者可以立即被授予官职；

二是有选人资格的人可以被推荐参加吏部举行的科目试（宏词科、书判拔萃科等），考中者也可以立即被任命官职；

三是得到地方要员和中央五品以上官员举荐，入朝担任诸司员外郎、起居郎、起居舍人、通事舍人、侍御史、左右补阙、太常博士、左右拾遗、监察御史等"常参官""供奉官"，这些官员要参加朝会或侍从皇帝，由宰相拟议名单后皇帝下敕任命，不归吏部铨选和任命，所以不必"守选"；

四是去给各地的节度使、刺史当幕僚，府主会保荐有选人资格的幕僚挂个朝廷官衔，虽然实际工作是当幕僚，可是这个虚衔也是吏部登记的为官资历，如果以后得到朝中要人的拔擢，也有入朝为官的可能，比如韩愈、刘禹锡都曾给节度使当幕僚，后来也得以入朝为官。

白居易当然不想闲待着"守选"。这年二月，皇帝宣布年底要举行"才识兼茂明于体用科"制科考试，有认识的中高级官员举荐他参加，元稹也得到举荐。于是，五月白居易退租常乐坊的小院，在更僻静一些的永崇坊华阳观租下一处房舍。永崇坊与元稹家所在的靖安坊相邻，这是代宗为自己最钟爱的五女儿华阳公主追福施舍的道观，环境清静，适合读书、备考。观中还有当年公主府内的侍童，给众人讲述了不少旧事。与白居易一样租住在观中的还有今年刚考中进士的牛僧孺、卢周谅、韦八等人，都是擅长文辞的年轻士人，彼此便有了往来。

华阳观平日比较清静，白居易形容是"永崇里巷静，华阳观院幽。轩车不到处，满地槐花秋"（《永崇里观居》）。中秋节的晚上，白居易想到十五年前与湘灵相识、相爱的往事，作了《独眠吟二首》：

夜长无睡起阶前，寥落星河欲曙天。

十五年来明月夜，何曾一夜不孤眠。

独眠客，夜夜可怜长寂寂。
就中今夜最愁人，凉月清风满床席。

制科要考三篇"时务策"，白居易按从前的习惯分类摘抄资料集，按制科考试的要求模拟写作各种主题的"策"。因为宫中、朝中局势变动，制举考试的时间一推再推，一些受到举荐的选人见迟迟还不举行考试，便回家去了。白居易、元稹等人还是坚持在京等候，忙着练习撰写策文、背诵文章。

元和元年（806）正月上元节热闹之后，十九日太上皇顺宗驾崩。国有大丧，制科考试又一次推迟，白居易只能继续等待。初春，他在华阳观中揣摩考官可能出的时事题目，用一个多月时间，按照应试的规格撰写了七十五篇"策"（后编辑为《策林》），涉及朝政各个方面。此时白居易虽然常与僧人来往，对禅法有兴趣，但是并非佛教徒。他这时的思想还是以儒家为本色，对皇帝崇佛的举动有看法，所以在《议释教》这篇策中分析说："况僧徒月益，僧寺日崇。劳人力于土木之功，耗人利于金宝之饰。移君亲于师资之际，旷夫妇于戒律之间。古人云：一夫不田，有受其馁者；一妇不织，有受其寒者。今天下僧尼不可胜数，皆待农而食，待蚕而衣。臣窃思之：晋、宋、齐、梁以来，天下凋敝未必不由此矣。"[1]

仲春，华阳观中桃花开放时，白居易想起友人李谅。李谅从前与王叔文、柳宗元有来往，得到他们的赏识得以出任左拾遗。好在他为人低调，没有过分炫耀过与王叔文、柳宗元的关系，逃过了去年"二王"遭贬的那一场大劫。如今他深居简出，不愿沾染是非。白居易邀李氏来华阳观赏花，写了《华阳观桃花时招李六拾遗饮》：

华阳观里仙桃发，把酒看花心自知。
争忍开时不同醉，明朝后日即空枝。

1 （唐）白居易，谢思炜 . 白居易文集校注 . 北京：中华书局，2011，1590。

最终李谅还是没有能躲过去，不久后就有官员揭发他与王叔文、柳宗元交往的旧事，以"交游猥杂"的名义被贬为澄城县县令。

一直等到四月，朝廷才确定制举考试的日期。十三日这天，几百名被举荐的士人入宫参加考试，皇帝亲自接见众人，最后白居易、元稹等十八人考中，都是一时俊杰。按惯例，制举考试的一、二等空缺，元稹、韦处厚考中第三等，即最高等次，白居易、独孤郁、曹景伯、韦庆复考中第四上等，崔韶、罗让、元修、薛存庆、韦珩考中第四次等，萧俛、李蟠、沈传师、柴宿、陈岵、萧睦等考中第五上等。元稹因为成绩最优，被任命为从八品上的左拾遗，成为谏官，这是台阁就职的"供奉官"，可以经常见到皇帝，得到赏识的话就能快速升迁，仕途最为看好。韦处厚虽然与元稹并列制科最优等成绩，可去年才考中进士，资历太浅，只被授予秘书省校书郎的官职。不过他得到宰相裴垍的赏识，调他以"直史馆"的身份参与修撰国史，这件事办完之后就能升迁，前途看好。

四月二十八日，白居易被任命为京郊盩厔（zhōuzhì）县（今西安周至县）的县尉，官阶为正九品下。长安下辖诸县称作"畿县"，畿县官员靠近京城，能受到京兆尹乃至朝臣、皇帝的关注，县尉任满后常能调回朝中担任拾遗、监察御史、大理评事等清显官职，被视为升官的捷径之一。官场有"八隽"的说法[1]，说的是考中进士以后，最好的发展路径是连续担任八个等次的同级别最优官职——第一步考中制举，免去守选的麻烦；第二步担任校书郎、正字之类清闲而能接触当朝显贵的官职；第三步担任畿尉，获得在地方为官的资历；第四步成为监察御史、殿中丞，成为皇帝近臣；第五步成为拾遗、补阙；第六步升为员外郎、郎中；第七步成为中书舍人、给事中；第八步成为中书侍郎、中书令，这时候一般就能加平章事，成为宰相了。这是文士能当上宰相的捷径，中间最好不要担任其他官职、浪费时间。说穿了，就是官员从第四步开始就成为皇帝近臣，得到皇帝、宰相的赏识，跨越"守选"和"铨选考试"的限制快速升迁。

虽然白居易的仕途比好友元稹慢了一步，但是在外人看来，他二十九岁考中进士，之后又在几年间分别考取科目试、制举，越过了"守选"，如今

1　（唐）白居易，谢思炜．白居易文集校注．北京：中华书局，2011，924-925。

成了畿县县尉，仍然比大多数进士要幸运。可他们有点奇怪：士子一旦考中进士，就会有一群人围上去说亲，愿意把女儿嫁给这样的人。可白居易年已三十五岁，这么大年纪还未成婚，让人匪夷所思。

他们不知道的是，白居易心中有一个缥缈的身影，至今仍未消散。

第三章　盩厔县尉：唯有一曲长恨

　　宪宗元和元年（806）四月底，白居易从长安的都亭驿出发去盩厔县。盩厔位于长安西南一百三十里处，有大路相通，从长安外郭城的西门金光门出去，经昆明池南侧的细柳驿（今西安细柳镇）、蒲池村、沣水桥、秦社镇、钟阳驿（今牛东镇）、终南城（今终南镇）、司竹监（今司竹镇）即可到达[1]。骑马快行大半天就能到，乘车的话也只需两日。而且县城位于长安至汉中的官道骆谷道北口三十里处，每日路过的邮差、官吏、商旅众多，白居易可以经常与元稹等友人通信，探讨诗歌作法。友人杨弘贞前来送行，两人骑马从金光门出来，向西南走到近郊的昆明池旧址。这里春水荡漾，他与杨氏在此告别，带着仆从独自向西南行去。

　　盩厔县设有两位县尉，他负责司户[2]，即监管功曹、户曹、仓曹方面的官吏分别处理学校考课、租赋户籍、仓库保管和相关案件审判等，另有一位县尉李文略负责治安、兵事、监狱等事务。

　　他到县衙参拜县令，与同僚、下属寒暄之后便上任了。州县官员每天有两个时间段上班处理公务："朝衙"即早上听到鼓响到官署坐班处理公务，中午在食堂会食毕可回家休息；"晚衙"即傍晚再到官署办公到天黑[3]。地方主要官员都有官舍，白居易也有一处自己住的小院，有长着花木的庭院，可是毕竟是官府的房舍，并非私人的家园，他没怎么打理。县尉事务繁多，与从前当校书郎时的状态可谓天差地别。他平时都在县衙忙着处理公务，只能在假日休息。每月十天休一天"旬假"，元旦、冬至各有七天假，寒食与清明

1　辛德勇 . 隋唐时期长安附近的陆路交通——汉唐长安交通地理研究之二 // 中国历史地理论丛 . 1988 年第 4 期，145-171。
2　砺波护 . 唐代的县尉 // 史林 . 1974 年 9 月五七卷五号，705-773。
3　早衙早上六七点开始至中午十一点结束，晚衙下午六七点开始，晚上九点结束。赖瑞和 . 论唐代官员的办公时间 // 中国史研究 . 2005 年第 4 期，73-77。

合起来休七天，夏至、腊日各休三天，正月七日、十五日、春秋二社、二月八日、三月三日、五月五日、三伏、七月七日、十五日、九月九日、十月一日、立春、春分、立秋、秋分、立夏、立冬各休假一天。另外五月有十五天的田假，九月有十五天的授衣假。

白居易开始接触县中大小案件和百姓，了解到税赋、刑罚方面的运作内幕，对民生的艰困有了具体入微的体会。比如说，在朝廷规定的夏税、秋税之外，地方各种"加税"众多，民众的负担比名义上的两税多多了。天宝年间，朝廷在关中推行"和籴"，兼有缓解粮荒、救济民生、平抑粮价的目的。按公布的规则，应是粮食丰收时官府以略高市价的价格收购粮食，既能储备粮食，又能保证农民的基本收入，这本来应是官府居中调剂、民众自行买卖。而如今的"和籴"有名无实，已和税收没有区别，官府都是指定民众缴纳若干粮食，收购价格常常低于市价，而且规定民众须自行运送到仓库，如果延误就有官吏来催促、鞭打。白居易之前在符离田庄也被指派承担过"和籴"，好在他是士人家庭，可以免去被官吏勒索之苦，而普通民众延误的结果可想而知。只是州县官吏也有自己的难处，完不成赋税任务，上级也要责罚他们乃至撤职。白居易自己身为督催赋税的县尉，也只能照上级的指示办理，写诗文感叹"一落风尘下，始（一作方）知为吏难"（《酬李少府曹长官舍见赠》）。

盩厔县属京兆府管辖的畿县，白居易时常要去长安城里的京兆府衙门办理公务。一次，他见京兆府官署前的沟渠内新移栽了一些莲花，有感而发写了《京兆府新栽莲》抒怀：

> 污沟贮浊水，水上叶田田。我来一长叹，知是东溪莲。
> 下有青泥污，馨香无复全。上有红尘扑，颜色不得鲜。
> 物性犹如此，人事亦宜然。托根非其所，不如遭弃捐！
> 昔在溪中日，花叶媚清涟；今来不得地，憔悴府门前。

他由花想到人，以花自喻，觉得自己从前担任秘书省校书郎这种清闲的官职，经过一番努力考中制举，原本期望能有个不比校书郎差的职位，可是却被任命为事务繁重、地位低下的县尉，奔忙处理文案、审判案件，"可怜趋走吏，尘土满青袍"（《权摄昭应早秋书事寄元拾遗兼呈李司录》），犹如青莲被种植在污泥之中。其实，在首都附近的畿县当县尉，对年轻官员来说是比较好的出路，表现突出或者有背景的话很容易升官，是别人羡慕的对象。

到了七月，上司让他临时代理昭应县令。他到昭应县官署后忙于公务，十天后照镜子，发现自己头上又生出一些白发。从昭应县衙就能望见骊山和华清宫的亭台楼阁。那里是当年玄宗、杨贵妃经常游乐的地方，本地耆老间还传说着当年他们的故事。

骊山的温泉早在秦汉时期就吸引了秦始皇、汉武帝来享受，修筑了宫殿，后来历朝帝王屡有兴建。本朝太宗让将作大匠阎立德在这里修建宫室楼阁，赐名"汤泉宫"，还御制碑石立在宫中，后高宗把这里改名"温泉宫"。玄宗喜欢游览和泡温泉，几乎每年十月都要到此游幸，岁尽始还长安。从开元二年（714）到天宝十四载（755）的四十一年间，玄宗先后出游华清宫三十六次，有时一年两次。天宝六载，玄宗下令扩建这处行宫，以"温泉涌而自浪，华清荡邪而难老"之意改名"华清宫"，在华清宫周围修建了朝廷百司的官署，从此每年冬天皇帝都和朝廷百官到骊山来。为了服务数千权贵、官员、内侍、禁军，山下形成了一座城镇。骊山上下分布的建筑较多，除了皇帝的行宫华清宫，还有许多权贵的别业、官署、寺观等，楼、台、亭、阁则依山势散布于山腰、山脚。

玄宗和还是寿王王妃的杨玉环第一次见面就是在华清宫。玄宗想办法把她纳为内宠之后，御赐这里的一处温泉池为"贵妃池"（"海棠汤"），还有一处他们演奏音乐的"按歌台"，是一处建有戏楼或可以搭建大帐的半户外歌舞演出场所。玄宗精通音乐，能演奏多种乐器，尤其擅长吹笛，爱吹奏一管紫玉作的笛子。杨贵妃擅长弹琵琶。举行酒宴的时候，皇帝让梨园弟子中最出名的迎娘、蛮儿等表演，有时候高兴了，就让迎娘歌唱《水调曲遍》，让贵妃边弹琵琶边唱歌。宫内的近侍在这种场合都称呼皇帝为"三郎"，皇帝则称呼杨贵妃的小字"玉奴"。骊山快到山顶处有个平台，上面有一座道观朝元阁。传说当时有人报告说自己看到太上老君在那里现身，玄宗觉得这是祖先显灵，命令在朝元阁南侧修建了一座降圣观纪念此事，还把新丰县改称"昭应县"。朝元阁东侧下方是长生殿，这是皇帝去朝元阁祭拜之前沐浴、清修的"斋殿"。华清宫缭墙东侧有玄宗分别赏赐给杨国忠、虢国夫人、韩国夫人、秦国夫人的宅第。传说韩国夫人喜好热闹，让人在骊山顶上安置了一座高八十尺的千枝灯台，上元节的晚上点燃上面的大蜡烛，山顶一片光辉灿烂，山下的百姓都能望见光芒。

"安史之乱"后皇权不振，藩镇势大，皇帝很少到长安附近的离宫别馆。这里也年久失修，近乎荒废，只有一些老宦官、宫女在看守而已。宫殿的瓦上都是落叶，院墙周围都是绿苔，山下也是一片荒村野店的场景。白居易听了不少这类传闻，只能感叹而已，不好公然议论皇帝的举措得失。

白居易没有妻小，假日喜欢外出游览，结识了守选的进士陈鸿、隐居仙游山的尹公亮、隐居蔷薇涧的王质夫等人，常与他们聚会、闲谈。让白居易有点担心的是，听说好友元稹最近走霉运。元稹是个热血青年，几个月前刚当上右拾遗，当日就给皇帝进献《教本书》，论述训导太子的宫官宜选正人等事宜，皇帝颇为赞赏，招他入宫咨询。之后数月，元稹接连上《论谏职表》《论追制表》《论西戎表》《迁庙议状》等，引起皇帝的注意。八月十三日皇帝在延英殿单独召见他，引起执政者的忌惮，找了个借口，于九月十日外派元稹任河南县县尉、当日离京。六天之后，元稹的母亲郑氏在长安靖安坊病逝。元稹与三位兄长按照礼制离职，回家守孝。白居易自然要去元家吊唁、慰问。此时士人讲究厚葬父母，白居易考虑元稹为母亲营办丧事，想必经济并不宽裕，派人给他送去盐酪、药物等，让他感动不已。

秋天，白居易趁休假，前往城南三十多里处的终南山紫阁峰、仙游山一游。等到十二月县府公务基本处理完毕，他与陈鸿、王质夫同游仙游寺。这座佛寺位于黑水峪口，由隋文帝始建，有一座高塔供奉佛舍利。这里距马嵬坡不过五十里，三人在寺中闲聊，说起玄宗和杨贵妃的故事，感慨不已。王质夫建议白居易、陈鸿分别就此写长诗、传记，于是白居易以此为主题构思和撰写《长恨歌》，陈鸿撰文《长恨歌传》。

玄宗和杨贵妃的故事大唐朝野人人皆知，大多数人仅仅把他们看作昏庸皇帝和祸水宠妃，但白居易却觉得此事不同寻常。他听当地耆老讲述玄宗和贵妃当年旧事的细节，对玄宗思念杨贵妃的传说尤其感兴趣。因为自己依旧念念不忘湘灵，他在写作《长恨歌》时用追忆的口气细细叙述皇帝和贵妃之间的爱情故事，就像传奇一样情节起伏，就像僧人的"俗讲"故事一样叙事细致，最后又渲染了失去爱人之后那缠绵无尽的思念和怀想。

他用"玉容寂寞泪阑干，梨花一枝春带雨"形容杨贵妃哭泣后的样子，这是有缘故的。玄宗当年在御苑中的"梨园"教导歌儿舞女歌曲、舞蹈，后世把戏曲演员称作"梨园子弟"。白居易在长安、盩厔为官时，亲耳听当年的梨园弟子讲述玄宗和杨贵妃的往事，如《梨园弟子》所云：

> 白头垂泪话梨园，五十年前雨露恩。
> 莫问华清今日事，满山红叶锁宫门。

玄宗、杨贵妃的故事以安史之乱为背景，从前写到这段故事的大部分文人都是感喟玄宗沉溺美色导致国家丧乱，可是白居易有自己强烈的感情投射[1]。他因自己的初恋积累了许多遗憾和情思，把玄宗和杨贵妃当作热烈的情人，突出了缠绵感人的情爱，在《长恨歌》中化用他之前写给湘灵的《长相思》《潜别离》中的句子和意象，表达了无法把握爱情的无奈，失去以后的深切思念，发出了"在天愿作比翼鸟，在地愿为连理枝"的强烈呼声，让痴男怨女能感同身受，比仅仅感喟宠妃亡国的那类诗歌更强烈地唤起人们的同情之心。

此时颇为流行才子佳人主题的传奇小说。几年前，元稹根据自己少年时恋爱的经历了一篇传奇《莺莺传》，末尾还有友人杨巨源所写绝句《崔娘诗》、元稹所作《会真诗》三十韵，情调婉转风雅，颇为友人所知。白居易、陈鸿的合作，也是受到元稹的启发，而玄宗和杨贵妃的名气更大，《长恨歌》的叙事更加动人心弦。这样新奇的诗篇，自然很快就在京城传播开了，流布甚广，不仅一些高官、贵族知道白居易的名字，歌女也开始传扬"白才子"的名声。

在韩愈、元稹等人的影响下，如今长安爱好诗赋之人都热衷抄写、阅读李白、杜甫的诗歌，如韩愈就在《感春四首》中云"近怜李杜无检束，烂漫长醉多文辞"，在《荐士》一诗中又说"国朝盛文章，子昂始高踏。勃兴得李杜，万类困陵暴"。白居易当然也对李、杜之诗多有揣摩。

白居易移栽了几株蔷薇花到县衙的庭院中，他还没有结婚，在《戏题新

---

1 对白居易和湘灵的恋情以及对撰写《长恨歌》的影响的研究，见王用中．白居易初恋悲剧与《长恨歌》的创作／／西北大学学报（哲学社会科学版）．1997 年第 2 期，55-59。

栽蔷薇（时尉盩厔）》中笑称等美丽的蔷薇花开放了，就把它们当作夫人：

> 移根易地莫憔悴，野外庭前一种春。
> 少府无妻春寂寞，花开将尔当夫人。

　　他与这里的一位官妓来往密切，有了一段情缘[1]，可是他仍然忘不了初恋。春天，他想到湘灵，感到"无计慰心神"，去仙游山游览时移植那里的两株松树到县衙中，把它们当作自己的朋友，"乘春日一溉，生意渐欣欣"（《寄题盩厔厅前双松》)，这两株植物给了他不少安慰。

　　让他高兴的是，弟弟白行简参加这年的进士省试，被取中了，也成了及第进士，让全家都高兴了好一阵。接下来，弟弟也要谋求参加制举、科目试，否则只能老老实实闲待三年再参加吏部铨选。

　　三月中旬牡丹花开的时候，白居易特意请假去了一趟长安，住在友人杨虞卿位于靖功坊的家中，逗留了十天。杨汝士、杨虞卿、杨汉公、杨殷士四兄弟与他算是故交，当年他们的父亲杨宁担任宣州刺史崔衍的佐官，白居易得到叔父的帮助前去拜托崔衍参加宣州的解试，在那里住了几个月，认识了杨虞卿，两人一同在宣州应试，友谊源远流长。如今杨宁在京担任户部郎中，他的族兄杨於陵最近入京城担任京兆尹，是白居易的上司。三月二十日，在杨家喝了饯别酒宴、欣赏牡丹之后，白居易回到盩厔县，得意地写了一首《醉中归盩厔》，说自己不是为了公事去京城，仅仅是欣赏牡丹去了：

> 金光门外昆明路，半醉腾腾信马回。
> 数日非关王事系，牡丹花尽始归来。

　　五月他到郊区办事，路过麦田的时候见到农民都在地里忙着收割麦子，大太阳照着他们的背部，"夜来南风起，小麦覆陇黄。妇姑荷箪食，童稚携壶浆。相随饷田去，丁壮在南冈。足蒸暑土气，背灼炎天光"。更可怜的是，

1　白居易离开盩厔时写的《留别》显然就是与这位情人告别，他叹息"二年欢笑意，一旦东西心。独留诚可念，同行力不任。前事讵能料，后期谅难寻。唯有潺湲泪，不惜共沾襟"。显然，这位女子身份低微乃至身处乐妓，乃贱民，这才是他不愿带之同行的根本原因。

收割之后的农田里"复有贫妇人，抱子在其旁。右手秉遗穗，左臂悬敝筐。听其相顾言，闻者为悲伤。家田输税尽，拾此充饥肠"（《观刈麦诗》）。农民如此辛苦，还有人吃不饱饭，这让他有点惭愧：自己身为县尉，坐在官衙就能领到三百石禄米。

第四章 翰林学士：长安第一诗人

当今皇帝喜欢听乐人演唱歌行，颇为欣赏李益、卢纶等人征戍题材的诗歌。李益仕途不顺，大历四年（769）考中进士后，数年间又考中科目试"书判拔萃科"、制举、科目试"平判入等科"。可是他在朝中没有得力人物援助，徘徊地方十八年，先后任华州郑县（今陕西华县）主簿、河南府参军、渭南县尉，虽然在畿县为官，却无缘入朝任职，只能去地方给几位节度使当幕僚[1]，逐步积累资历。他长期在边塞生活，写得有关征戍、相思的歌行《夜上受降城闻笛》《塞下曲三首》等，在乐人中颇为流行，经常有乐人在酒宴上演唱，皇帝也有所耳闻。去年皇帝特地把他从幽州节度使幕府调回朝中，当了都官郎中，以后或许能进一步高升。而卢纶已在八年前故去，无缘得到当今皇帝的任用。

白居易写的《长恨歌》等诗歌流传开来后，以中书舍人充翰林承旨学士的裴垍欣赏他的文才，向皇帝推荐。元和二年（807）秋天，白居易被京兆尹杨於陵调到京城，临时充任京兆府"解试"的考官，在光德坊的京兆府衙门负责监考和阅卷。在科举上，朝廷给京兆府优待，每年高中"解试"的举子名额过百，前十名有很大可能考中进士，尤其是第一名"解头"更是如此。这期间，白居易与裴垍有来往，为他代笔作了《唐扬州仓曹参军王府君墓志铭》。裴垍曾参与组织贞元十九年（803）吏部"拔萃科"考试，当时就欣赏元稹、白居易的才华，去年制举考试之前曾指点元、白两人，如今元、白的诗歌已经在京城颇有名气，他有意提携。

在他的推荐下，白居易被抽调入京充任集贤院校理（职事官衔仍为盩厔尉）。白居易回到盩厔县收拾行李，与县府官员告别、移交公务。他还写了一首诗和庭院中的两株松树告别，它们是几个月前自己栽种的，可惜无法长

---

1 陈铁民.李益五入边地幕府新考 // 文学遗产.2021年第1期，67-72。

久相伴。

十一月五日，皇帝召白居易、左补阙（从七品上）崔群到银台门内的翰林学士院参加笔试，撰写《与金陵立功将士等敕书》等主题的制诰、诗赋等五篇。通过后，次日白居易就被任命以盩厔尉充翰林学士，职责是在翰林学士院候命起草诏旨，充当皇帝的顾问。崔群也以左补阙充任翰林学士。

大唐的中枢机构为三省制，各有分工，即中书省奉皇命发布诏令，门下省覆勘诏令，尚书省执行政令。按制度，中书省属下的中书舍人负责根据皇帝的命令起草重要诏诰，而翰林学士起草诏诰是玄宗时才出现的。玄宗兴趣广泛，开元初年设置翰林院，选拔擅长诗文、书法、术数、绘画等技艺的人士充当"翰林待诏"，为皇帝的休闲娱乐、个人爱好服务。这些"翰林待诏"在宫城银台门内麟德殿之西的院落"翰林院"等候召见，也可以征召李白那样的白衣文士充任。玄宗发布的政令繁多，有时不耐烦等候官署在皇城的中书舍人前来起草文书，会临时让擅长文辞的集贤学士起草诰命。通常是让自己赏识的文臣在"翰林院"的房舍等候召见以便起草文书，其中就包括擅长文辞的驸马张垍，他是名臣张说的儿子。张垍觉得自己这样起草诏书的官员身份尊贵，与那些服务皇帝休闲娱乐的翰林待诏不同，于开元二十六年（738）提请玄宗设立翰林学士院，称应召起草诏书的官员为"翰林学士"，在翰林院中划出单独一处地方供他们待命，还设立了仅供翰林学士进出的门。从此翰林学士院与翰林院各自独立，翰林学士与翰林待诏（翰林供奉）也身份有别。

当今皇帝登基之后，颇为重视翰林学士的选任，设立翰林承旨学士位居诸翰林学士之首，明确规定，凡朝中的重要命令，如大赦、册封皇后、册立太子、拜免将相等重要文告由翰林学士起草，其余文告由中书舍人起草。从此人们把翰林学士所草诏令称为"内制"，中书舍人所草诏令称为"外制"。翰林学士在宫内等候皇帝召见起草重要政令，皇帝发布政令之前也常与他们商议政事。所以翰林学士也负有参谋、顾问的职责，有时还会奉旨撰写碑铭、出巡外地、草拟制科考试的策问题目。翰林学士是能影响皇帝决策的近臣，对朝政颇有影响，当今皇帝曾对众位翰林说"卿等是我门客"[1]。当然，总体

---

[1] 白居易《适意二首》其二"作客诚已难，为臣尤不易"，此处"作客"应即指宪宗之言，即李德裕《述梦诗四十韵》自注"先朝曾宣谕：卿等是我门客"。

而言，翰林学士多是中低级官员充任，对朝政的影响还是比不上外朝的宰相、宫内的权宦。

充当翰林学士之人，不管身负的官衔是什么，职责都是到内廷的翰林学士院等候召见，承担起草诏书、参谋顾问的职能。翰林学士是"差遣官"，没有固定品级，都是以其他官衔的官员来充任，多以各部郎中、员外郎等中级官员兼任。白居易能以正九品的县尉充任翰林学士，是超资提拔，可见皇帝对他颇为赏识。

白居易和崔群进入翰林学士院，拜会了其他五位资深翰林学士。翰林承旨学士裴垍贞元二十一年（805）入院，目前最受皇帝信重。李程、王涯、李建三人都于贞元二十年入院。李绛今年四月以监察御史充翰林学士，刚入院半年多。翰林学士因为出入宫廷，要对宫中的见闻保密，大多谨言慎行，唯独李程爱开玩笑，有点独树一帜。其他学士都是早上日光照到甬道上第五块砖时便来院中，唯有李程疏懒，日光照到第八块砖时才来，于是他有了"八砖学士"的外号。

从此，白居易成了京城官员、士人瞩目的人物之一。翰林学士是清显而重要的官职，作为近臣，常能面见皇帝。得到皇帝信任的翰林学士容易升迁，有很大机会成为宰相。现在的两位宰相都曾任翰林学士：郑絪在德宗时长期充任翰林学士，宪宗监国之后即升为中书舍人充翰林学士，不久后拜中书侍郎（后改门下侍郎）、平章事；李吉甫之前长期在地方当刺史，前年年底得到当时的宰相郑余庆的提携，回朝出任中书舍人充翰林承旨学士，今年年初直接升任中书侍郎、同平章事。当然，翰林学士想要更上一层楼，不仅要擅长文辞，也要谨慎、通达、敏于应对，要懂得如何取得皇帝的信任，如何与其他翰林学士、宰相等要员相处。如今在朝的宰相是杜佑、郑絪、李吉甫三人，杜佑年老，郑絪无为，李吉甫多谋善断，当下最受皇帝信重。

白居易才入仕四年就能出任翰林学士，令人羡慕。从此，皇帝去哪里，他们就要跟到哪里。皇帝常去的地方是三大宫，也称"三内"，都是宫苑结合的建筑群，既有居住、理政的宫室，也有游乐的御花园。

位于城北中央的太极宫称"西内"（面积约4平方公里），主要建筑有理政的太极殿、两仪殿，安置功臣图像的凌烟阁等。宫内殿台楼阁，回廊水榭，芳草佳木，各类花卉融为一体，相映生辉。西内之北的广大地区都是皇家禁苑，东起灞河，西近咸阳，北至渭水，东西二十七里，南北三十里，是一片面积广大的园林。四面开门十个，内有离宫台观二十四所，广植花木，辟有樱桃园、桃花园、梨园等，养有各种禽兽，是皇帝休闲游览的地方。每到春夏时百花争妍，清流曲折，皇帝有时会在这里举行宴会招待朝中重臣、亲近的侍从。

位于城北禁苑之东龙首原上的大明宫在太极宫之东，故称"东内"（面积约3.5平方公里），主要建筑有含元殿、宣政殿、紫宸殿、麟德殿等。在宫北玄武殿前开挖了一个人工湖"蓬莱池"（又名太液池），面积约三百亩，池中有亭子、船坞，可以泛舟。池周建有长达四百间的长廊，四周栽有各种花木，景色幽异。在大明宫南部两侧分别建有东内苑和西内苑两处园林，是皇族游憩的地方。

位于上述两宫东南的兴庆宫（"南内"）面积约1.36平方公里，主要宫室有兴庆殿、大同殿、南薰殿、花萼相辉楼、勤政务本楼等。这里本是玄宗和兄弟们的王府，后被玄宗扩建为兴庆宫，南边有一座大型湖泊"龙池"，湖周建有沉香亭、长庆殿、龙室等建筑，另栽植垂柳、牡丹等花木。

大明宫的翰林学士院位于银台门之北，第一门向东挂着木榜"翰林之门"四个大字，因为门高大而装饰精美，形如胡人权贵富豪宅邸的大门，所以人称"胡门"。入门向西就是翰林学士院，院内东西两侧廊道的墙壁上绘有海中仙山、松鹤之类吉祥寓意的图像，北厅的墙壁上有山水树石壁画，所以也被称为"画堂"。每个学士都有单独的房间存放衣物、文稿等[1]。西墙根有一座小楼，众人无事时可在此聚会。学士院外悬挂着铃铛，如果皇帝派人宣召就有人摇动铃铛。院内的学士们听到铃声就迅速整理好衣服，准备应召入内。翰林学士院往北就是翰林院，那里的人称"翰林供奉"，是皇帝从各地招来的三教九流之人，有下棋的、会方术的、书法出色的，也有文辞出色的，比如当年李白就是翰林供奉。他只是奉命写些风花雪月的诗歌，地位无法和翰林学士院中负责起草诏书的翰林学士相比。

学士院西轩前的院子里有古槐、古松、玉蕊、药树、柿子、木瓜、庵罗、峘山桃、李、杏、樱桃、紫蔷薇、辛夷、葡萄、冬青、玫瑰、凌霄、牡丹、山丹、

1　此处参考李德裕《述梦诗四十韵》对翰林学士院方位、格局的描述。

芍药、石竹、紫花、芜菁、青菊、当陆、茂葵、萱草、紫苑等花木，这都是以前的翰林学士按照各自的喜好栽种的，所以品种繁多。皇帝把翰林学士当作自己的门客，会给刚上任的翰林学士赏赐宫中蓬莱池打捞的鱼做成的鱼脍（生鱼片），夏至后赏赐"烧香酒"，也会赏赐樱桃、荔枝、芦橘等时令水果。

起草诏书涉及朝政、人事变动，为了保密，翰林学士一般谨慎处事，不对外透露皇帝召自己入宫起草的诏书的内容；也会减少和外人的来往，以防皇帝、宰相对自己有不好的印象。外人也有意回避，如张籍与白居易之前有交往，如今也不敢来他家拜访。白居易从前喜欢与友人聚会、喝酒、写诗唱和，这时只能压抑自己的兴趣，减少社交活动，来往的人主要是元稹、翰林学士李建等几人，也不敢公然游宴，只能偶尔相约在慈恩寺、玄都观等寺观漫步游览而已。

他需要每天参加早朝，清早五更二点（约早五点）听到钟鼓楼上的鼓声就要起床、出门，沿途街道上的官员宅邸门口都是点着火烛，等候主人出来的仆从。一路上骑马、乘车的官员逐渐汇集，最后近千名"常参官"集合于皇宫前，按照礼仪进宫门参拜皇帝。之后，皇帝一般会在延英殿单独召见宰相或者有关专门事务的官员，其他官员都回到各自的官署办公，到中午吃完饭即可回家。但是各官署下午、晚上都会留下一两个值班官员，以防临时有事需要处理。

翰林学士上午要到翰林学士院等候召见起草诏命，下午、晚上则轮流值班待命，即"宿直"，以备皇帝下午、晚上召见起草重要的制、诏。白居易每天早上去上朝，月色还照着沿途的槐树，傍晚回家时，走在槐树的树荫下。日日如此穿行，他熟悉了街道两侧的那一排排槐树，常与宫廷、官署栽种的槐树为伴。晚上在宫中值班，清早时听到乌鸦一声声鸣叫，起来发现"夜雨槐花落"或者"曙灯残未灭，风帘闲自翻"（《禁中晓卧因怀王起居》）。秋天，来去的路上能听到蝉叫声，槐树的叶子也变黄了，"宫槐有秋意，风夕花纷纷"（《翰林院中感秋怀王质夫》）。

白居易来自低级官僚家庭，父亲又早逝，不像贵族、高官子弟那样熟稔为官的技巧、官场的人情来往，只能通过观察学习如何与皇帝、上级相处，难免有些举措笨拙之处，这是县城来的士子乍入京城名利场的苦恼。他对长安士人的风俗颇为抵触，觉得这里的很多人都势利、人情淡薄，正如在长安

蹉跎多年的孟郊所言："有财有势即相识，无财无势同路人。"（《伤时》）

虽然官职为人所羡，可无人理解他内心的苦闷与孤独。与湘灵已离别三年，他依旧难以忘怀，写下一首怀念她的诗《三年别》：

> 悠悠一别已三年，相望相思明月天。
> 肠断青天望明月，别来三十六回圆。

十一月，他亲眼见识了处斩反叛的镇海节度使李锜父子的场景。李锜是宗室，在外当节度使时自以为是，不听朝廷命令，宰相李吉甫、武元衡都主张讨伐他。此人公然举兵对抗朝廷，可是在周边节度使的攻击下很快就内部分裂，被属下将领逮捕后押送到了京城。按照惯例，朝廷官吏把李锜等人先押到太庙、郊社向先代皇帝、天地神灵控诉他们的罪名，然后在熙熙攘攘的东市、西市游街示众，最后押送到皇城西南角的一处丁字路口"独柳树"处斩，百官都要亲临处斩现场观摩。在皇城墙根下杀人，目的是震慑天下的叛臣贼子。"独柳树"位于承天门街之西第七横街之北，当年这里曾有一棵大柳树，所以有这个俗名。"安史之乱"中出任安禄山朝廷高官的达奚珣等十八人就是在这里被处斩的，从那以后这里就成为西市、东市以外长安的第三个刑场，专门用来处死那些犯了谋逆大罪的人，是长安有名的地方。去年九月白居易还在鳌屋时，就在这里处死了不听朝廷号令的西川节度使刘辟等九人。

德宗贞元年间姑息对待藩镇，多年没有更替节度使、观察使、防御使人选[1]，导致一些人在地方专权多年，骄横难制。当今皇帝在武元衡、李吉甫等人的辅佐下，先后惩治了夏绥留后杨惠琳、西川节度使刘辟、镇海节度使李锜。各地节度使见此情形大多收敛行为，服从朝廷调度，朝廷也对节度使、观察使、防御使、经略使等人选进行升降、调任，一时间朝廷气象颇为振作。当今皇帝以恢复贞观、开元之治为己任，颇留意太宗、玄宗时期的治乱得失。白居易得到皇帝的信用，当然也决心贡献自己的忠诚与才智。

年底，宰相李吉甫领衔撰成《元和国计簿》十卷，统计天下共有方镇

---

[1] 唐代节度使、观察使数量约五十人，记述略有差异，权德舆《魏国公贞元十道录序》言贞元年间有"三十一节度，十一观察，与防御、经略以守臣称使府者共五十"，李吉甫《元和国计簿》云天下共有方镇四十八，《上元和郡县图志序》云天下共四十七镇。

四十八、州府二百九十五，县一千四百五十三，户二百四十四万零二百五十四，但有十五个镇（含七十一州）没有申报户口数量。如河北藩镇从不向朝廷移交税赋，一些守卫边疆的藩镇则依靠朝廷拨款，所以朝廷的花费是依靠比较富庶的浙东、浙西、宣歙、淮南、江西、鄂岳、福建、湖南等八个道的赋税。这八个道下管四十九个州，一百四十四万户，说明长江以南的人口数量、经济规模都已超过北方，这主要是因为四十多年前的安史之乱对北方经济有巨大破坏。如今，纳税的人口相比安史之乱前夕少了四分之三，但是禁军和地方藩镇名下的士兵数量却多达八十三万，比那时多了三分之一，相当于差不多两户纳税人承担一个士兵的开销，可以想见民众的负担之重。

元和三年（808）初，白居易三十七岁了，身为翰林学士，年纪老大却未婚配，显得太过古怪。白居易知道自己必须考虑婚事。友人杨虞卿介绍了从妹杨氏，时年二十四岁，不知为何耽误到如今还未出嫁。她出自名门望族弘农杨氏，宗族中有不少是官场人物。这门亲事应该会让白居易的母亲、族人感到满意，对他以后在官场发展也有诸多好处。对白居易来说，他最真挚的情爱永远留在了符离，如今娶妻是履行作为儿子、士人的责任，完成传宗接代的使命。

为了迎娶夫人，白居易需要有一处房舍安置更多人口。征询了未来的夫人杨氏的意见后，二月初他在新昌坊租了一处小宅院。

新昌坊位于长安城东南角，朱雀门街之东第四街街东自北向南之第八坊，在他之前居住的常乐坊以南，中间隔了两个坊。该坊老早以前是贫民居住的地方，后来因为高宗皇帝在长安城东北部的龙首原修建大明宫，取代城北正中的太极宫成为帝王听政、居住的场所。玄宗皇帝又在大明宫以南设立兴庆宫听政，长安权贵、官僚的住所也跟着宫廷的位置移动，渐渐集中到东北部，之后又延伸到中南部，一些官员便租住这里[1]。该坊交通方便，东侧紧邻长安的东门延兴门，距离北部的东市仅仅一坊之隔，北到兴庆宫隔了三座坊，南到曲江也仅三坊之隔。

白居易租下的是一处两重院落，院墙挺高，庭院狭窄，他形容是"院窄难栽竹，墙高不见山"（《题新昌所居》）。杨氏喜欢这里，主要是因为距离她

1　王静．唐代长安新昌坊的变迁——长安社会史研究之一 // 荣新江．《唐研究》第七卷．北京：北京大学出版社，2001，229-248。

父母所在的恭靖坊近，方便她回家探亲访友。对白居易来说，从这里上朝、进宫值班稍有些远，要骑马向北走十里路才能到银台门，冬春早上的冷风一路吹着，恐怕有点不好受。不过，他还要养活田庄中的母亲、弟弟等亲人，经济比较紧凑。这里距离皇宫较远，租金比较便宜，自己早晚辛苦一些也没什么。

白居易热热闹闹地办了婚事，把杨氏迎娶到新昌坊的宅邸。从此，他有了夫人，有了自己的小家庭。他把书斋命名为"松斋"，里面摆着他喜欢弹的琴和喜欢读的书。他带着童仆移栽竹子到北院中，北窗外有了这一处竹丛，可以与客人在竹林中饮茶。假日，他喜欢到附近的曲江散步、赏景。因为住所相近，他与住在恭靖坊的杨汝士、杨虞卿兄弟以及住在新昌坊的杨於陵之子杨嗣复等人都有来往，他们都是白居易妻子的族人。

身为翰林学士，白居易不好与其他官员往来频繁，常接触的是几位年轻官员。他们还给彼此起了外号：李绅个子矮小，庾敬休反应迟缓，被称为"短李蔫庚"[1]；辛丘度性格迂阔，所以叫"迂辛"；李建对别人说的话都点头认可，没有定见，被称为"胡狉王"；窦巩爱开玩笑但是有点口吃，被呼为"吃巩"[2]。二月的一个假日，白居易与李宗闵、庾敬休约好一起去拜访在靖安里的元稹。元稹在家中守孝，几乎从不外出，见三人来探望自己，招待三人在西院赏花，在北亭饮酒。

这时翰林学士李程被外派出任随州刺史，新来了一位以祠部员外郎充任翰林学士的钱徽。他是已故考功郎中钱起的儿子，擅长诗文，比白居易年长十七岁。春末牡丹花开时，京城之人纷纷相约去各处赏花，三五成群。可白居易身为翰林学士，身份特殊，只能舍弃与众人出游的乐趣，更常面对的是翰林学士院北厅的几丛红牡丹。偶尔有人邀他去赏花，也只能一两个人相会，否则人多嘴杂，容易惹口舌是非。一天，钱徽邀他去自己家欣赏白牡丹，白居易作了一首诗，说稀有的唐昌观玉蕊花吸引众人争相去围观，而白牡丹因为数量众多就受到轻视，这说明"始知无正色，爱恶随人情。岂惟花独尔，理与人事并"（《白牡丹（和钱学士作）》）。假日，同住新昌坊的窦给事邀白

1 （唐）白居易，谢思炜 . 白居易诗集校注 . 北京：中华书局，2006，1246。
2 文艳蓉 . 尊经阁藏天海校本《白氏文集》及其价值 // 中国典籍与文化 . 2019 年第 1 期，25-32。

居易小酌，在他家的南亭只见到几丛即将萎谢的红牡丹。这个春天，便这样匆匆过去了。

白居易听闻山南东道节度使于頔、荆南节度使裴均多次向皇帝进献钱物，请求入朝任官，皇帝也有意允准。于頔在节度使任上贪赃枉法，骄横专制，乃至人们把不遵守法律的节度使称为"襄样节度"，但是他善待士人，资助过不少文士、隐士，在士林颇有声誉。裴均多年担任荆南节度使，治理荒纵，爱以钱财结交宦官、大臣。他是名士卢纶的姨表兄弟，也爱与文士诗歌唱和，把自己与众人唱和的诗歌编为《寿阳唱咏集》十卷、《渚宫唱和集》二十卷、《荆潭唱和集》一卷、《岘山唱咏集》八卷、《荆蘷唱和集》一卷。白居易认为当下节度使入朝，"上须进奉，下须人事"，既要给皇帝进献财物，还要给宫内权宦、朝中要员送礼，所以节度使入朝时"莫不减削军府，割剥疲人，每一入朝，甚于两税"。而且这些人入朝以后皇帝要赋予"重位大权"，会激发其他节度使的竞争心理。另外这些人的作为跋扈，品性骄横，在朝为官的话，皇帝如何对待他们也成问题。总之，他觉得不应同意两人入朝，但是皇帝自有他的考虑，还是同意裴均入朝，任命他为右仆射、判度支，成为主管财政的高官。随后，皇帝也同意于頔入朝。

四月二十八日，白居易的官衔升为左拾遗，继续充任翰林学士。左拾遗是从八品上的官阶，相比从正九品下的盩厔县尉提升了两阶。左拾遗的职责是"掌供奉讽谏，扈从乘舆。凡发令举事，有不便于时，不合于道，大则廷议，小则上封。若贤良之遗滞于下，忠孝之不闻于上，则条其事状而荐言之"[1]。按理说这是他的职事官衔，是用来积累资历、计算俸禄的。他的实际官职是翰林学士[2]，即在内廷奉命撰写敕诰、参谋顾问，可是白居易很看重"左拾遗"这个谏官的名分，以自己能担任陈子昂、杜甫担任过的官职为荣，在《初授拾遗献书》中表示对皇帝拔擢自己成为近臣感恩戴德："唯思粉身，以答殊宠……倘陛下言动之际，诏令之间，小有阙遗，稍关损益，臣必密陈所见，潜献所闻，但在圣心裁断而已。臣又职在禁中，不同外司，欲竭愚诚，合先陈露。"从此时常就朝政上书建言。

---

1 （后晋）刘昫，等.旧唐书 卷四十三.北京：中华书局，1975，1845。
2 傅璇琮.唐翰林学士传论.沈阳：辽海出版社，2011，100。

这时宫中、朝中又生波澜。皇帝任命吏部侍郎杨於陵、吏部员外郎韦贯之、左司郎中郑敬、都官郎中李益为本年的制举考策官，他们在"贤良方正直言极谏科"取中牛僧孺、皇甫湜、李宗闵、李正封、王起等十一人，"军谋宏达材任将帅科"取中樊宗师一人，并把伊阙县尉牛僧孺、陆浑县尉皇甫湜、进士李宗闵选为最高成绩即第三等。这三人在对策中对时政多有议论，比如牛僧孺对比"佞邪""小人""巧诶"之辈得到皇帝信任而南衙的"宰辅""公卿""谏列""侍臣"受到冷落的现象，显然是指责宦官受宠和把持权力。皇甫湜的对策更是直言"夫裔夷亏残之微，褊险之徒，皂隶之职，岂可使之掌王命、握兵柄，内膺腹心之寄，外当耳目之任乎"，这些言论让吐突承璀、刘光琦等宦官大为恼怒，向皇帝抱怨这次制科考试的问题。皇帝命翰林学士裴垍、王涯、白居易为复核制科考试成绩的覆策官，意在通过"覆策"修改之前的名次，但翰林学士们认为考官的选择并无问题，王涯还特地写文书向皇帝声明皇甫湜是自己的外甥。

宫中宦官集团对此不满，他们到皇帝面前哭诉自己受了冤屈，拿王涯、皇甫湜的关系大做文章，说："策对考试是由翰林学士裴垍和王涯来复核审定的。皇甫湜是王涯的外甥，王涯没有事先说明他们的亲戚关系，裴垍也没有提出异议。"官场私下对此事议论纷纷，有人说是落第之人诽谤考中之人才闹出这件事，有人怀疑是尚书右仆射、判度支裴均在背后煽风点火。裴均是宦官窦文场的养子，以钱财结交宦官，一路升迁，如今为了当宰相，故意指使同党对外宣称是执政大臣指使这几人写这样的策论，隐约指向当下最受皇帝信重的宰相李吉甫，刺激宦官对李氏的厌恶。据说皇帝一度也以为是李吉甫挑拨此事，幸亏谏官李约、独孤郁、李正辞、萧俛等秘密上疏解说此中背景，皇帝才释然[1]。

皇帝为了安慰宦官，没有按照惯例授予牛僧孺等三人朝官官职，贬谪韦贯之为巴州刺史，王涯为虢州司马，外放杨於陵为岭南节度使，裴垍被免去翰林学士职务，任户部侍郎。其实，牛僧孺、皇甫湜的文章也隐隐涉及李吉甫，比如牛僧孺批评天子追求"武功"，皇甫湜隐隐指责李吉甫升迁太快等。

1　对此案背景和宪宗策略的详细分析见岑仲勉《牛李问题》、傅璇琮《李德裕年谱》元和三年相应部分及《元和政治与奇诡诗风之关系窥管》，前两人对这一事件的解读更靠近实际，在宪宗面前哭诉的"权幸""贵幸"应为宦官而非李吉甫。

李吉甫一贯主张对藩镇强硬，或许觉得这些话是针对自己的，也有点不快，而莫名被卷入这起是非中，他对杨於陵、韦贯之、李益、裴垍、王涯等人也有些恼火，没有在皇帝面前帮这些人说话。

白居易上呈《论制科人状》，认为不当贬黜裴垍、王涯、卢坦、韦贯之以及牛僧孺、皇甫湜等，而且如果裴垍、王涯要对这次考试的复核担责的话，那自己身为覆策官也应被追究责任贬谪。皇帝并没有理会他的建议。白居易事后琢磨，安史之乱后的几代皇帝都不再信任武将，这才有了以亲信宦官掌握北衙禁军的惯例，皇帝又不愿宦官势力过分膨胀，便以南衙朝臣与之相平衡，又分化使用不同背景的朝臣，让哪一方都无法专权，皇帝则居中指挥和调停——总之，皇帝是想让南北衙、不同派系的朝臣都为我所用、各尽其用，不愿让哪一方权威太盛。

宰相李吉甫察觉宦官对自己不满，皇帝对自己的信任也不如从前，多次上书请辞相位，推荐户部侍郎裴垍继任。这时李吉甫生了病，请懂医药的术士陈登到安邑坊家中给自己治病，御史中丞窦群、侍御史羊士谔、御史知杂事吕温等趁机逮捕陈登，诬陷李吉甫结交术士等罪名。皇帝当即命把陈登带入宫亲自审问详情，发现所谓罪名都是虚构的，皇帝大怒，打算诛杀窦群等人，李吉甫出言为他们说好话，最后皇帝只是贬谪诸人而已。据说窦群之前上奏推荐刑部郎中吕温、羊士谔当御史时，李吉甫认为吕、羊性格"险躁"，反对他们担任御史，所以他们对李吉甫怀恨在心。

皇帝见李吉甫心神不安，便于九月拜长期担任山南东道节度使的于頔为司空、同中书门下平章事，提升户部侍郎裴垍为中书侍郎、同中书门下平章事，与杜佑、郑絪共同执政，外派李吉甫任检校兵部尚书、中书侍郎、同平章事、淮南节度使，前往扬州坐镇。淮南是富庶之地，又位居运河中枢，是转运江南赋税的要地，让宰相去坐镇，不算薄待。李吉甫离京那天，皇帝亲自到通化门饯行，以示尊崇。

白居易奉命起草裴垍的拜相制书，他对这位提携自己的恩人心存感激，所以在文中将裴垍和名相房玄龄、杜如晦、姚崇、宋璟相提并论。于頔和原淮南节度使王锷几乎同时入朝，王锷以巨款重贿宦官，欲求宰相之职。皇帝听信左右侍从之言，一度想任命他当宰相。翰林学士李绛、太常卿权德舆都劝阻皇帝，认为他德不配位，白居易也认为王锷既无"重望"，又无"显功"，在淮南五年大肆搜刮钱财进献皇帝，因此得到皇帝的欢心。皇帝如果任命他为宰相，各地藩镇都会有样学样，争相盘剥百姓取悦皇帝。因此上《论王锷欲除官事宜状》，力谏不可任命他当宰相。皇帝考虑了他们的意见，最终任命王锷为尚书左仆射，官衔尊贵但并不是宰相。

让白居易高兴的是，弟弟行简有好消息。本来他这样的新科进士按惯例要守选三年，但是当今皇帝为了选拔年轻人才，年初特别下旨吏部从元和元年、二年考取的选人中选任"志行贞进，艺学精通"之人任秘书省、弘文馆、崇文馆、左右春坊、司经局的校书郎、正字[1]。弟弟本身文学才能突出，而自己身为翰林学士，吏部的主事官员想必要给些薄面。经过一番努力，弟弟成了秘书省校书郎，就如从前的自己一样。这份官职十分清闲，一个月去两三次官署即可，有大把的空闲时间。白行简看了不少神神怪怪的传奇，自己也写了几篇。传奇是市井中识字读书的人爱看的东西，上不了台面。弟弟写的赋颇有些名气，一些年轻文士纷纷抄写，当作预备科考的参考范文。

进入元和四年（809），朝廷鉴于埇桥是扼制汴水漕运的关键，把原属徐州的符离县、蕲县、原属泗州的虹县三个县划分出来设立宿州，治所设在符离。这让白居易又一次想到了自家的别业，自己年轻时的爱恋和别离，可惜，往事不堪回首。

长安的杏花纷纷飘落时，他特意写了一首诗《杏园花落时招钱员外同醉》，邀钱徽去曲江边的杏园赏景：

> 花园欲去去应迟，正是风吹狼藉时。
> 近西数树犹堪醉，半落春风半在枝。

家中也迎来喜事，妻子杨氏生下一个女婴。白居易因自己如今是翰林学士，经常应召到金銮殿起草诏书，便给女儿起了个小名"金銮子"。年近不惑才有了这个孩子，他当然视为宝贝。

二月，皇帝觉得郑絪因循无为，免去相位担任太子宾客的闲职，白居易奉命撰写这道《除郑絪太子宾客制》，点出罢相理由是"岁月滋久，谋猷浸微，

1　黄大宏．白行简行年事迹及其诗文作年考∥文学遗产．2003年第4期，40-49、142-143。

阆清净以慎身，每因循而保位"。在宰相裴垍的推荐下，皇帝提拔给事中李
籓为相，与于颀、裴垍共同执政。这时，好友元稹结束守孝，回朝任监察御
史。白居易多次到静安坊（靖安坊）拜访元稹，在庭院中的两株辛夷树下饮
酒赋诗。他所在的新昌坊距离曲江、慈恩寺很近，友人元稹、李建、庾敬休
也都距离曲江比较近，有时会相约一起到曲江、慈恩寺游览。

对白居易来说，元稹是他最好的朋友，也是诗歌写作上的竞争者。他们
互相激励、比拼，从而让各自的诗歌有了新的变化和发展。一天，元稹展示
他与李绅所写的"新题乐府"歌行，引起了白居易的兴趣。

乐府本是汉武帝设立的机构，采集整理民间歌谣俗曲，也延请司马相如
等数十人造作诗赋，编排为宫廷娱乐的演出歌曲。因为是配合乐曲演出，乐
府歌辞的句式有三言、四言、五言、七言、杂言多种体式，各有标题指明相
应的主题、曲调。魏晋以来文人也作模拟乐府主题的歌行，有些也可以搭配
曲子演唱，有些则仅仅是个人抒写，张扬的是个人文辞上的才情，而与音乐
无关。这类诗歌的标题一般都沿用汉魏乐府的题目，之前杜甫集中写作过
《悲陈陶》《哀江头》《兵车》《丽人》等自创题目的歌行。或许是受到杜甫的
启发，现任秘书省校书郎的李绅第一个有意识地提出"新题乐府"，以示与
沿袭古代题目的传统乐府诗的区别，他率先写了《新题乐府》二十首，还为
每首乐府诗写小传，点明针对的时事背景。

李绅把这些诗寄给元稹，元稹写了十二首和诗，即《和李校书新题乐府
十二首》，序中说："予友李公垂贶予《乐府新题》二十首，雅有所谓，不虚
为文，予取其病时之尤急者，列而和之。"[1] 元稹创作的十二首采用的都是李
绅用过的诗题，即《上阳白发人》《华原磬》《五弦弹》《西凉伎》《法曲》《驯
犀》《立部使》《骠国乐》《胡旋女》《蛮子朝》《缚戎人》《阴山道》。以前虽
然也有刘希夷的《公子行》《春女行》，王维的《老将行》《燕支行》《桃源行》，
崔颢的《孟门行》《邯郸宫人怨》，李白的《笑歌行》《江夏行》，杜甫的《兵
车行》《丽人行》《哀江头》等新创的乐府诗题，可如此大规模新创诗题而且
关涉时事，可谓前所未有。

---

1 （唐）元稹，冀勤.元稹集·卷第二十四　乐府和李校书新题乐府十二首.北京：中华书局，
　2010，319。

白居易看到他们两人的文字，来了兴致，也创作了一系列类似的作品，题名《新乐府》。这些诗都是针对历史和现实，"因事立题，题为新乐府"[1]，有讽喻、劝谏之意，"总而言之，为君、为臣、为民、为物、为事而作，不为文而作也"[2]。比如他看到京城权贵崇信佛教，想起德宗在贞元十五年（799）追封两位已故的女儿，命给她们修建两座佛寺追福，为此大兴土木。白居易写了《两朱阁》"刺佛寺浸多也"，担忧"吞并平人几家地""渐恐人间尽为寺"。此外还写了《海漫漫》"戒求仙也"，讽刺帝王、贵族追求长生不死的虚妄行为，说"何况玄元圣祖五千言，不言药，不言仙，不言白日升青天"，又以《西凉伎》"刺封疆之臣也"，《卖炭翁》"苦宫市也"，《草茫茫》"惩厚葬也"，《捕蝗》"刺长吏也"。《杜陵叟》则是"伤农夫之困也"，大旱之年农夫的田地收成大减，可是"长吏明知不申破，急敛暴征求考课"。他们犹如豺狼逼迫，农夫只好"典桑卖地纳官租"，等到皇帝知悉灾情减免赋税时，地方官吏故意拖延公布，最后"十家租税九家毕，虚受吾君蠲免恩"。这是贞元十九年在京城发生过的事情，后来也屡见不鲜。

　　这些新乐府形式上"首句标其目，卒章显其志"，即首句点明主题，篇末揭示主旨，中间的诗句则"篇无定句，句无定字"，即句式灵活自由，用词则"其辞质而径""其言直而切"。他认为这种新乐府的体式应"顺而肆，可以播于乐章歌曲"[3]，就是方便乐人搭配曲子演唱，这样才能广泛传播，起到劝谏帝王、警醒世人的作用。果然，他写的这类新乐府很快就传到教坊、私妓中间，她们搭配着曲子演唱，颇为流行。

　　三月，元稹奉命充剑南东川详覆使，到蜀地东川地区巡视政情。他在长安通蜀地的交通要道上的骆口驿北墙发现有白居易自题的诗歌《拥石》《关云》《开雪》《红树》以及王质夫的和诗，这应是白居易与王质夫去终南山游览时题写的。这是一处南来北往的大道，题在这里的诗歌很容易为路过的官员、士人见到。

　　元稹离开十多天后，二十一日，白居易、白行简和翰林学士李建去曲江、慈恩寺游览。黄昏时三人一起去李建在修行坊的宅邸喝酒闲谈，白居易在酒

1　（唐）白居易，谢思炜．白居易文集校注．北京：中华书局，2011，326。

2　同上，267。

3　（唐）白居易，谢思炜．白居易诗集校注·卷第三　讽谕三·序．北京：中华书局，2006，267。

席上感慨，说"微之应该到梁州了"，于是在墙壁上题诗一首《同李十一醉忆元九》：

> 花时同醉破春愁，醉折花枝作酒筹。
> 忽忆故人天际去，计程今日到梁州。

过了十几天，从山南西道的治所所在地梁州（今陕西汉中）来的信使带来元稹寄的信，信的最后附了一首元稹于二十一日晚上在梁州驿馆写的《纪梦诗》（《使东川·梁州梦》），梦见白居易兄弟去曲江、慈恩寺游览，诗云：

> 梦君兄弟曲江头，也入慈恩院里游。
> 属吏唤人排马去，觉来身在古梁州。

白行简觉得这件事十分神奇。他从小对各种稀奇古怪的事情有兴趣，不仅写正统的诗、赋和公文，还好写铺叙男女情事、神仙鬼怪的"传奇"，便把这件事写入《三梦记》。三十日是假日，白氏兄弟和李建又同游曲江、慈恩寺，傍晚才离开，白居易写了一首《三月三十日题慈恩寺》描述那里的紫藤花：

> 慈恩春色今朝尽，尽日徘徊倚寺门。
> 惆怅春归留不得，紫藤花下渐黄昏。

他注意到曲江杏园一个角落有一株枣树。对北方的村民来说，枣树是特别实用的果树，刚成熟时可以摘下来直接当水果吃。更重要的是，晒干以后的枣可以长久保存，遇到灾荒年月可以当救急的食物吃。所以历来无论官府还是民众都很重视栽种枣树。白居易从小熟悉这种树木，也经常吃枣子。他知道枣花没有什么可观赏的，不像桃花、李花那样艳丽，枣树的叶子也没有柳枝那样引人遐思。枣子挺常见，不如洞庭卢橘、岭南荔枝那样珍稀，可是白居易觉得枣木可以当马车的轮轴，可以帮助人们走远路，于是写了一首《杏园中枣树》，颇有以树喻人的意思：

人言百果中，唯枣凡且鄙。皮皱似龟手，叶小如鼠耳。

胡为不自知，生花此园里。岂宜遇攀玩，幸免遭伤毁。

二月曲江头，杂英红旖旎。枣亦在其间，如嫫对西子。

东风不择木，吹煦长未已。眼看欲合抱，得尽生理理。

寄言游春客，乞君一回视。君爱绕指柔，从君怜柳杞。

君求悦目艳，不敢争桃李。君若作大车，轮轴材须此。

　　他这也是有感而发，长安的贵戚可以凭门荫轻易出仕，而饱学士子却未必都能考中进士，"悲哉为儒者，力学不知疲。读书眼欲（一作前）暗，秉笔手生胝。十上方一第，成名常苦迟"。如自己的故交唐衢已经四十多岁，多次参加科考都没有考中，心情沉郁，读到别人诗文中的感伤之词或者酒酣之后，常常当众哭泣，声音哀切；而朱门大宅中的贵戚子弟"手不把书卷，身不擐戎衣。二十袭封爵，门承勋戚资"（《悲哉行》）。

　　元稹在东川巡视时认识了才貌双全的女校书薛涛，有一段露水情缘，走笔作诗，唱和往还。但他更多的心思还是花在公务上，此时的他与白居易一样，意气风发，一心为民。他查办泸州监官任敬仲贪污案，发现刚刚故去的剑南东川节度使严砺擅自没收涂山甫等吏民八十八户的田宅一百十一亩、奴婢二十七人、草一千五百束、钱七千贯，在正常的两税之外加征数百万"加税"。于是上书《弹奏剑南东川节度使状》《弹奏山南西道两税外草状》，朝廷因此把东川下属的七个刺史夺俸。这些刺史和宫中权宦、朝中要员有各种关系，朝中有宰相与严砺是故交。在他们的操纵下，朝廷不仅没有鼓励元稹，反在他回朝后就外派他去洛阳，当监察御史分司东都。白居易对此爱莫能助，他知道自己与元稹是朋友，要是出头为之说话也会引起非议。

　　这年春天，中原长时间遭受旱灾，皇帝准备下诏书大赦，翰林学士李绛、白居易两人进言，认为想让百姓真正得到实惠，最好的方法是减轻赋税、减少宫廷人员、禁止各道横征暴敛贡献钱物以及禁止岭南、黔中、福建掳掠良民为奴等。闰三月初三，皇帝按照两人的意见颁布制书，下令减轻对全国在押囚犯的处罚，免除本年租赋，外放宫中妇女，杜绝节度使进奉，禁止掠卖人口。这道政令传达下去，多少会对民生有所帮助。

诏书下达七日后，连下三日大雨，朝野都觉得这是天人感应所致，可见德政的效用。白居易觉得自己能有补于国事，而皇帝也能听从建言，感到兴奋和欣慰，急忙写了《贺雨》称颂当今皇帝"忧勤不遑宁，夙夜心忡忡"，历数当今皇帝即位以来，在元和元年（806）讨平西川叛臣刘辟，元和二年平定镇海节度使李锜之乱以及颁布上述体恤民生的诏令之功，期望"君以明为圣，臣以直为忠。敢贺有其始，亦愿有其终"。

这时，淄青节度使李师道上书。魏徵的玄孙魏稠因为家境衰落，不得不把长安永兴坊故宅分割为几处，或者典押给别人，或者出售给别人，如今已经为九家人各占一角。因此李师道请求自己私人出六百万钱把这座宅邸赎回，归还给魏家。皇帝打算允准，让内府局令梁守谦召白居易到宫殿中来起草诏书。白居易深思一会儿，觉得这事不妥，他写了一篇短文《论魏徵旧宅状》呈给皇帝，认为优恤先朝功臣、激励忠君报国是朝廷的职责，不容李师道收买人心、树立形象。而且魏徵故宅内有一座当年太宗皇帝赏赐皇家的木材修建的寝堂，事关皇家恩典，应该由皇帝下诏朝廷赎回这座宅邸，赐还魏家，造就一桩"事出皇恩，美归圣德"的佳话。皇帝觉得此言在理，命拿出内库钱二百万将宅子赎回，赐还魏徵的后裔魏稠、魏善等人，禁止再行质卖。这件事传扬出去，当然也成了百姓夸赞了一阵的事件。

不久后，山南东道节度使裴均派使者向皇帝进献一批银器，李绛、白居易得知后进言，认为皇帝既然之前已下诏拒绝进奉，应拒绝接受这批银器。皇帝也觉得他们说得在理，命人将银器取出，交给度支处理。可是，皇帝也爱财，随后他就颁旨谕示诸道进奏院："从现在起，凡是各道前来进献贡物，不允许申报御史台。倘若有人询问此类事情，你们应当将询问者的名字向朕报告。"这是暗示他们接受节度使进献时要保密，不要让御史、谏官得知后饶舌。白居易听闻后，就此事进言，皇帝没有回应。皇帝有自己的考虑，作为臣子，白居易也无可奈何。

柳树易长、易见，长安城内外有许多柳树，最为人所知的是曲江和长安东门"青门"外的柳树。青门是长安的东门，外面就是通往洛阳的官道，许多人都从这里告别长安，在青门送别亲友时人们常常攀折官道两侧的柳枝送别，白居易写有《青门柳》：

青青一树伤心色，曾入几人离恨中。

为近都门多送别，长条折尽减春风。

　　路边、水边常有柳树，对赶考、赴任的士人来说，柳树常常意味着离别。尤其是交通繁忙的汴河、江南运河两岸，许许多多官员、文人都曾在路上、船上见识岸边的柳树，在各处渡口的树荫下思念爱人、送别亲友。

　　这些柳树让白居易想起隋炀帝的事迹。大业元年（605），隋炀帝征调河南、淮北诸郡一百余万民工开挖通济渠，又征调淮南民十余万重开邗沟；大业四年征河北诸郡男女一百余万开挖永济渠，大业六年疏浚江南运河，构成了以洛阳为中心，东到淮扬，南达杭州、北达涿郡（今北京）的大运河，让南北方的经济、文化交流日益紧密。可是隋炀帝如此大规模征用民众，又连年征兵打仗，让他大失民心，引发大乱，自己也死于非命，成为文人感喟的亡国之君。唐人常常把隋炀帝和运河、运河边的杨柳联系在一起。白居易少年时代乘船去杭州、苏州避难就见惯运河两岸的柳树，如今在长安对朝代兴废更是感触良多，于是写了一首新乐府《隋堤柳（悯亡国也）》：

隋堤柳，岁久年深尽衰朽。

风飘飘兮雨萧萧，三株两株汴河口。

老枝病叶愁杀人，曾经大业年中春。

大业年中炀天子，种柳成行夹流水。

西自黄河东至淮，绿阴一千三百里。

大业末年春暮月，柳色如烟絮如雪。

南幸江都恣佚游，应将此柳系龙舟。

紫髯郎将护锦缆，青蛾御史直迷楼。

海内财力此时竭，舟中歌笑何日休。

上荒下困势不久，宗社之危如缀旒。

炀天子，自言福祚长无穷，岂知皇子封酅公。

龙舟未过彭城阁，义旗已入长安宫。

萧墙祸生人事变，晏驾不得归秦中。

土坟数尺何处葬，吴公台下多悲风。

二百年来汴河路，沙草和烟朝复暮。

后王何以鉴前王，请看隋堤亡国树。

　　他写这首诗意在告诫当今皇帝、官员要以隋炀帝为鉴，莫要耗费财力在无益之事上。其实就游览而言，玄宗以后的大唐皇帝因为有藩镇的威胁，比较消停，连长安城都很少出去，更不要说去东南巡视了。

　　白居易和李绅、元稹都热衷以"乐府"形式写当代题材的新内容，诗人之间彼此的竞争、研讨促进了各自水平的提升。白居易写了五十首同样风格的诗歌，和元稹写的新乐府都传播甚广。元稹、李绅写的都是七字句，有的诗篇有多个指向，而白居易一篇一个主旨，语句更简单顺畅，三字句、七字句交织的语句形式更朗朗上口，适合民间乐人演唱。这些乐府诗传唱各处，既让白居易在民间名气大涨，也引起诗歌所针对的贵族、宦官、藩镇的反感，背后对白居易的举动多有议论，有的说他是为了出名恶意中伤别人，也有的说他受人指使才写这等文字。

　　友人牛僧孺劝说白居易，说他既然充任翰林学士这样的敏感职位，不应写作这类讽刺时事的诗歌并外传，容易引起是非。如果有人借此在皇帝、权宦面前挑拨，恐怕就要倒霉。妻子、叔伯也这样劝说他。就官场惯例，就算担任谏官、御史这类言官上书劝谏皇帝，也要对谏表保密，以防外人传播惹来口舌之祸。而白居易虽然有左拾遗的官衔，实际职务是翰林学士，并不属于言官。他以这类诗歌讽谏，有心人很容易从中选摘言辞攻击他，比如煽动民情、夸张事实、古今对比不当，等等。

　　白居易觉得亲友虽然是好心，可有点过分谨慎了。自己得到皇帝的重用，不仅要报答皇帝的恩德，更要勇于进言，写这些新乐府诗与他的进言互为表里。他认为这些诗有助于君主了解民间疾苦、社会乱象，期望皇帝能感悟其中的寓意，治理弊病、革新政务，因此并不在乎个人的安危。他相信当今皇帝是有德有智的圣明天子，明辨是非忠奸，应该能够理解自己的动机。

　　他接连创作了许多长诗。一些人见他滔滔不绝地写诗，戏称他是沉迷诗歌创作的"诗魔"；也有人觉得他似乎能轻松写出好诗，称之为"诗仙"[1]。他

1　（唐）白居易，谢思炜．白居易诗集校注．北京：中华书局，2006，1333、1514。

的名声越来越大，有了许多崇拜者，也有了阴暗中觊觎的嫉恨者。

秋天得到消息，七月九日元稹之妻韦丛在洛阳病故，年仅二十七岁。白居易急忙去信慰问。元稹是热血青年，到洛阳当监察御史依旧勇于发声，先后上书弹劾河南县县尉离开官署去从军、内园司逾期关押人员、飞龙使藏匿逃亡奴仆为养子、浙西观察使杖击打死安吉县令等不法事件，最近更是上书弹劾河南尹房式的不法行为并令其停止办公等候调查。皇帝不仅不治房式的罪，反而罚没元稹一个季度的俸禄。白居易听说此事以后，写了一首赠诗，以"有节秋竹竿"（《赠元稹》）称赞元稹的孤直，把他当作自己在长安七年交到的最同心同德的朋友。

在朝中，白居易也相当活跃，为了报答皇帝的信重，他多次上表议论时政、劝谏皇帝。这年三月，在镇州（治所在今河北正定）的成德节度使王士真病逝，其子王承宗自称留后，上表请求皇帝任命自己为节度使。但是皇帝一直没有下诏，似乎在等待他们内部发生势力重组或分裂。王承宗等了几个月也有些焦急，为了尽快获得任命，主动表示向朝廷献出河北道德州（今山东德州市陵城区）、棣州（今山东惠民）二州，朝廷这才派使者前去任命王承宗为成德军节度使、镇冀深赵等州观察等使，又任命德州刺史薛昌朝（王承宗的姑父）为保信军节度使、德棣观察使。王承宗得到任命之后，又觉得心有不甘，为了继续控制德州、棣州就囚禁了薛昌朝。皇帝下诏命他释放薛昌朝，他也不听从。十月，皇帝下诏讨伐王承宗，委任左神策中尉吐突承璀为左、右神策以及河中等四道行营兵马使、招讨处置使，主持这次征剿战争。吐突承璀是当今皇帝最为宠信的宦官。白居易一片赤心，不惜得罪这位宫内权威数一数二的高级宦官，上书《论承璀职名状》，认为本朝的制度是委任将帅出征，后来虽有委任宦官当监军的先例，但并没有直接派宦官当主帅统领兵马的。"恐四方闻之，必轻朝廷。后世且传中人为制将自陛下始，陛下忍受此名哉？且刘济等泪诸将必耻受承璀节制，心有不乐，无以立功。此乃资承宗之奸，挫诸将之锐。"[1]皇帝最初并没有听从白居易的进言，后来其他多位官员连续上奏反对任用吐突承璀为主帅，皇帝才改任吐突承璀为"宣慰使"，名

1　（宋）欧阳修，（宋）宋祁．中华书局编辑部．新唐书卷一百一十九　列传第四十四·白居易．北京：中华书局，1975，4301。

义上稍作改变，实际上他依旧是在前线征剿王承宗的诸支军队的最高决策者。

宦官之所以能掌军权，是因为从玄宗以来，几代皇帝都不怎么信任外臣，尤其是武将。唐初常派御史去出征的军队中当监军，玄宗开元二十年（732）后改让宦官当监军使，肃宗让宦官当观军容使衔统军将领。德宗既不信任武将也不信任朝臣，他一方面让左金吾卫大将军李则之等人严密监视朝臣，朝臣互相拜访的信息都被密报给皇帝，导致宰相都不得不闭门谢客，免得被皇帝猜忌；另一方面则以宦官控制军队，贞元十一年（795）给派驻各个藩镇的监军使铸印，把宦官监军变成正式制度，次年又设置左、右神策军，护军中尉，中护军四个职位让宦官出任。皇帝自行决定神策军、护军中尉人选，外朝宰相不得过问，等于皇帝让自己的亲信宦官直接执掌神策军这支京城最有实力的武装。当今皇帝又先后任命宦官刘光琦、梁守谦为左右枢密使，在皇帝和宰相之间传递机密奏章，从此担任神策军护军中尉、枢密使的四位高级宦官就成了宫中、朝中的一大势力，甚而能影响废立之事。

白居易关心朝政的大小事件，听闻阌（wén）乡县（今河南灵宝市下辖村）等处官吏把欠缴度支使、转运使财物的百姓数十人关押多年，其妻儿为供应狱粮，沿路乞讨，如果囚犯死了，还要收押其子继续征收欠款，令他颇为震惊。他上奏《奏阌乡禁囚状》，向皇帝反映这一问题，希望皇帝特赦这些囚徒。随后他还写了一首《秦中吟·歌舞（伤阌乡县囚）》，对比大雪之后高官"朱门车马客，红烛歌舞楼"与"岂知阌乡狱，中有冻死囚"的场景。这也是化用了杜甫的诗句"朱门酒肉臭，路有冻死骨"。

他心思敏感，对民间风俗也多有体察，注意到富家女容易嫁人，贫家女难觅良缘的社会现象，"富家女易嫁，嫁早轻其夫。贫家女难嫁，嫁晚孝于姑。闻君欲娶妇，娶妇意何如"（《秦中吟十首·其一·议婚》），目的是引导社会风气。他也同情女性的处境，写了诗歌《妇人苦》，记述人们期望"妇人一丧夫，终身守孤子"，而男子在妻子故去后却可以续娶正妻、任意娶妾，"风吹一枝折，还有一枝生"。因此，男子要体谅妇人的难处，"从此莫相轻"。

元和五年（810）正月，监察御史元稹奉命从洛阳返回长安，一晚在华阴县郊区的驿站敷水驿住宿，管理驿站的小吏给他安排了其中条件最好的正厅的房间居住。不久后宦官刘士元也来留宿，他要抢占元稹住的房舍。元稹觉得自己身为御史，和外出办理差事的宦官一样是皇帝派出的使者，不愿调换房舍。刘士元让随从踢开院门进来，扬起马鞭扫过元稹的脸，还索要弓箭威胁要射元稹，元稹只好换到其他房间住。此事一时闹得沸沸扬扬，皇帝听闻后不分青红皂白地把元稹贬为江陵府士曹参军。翰林学士白居易、李绛、崔群等人上书为元稹辩白，白居易更是连续上了三道状子，对皇帝祖护宦官却贬谪御史的举动表示不解，直言贬谪元稹有"三不可"：从此无人再敢弹劾权贵亲党，从此无人再敢与宦官抗争，从此无人再敢揭露方镇的罪恶，可是皇帝并没有采纳他的谏言。

按照惯例，贬谪之人必须当日离开京城，元稹匆匆收拾家私。中午从宫廷值班回来的白居易前去送行，两人从永寿寺南骑马一路慢慢走到新昌里北门告别。因为白居易晚上要入宫值班，他派自己的弟弟白行简带着新写的诗和礼物去山北寺送别元稹。

元稹被贬，让白居易对皇帝有了一丝失望，对朝政不像从前那样乐观。最好的朋友离开之后，他心中感到寂寞，觉得当年的进士同年、科目试同年、制科同年刚入仕的时候都意气风发，无话不谈，如今在仕途上有了起色，也经历了风波，彼此不再以心相交，见面也只能淡淡寒暄而已。所以他写了一首《秦中吟十首·伤友》，形容"平生同门友，通籍在金闺。曩者胶漆契，迩来云雨睽……昔年洛阳社，贫贱相提携。今日长安道，对面隔云泥"。曾经的贫贱之交如今却因为官位不同、派系不同而"对面隔云泥"，形同陌路。

假日，他去南郊的终南山紫阁峰游览，借宿到山脚的村子里。与老人饮酒之时，突然有吏员带着十多人闯进院子里，把一株三十来年的大树砍倒，说是一位宦官要用这种大树修建宅子。白居易就此写了一首《宿紫阁山北村》，直接点出神策军中尉的身份，显然指向最得宠的宦官吐突承璀：

晨游紫阁峰，暮宿山下村。村老见予喜，为予开一樽。
举杯未及饮，暴卒来入门。紫衣挟刀斧，草草十余人。
夺我席上酒，掣我盘中餐。主人退后立，敛手反如宾。
庭中有奇树，种来三十春。主人惜不得，持斧断其根。
口称采造家，身属神策军。主人慎勿语，中尉正承恩。

白居易还写了一首《重赋》，指出朝廷明确规定只向民众征收"

但多年来各地官吏横征暴敛，以各种名目多收税，除了自己贪占一部分，还把一部分当作"羡余"献给皇帝，"号为羡余物，随月献至尊"，对农民来说这是"夺我身上暖，买尔眼前恩"。这不仅指责基层的贪官污吏，也隐隐涉及节度使、盐铁使甚至皇帝。这些人听到歌女演唱这样的诗歌，也不知有何感想。

这时传来孔戡（kān）的死讯。孔戡是孔子后裔，为人方正，之前曾任泽潞节度使卢从史的幕僚，多次劝谏卢从史要遵从朝廷法令、制度，引起对方不快。他后来辞官回到洛阳东郊隐居，淮南节度使李吉甫听闻他的德行、学问，上奏保荐他到朝中任官。皇帝最初有意任用他为言官，卢从史为人气度狭隘，听闻消息后给皇帝连续上书三次，诬奏孔戡以前在自己那里犯过错误，想阻挠皇帝任用此人。皇帝顾及卢氏的颜面，元和四年（809）年末任命孔戡为卫尉丞、分司东都，结果他次年正月就病逝了，不少朝臣、士人对他未能得到重用感到可惜。白居易作了一首诗《孔戡》，觉得"人言明明代，合置在朝端。或望居谏司，有事戡必言。或望居宪府，有邪戡必弹。惜哉两不谐，没齿为闲官"，别人听闻这首诗，恐怕会议论为何孔戡没能当上言官，没能发挥专长，是当今皇帝犹豫之误，是当今宰相、御史中丞无识人之明，还是卢从史嫉贤妒能？

元稹的被贬，孔戡的病逝，让白居易觉得正人君子在朝中难以立足，背后的原因可谓一言难尽，于是写了《登乐游园望》。"孔生死洛阳，元九谪荆门。可怜南北路，高盖者何人？"许多官员觉得孔戡个性孤直、不懂事理，并没有什么大的才能，白居易却对孔戡心有戚戚，觉得他未能立足朝堂施展抱负。他如此惋惜元稹、孔戡，恐怕令那些位居高位却因循无为之人觉得这是隐隐在批评他们。

听说，因为去年皇帝赎回魏徵故宅之事影响颇大，这年的进士考试考官以"恩赐魏文贞公诸孙旧第以导直臣"为诗题，士人们自然纷纷称颂皇帝的恩德、魏徵的忠直。只是，在白居易听来，这题目似乎有点讽刺，元稹、孔戡不就是当今的"直臣"吗，他们又在何处？

三月末，城中权贵竞相出城到花圃购置牡丹花，白居易之前就京城权贵观赏牡丹之事写过《新乐府·牡丹芳（美天子忧农也）》，描述牡丹在京城流行的盛况，希望士大夫少花些心思观赏牡丹，多关注农桑。他觉得意犹未尽，又作了一首《秦中吟十首·其十·买花》：

帝城春欲暮，喧喧车马度。共道牡丹时，相随买花去。
贵贱无常价，酬直看花数。灼灼百朵红，戋戋五束素。
上张幄幕庇，旁织笆篱护。水洒复泥封，移来色如故。
家家习为俗，人人迷不悟。有一田舍翁，偶来买花处。
低头独长叹，此叹无人喻。一丛深色花，十户中人赋。

　　长安有许多白居易看不惯的风俗，欣赏牡丹花就是其中之一。白居易出生在河南新郑的低级官僚世家，并没有见过多少牡丹花，后来到京城才大饱眼福，得以见识牡丹花的天姿国色。尽管他也和朋友多次去佛寺、私宅观赏牡丹，也曾作五言俳律《牡丹》称赞"绝代只西子，众芳惟牡丹"，把牡丹看作众多花卉中最美丽的，就像女人中的西施一样，可是他对牡丹花并不感到亲切。京城的权贵花费那么多钱购买珍稀牡丹品种，让他觉得不可思议，让他对这种在首都才有的现象感到惊讶。豪门从花农、寺观等地方直接购买、移植开花的牡丹欣赏，要么花钱，要么凭借权势获取。一丛少见的、能开上百朵花的深色牡丹的价格是二十五匹绢，等于十户中等收入农户要交的赋税。稍早的文士柳浑也曾记述长安权豪追捧牡丹的盛况，"近来无奈牡丹何，数十千钱买一窠"（《牡丹》）。白居易觉得这太不合理，心中有了一个大大的问号：首都为何有这样的风气？

　　白居易作了多首《秦中吟》讽刺长安的种种现象。在白居易的概念中，新乐府、《秦中吟》虽均属"讽谕诗"，但是格式不同，新乐府是杂言新乐府，《秦中吟》是五言"古调诗"，两者的结构、写法也并不相同[1]。白居易受到杜甫的"三吏""三别"等感慨时事的五言古体诗的影响，才写《秦中吟》这一系列五言讽谕诗，针对的是当前的现实。他认为"文章合为时而著，歌诗合为事而作"，自己要把当下的事情记录下来，让皇帝、士人有所闻知，有所警醒，目的是"救济人病，裨补时阙"（《与元九书》）。他写的新乐府、《秦中吟》或者借古讽今，或者直接讽喻时政，涉及贵戚、权宦、宰相、藩镇等各路人士。这些诗传扬各地，让一些当权者不满，也有文士觉得他的诗太直

1　杜晓勤.《秦中吟》非"新乐府"考论——兼论白居易新乐府诗的体式特征及后人之误解 // 文学遗产.2015 年第 1 期，55-69。

白，背后议论纷纷。

　　在左拾遗充翰林学士这个官职上，白居易的确想要尽力进谏皇帝、引导风气，多次竭力进言，有时候还会在言语上顶撞皇帝。白居易之前为制科考试被贬的牛僧孺等人辩护，得罪过之前的宰相李吉甫，又极力反对宦官吐突承璀任讨伐叛镇的军事统帅，得罪了宫廷内的权宦，恐怕他们时不时要在皇帝面前中伤白居易。好在皇帝对他颇为欣赏，白居易知恩图报，依旧勇于进言。

　　恰在此时，白居易的左拾遗两年任期即将届满。皇帝重视他的文才，让与他交好的翰林学士崔群私下询问想当什么官，自己斟酌一下。一般像白居易这样的近臣升迁都是由宰相拟定官职，再由皇帝决定。按惯例，拾遗一般可以被擢授门下省左补阙（从七品上）之类官职，但是此时的白居易有种孤独无助的感觉，因为他把当下五位宰相中的四位都得罪了：杜佑资历最深，年龄最大，虽然他五日才入宫议政一次，可皇帝颇为尊崇他，白居易看不惯他年过七十还不退休，写过《不致仕》《司天台》等诗讽刺杜佑年纪老迈却不主动请求退休；至于于頔，前年白居易曾上《论于頔、裴均状》，反对调于頔入朝当宰相，可是皇帝依旧任命他当了司空、同中书门下平章事；白居易也曾为李吉甫厌恶的牛僧孺等人辩白，李吉甫虽然出镇淮南，可依旧是"使相"，可以上书讨论国事，他之前在朝时提拔的人也能影响人事；李藩是杜佑的门生故吏，时任门下侍郎，是白居易的顶头上司，他也不可能给白居易什么好评。唯一和白居易关系较好的宰相是中书侍郎裴垍，他在朝堂势单力薄，恐怕也难以帮他什么。皇帝应该也清楚白居易的处境，他写的那些新乐府、《秦中吟》讽刺的对象有点多，或许朝堂的主政者在拟议官职的时候不会特别给予照顾。皇帝有鉴于此，才主动想了解一下白居易的想法，等到与宰相谈话的时候稍微漏漏口风，估计宰相们也会"顺势而为"。

　　白居易心中觉得不安，觉得祈求皇帝提升自己到比较重要的中书、门下、尚书三省任官的话，恐怕会让宰相们感到不满。于是，他在四月二十六呈上《奏陈情状》，以母亲多病、家中贫困为由请求把自己调任"资序相类，俸禄较多"的官职。之前的翰林学士姜公辅因母老家贫，请求皇帝任命自己为京兆府户曹参军，白居易借这件旧事上奏皇帝，请求挂名京兆府户曹参军。

　　五月五日，白居易接到了京兆府户曹参军任命书。实际上，他的职事仍然是充当翰林学士，京兆府户曹参军仅仅是领取俸禄的官衔而已[1]。在他看来，这是个有利的选择，一者，户曹参军的俸禄要比左拾遗高出不少，每月俸禄有四五万钱，比之前多出一倍，还有职田的产出二百石，能够显著改善家庭经济情况；二者，他以前是从八品上的左拾遗，而户曹参军是正七品下，等于连跳五阶，比补阙还高一阶，而且并不违反惯例，想必不会引起什么非议。

他自元和二年（807）十一月起充任翰林学士，那时的官衔是正九品下的县尉。短短四年就升了七阶，是让许多人羡慕的美事。当然，他并非皇帝最赏识的翰林学士，还有比他仕途更通达的。比如，李绛于元和二年以监察御史（正八品上）充任翰林学士，之后官衔频频提升，今年已升为从五品上的司勋郎中。另一位同僚崔群与白居易同时入翰林学士院，他前年由左补阙（从七品上）加库部员外郎（从六品上），今年又升为库部郎中（从五品上）。显然，他们两人既受皇帝的信重，也颇得宰相的好感。

没有了左拾遗的官衔，白居易也知道自己以后要注意些，最好不要再写那些议论朝政的诗歌。他素来身体虚弱，这时生了小病，请假在家中休养了十多天。利用这段时间，他细读了元稹从江陵寄来的新作十七首。这些诗歌多达五六千字，其中对朝政多有议论，也有些怨愤之辞。他想起友人牛僧孺的告诫，不敢大肆宣扬这些诗歌，只与李建、李复礼、樊宗师等三四位友人传阅。他写了《和答诗十首》寄给元稹，字数也超过三千，真可谓下笔如有神。

病好之后，他继续每日到翰林学士院供职。他感激皇帝的信任，一心事君报国，依旧还是就国事上书建言。朝廷征讨王承宗的战事进退两难，消耗巨大，他之前两次上书建议暂且停战。六月十五日，白居易再次上奏《请罢兵第三状》："臣此请罢兵，今之事势，又不如前，不知陛下复何所待！"一天应召在殿中议事，他当面在一项事务上指责说"陛下错了"，皇帝脸色变得严肃起来，等他离开后立即召见翰林承旨学士李绛，对他抱怨说："白居易这个小子无礼于朕，须把他赶出翰林学士院！"李绛替白居易辩解说："陛下能容纳直言，故群臣敢事无巨细都进谏。居易虽然说这话欠缺考虑，但也只

1　傅璇琮 . 从白居易研究中的一个误点谈起 // 文学评论 . 2002 年第 2 期，130-137。

是因为一片忠心才这样。陛下今天要是怪罪他，我担心天下之人都要闭口不言，不利于陛下广纳谏诤、发扬德政。"[1]皇帝觉得这话有道理，就没有怪罪白居易。

皇帝让宫廷画家李放为翰林学士们绘制写真画像，悬挂在集贤殿中，以此表达对他们的重视。白居易请李放临摹了一本带回家保存。在外人看来，翰林学士当然是官场的得意人物，可白居易心中经常感到孤寂、无奈，心中时而有弃官归隐的打算。他在李放绘制的写真像上题了一首《自题写真》，觉得自己"静观神与骨，合是山中人"，"况多刚狷性，难与世同尘。不惟非贵相，但恐生祸因。宜当早罢去，收取云泉身"。

听说元稹在江陵生了病，白居易急忙搜集大通中散（红消散）、碧腴垂云膏（碧云英），还题诗四首在纸上一并寄去。秋天他独自面对牡丹的枯枝败叶，觉得彼此都是不喜热闹的"幽人"，写了一首《秋题牡丹丛》寄给在远方的元稹：

> 晚丛白露夕，衰叶凉风朝。红艳久已歇，碧芳今亦销。
> 幽人坐相对，心事共萧条。

吐突承璀率领的禁军、节度使的军队围攻数月也无法取胜，耗费众多，皇帝也厌倦了战事。到七月经过私下沟通，王承宗上表承认自己的过失，宣示治下的属官可由朝廷任命，护送薛昌朝入京。皇帝则下诏赦免王承宗的罪责，朝廷军队撤出德、棣二州，各节度使也撤军回到各自的地盘，给参战将士赏赐布帛。皇帝以前讨伐藩镇的几场战争都快速取得了胜利，而这一次拖延这么久却没有好结果，心中想必也不甘心，可时局如此，只能妥协了事。白居易见此事果然如自己预测的那样发展，心里却没有多少得意之感，只觉得无奈。

八月十五日，白居易一个人在翰林学士院值班，心绪万端，怀念远方的元稹，"三五夜中新月色，二千里外故人心"（《八月十五日夜禁中独直对月忆元九》）。他们两人相知最深，在诗歌上也互相竞争、学习，时常互相寄送

---

1 （宋）袁枢．通鉴纪事本末卷第三十四·宪宗讨成德．北京：中华书局，2015，3212-3213。

新诗。九月九日重阳节讲究全家人一起登高、望远、喝酒、祝寿，白居易得到皇帝赏赐的菊花酒。他在一丛菊花边饮酒时，又想起在外地的元稹，想起他的得意之作《菊花》：

> 秋丛绕舍似陶家，遍绕篱边日渐斜。
> 不是花中偏爱菊，此花开尽更无花。

让白居易意外的是，赏识自己的宰相裴垍中风了，无法上朝，只能待在家里养病。九月，皇帝提拔太常卿权德舆为礼部尚书、同平章事，与杜佑、于顿、李籓共同执政。权德舆的女婿独孤郁五个月前开始充任翰林学士，因为岳父做了宰相，他需要避嫌，所以主动上书请求离开翰林学士院。白居易等同僚设宴欢送他"出院"，各自都作了诗赠别。

这几年的京城，活跃着三代以诗文著名的士人。

五十岁左右的诗文名家中，五十二岁的权德舆名气最大。他以诗文著名，贞元十年（794）任起居舍人兼知制诰，后连连升官。贞元十八年他以中书舍人典贡士，后拜礼部侍郎负责贡举考试。他三次负责贡举，大力选拔人才，是贞元末年以来的文辞大家。浑瑊、马燧等名将功臣的碑铭、行状都出自他的手笔，权贵高官家族都以请他书写碑铭为荣。在贞元末、元和初他在朝野士人中影响最大，很受士子尊崇。刘禹锡、柳宗元等都曾投文门下，求其品题。比权德舆小五岁的王涯的诗文也有些名气，他从贞元二十年开始充任翰林学士，前途看好，前年因为制举复核事件被贬，今年又被调回朝中出任吏部员外郎、知制诰，依旧是皇帝比较欣赏之人。

四十岁左右的诗文名家中，四十三岁的韩愈颇有名气。他出身官宦世家，父亲、叔伯都是有名的文士。他之前长期担任国子博士，虽然地位不高，可是他热心奖誉人才，一些雅好古文的文士把他当作标杆。这一派文人提倡写作古文、诗风颇为险怪，喜欢的人并不多。韩愈个性有些孤直，仕途不畅，去年改任都官员外郎、分司东都兼判祠部，不知得罪了谁，今年又降为河南县县令。

三十岁左右的人中，以白居易、元稹为首。他们大多刚进入仕途不久，积极有为，写作的兴趣也正浓厚，这几年已经有了很大影响力。元稹、白居易对权德舆、韩愈的诗文风格都不感兴趣。元、白的诗文语言平易而情节生动，比韩愈一派的诗文更受年轻文士欢迎。就年纪来说，刘禹锡、柳宗元也属于这一代人，他们两人成名要比元稹、白居易早近十年。五年前他们两人曾是京城的风云人物，可惜很快因为政争失败，被贬谪到边远地区当官，无法在京城这个文化和舆论中心形成声势，反不如后来居上的白居易、元稹影响广大。

白居易写的《长恨歌》、新乐府、《秦中吟》都广泛流传，他的诗歌出现在士人、乐伎的口中、抄本中，从长安向外地扩散，越来越多的人吟诵白才子的诗歌。只是，白居易自己对此还没有什么感觉，毕竟，长安的官员、士人数量众多，他们各有所好，并没有什么风格可以独占风骚。一些官员背后议论，觉得白居易写的诗歌太多，主旨又太显豁，显得浅薄而张狂。他们猜测他的目的，有的说他是为了出名，有的说他是为了讥讽政敌。

白居易也知道，外界有些人非议自己写的"新乐府"，官场众人大多小心谨慎。而他身为翰林学士却写这样言辞激烈的诗歌，被一些人背后戏称为"狂男儿"。在寄给故交唐衢的诗篇《寄唐生》中，他说自己写这些诗歌并不是为了炫耀才学，而是希望这些诗歌能规谏天子，有益于政教，"篇篇无空文，句句必尽规……非求宫律高，不务文字奇。惟歌生民病，愿得天子知。未得天子知，甘受时人嗤。药良气味苦，琴澹音声稀。不惧权豪怒，亦任亲朋讥"。

吐突承璀带着禁军从河北撤回京城，皇帝任命他为左卫大将军，充左军中尉。宰相裴垍、给事中段平仲、吕元膺、翰林学士李绛等相继上奏抨击吐突承璀指挥不力的罪责，皇帝不得已罢去他左卫大将军、左军中尉的官职，降为军器庄宅使。但是皇帝依旧信任他，没过多久，又提升他为左卫上将军，知内侍省，依旧是宫内数一数二的权宦。

裴垍九月中了风，影响言语、行动，只能连续上书辞相。皇帝数次派亲近宦官前去探望，见他的病一时半会儿无法好转，只能在十一月免去他的相位，改任兵部尚书。皇帝又下诏让淮南节度使李吉甫回朝为相，命刑部尚书李鄘前去接任。皇帝也赏识翰林学士李绛，升他为中书舍人，依旧充任翰林学士。李绛对吐突承璀素来不满，在皇帝面前攻击吐突承璀的骄横专断，让皇帝变了脸色，觉得他说得太过分了。吐突承璀想必对李绛的言论也有所耳闻，两人犹如仇敌一般。

元和六年（811）初，皇帝突然任命李绛为户部侍郎、判本司，不再充任翰林学士，这样他就无法频繁入宫接近皇帝。不知为何，李建也被罢去翰林学士之职，降为詹事府司直。正月二十五日，皇帝命刚回京的李吉甫继续为相，兼任集贤殿大学士、监修国史，白居易奉命撰写任命书《李吉甫平章事制》。李吉甫敏于政事，上任后就请求裁减官吏、节省耗费，一次裁减了冗官八百零八员、冗吏一千七百六十九员，朝野瞩目。他主张对藩镇强硬，而另一位宰相李藩主张姑息。不久后，皇帝免去李藩的相位，让他当太子詹事的闲官去了。

二月，突然下了一场大雪，把曲江杏园的杏花都冻掉了。白居易觉得这是天有异象，写了《春雪》记述此事，希望能引起朝中众人的警惕之心：

> 元和岁在卯，六年春二月。月晦寒食天，天阴夜飞雪。
> 连宵复竟日，浩浩殊未歇。大似落鹅毛，密如飘玉屑。
> 寒销春茫苍，气变风凛冽。上林草尽没，曲江水复结。
> 红乾杏花死，绿冻杨枝折。所怜物性伤，非惜年芳绝。
> 上天有时令，四序平分别。寒燠苟反常，物生皆夭阏。
> 我观圣人意，鲁史有其说。或记水不冰，或书霜不杀。
> 上将儆政教，下以防灾孽。兹雪今如何，信美非时节。

租住的新昌坊庭院狭窄，他还是在台阶前亲手栽种了一株不到一尺高的小松树。他以松树象征的君子的品德自勉，即"爱君抱晚节，怜君含直文"。他想象这棵树苗一定能长成"苍然涧底色，云湿烟霏霏"（《栽松二首》），可是他知道松树生长缓慢，自己年过四十才栽种它，不知道自己能否活到七十岁，见到它长大的样子。这也是以树喻人，似乎是在遐想自己将来能否成为宰辅那样的大树。

让白居易意外而痛苦的是，四月三日，母亲陈氏在宣平坊宅院的花园赏花时不慎坠井而亡[1]，享年五十七岁。她的母亲患有心疾，时好时坏，犯病的

---

[1] 白居易的母亲患有精神疾病。之前白居易从宣州去京城参加科考那一年，她就曾经因为忧愁寂寞而发狂，曾举刀自刎但被人救下来。之后时而平静，时而发狂。她住在距离新昌坊一街之隔的宣平坊中一处宅院，而没有跟白居易夫妇住在一起。

时候会大喊大叫，胡言乱语。白居易安排了两个健壮的婢女看护，给她们丰厚的酬劳，让她们整日盯着母亲。可是一天她们稍微懈怠了些，老夫人就不慎掉入井中。母亲为何生病是白家兄弟的难言之隐，他们从来不对外人提及此事，仅有几个至亲好友约略知道大概的情形。如今母亲意外亡故，他们越发不好对外多说什么，只好含糊其词，按照常规办理对外发丧、吊祭等事宜。

白居易的诗歌流传广泛，白居易也是朝野皆知的名人。官场对他的母亲的意外故去颇有些风言风语，觉得其中必然有什么隐情，说不定并非意外亡故，也有可能是自杀。担任起居舍人的裴度等人在办公的厅堂听闻京兆府报告白母去世的消息，都有些惊讶。起居郎薛存诚在宣平坊居住，与白家相邻，他对裴度等人说："我的住所与白家相邻，他的母亲一直患有'心疾'，犯病的时候喊叫的声音常常传到邻居那里。"众人这才约略知道白母本来就有怪病，如此想来她的突然故去也就可以理解了。家家都有为难的事情，白居易这样的才子也不例外。

按礼制，白居易和当秘书省校书郎的弟弟白行简都必须离职回家守孝，服丧满二十七个月后方可出任官职。正在守选的兄长白幼文则留在符离的田庄守孝。远在江陵府的元稹听闻消息，因无法亲自前来吊唁，写了祭文让弟弟代替自己到白家祭拜，同时赠送一大笔赙仪，这是为了帮白居易办理丧葬事宜，让白居易十分感动。

元稹已在江陵待了近一年，与年幼的女儿保子相依为命，好在他的旧识李景俭、张季友、王文仲等也在江陵府任职，众人常一起宴饮、出游、诗文唱和，倒也不寂寞。李景俭见元稹的女儿幼小，家中没有主妇，颇有不便之处，便将表妹安仙嫔嫁给他作了侧室，照顾身体多病的元稹以及保子。

第五章　无奈闲居：乡村生活日记

宪宗元和六年（811）四月初，白居易、白行简兄弟带着妻儿回到渭水北岸的下邽，在渭村田庄一边给母亲守孝，一边打理田庄。田庄仅有"新屋五六间，古槐八九树"（《西原晚望》），中堂之前的台阶下长着树冠巨大的老槐树，白居易常在树下散步、饮酒。这里"南阡有烟火，北陌连墟墓。村邻何萧疏，近者犹百步"，是个相对偏僻的地方。

他们把母亲安葬在田庄北部三里处的北原上。按照丧礼，他们兄弟在给父母守孝期间不能外出交游，友人来访也只能就丧事交谈。如果对方谈及其他事情都要做到"言而不语，对而不问"[1]，所以，朋友们不便来访，只以书信通问。

母亲在父亲亡故后苦撑家业，有许多不容易的地方，可是却早早身故。想到自己未能为她养老送终，白居易心中时时自怨自艾，大病了一场。他"自知气发每因情"（《病气》），觉得自己的身体之疾都是因情感积郁而成。雪上加霜的是，他钟爱的长女金銮子也生病了。十天后他在斋堂卧病，听到妻子的哭声，得知女儿不幸早夭，年仅三岁。他年近四十才有了这个孩子，特别钟爱她，本想看着她一天天长大，不料却是这般结果。他强撑着走到女儿的屋里，见到架子上她的小衣服、枕头边的药罐，伤心了好一阵，只能哭着把女儿埋葬在三里之外的北原上，与她的祖母相伴。

母亲、爱女先后逝世，白居易心中悲苦，只能勉强按照佛教的"解脱"之说宽慰自己，要"置心为止水，视身如浮云"，要"但受过去报，不结将来因"（《自觉二首》）。只是要做到这一点并不容易，他并非无情之人，想起母亲早前对自己的慈爱，想起爱女可爱的面容，他依旧会流泪，难以平静。他自小

---

1 （唐）杜佑，王文锦，王永兴，等 . 通典·卷第一百四十礼一百开元礼纂类三十五　凶礼七·王公以下居丧杂制·居常节 . 北京：中华书局，1988，3577。

身体多病，去年头发就有些花白，今年更是掉落了一颗牙齿。想起同样年纪的友人、中书舍人崔群容光焕发的样子，对照之下自己犹如七十衰翁一般，真有些丧气，只能靠佛法、饮酒让自己忘却忧烦。

白居易每天在田庄散步、读书，在京城的朋友知道他爱读书，便寄来各种书籍给他。京城有专门的抄书手，如果有什么好书，从他们那里可以买到常见的抄本，或者出钱雇请他们抄写特定的书籍。

因为没有了俸禄，花费又多，白居易颇为重视农业生产，让仆从栽种三十亩可以酿酒的黍，二十畦可以重复收割的韭菜，不仅可以自用，还能让仆从运到市集出售换钱。为了多产出，他带领家人、仆人"薙草通三径，开田占一坊。昼扉扃白版，夜碓扫黄粱。隙地治场圃，闲时粪土疆。枳篱编刺夹，薤垄擘科秧"，干累了常常"困倚栽松锸，饥提采蕨筐"。他种了不少榆树、柳树、桃树，新修了五六间新房舍，形成了"榆柳百余树，茅茨十数间"（《效陶潜体诗十六首·其九》）的格局。尽管如此，因为田庄的收成容易受水旱灾害的影响，并不稳定，他的经济状况也会随之起伏。

他觉得庄内没有什么风光，便尝试自己设计高台观景。他在田庄内转悠，找到一处合适地点，构筑了一座高台。台上修筑了可以观赏景色、闲居的茅屋，他夏日经常到这座茅屋中乘凉、歇息，在天气晴朗时可以从东窗望见华山，在南门外可以望见渭水上的船帆。他又在东侧修建了一座观景的亭子"东亭"，在周围栽种柳树、桃树，在台阶前种下青槐，又"引泉来后涧，移竹下前冈"（《渭村退居寄礼部崔侍郎翰林钱舍人诗一百韵》）。他用一首《新构亭台示诸弟侄》向亲戚汇报自己构筑的园林景观：

> 平台高数尺，台上筑茅茨。东西疏二牖，南北开两扉。
> 芦帘前后卷，竹簟当中施。清泠白石枕，疏凉黄葛衣。
> 开襟向风坐，夏日如秋时。笑傲颇有趣，窥临不知疲。
> 东窗对华山，三峰碧参差。南檐当渭水，卧见云帆飞。
> 仰摘枝上果，俯折畦中葵。足以充饥渴，何必慕甘肥。
> 况有好群从，旦夕相追随。

他在这里"诗书课弟侄，农圃资童仆"（《孟夏思渭村旧居寄舍弟》），过着"寒负檐下日，热濯涧底泉。日出犹未起，日入已复眠"的生活。因为在乡间生活，也好酒，他觉得自己如今的状态与陶渊明类似，开始模仿他的风格写《效陶潜体十六首》。好在，这一年风调雨顺，自家和关中各处都粮食大丰收，一些地方一斗米才值两枚铜钱。

不时能听到长安传来的消息。四月，兵部尚书裴垍因为病重，改任太子宾客这一闲官。七月，退休在家的座主高郢病逝，不几日，裴垍也故去了，让白居易大为感慨。裴垍是个爱才之人，推荐李绛、崔群、白居易当翰林学士，韦贯之、裴度为知制诰。白居易多次得到他的照应，心中感念，将其视为自己的贵人。裴垍尽心竭力辅佐皇帝，四十四岁就满头白发，深得当今皇帝的赏识，当了宰相。可惜因为身体衰弱，英年早逝，没能大展抱负。

因为母亲、女儿葬在北原，白居易便以此为家族墓地。十月八日，他把原来葬在下邽县下邑里的祖父、葬在新郑的祖母、葬在襄阳的父亲都迁移到义津乡北原，将父亲与母亲合葬在一起。迁葬祖母、父亲的棺木路途遥遥，要花费不少银钱，让他负担颇多。元稹听说后，寄来钱物相助。白居易撰写了追述祖父、父亲生平事迹的两份"家状"，把祖先追溯到春秋战国时代的楚国王族："白氏芈姓，楚公族也。楚熊居太子建奔郑，建之子胜居于吴楚间，号白公，因氏焉。"

一晚，县府的吏员来拍门，要求白家缴纳"地税"，以前交税都是田庄的仆从负责，这是白居易第一次经历这种事。他命令仆从第二天就办这件事，清早他们在场上张着灯烛扬簸，把一车三十斛的粮食拉到县府缴纳。因为他是官员，那些吏员不敢为难白家；如果是村中平民百姓，他们缴纳的时候恐怕还要遭受官吏的为难、盘剥。此外，他每年还要交"户税"，官员品级不同，缴纳的户税也分多寡，职事一品官为"上上户"，每年缴纳四千文，之后每一品级递减五百文，至第七等"下上户"缴纳一千文，第八等"下中户"缴纳七百文，九品官员为"下下户"，每年缴纳五百文。白居易是七品官员，弟弟是九品官员，合起来需缴一千五百文钱。

秋冬之际，万物萧索，白居易感到寂寞的时候，爱四处走动，在水边欣赏残败的荷叶、水草，感叹"风荷老叶萧条绿，水蓼残花寂寞红"（《县西郊秋寄赠马造》）。他经常想到母亲，听到禽鸟在夜晚鸣叫，让他联想到自己深受母亲抚育之恩却"未尽反哺心"，写下一首《慈乌夜啼》：

慈乌失其母，哑哑吐哀音。昼夜不飞去，经年守故林。

夜夜夜半啼，闻者为沾襟。声中如告诉，未尽反哺心。

百鸟岂无母，尔独哀怨深。应是母慈重，使尔悲不任。

昔有吴起者，母殁丧不临。嗟哉斯徒辈，其心不如禽。

慈乌复慈乌，鸟中之曾参。

脱离了京城的官场，他对自己之前撰写新乐府、《秦中吟》等"讽喻诗"引起的争议有所反思，不再创作议论时政的那类诗歌，倒是常常私下模拟翰林学士的语气撰写制诰文章。一方面是为了练笔，一方面也在关注朝政的动向，期望等自己结束守孝以后还能继续担任翰林学士、在皇帝身边为官。

年底，长安传来不少消息，担任弓箭库使的宦官刘希光收取二万缗礼物帮羽林大将军孙畛谋取节度使官职，不料此事败露，被皇帝赐死。吐突承璀与这件事有牵连，皇帝便外派他去任淮南监军，离开了宫廷。次日，皇帝就提升李绛为中书侍郎、同中书门下平章事，与于頔、权德舆、李吉甫共同执政。年初说服皇帝不让李绛担任翰林学士的，恐怕就是吐突承璀，如今他失宠了，皇帝便又想起了李绛。

元和七年（812）春天，白居易到田庄南侧欣赏桃花，想起湘灵，或许还想到同时代文士崔户写的《题都城南庄》：

去年今日此门中，人面桃花相映红。

人面不知何处去，桃花依旧笑春风。

于是，白居易也写下一首《下邽庄南桃花》。他觉得只有多愁善感的自己懂得珍惜这些桃花，可是它们被傍晚的风吹得满地都是，无人怜惜它们，就像没有人知晓自己心中的忧伤一样：

村南无限桃花发，唯我多情独自来。

日暮风吹红满地，无人解惜为谁开。

他在田庄栽种了不少桃树，写过《种桃歌》描述桃树生长的规律，又从桃树的成长想到人的年岁变迁，忽然感到生命如此短暂，不由得有些悲戚：

> 食桃种其核，一年核生芽。二年长枝叶，三年桃有花。
> 忆昨五六岁，灼灼盛芬华。迨兹八九载，有减而无加。
> 去春已稀少，今春渐无多。明年后年后，芳意当如何。
> 命酒树下饮，停杯拾余葩。因桃忽自感，悲咤成狂歌。

田庄中也有一些梨树。每年寒食、清明前后，梨花开放时，白居易经常漫步在林中欣赏梨花。寒食的晚上周围的农家都聚会饮酒，传来喧闹声，而他在草舍中独自待着，无法入睡，起来走出门，在柴门口望着月色出神，想起湘灵远在符离，已为人妇，于是写了首含蓄而落寞的《寒食月夜》：

> 风香露重梨花湿，草舍无灯愁未入。
> 南邻北里歌吹时，独倚柴门月中立。

他心情沉郁，常常写"落花"这类主题的诗，无论是红色的桃花，白色的梨花，都让他滋生出离愁别绪：

> 留春春不住，春归人寂寞。厌风风不定，风起花萧索。
> 既兴风前叹，重命花下酌。劝君尝绿醅，教人拾红萼。
> 桃飘火焰焰，梨堕雪漠漠。独有病眼花，春风吹不落。

夏末，听说年已七十八岁的杜佑患病，四次上表请求致仕，皇帝让他以光禄大夫、太保的荣衔致仕。从前自己初为翰林学士，曾写诗讥讽杜佑年过七十还不致仕，现在想来也不无年少激愤之处。皇帝如此优待杜佑，或许也是为了给众臣树立个榜样，彰显自己尊贤重老。

秋天多雨，白居易独自住在远离主院的草堂中。尽管妻子、弟弟都在田庄，可他觉得无人理解自己内心的寂寞。许多个日夜，他都想起湘灵，只能靠喝家酿的米酒让自己沉醉。清醒过来后，他会陷入烦恼、思念中，为了缓解心中的躁动，他越来越亲近佛教，希望靠修禅让自己忘掉烦恼。

他常常在雨中独饮，常常酣醉终日。一个雨夜他独自在草堂过夜，写下一首《夜雨》，表达对一生挚爱湘灵的思念之情，只能靠修禅压制心中的万千忧烦：

> 我有所念人，隔在远远乡。我有所感事，结在深深肠。
> 乡远去不得，无日不瞻望。肠深解不得，无夕不思量。
> 况此残灯夜，独宿在空堂。秋天殊未晓，风雨正苍苍。
> 不学头陀法，前心安可忘。

到了初秋，枣子从绿色渐渐变成浅红，白居易、白行简和几个侄子到村子附近的原野游览，看到村民栽种的"新枣未全赤，晚瓜有余馨"（《秋游原上》），在他看来，这里的农村最醒目的景观就是秋天满树的红枣。

这年粮食丰收，白居易在村中散步，见到农家收割的麦穗堆满了晒场，鸟雀纷纷飞来啄食，叫声里也传达出快乐的信息。一位老翁见到他，拿出杯子招待他喝社酒，他喝了一杯，便询问老翁家的生计。这家人都是辛辛苦苦种地的农民，衣服单薄，食物简单。白居易心中只能暗叹惭愧，自己作为士人、官员，从前也在田庄生活过，却不曾如此真切地接触农民，不曾真正细致观察他们的生活。如今在农村居住，与他们相处久了，才发现他们即使辛苦劳作也只能过艰困的日子，令人叹息。

白居易没有了俸禄，格外关心田庄的产出，常督导家人、奴仆从事耕作，督促侄子们写字、读书。他写了首诗《闲坐》描述这时候的"闲适生活"，貌似悠闲，实际上却是看着奴仆、婢女养鸡、沤麻、晒枣，都是为了生计在忙碌：

> 婆娑放鸡犬，嬉戏任儿童。闲坐槐阴下，开襟向晚风。
> 沤麻池水里，晒枣日阳中。人物何相称，居然田舍翁。

元和八年（813）春天，他又把葬在符离的外祖母陈白氏、早夭的弟弟白幼美迁移到北原安葬。外祖母在他们小时候抚育他们兄弟，出力甚多，白居易一直对她的恩德念念不忘。

之前在京城，春天士人流行到寺观、郊野踏青、赏花、宴饮。如今白居易在家守孝，只能在村里随便走走，有时在村东眺望远山，有时望着渭水发悠悠之思。村里人房前屋后栽种的大多是实用的枣树，不像京城的权贵、士人爱好栽花种草。他顺着村东头的小路登上高处，村外的田里都是绿油油的禾苗，村里的院子里大多都是枣树，他写了首《登村东古冢》，感叹自己又老了一岁：

> 高低古时冢，上有牛羊道。独立最高头，悠哉此怀抱。
>
> 回头向村望，但见荒田草。村人不爱花，多种栗与枣。
>
> 自来此村住，不觉风光好。花少莺亦稀，年年春暗老。

这年春天，长安政坛发生一系列人事动荡。

担任宰相的李吉甫、李绛两人经常为政事在皇帝面前争论。而另一位宰相权德舆总不表明自己的态度，皇帝觉得他毫无主见，便免去宰相职务，任礼部尚书，旋即又派他到洛阳出任东都留守，成了闲官。

接着，又爆出宰相于顿的家人行贿、杀人的案件。于顿从前在地方当节度使作威作福，觉得在朝中当宰相还不如去当节度使。去年年底他让儿子、太常寺丞于敏私下找门路接触宦官，希望能再次外放出任节度使。有个叫梁正言的人自称与权宦梁守谦熟悉，收取于家大量钱财去疏通此事。可是于家等了几个月都迟迟没有动静，于敏觉得梁正言欺骗自己，就把他的家奴骗到家中杀死，碎尸丢到厕所中。今年年初于敏的奴仆王再荣到银台门向宫中告发此事，皇帝大怒，立即下诏调查，在于顿宅中搜出尸体，人证、物证俱在。于敏被流放，半路上就被赐死，于顿被贬为恩王傅，他的另外几个儿子也都被贬官、撤职，两个参与杀人的奴仆与中间人梁正言都被京兆府杖杀。皇帝宠信的一个僧人鉴虚也受到此事牵连，这个僧人结交朝中高官、宦官，一些节度使通过他向宰相、宦官行贿，在御史中丞薛存诚的坚持下，鉴虚也被杖杀，财产都被没收。

三月，皇帝命刚回朝的剑南西川节度使武元衡为门下侍郎、同中书门下平章事，与李吉甫、李绛共同执政。

六月，白居易、白行简为母亲守孝期满，举办谭祭（三周年忌日礼仪）之后就可脱下丧服，回到日常居住的寝室居住。白居易派仆从去京城的吏部衙门办理手续，等候朝廷安排新官职。此时的吏部侍郎是杨於陵，友人杨嗣复的父亲，他当然愿意援助。只是，如今官位空缺少而等候的选人众多，想谋得一个好些的空缺殊为不易。白居易之前的官衔是正七品下的京兆府户曹参军充翰林学士，要是继续任六品、七品的官职，以后还要受吏部铨选、守选的限制，得不偿失，最好是能由宰相拟议担任五品官职，而且最好是能得到皇帝的首肯，继续担任翰林学士这样的近臣。

问题是，李吉甫是当下最受皇帝信任的宰相，他要是不点头，其他朝臣恐怕也没有必要冒风险替白居易说好话。而皇帝，还记得白居易这个人吗？

白居易也知道这事急不得，只能暂且等待时机，最好等到今年冬天或者明年春天有了空缺。那时如果宰相李绛、翰林学士崔群、钱徽策略性地在皇帝面前提一下自己，而皇帝又有意任用自己、向宰相有所暗示的话，李吉甫等人想必也不会强烈反对。

白居易继续在田庄生活。让他有点苦恼的是，六月中旬连续下雨，渭水暴涨，此后将近一个月渡口都无法通航。田庄的禾苗也受灾了，收成恐怕要大减。八月也连连下雨，淅淅沥沥的雨声让他难以入睡。让他无奈的是，妻子杨氏初夏回长安的娘家探亲，一直到中秋柿叶半红时还没有回来。村里的农妇都开始制作冬衣了，妻子却还在长安逍遥。他有些抱怨，写了一首《寄内》劝她快点回家来：

> 条桑初绿即为别，柿叶半红犹未归。
> 不如村妇知时节，解为田夫秋捣衣。

他感觉自己犹如被朝廷、亲友遗忘在荒村的病人，心情格外孤寂，感到郁闷、焦虑，时常心灰意冷，便沉溺在酣饮之中，唯有与友人元稹、崔群等通信，来缓解寂寞、了解外界的消息。

元稹来信说，杜甫的孙子杜嗣业之前迁葬杜甫的棺木回洛阳首阳山祖坟，途经江陵时特地去拜访元稹，请他为祖父写墓志铭。元稹精心撰写了篇《唐故工部员外郎杜君墓系铭（并序）》，纵论古今诗史，推杜甫为集众家之长的大成者，"所谓上薄风骚，下该沈宋，古傍苏李，气夺曹刘，掩颜谢之孤高，杂徐庾之流丽，尽得古今之体势，而兼人人之所独专矣"，还对并称"李杜"的说法不满。元稹认为李白的特点是"奇"，只有乐府歌辞勉强可以比肩杜甫，至于格律诗尤其排律远远不如杜甫。李白犹如站在门墙之外，而杜甫已登堂入室，称"诗人已来，未有如杜子美者"。白居易赞同他的意见，认为杜诗"尽工尽善，又过于李"（《与元九书》）。

到了重阳节，太阳照射到屋里，有点小病的白居易还在睡觉。白行简叫哥哥起床，说今日全家人应该去登田庄西部的"西原"远望和庆祝，于是白居易起来，带着众人登上土原的高处。童仆已设置了帐幕，摆了几盆菊花，帐幕的小几上摆着糕点、酒水等，家人一起谈笑饮酒。田庄附近的村子里一共约四十户人家，年轻人大多去长安城中谋生，留下的大多是老年人，所以"村人死不歇""哭葬无虚月"，让他感叹"天地自久长，斯人几时活"（《九日登西原宴望》）。

他常常独自在草堂饮酒，早上喝，晚上也喝。他酒量不大，一壶酒能喝三次，每次喝三四杯就有点晕乎乎的，这是他最喜欢的状态，能忘了各种烦恼，醉眼蒙眬地观察这个世界，正如《效陶潜体诗十六首》其五所云：

> 朝亦独醉歌，暮亦独醉睡。未尽一壶酒，已成三独醉。
>
> 勿言饮太少，且喜欢易致。一杯复两杯，多不过三四。
>
> 便得心中适，尽忘身外事。更复强一杯，陶然遗万累。
>
> 一饮一石者，徒以多为贵。及其酩酊时，与我亦无异。
>
> 笑谢多饮者，酒钱徒自费。

他闲居村野，觉得自己这样的才士也无人引荐、无法得到任用，心中憋屈，从古到今的各种不平事，让他有点怀疑天道、神灵是否公正，"谓天不爱民，胡为生稻粱。谓天果爱民，胡为生豺狼。谓神福善人，孔圣竟栖遑。谓神祸淫人，暴秦终霸王。颜回与黄宪，何辜早夭亡。蝮蛇与鸩鸟，何得寿延长"。他也想不明白，只好以"物理不可测，神道亦难量"（《效陶潜体诗十六首》其十六）收束思想，茫茫苍天给不了自己回答，与其思考这类令人头疼的问题，还不如多种黍，多酿酒，沉醉在美酒中。

十二月下了一场连续五天的大雪，非常寒冷，把竹子、柏树都冻死了。村民大多穷困，在严寒中只能点燃蒿草、树枝取暖。而白居易这样的士人有皮袍、暖被，既无挨饿受冻之苦，又无下田劳动之累。他感到惭愧和内疚，在《村居苦寒》中发出"自问是何人"的慨叹：

> 八年十二月，五日雪纷纷。竹柏皆冻死，况彼无衣民。
> 回观村闾间，十室八九贫。北风利如剑，布絮不蔽身。
> 唯烧蒿棘火，愁坐夜待晨。乃知大寒岁，农者尤苦辛。
> 顾我当此日，草堂深掩门。褐裘覆绐被，坐卧有余温。
> 幸免饥冻苦，又无垄亩勤。念彼深可愧，自问是何人。

中原如此寒冷，是少见的事情。东汉延熹年间也发生过冬季寒冷把洛阳的竹、柏冻死的事情。当时襄楷曰："闻之师曰：'柏伤竹槁，不出三年，天子当之。'"古人相信"天人感应"，觉得天有异象一定是世上发生了什么灾难，君王的举措有什么差错。这未尝没有道理，天气寒冷往往意味着北方粮食收入减少，农村容易发生饥荒、瘟疫，而更北方的农牧业部落因为牧草减少、牲畜大批死亡，或许就会竭力南下抢掠，难免发生战事，轻则爆发边境冲突，重则战乱不止，军费激增、徭役繁多。

白居易和弟弟因为闲居都没有了俸禄，加上移葬几位亲人花费不少。幸亏人在江陵的元稹先后三次共赠送二十万钱相助，从前有交往的翰林学士崔群、钱徽也送来钱物、粮食、药物，这让白居易大为感动。京城不时传来各种消息，包括杜佑故去了。

元和九年（814）年初，听说两位宰相李吉甫、李绛对政事的观点经常冲突，两人都多次上表请辞。皇帝思虑了一阵子，决定把自己信任的宦官吐突承璀从淮南监军任上调回长安，担任神策军左军中尉，随后免去李绛的相位，让他改任礼部尚书。这表明皇帝目前更信任李吉甫，决定朝堂以他为主处理政务。白居易从前写的《宿紫阁山北村》有"主人慎勿语，中尉正承恩"一句，指的就是那时吐突承璀大受皇帝宠信的时事。几年过去，他再次回宫、得宠，对白居易来说，可不是好消息。

白居易给友人崔群、钱徽写信、写诗，表露请求他们帮忙举荐之意。可是崔群被升为礼部侍郎，成了主管进士科考的官员，钱徽调任中书舍人。两人都离开了翰林学士院，无法借机对皇帝提及白居易的名字，也没有用人的实权。另一个熟人、吏部侍郎杨於陵则转任兵部侍郎、判度支，也无法帮他什么。在李林甫在朝当政、吐突承璀在宫中受宠的局势下，白居易感到无能为力，只好继续闲居，等待时机。

这时，白居易的友人卢坦奉命去梓州担任剑南东川节度使，聘请白行简当掌书记，如此可以获得一份不错的收入。白行简便带着妻子去两千里之外的梓州，把刚两岁的儿子景受留下，由兄嫂照看。

白居易在下邽家中无所事事，难免时常感到焦虑和落寞，写了好些感伤的诗作。春天，他拉着自己的马到集市，卖掉后又买了头黄牛带回家，打算"迎春治末耜，候雨辟菑畬"（《归田三首》），宣称要安心当农民。与农民打交道多了，他越发体会到农民的不容易——春天不下雨、秋天霜冻来得太早都会导致庄稼歉收，缺少粮食的农民只好在野田中采收地黄，带到长安城中卖给大户人家，换回一些粮食。据说，把地黄掺杂在粟米中喂马可以让马的毛色变漂亮，所以京城富贵人家才有这需求。这年夏日气候干旱，田中的禾苗都晒焦了，村民都发愁今年的收成，看着他们焦虑的样子，白居易深感"嗷嗷万族中，唯农最辛苦"（《夏旱》），也替他们担忧。

白居易并不善社交，与前辈官员的交往不多。一天他接到在襄阳的山南东道节度使袁滋的书信，让他颇有感慨。当年他刚考中进士，路过华州时拜会过袁氏，写过称颂对方的《旅次华州赠袁右丞》。只是，袁滋之前为相时间甚为短暂，之后便远离朝廷，难以帮他在朝中谋到什么好官职。而对去节度使幕府当幕僚，白居易也无甚兴趣，只能写诗文感谢对方还记得自己。

这时，听说刚被皇帝任命为御史中丞的薛存诚还没有来得及到官署上任就暴病而亡[1]，终年五十岁，让白居易大感遗憾。白居易与他在元和初年就有交往，薛存诚任驾部郎中、御史中丞的两份制诰就是他起草的。去年薛氏在御史中丞任上严办那个骄横不法的和尚鉴虚，让朝野侧目。只是不知为何，今年三月皇帝调他担任给事中，虽然依旧是近臣，却无法发挥他的司法专长。近来御史中丞空缺，皇帝再次想起他，他刚得到任命书却突然故去。与薛氏

---

1 陈钧.薛存诚生平考//盐城师范学院学报（人文社会科学版）.1997年第3期，61-64。

认识的士人都敬佩他的德行，韩愈撰写《祭薛中丞文》，称颂其"懿德茂行，可以励俗；清文敏识，足以发身。宗族称其孝慈，友朋归其信义"。白居易的母亲故去后，薛存诚帮他说过话，他也一直敬佩薛氏的为人、举措，便写作悼诗《薛中丞》，称赞他是"守直"之人，让"奸豪与佞巧"憎且惧。对好人为何命不长久，他也有些不解，怀疑上天的意志、寿命长短的"运数"是否有何规律。

想当年，自己也如薛氏一样，是"守直"之人，可自己的命运又如何呢？如今不是还在乡村闲居？皇帝还记得自己吗？

此时，他和元稹在长安的年轻士子中大名鼎鼎，他写的《秦中吟》《长恨歌》等流传甚广，备考写的《性习相近远》《求玄珠》《斩白蛇剑》等赋和判词《百节判》都被书肆市贾抄写售卖，号称"白才子文章"。士人争相购买、抄写，作为科举考试的参考资料。如此才华，却无法入朝为官，他心中也是苦闷而无奈。皇帝似乎忘了自己，朝中也无有力人物援助，他只能黯然地给礼部侍郎崔群、中书舍人充翰林学士钱徽两位友人写诗，感叹"圣代元和岁，闲居渭水阳"（《渭村退居寄礼部崔侍郎翰林钱舍人诗一百韵》）。

当然，朝中也有得意之人，据传御史大夫、户部侍郎皇甫镈擅长理财，大受皇帝宠信。他最近推荐自己的同年萧俛、令狐楚充任翰林学士。令狐楚是贞元七年（791）的进士，之后为三任河东节度使当幕僚，他才思俊丽，文风独特。之前德宗皇帝喜好文辞，每次接到河东节度使从太原上呈的奏章，能分辨出哪一篇为令狐楚所为，由于皇帝的赞赏，他那时就以文章闻名。

八月中旬，白居易感到寂寞无聊，便去蓝田县王顺山的悟真寺游览。王顺山是终南山脉众多山峰中的一座，白居易在山下四五里的地方下马，带着仆从沿着蓝溪湾进山，他"手拄青竹杖，足蹋白石滩"，走过山谷，登上半山的佛寺小住。在附近的山谷之间游览的五天，他写了自己平生最长的一首五言诗《游悟真寺诗》，有一百三十韵。他想在山下买地隐居，宣告自己已皈依佛、道二教的理念，要"身著居士衣，手把南华篇""我今四十余，从此终身闲"（《游悟真寺》）。

回到家中，他又病了一场，感觉自己就是"金氏村中一病夫"（《村居寄张殷衡》），靠写诗抒发孤寂、贫穷、衰病这类感触。重阳节时，他想起在远方的弟弟白行简，去年两人还在这里赏菊、饮酒，如今却分隔两地。下邽地势平坦，没有高山可以登临，也无法遥望梓州。

比起来，弟弟总算有个差事，有俸禄。而自己还在闲居，真是无奈。如今要谋个好官职颇不容易，即使是才子也命运多舛。比如颇有诗名的孟郊四十六岁才考中进士，守选三年之后考了多次也未能通过吏部铨试。到贞元十八年（802）才通过考试出任溧阳县尉，三年任满后又守选若干年，元和元年（806）去投奔河南尹郑余庆，成为他的幕僚。郑氏上奏请求朝廷任命孟郊为水陆运从事、试协律郎。今年郑余庆出任兴元尹，又邀孟郊当幕僚，还上奏请朝廷给他挂了个试大理评事的官衔。孟郊去上任时，八月二十五日走到河南阌乡县不幸病逝，终年六十四岁，让人叹息不已。

入冬，下了第一场雪，听着雪花纷纷落下的扑簌声，白居易无法安睡，披衣起身坐着发呆，深感"家贫亲爱散，身病交游罢。眼前无一人，独掩村斋卧"。他已经在这座田庄住了"一千三百夜"（《冬夜》），距守孝期满已过去一年三个月，实在太久，而自己也实在太寂寞。

十月三日，宰相李吉甫在长安病逝，终年五十七岁，皇帝下诏追赠为司空。他任相多年，精于政务，擅长谋断，平日讲究吃穿用度，但并不贪图财物，在京城一所宅院之外并没有购置其他别业。另外他的文采也颇为突出，选辑《文选》之后至开元年间的诗歌三百二十首为《丽则集》五卷、选辑历代文章为《古今文集略》二十卷，选辑本朝朝臣所撰表章笺启等为《类表》五十卷、编选本朝朝臣所撰哀册文章为《国朝哀策文》四卷。只是，他对白居易擅长的那类诗歌并无好感，两人没有交往。

李吉甫故去后，朝政有了一点变化。武元衡、张弘靖两位宰相主政，后者今年七月才回朝为相。他们在朝处理的大事是讨伐淮西节度使吴元济。此人在父亲故去后在淮西拥兵自重，请朝廷任命自己为新节度使。皇帝没有允许，已任命山南东道节度使严绶为申光蔡招讨使，负责督导周边的节度使的军队攻打吴元济。

十二月，皇帝又命尚书右丞韦贯之为相，与武、张共同执政。韦贯之从前与杜佑不和，在元和三年的制举考试中欣赏牛僧孺等人，和白居易的政见有不少共同之处。而且说起来张弘靖、韦贯之与白居易有师生之谊，他们两人在元和元年担任制举考策官，取中了元稹、白居易等人。总之，现任的三位宰相与白居易无仇无怨，对他这位著名的诗文作家也都有所耳闻。在他们的关照与皇帝的首肯下，四十三岁的白居易被越级提升为太子左赞善大夫，成了正五品上的官员。就品级而言，相比正七品下的京兆府户曹参军，他一下跳了八阶。不过，收入却比那时少了，每月只能领三万铜钱。

五品官号称"通贵"，对官场之人来说，是个重要的台阶。按照制度，五品以上官员任满后由宰相拟议官职、皇帝决定并下敕任命，而六品以下官员由吏部考核和授予官职，而且六品官员每一次任满以后都要"守选"若干年，才能参加铨选考试，通过后才会被授予官职。这意味着，白居易从此脱离了吏部的铨选体系，不必如孟郊那样的低级官员一样受制于吏部的"守选"和"铨选考试"。

第六章　被贬江州：闲官直言招嫉

元和九年（814）的冬天，白居易回长安担任太子左赞善大夫，这是正五品上的官职，职责是侍从和讽谏太子。自从玄宗以来，太子都住在皇宫内或十王宅，由宦官服侍。东宫形同虚设，东宫的官职也都是名义上的，都是没有具体事务的闲官，平时根本见不到太子，只需逢年过节时给太子呈递祝贺表文。

白居易租赁了距离宫廷比较远的昭国坊（今西安市大雁塔北）王家的院子居住，这里位于华阳观所在的永崇坊正南，晋昌坊正北，靠近大慈恩寺，时时都能看到南侧高耸的雁塔，望得见远处的终南山。这是处比较偏僻的坊，白居易形容这个院子"柿树绿阴合，王家庭院宽。瓶中鄠县酒，墙上终南山"，门外则是"槐花满田地，仅绝人行迹"。这里的僻静正好适合他这个闲官。

让他有点烦恼的是，虽然他是闲官，但五品官员需去皇宫参加早朝，他要很早就起来。天没亮听到报晓的鼓声就要冒着寒风骑马出发，让他觉得有点难受，"远坊早起常侵鼓，瘦马行迟苦费鞭"（《初授赞善大夫早朝，寄李二十助教》）。早朝之后，并没有公务可以处理，也无人关注，他就回家自行读书、写诗、饮酒。

一代新人换旧人，白居易似乎已被皇帝遗忘了。如今，皇帝颇为宠信擅长理财的朝臣，赏识的文学之臣则是翰林学士令狐楚、中书舍人王涯等人，许多官员、士子自然都去拜访他们，寻求他们的指点、赞誉。

白居易是闲官，门庭冷落，有来往的不过是侍御史元宗简、太常寺太祝张籍、水部郎中吴丹等旧友而已，新认识的朋友仅有秘书郎杨巨源、卢拱等数人。杨巨源比白居易大十七岁，三十四岁考中进士，可惜仕途不顺，之前都在地方节度使幕府当幕僚，曾得到河中节度使张弘靖的赏识。今年张氏入朝为相，他才得以入京担任秘书郎。他从前与元稹有交往，白居易早就听过他写的"三刀梦益州，一箭取辽城"等诗句，所以两人便有了往来。

让白居易感慨的是，张籍数次来访，与他探讨诗文、政道，白居易读了张籍写的一系列"古乐府"，觉得他的诗歌与《诗经》的"六义"相合。他写的《学仙》劝诫妄想长生的国君，《董公》讽喻贪暴的大臣，都有益于教化，希望能流传到宫廷之内，为皇帝所知。白居易像是面对从前的自己一样，只是他也知道，当今皇帝现在未必爱听这些话，写了也没什么用，自己如今很少再写这类诗歌。

张籍住在城西延康里西南的西明寺后，曾害了三年眼病，几乎失明，友人戏称他为"盲太祝"。一天张籍来访，两人彻夜交谈，直到早上太阳出来张籍才骑马回延康坊。长安已经许久没有下雨雪，干燥而寒冷，天气有些阴沉，刮着冷风。望着正害眼病的张籍骑马越走越远，白居易感慨万千，写了一首《酬张十八访宿见赠》，叹息从前自己当翰林学士时炙手可热，官员、士子争相结交，张籍那时与自己只是淡淡之交。如今别人遗忘了自己，而张籍却依旧重视自己，一冷一热，交情乃见。对当世文士，张籍最为推重韩愈，其次就是白居易。白居易与韩愈的性情、文字风格不同，没有什么来往，两人也各有亲近的文士，韩愈亲近的主要是孟郊、李翱、皇甫湜等人，而白居易与元稹、李绅交流更多。

元和十年（815）春天，司勋员外郎张仲素来访。两人闲聊时，他吟诵自己新作的《燕子楼三首》，其中有"楼上残灯伴晓霜，独眠人起合欢床。相思一夜情多少，地角天涯不是长"等句子，让白居易颇为动情，写了和诗。张仲素说自己写的是关盼盼的事迹。关盼盼是曾任徐州刺史、武宁军节度使的张愔的乐伎。元和元年张愔病逝后，家人都迁移到洛阳，而关盼盼住在徐州彭城的张家房舍中，独居一座小楼"燕子楼"，至今已过了十年。张仲素以前当过张愔的幕僚，今年他路过洛阳去给张愔扫墓，从张家听说了关盼盼的事，大为感慨，写下这三首绝句。十二年前白居易任校书郎时，曾去彭城处理家事，参加过张愔举办的宴会，观看过这位盼盼出场表演歌舞，姿态优美，当时他曾赠诗"醉娇胜不得，风袅牡丹花"。

人间能有如此长情之人，让白居易唏嘘不已，再次想到了年轻时与湘灵的恋情。时光易逝，恐怕盼盼也非当年姿态，他只能在诗中感慨"见说白杨堪作柱，争教红粉不成灰"。之所以提及白杨，是因为张仲素提到十年前他们在张愔的坟墓周围栽种的小杨树苗，如今已长成大树，有柱子那么粗了，而佳人却已经老去。

白居易对皇帝遗忘自己，让自己当闲官心有抱怨。春日观赏白牡丹时，联想到自己犹如白牡丹一样没有人搭理，人们都去结交穿着紫红官袍的高官，犹如追捧紫牡丹、红牡丹一般。这首《白牡丹》没怎么描绘花的形貌，只是感叹自己这个"朝官"当得名不副实：

> 白花冷淡无人爱，亦占芳名道牡丹。
> 应是东宫白赞善，被人还唤作朝官。

让他感到高兴的是，二月，好友元稹从江陵回到长安等待任命。他的侧室安仙嫔去年在江陵府病逝，仅留下一个儿子元荆。元稹这次回京，带着年幼的元荆和前妻生的女儿保子，一路风尘仆仆，有许多感触。

白居易与元稹多年未见，频频相约喝酒、闲谈。一天他们与樊宗宪、李景信去城南皇子陂游览时，都喝了一些酒。回程时白居易与元稹想起当年在长安秦楼楚馆走马观花的青春岁月，便在马上各自吟唱可以配合"艳曲"演唱的"短小律诗"，大都是可以在酒宴上由歌女演唱的春愁秋思、男女之情之类的诗歌。两人你来我往，比拼记忆和诗才，一直唱诵了二十余里，到昭国里才停下。樊宗宪、李景信两位骑马跟随，都插不上嘴。

之后，以前被贬谪的朗州司马刘禹锡、永州司马柳宗元等人先后进京，等候新任命。十一年前皇帝刚登基时贬谪刘、柳等人到边荒，还曾特地强调不许赦免他们。去年年底也不知是哪一位朝臣的劝谏起了作用，皇帝下令把从前被贬谪的刘禹锡、柳宗元、元稹等人都召回长安，考虑重新任用他们。

三月初，刘禹锡从武陵回到京城，又因为作诗惹出事端。据说宰相本来想留他在京城当官，可是个性好强的刘禹锡和柳宗元等人去玄都观欣赏桃花时，写下一首《元和十年自朗州召至京戏赠看花诸君子》：

> 紫陌红尘拂面来，无人不道看花回。
> 玄都观里桃千树，尽是刘郎去后栽。

他对朝臣确有幽怨，为了能重新得到起用，元和元年（806）、元和七年他两次致信司徒杜佑，希望这位老上司能伸出援手，可惜没有得到回应。元和四年他当年的友人程异被李吉甫保荐起用，他和柳宗元都曾写信给李吉甫求助。李吉甫倒是好心，把自己寄给武元衡的唱和诗寄给他，让他写诗唱歌，希望刘禹锡借此与武元衡缓和关系。可惜，刘禹锡写的《奉和淮南李相公早秋即事寄成都武相公》似乎并没有得到武元衡的回应。元和八年武元衡入朝为相，他又给两位宰相武元衡、李绛致信，也没有得到回应。

据说，刘禹锡的这首诗传到宰相武元衡耳中，他觉得刘禹锡讽刺自己这样的朝中新贵都是他被贬以后才得以升官的。武比刘大十四岁，贞元十九年（803），武为左司郎中，刘为监察御史，地位相当。次年武升为御史中丞，成了刘的顶头上司，刘曾给武代笔。德宗驾崩后，刘因为亲近王叔文成为炙手可热的人物，而武与王不和。当时杜佑为负责安葬德宗的山陵使，武为仪仗使，刘当时与曾提携他的杜佑的关系有了裂痕，便去请求武帮忙让自己担任仪仗判官，以便他进一步升职。但武拒不答应，让王、刘大为不满。不久后宫中便下诏命武改任太子右庶子的闲职，那时武对刘就有了看法。数年之后，双方的恩怨应该有所缓解，不料又出了这件事。在武元衡的建议下，皇帝旋即把刘禹锡、柳宗元、元稹等人再次外派到远方当刺史，他们的官位虽然升了，但是距离长安更远了，依旧被看作贬谪。刘禹锡最初被任命为播州（今贵州遵义）刺史，柳宗元考虑到刘禹锡的老母亲年事已高，想上书请求执政调换自己去播州，让刘禹锡去稍微近一些的柳州当刺史。御史中丞裴度也在皇帝面前帮刘禹锡求情，皇帝才改任刘禹锡为连州刺史。

或许因为这件事，连累元稹也被贬为通州（今四川达州市）司马。他三月二十五日接到任命书，听说通州那里瘴气严重，打算独自去上任，把女儿保子、儿子元荆留在长安，拜托亲戚照看。他担心自己无法生还，把平生撰写的诗文整理为二十六个卷轴，留给白居易保存，希望友人能让这些诗文流传后世。二十九日，元稹离京时，白居易、博载、樊宗宪、李景信以及元稹的侄子元谷一直陪同，到京城五十里外的鄠县（今陕西鄠邑区）沣水西岸的蒲池村。众人又是喝酒，又是畅谈，住了一晚。第二天设宴给元稹饯行。望着他骑马缓缓走远，白居易一行才掉头回长安。

元稹到了通州，先在驿馆住了几日。这座驿站房舍破旧，甚至附近的地面还有老虎走过的爪印，他在一根柱子上看到白居易的诗句"绿水红莲一朵开，千花百草无颜色"。这是十五年前白居易初及第时赠给长安乐伎阿软的绝句，也不知是哪位文士题写在这里。他立即写信、写诗向白居易通报这个发现。此诗竟然传播到了通州那么边远的地方，让白居易有些惊讶。不久之后，元稹在通州结了一桩姻缘。新任涪州（今重庆市涪陵区）刺史裴郧路过通州，在酒宴上得知元稹的妻子、侧室都已病逝，把自己的一个女儿裴淑（字柔之）嫁给他。裴淑颇有才情，擅长写诗，对元稹来说当然是良配。

入夏，白居易担忧元稹不耐通州的湿热气候，寄去轻薄的縠衫、纱裤给他，并在信封上题写《寄生衣与微之因题封上》：

> 浅色縠衫轻似雾，纺花纱裤薄于云。
> 莫嫌轻薄但知著，犹恐通州热杀君。

虽然没有公务，可以悠闲度日，可白居易心中并不平静。少年恋情的无奈、母亲的意外亡故、官场的失意，让他对人生的无常多了体会，时而感到烦恼、绝望，多次去兴善寺向僧人惟宽问法。这位禅师是马祖道一的弟子，擅长开示弟子，与他相谈，多少能缓解内心的焦虑。

朝廷讨伐吴元济的战事进行了七八个月，难分胜负。一些藩镇如淄青节度使李师道暗地里与之勾结，阻挠朝廷的举措。战事拖延的时间越久，财政压力越大，河阴的转运院仓库保存着大量军粮，三月时突然遭不明身份的"盗匪"焚毁，震动朝野。朝臣私下议论纷纷，有些人觉得军粮、赋税有些紧张，主张赦免吴元济缓和局势，也有的朝臣如御史中丞裴度、考功郎中知制诰韩愈等主张积极作战。

六月三日，长安城出了件大新闻。白居易正在上朝路上，忽然听到吵吵嚷嚷的声音，过了好一会儿，才得知当朝宰相武元衡竟然被刺客斩首，另外还有几名刺客在通化坊门口袭击御史中丞兼刑部侍郎裴度，所幸他只是受了轻伤。

听闻消息，一些官员担心生命安全，战战兢兢不敢出门。皇帝在大殿上等了好久还不见官员到齐，也感到奇怪。随后皇帝得知武元衡被杀，震惊之下当即宣布罢朝，下诏金吾、府、县三级官吏在全城搜捕刺客。众官员大都怀疑是不服朝命的成德节度使王承宗指使人作案。他之前与朝廷打了几年仗，派到长安的使者曾公开抨击过武元衡，这几个月他又数次上表攻击武元衡。也有人怀疑淄青节度使李师道、淮西节度使吴元济可能是背后的谋主。武元衡是主持讨伐战争的宰相，裴度是主战的御史中丞，显然刺客此举怀有政治目的。

白居易听闻此事后极为愤怒，觉得如此蔑视朝廷权威可谓闻所未闻，上午在家撰写了一篇章表，中午第一个上疏，请求朝廷紧急捕杀刺客，洗刷国耻。这时他觉得自己更像是左拾遗那样的谏官，而不是"太子左赞善"这样的闲官。白居易上书之事很快传遍了朝廷，一些官员横生议论，有人猜测他是想重新获得皇帝的关注，重回翰林学士院，也有中书、门下、尚书三省的一些官员觉得毕竟三省的丞、郎、给事中、中书舍人、谏官、御史尚且没有上书，当东宫闲官的白居易却第一个抢着上书，表现过分积极，背后议论他的目的，不外乎邀功取宠、好出风头之类的闲言碎语。白居易感到气愤，太子赞善大夫是闲官、冗官，可是也是五品官员，也拿朝廷俸禄，自己忧心国事，就这样的突发事件独自上书，在自己看来是应有之义，却被那些因循无为之人看作越位之举，那些人自己不去上书却背后议论上书者，奇不奇怪！

刺客行为猖狂，竟然给金吾、府、县衙门留下纸条，上面写着威胁的话"毋急捕我，我先杀汝"，所以禁军、京兆府、长安县、万年县的官吏都不敢大肆搜查。皇帝对此极为愤怒，为了宣示朝廷的态度，六月八日下诏查缉凶犯，谁能抓住刺客悬赏一万缗、赐给五品官位，谁胆敢藏匿凶犯，诛杀全族。于是各方才大肆搜捕。等裴度的伤有所恢复，六月二十五日被皇帝擢升为门下侍郎、同中书门下平章事，成为宰相之一，与张弘靖、韦贯之共同执政。皇帝命裴度专门负责军事，主持讨伐淮西军阀吴元济的战事。皇帝是以此向朝野显示自己主战的决心。

神策将军王士则认为是王承宗派遣成德军进奏院的张晏等人杀害了武元衡，皇帝命令京兆尹裴武、监察御史陈中师审讯这些人。在严刑拷打之下，张晏承认自己杀了武元衡。宰相张弘靖个性谨慎，怀疑这份供词并非实情，屡次劝皇帝谨慎处理，认为朝廷军队正和吴元济交锋，不能在这个关口再与王承宗发生冲突，担心穷究之下王承宗公然反叛，让朝廷失去缓冲的空间，要被迫两面作战。更好的策略应是低调处理这一案件，等先平定吴元济再对付王承宗。但是，皇帝没有听从他的意见，下令公开处死张晏等十九人，七月下诏公开指斥成德军节度使王承宗派遣刺客杀害武元衡，视他为叛臣，只是因为朝廷还在讨伐吴元济，一时无法抽调兵力对付他而已。

八月，洛阳发生了李师道安置在洛阳的"留后院"（节度使驻洛阳的办事处）上百士兵阴谋焚毁宫殿之事。他们在阴谋泄露后逃到洛阳西南的山区，东都留守吕元膺逮捕这伙人后，发现他们的魁首乃是中岳寺僧人圆净。他在李师道的资助下发展势力，甚至把一些洛阳守军、驿卒发展成自己的耳目，打算内外勾结攻入洛阳城大肆屠杀、烧毁宫阙，制造一场大混乱。这些人供认是李师道派人刺杀武元衡、焚烧河阴转运院仓库。可是，皇帝之前已公开下诏指控王承宗刺杀了武元衡，这时不好收回成命，只能秘密处死李师道的这些爪牙，没有公开此案的内幕。

这件事表明皇帝之前的举措的确操之过急，宰相张弘靖无法怪罪皇帝，只能议论朝臣的问题。或许，他觉得白居易之前上书的举动有些轻率，是刺激皇帝做出仓促决定的原因之一。而且，张弘靖、韦贯之两位宰相都为人谨慎，寡言少语，不喜欢多嘴多舌之人。

几名谏官风闻宰相对白居易有些看法，就罗织罪名弹劾白居易。有人上书指责白居易的母亲在庭院赏花时坠井而死，而他却作了《赏花》《新井》等诗，有违孝道，败坏道德风气，不可在朝中为官。于是，宰相张弘靖上奏皇帝，请求把白居易贬谪到长江以南的地区当刺史，皇帝同意了。可是召中书舍人王涯起草诏书的时候，他认为白居易既然罪在不孝，就没有资格作一州的长官教化民众。皇帝便改了诏令，贬白居易为江州（今江西九江）司马。

王涯在德宗末年就是翰林学士，比白居易资格更老，以前两人同院为官，有些交往。元和三年（808），他因为担任制举考试的复核官被贬为虢州司马，白居易曾上书为王涯等人辩白。元和五年，王涯奉召回京，历任吏部员外郎、兵部员外郎兼知制诰、中书舍人。他如此落井下石，可谓卑劣，恐怕是因嫉妒白居易的诗名。王涯的文章以温丽著称，素来受到皇帝的赏识。德宗皇帝曾特别让他入住光宅里的官舍，方便自己召见他，在翰林学士中仅有他一人享有此待遇，颇受士人瞩目。可是元和初年以来，白居易、元稹等人的诗歌大为流行，年轻士人纷纷抄写、念诵，让这位老资格的翰林学士、中书舍人心中有些抵触乃至嫉恨。白居易是正五品上的朝官，被贬到地方当刺史（上州刺史是从三品、中州刺史是正四品上、下州刺史是正四品下），因此即便他去当下州刺史也等于职官有所提升，收入还有增长。王涯或许对此不满，才出言干预，这样白居易即便去江州这样的"上州"担任别驾，品级也仅是正五品下而已，成了闲官。

白居易接到被贬为江州司马的诏令，大为惊讶：自己满腔热血、忠心事上，却换来这样一道贬谪公文。皇帝还是那个自己侍从过的圣明天子吗？朝臣们有基本的对错观念吗？有没有哪位宰相、翰林学士、谏官给皇帝陈述自己的情况？《新井》是自己以前做盩厔县尉时写的，那时母亲还未逝世；《赏花》也仅是写自己平日的生活所见，难道因为母亲在花园投井，自己以后连花、井都不能提？这是多么可笑——皇帝、朝臣难道没有一丁点儿人之常情吗？

以前守孝期满被迫闲居，白居易已领略了官场的人情冷暖，如今则是进一步感受到人心之叵测，皇帝、朝臣，哪会顾惜自己这位前任翰林学士。

想到自己以前写过一篇谏书《使百职修皇纲振》："近代以来，时议者率以拱默保位者为明智，以柔顺安身者为贤能，以直言危行者为狂愚，以中立守道者为凝滞，故朝寡敢言之士，庭鲜执咎之臣。自国及家，浸而成俗，故父训其子曰：'无介直以立仇敌。'兄教其弟曰：'无方正以贾悔尤。'"建议皇帝要提倡谠直之风，打破朝臣中流行的"慎默之俗"，如今，自己却因为上书建言遭到贬谪，真是讽刺。

按照制度，被贬官员必须当天离京。他只能无奈地匆匆回家，告诉妻子杨氏这个坏消息。她要带着侄子景受，还有一大堆行李要收拾，于是约定自己先到前方的驿馆等候，妻子则留在家中拾掇东西，明后天带着侄儿、奴婢出发，在商州的驿馆会合。去江州，他先要走商山路，即由长安东行，过灞桥后折向东南，经蓝田县坡底村，上七盘岭，绕芦山南侧，过蓝桥到蓝桥镇，溯蓝桥河而上，经蓝田关（牧护关）翻越秦岭梁，顺丹水支流七盘河下至黑龙口，沿丹江河谷而下，经商州、丹凤县出武关，经山阳县出漫川关，复经上津（今湖北郧西县上津镇）走到通向邓州、襄阳的主路，从襄阳起就可以沿着汉水乘船到江夏，再从那里乘船沿着长江东行到江州。

白居易匆匆离开昭国坊的住宅，交好之人都来不及为他送行，唯有任秘书省校书郎的友人杨虞卿从城西骑马快行，追至灞水边送别他，给他一些言语的安慰。

　　沿着商山路爬山越岭，最初白居易心情愤懑。母亲意外身故和所作诗文被拿来罗织罪名，皇帝和宰相也都不辨是非，找了个可笑而又可鄙的借口把他贬谪到江州当司马，让他感到郁闷和失望。让他稍感安慰的是，在商山见到山石榴（杜鹃花）漫山遍野生长，开得花红艳艳的，又让他觉得欢欣了一些。

　　一些京城的官员、士人背后议论白居易，说他擅长创作诗文，为人、为官却不怎么精明，可用一个"迂"[1]来形容——太固执、孤直，不合时宜，不切实际，才有了这般下场。

1　白居易的《迂叟》云"初时被目为迂叟，近日蒙呼作隐人"。

第七章　庐山脚下：凿小池修草堂

江州远在两千九百里外，一路上要翻山越岭、渡汉水、跨长江。

元和十年（815）八月，四十四岁的白居易接到贬谪诏书当天离京。朝廷规定官员上任、离职，骑马每日行七十里，乘车每日行三十里，走水路的话大船在长江顺水行舟每天走一百里，其他河流每天走七十里。他只要大致按这个速度抵达江州就成。

一路上，白居易心情低落。贬谪对官员的仕途影响甚大，上个月皇帝特别下诏规定，被贬谪、降职的官员到任之后任满五年才能"量移"，即调往其他地方。被贬谪的官员如果朝中无人相助，就只能像刘禹锡、柳宗元那样常年在边远州郡当司马或者长史、刺史，难以回朝。

走着走着，白居易的心绪渐渐平复了些。他知道元稹喜好在驿亭的墙壁、柱子上题诗，便一路寻找他的笔迹。果然，在蓝田县东南的蓝桥驿，见到元稹题写的诗，他当即也题写一首《蓝桥驿见元九诗》：

> 蓝桥春雪君归日，秦岭秋风我去时。
> 每到驿亭先下马，循墙绕柱觅君诗。

走到商州——商山路上最大的城镇，距长安三百里，他在驿馆停下，等候妻子、侄子景受赶来。几日后等到了他们，一家人缓缓沿着山路，行至层峰驿（今陕西商南县城西六公里的皂角铺）。他对院中那株高大的梧桐树慕名已久，因为五年前元稹被贬为江陵府士曹参军，路过这里时曾写了一首诗寄给自己。今年正月元稹应召回京，又在这里的墙壁上题写了短序并新写了一首《桐孙诗》，感慨自己"白发满头归故园"。白居易在墙壁上看到了这两首诗和短序，也题了一首诗。

一路翻山过桥，过了阳城驿就到了河南地界，沿着大路经商於驿、临湍驿、官军驿、曲河驿就到了南阳，继续往南就是襄阳。父亲以前在襄阳当过官，自己也曾在这里住过，可惜，当年自己住过的官舍已无处可寻，故交也飘零他方。

白居易一行在襄阳的汉阴驿上船，沿着汉水顺流而下，缓缓南行。在驿站停留时，他经常受邀参加刺史举办的酒宴，听闻不少京城传来的消息。在郢州（今湖北钟祥市）的驿站，听路过的官员说吴元济的侦查骑兵时而到洛阳郊区活动，让白居易有些担忧朝政。登临州城西侧绝壁之上的白雪楼，俯瞰滔滔汉江，他作了一首《登郢州白雪楼》：

> 白雪楼中一望乡，青山蔟蔟水茫茫。
> 朝来渡口逢京使，说道烟尘近洛阳。

到白口（今湖北钟祥市南旧口镇）时遭遇大风，他只好停船在渡口等待。每日望着浪涛起伏，想到自己的遭遇，心情郁郁。这里"鱼虾遇雨腥盈鼻，蚊蚋和烟痒满身"，已是南方水乡的氛围，十天以后，风浪才平息，他们便继续乘船南下。

这一路，让他感受到诗歌的力量，第一次体会到自己的诗歌竟然是如此流行。之前在长安，传说武将高霞寓购买乐伎时，有一名乐伎自高身价，说："我会唱白学士的《长恨歌》，岂能与一般乐伎同价？！"可见歌姬以会演唱这首长诗为荣，当时自己仅仅觉得有趣，并不特别在乎。而现在在沿着汉水南下，参加当地官员主办的酒宴时，乐伎见到白居易，纷纷指着他说这就是写《秦中吟》《长恨歌》的人，"自长安抵江西三四千里，凡乡校、佛寺、逆旅、行舟之中，往往有题仆诗者；士庶、僧徒、孀妇、处女之口，每每有咏仆诗者"（《与元九书》）。他的诗被士人、歌女传播到了四方，不知不觉间，他已成了当代最著名的诗人。

从前在京城，他对此并没有什么体会。在京城，权德舆在士人中名声最大，被视为文坛宗匠，文士大多学习他那种平正典雅的文风。韩愈的古文和险怪诗风也有一定影响。白居易以前觉得自己、元稹等人的诗歌仅仅是多种风格中的一种而已，而现在，在贬谪途中，他才发现自己抒写爱情的《长恨歌》以及讽刺时事的乐府诗、杂律诗竟然能传播到遥远的地方，自己那些语言平实而情景生动的诗歌脍炙人口，远比权德舆、韩愈等人的诗作更有影响，更受一般士人、歌女的喜爱，比其他人的诗歌也更有感染力。这自然激励他写更多诗歌。

冬初，他的船刚到九江郡城外的水驿，就有个叫熊孺登的人带来元稹几个月前的信件。之前元稹在通州患了疟疾，养病时听说白居易被贬的消息，大为震惊，写下一首《闻乐天授江州司马》，描述自己心情灰暗之时听闻消息的惊讶心情：

> 残灯无焰影幢幢，此夕闻君谪九江。
> 垂死病中惊坐起，暗风吹雨入寒窗。

白居易感慨无比，只有元稹这样的至交、弟弟行简这样的亲人牵挂自己，其他人大都把自己的遭遇当作谈资而已。他作了一首《舟中读元九诗》寄给友人：

> 把君诗卷灯前读，诗尽灯残天未明。
> 眼痛灭灯犹暗坐，逆风吹浪打船声。

对于远谪的迁客、孤寂的病人来说，一盏残灯，一缕微光，一封远方的信，一句朋友的关切，都意味着微渺的期望和温暖。

到了江州城门口，江州刺史崔能特地出城前来迎接。两人一番寒暄，一起入城，与同僚一一见面，从此他正式就任从五品下的江州司马。"司马"在唐初曾是掌有州府的实权官职，是刺史的主要佐官，仅次于长史、别驾，刺史空缺时可代理刺史行使权力。后来演变成为有名无实的闲职，专门用来安置贬谪、年老官员。

州府官员上班时间分为"朝衙"和"晚衙"两个时段。司马作为闲官，本就没有什么具体执掌，只需在官府举行典礼、酒宴之类的场合前去充充数即可。崔刺史让白居易只需早衙来官署一趟，象征性地待一会儿，晚衙就不必来了。白居易乐得如此，这样自己就有大片空闲可以读书、写诗、游览、修禅。

他分得一处官舍，这座院子位于江边一座小山丘边上，庭院中长满了草，前门外跨过一条道路就能到江边，晚上听得见风吹浪打的声响。这座宅院背靠高冈，山间有众多竹林、白石和农家的房舍、田地，山腰有一座茅草搭盖的"北亭"可供乘凉、观景，东园栽种了花木。白居易常在这里喝酒、品茶，房舍周围有茂密的苦竹、黄芦等。他写了一首《司马宅》记录这处院子内外的风景：

> 雨径绿芜合，霜园红叶多。萧条司马宅，门巷无人过。
>
> 唯对大江水，秋风朝夕波。

他也经常走到江边，观望渔民、船工的活动。江州下辖浔阳、彭泽、都昌三县，由于位于长江关口，是长江中游商贾往来的必经之地，农业、商业相当发达。江州临近的饶州浮梁县盛产茶叶，这个县每年出产的茶叶多达七百万驮，纳税十五余万贯，占全国茶税的近三分之一[1]，所以江边经常有运送茶叶的商船活动。

让他不太习惯的是，江州阴雨天多，空气湿热，所以他常常待在室内闷睡。尽管这并非自己的私宅，可是爱好花木、园林的他，还是让仆从移栽了山间的几株山樱到院子中，希望明年春天能欣赏它们灿烂的花朵。

悠闲无事，白居易带着仆从拔掉庭院中的野草，移栽来上百株竹子，写有《新栽竹》：

> 佐邑意不适，闭门秋草生。何以娱野性，种竹百余茎。
>
> 见此溪上色，忆得山中情。有时公事暇，尽日绕栏行。
>
> 勿言根未固，勿言阴未成。已觉庭宇内，稍稍有余清。
>
> 最爱近窗卧，秋风枝有声。

在长安，桂树是权贵富豪才能买得起、种得起的珍稀树木。而到了南方，

---

1 《元和郡县图志》卷二十八《江南道》记载宪宗元和时浮梁"每岁出茶七百万驮，税十五余万贯"，《新唐书》卷五十四《食货志》记载元和时李巽为盐铁使，"物无虚估，天下粜盐、税茶，其赢六百六十五万缗"。

桂树则是很常见的树木。江州的官厅庭院中就有桂树，于是白居易写了《厅前桂》描述这株桂树，有点自况的意味，觉得与其在官署的草丛中生长，不如在山中自在生存：

> 天台岭上凌霜树，司马厅前委地丛。
> 一种不生明月里，山中犹校胜尘中。

他的官舍中有个前人挖凿的小水池。一天童仆从外面集市买来一竹篮芹菜、蕨菜，还有两条白鱼。白居易见那两条鱼挣扎的样子实在可怜，就想在这个小池中放生，可是池子太小，两条鱼游动不开，一转身就能碰到池壁。他担心鱼儿的性命，只能把它们捞出来，拿到南门外的南湖放生。

受到这件事的刺激，他决定对这处官舍改造一番，把院子里这处微型的小池开凿成一丈见方的"小池"[1]，让鱼能够在其中游动，也让自己的心灵有一处寄托。他目的明确地设计这座小池，正如《官舍内新凿小池》所述：

> 帘下开小池，盈盈水方积。中底铺白沙，四隅瓷青石。
> 勿言不深广，但足幽人适。泛滟微雨朝，泓澄明月夕。
> 岂无大江外，波浪连天白。未如床席闲，方丈深盈尺。
> 清浅可狎弄，昏烦聊漱涤。最爱晓暝时，一片秋天碧。

他让仆从在池底铺上白色的沙子，在四壁堆砌青色的石块，在里面栽种荷花，放养游鱼，希望能在雨天欣赏细雨落在池中的涟漪，在夜晚欣赏水中倒映的月轮，还想象这一小池水带着大江的气息，可以洗涤自己的烦闷。其实，大江就在院子之外不远处，平日就能听到波涛的声响。

以前无论在办公的官署厅堂还是居住的官舍，他都喜欢栽花种草。比如，在秘书省办公的庭院移栽了几株竹子；在盩厔县当县尉时，在住的官舍后窗

1　唐朝的度量衡分为大小两种：《旧唐书·食货上》记载北方十尺为丈，一丈约合今 3.07 厘米；而山东诸州以一尺二寸为大尺，按照大尺计算的一丈则约合今 3.6 厘米。江州并非山东，采用的应该是小尺。唐代的一丈约合今天的 3 米，此丈方小池即边长约为 3 米、总面积约为 9 平方米的方形水池。

相对的庭院中更是栽种了上百株竹子，在门前的庭院中移栽山中的蔷薇花；在县府大厅之前手植过两株松树。可是，在这个庭院开凿一方小池却是他的园艺家生涯中前所未见的举动：他设计了一个相对独立的、综合的空间，尽管只是一个小池塘。

这个小池可以看作仅由一方小池构成的"园中园"，或者说，这是他第一次设计"水景园"。以前在渭水田庄引入泉水是出于灌溉的实用目的，而这次主要是为了欣赏。对他来说，他住的是官府所有的房舍，是自己在此为官期间暂时居住的，并不是自己的家。可是，他以这样低调的方式创造了一个属于自我的私密空间。小池是凹陷的、流动的、内向的，当然也是微小的，这是白居易为自己创造的"内在花园"，营造了一处清凉、清静、闲适的小环境、小空间。

他喜欢傍晚在小池边临水而坐，"坐把蒲葵扇，闲吟三两声"（《小池二首》）。经历了贬谪一事，他时常反思自己在官场的行事风格，想起《孟子》中"穷则独善其身，达则兼济天下"的古训，觉得"大丈夫所守者道，所待者时。时之来也，为云龙，为风鹏，勃然突然，陈力以出；时之不来也，为雾豹，为冥鸿，寂兮寥兮，奉身而退。进退出处，何往而不自得哉！故仆志在兼济，行在独善"（《与元九书》）。目前时机不利，自己最好独善其身，而小池就是他这样的"幽人"的"容身之处"。"幽人"本意是指隐居在偏僻地方的隐士，他在这里使用这个词一语双关，既指自己是遭贬谪的闲居之人，又指自己意识上的隐居心态。其实，父亲给他起的名"居易"、字"乐天"就有类似的寓意，《礼记·中庸》云"君子居易以俟命，小人行险以侥幸"，意思是君子安然接受目前的处境，顺从天命，等待时机，而小人总是妄图铤而走险获得功名利禄。

隐居避世之士，大都选择远离朝廷的深山幽林或田野蒿庐，如伯夷、叔齐那般。可是，秦汉以来士人大多都要出仕，要面对仕途风波，出现了一些怀着隐士心态而在朝为官之人，这也是有渊源的，如汉武帝时的文士东方朔、本朝中宗时的名士李峤、以"吏隐"自居的杜甫。如今这已成了比较寻常的概念，权德舆、韩愈、刘禹锡等都在诗中以"吏隐"自居。"吏隐"的核心概念是"隐"于"闲官"，因为"闲"才可以"形在官场"但"人在林泉"，"从容于山水诗酒间"。白居易觉得，关键是要保持"心足"或者说"委顺"的心态，不争不抢，"识时知命"（《江州司马厅记》）。以前，他在《折剑头》中自言"好刚不好柔"，看不起全身远害的朝臣，觉得"勿轻直折剑，犹胜曲全钩"，如今，遭遇了打击，心境有所改变，也成了暂求"曲全"之人。

这一方小池虽在官舍之内，但出于白居易自己的心灵创造，是他暂且寄托情思之处，可以"寓心身体中，寓性方寸内"（《遣怀》）。它不引人注目，这是属于私人的一点小趣味。小池之所以能"寓性"和"容身"，一者，水的清澈、波动带给人清凉之感，可以放松身心；二者，它是下陷的，不像高山引人注目，这幽暗之处可以容纳自己个人化的情思、想象；三者，水面犹如镜面，可以反映人心的波动。坐在小池边，白居易能联想到屋外的长江、大湖，或许还有庐山的瀑布、山泉，让自己可以从贬谪官员的身份意识中跳脱出去。

他也时常外出游览，在江州的一大好处是这里出产橘子，可以吃到新鲜的橘子，秋冬之季"见果皆卢橘，闻禽悉鹧鸪"。一次在西楼小宴，他一边吃橘子，一边听本地歌女演唱长江流域流行的竹枝曲。他写诗形容自己如今是"江果尝卢橘，山歌听竹枝"（《江楼偶宴赠同座》）。尽管橘子好吃，可他毕竟是北方人，初来有些不习惯江州的气候、饮食、民俗。在寄给好友的诗中，他讲述南下所见的风景、习俗与中原大不相同，"水市通阛阓，烟村混舳舻"，"成人男作丱，似鬼女为巫。楼暗攒倡妇，堤喧簇贩夫"。天天能吃便宜的鱼虾龟鳖，可吃多了也让人厌倦，"泥中采菱芡，烧后拾樵苏。鼎腻愁烹鳖，盘腥厌脍鲈"（《东南行一百韵寄通州元九侍御沣州李十一舍人果州崔二十二使君开州韦大员外庾三十二补阙杜十四拾遗李二十助教员外窦七校书》）。

让他担忧的是，元稹六月到通州之后就遭遇了瘟疫横行的场景，他在给白居易的信中描述当地的惨象："通之地湿垫卑褊，人士稀少，近荒札，死亡过半。邑无吏，市无货，百姓茹草木，刺史以下计粒而食。大有虎、豹、蛇、虺之患，小有蟆蚋、浮尘、蜘蛛、蛒蜂之类，皆能钻啮肌肤，使人疮痏。夏多阴霾，秋为痢疟，地无医巫，药石万里，病者有百死一生之虑。"[1]元稹不幸感染疟疾，几个月都不见好。因为通州无医无药，九月底他前往兴元（今汉中市）治病，与那里的最高官员山南西道节度使郑余庆有些渊源，能够得

---

1 （唐）元稹，冀勤.元稹集·卷第三十　书·叙诗寄乐天书.北京：中华书局，2010，407.

到他的照应。因为身体虚弱无法骑马，元稹在仆从照料下，乘船沿着渠江、流江、嘉陵江前去兴元。郑余庆安排元稹在城郊一处属于当地豪族严家的别业暂住。元稹又托人把在长安的女儿保子、儿子元荆带到兴元，让新婚的妻子照料。

平日无事，白居易便在家中整理自己的诗文手稿、思考自己的诗歌创作观念。他把自己所作的诗歌分为四类："讽谕诗"一百五十首，"闲适诗"一百首，"感伤诗"一百首，"杂律诗"四百余首，共十五卷、约八百首。他把当左拾遗兼翰林学士时写的涉及时政、民生的《秦中吟》、新乐府等诗歌视为"讽谕诗"。那时，他怀着"兼济天下"之志写下这些诗歌，目的是劝诫皇帝、警醒士人，而母亲故去以后他"不在其位不谋其政"，大多只写"吟玩性情"的"闲适诗"，可以说属于"独善其身"之作。

让他出名、遭难的都是讽谕诗。在他看来，入唐以来值得称述的诗人、诗作，不过陈子昂的《感遇》二十首、鲍防的《感兴》十五篇、李白和杜甫的一些诗篇而已。而自己所作的诗歌，其中一些肯定有传世的价值。他给元稹写了一封长信，反思自己之所以遭贬是因文字招祸，"始得名于文章，终得罪于文章"。当翰林学士时，他自元和四年（809）春开始写一系列讽喻、劝谏主题的诗歌，本意是期望能引起皇帝的注意，劝谏皇帝革除弊病、澄清天下，不料却在朝野引发各种流言蜚语。"凡闻仆《贺雨》诗，而众口籍籍，已谓非宜矣。闻仆《哭孔戡》诗，众面脉脉，尽不悦矣。闻《秦中吟》，则权豪贵近者相目而变色矣。闻《乐游园》寄足下诗，则执政柄者扼腕矣。闻《宿紫阁村》诗，则握军要者切齿矣。大率如此，不可遍举。不相与者，号为沽名，号为诋讦，号为讪谤。苟相与者，则如牛僧孺之戒焉。乃至骨肉妻孥皆以我为非也。其不我非者，举不过三两人。"[1]他宽慰自己，诗人命运多舛，比如陈子昂、杜甫都是拾遗小官，孟浩然连当官的选人资格也没有获得，近来以诗出名的孟郊病逝时不过是个试协律郎，张籍五十岁依旧是九品的太常寺太祝。自己如今虽然被贬谪在偏僻之地，毕竟是五品官员，有月俸四五万，不必自怨自艾。

---

1 （唐）白居易，谢思炜. 白居易文集校注·卷第八　书序·与元九书，北京：中华书局，2011，324-325。

他爱花木，便以果木的不同部分比喻诗歌创作的四重构成因素，认为"诗者，根情、苗言、华声、实义"。情感是根源，言辞犹如枝叶，韵律如同花朵，寓意犹如果实。他觉得一个作者写诗应由情感驱动，这个情或者来自政事的激发，或者来自个人的遭遇，于是形之言辞、声律，组成一首诗传达特定的意义。读者吟诵一首诗歌，往往先感受其中的"情"，受到感染，进一步才去深思其中的"义"。传情达意，当然需要讲究文辞、声律。他喜欢用比较浅白的文辞，让一般士子、歌女也能轻松读懂，也喜欢创作符合声律、适合演唱的歌行，歌女可以演唱，让诗歌传达的意义能广泛传播。只是，以前他写的讽喻诗，大多事关政事、民生，如今不敢再引人瞩目，只能写写私人的喜乐忧愁和所见的山水、花木等。

年底，他把诗稿整理为十五卷，写了一首《编集拙诗成一十五卷因题卷末戏赠元九李二十》寄给元稹、李绅。他觉得自己即使无法在官场获取富贵，但《长恨歌》《秦中吟》已广泛流传，这些诗篇足以让自己在后世享有名声。还开玩笑说自己的诗作要比元稹、李绅高明那么一点点，元稹经常从自己的诗中得到启发，李绅也不得不佩服自己的乐府诗：

> 一篇长恨有风情，十首秦吟近正声。
> 每被老元偷格律，苦教短李伏歌行。
> 世间富贵应无分，身后文章合有名。
> 莫怪气粗言语大，新排十五卷诗成。

元稹、李绅、崔群、元宗简、庾敬休、杨虞卿等几个友人也常来信安慰郁闷的白居易，为他的遭遇叹息，勉励他不要灰心，等待时机。白居易靠修禅、饮酒、吟诗抑制自己的烦恼，"若不坐禅销妄想，即须行醉放狂歌"（《强酒》）。可是清醒时，他仍然常常感到苦闷、愤慨，总是想到历史上屈原、贾谊被贬谪的遭遇，对皇帝为何漠视乃至惩罚自己这样的忠直之臣感到不解，对朝廷的举措感到担忧。可是，如今自己身在江州，也无法作为。上有"天意难测"；下有"人心险恶"，自己作为被贬官员当然不能再肆意发言，否则说不定又要被那些嫉恨自己的人罗织什么罪名。

他经常阅读李白、杜甫的诗集，在卷后题跋，感叹他们两人晚年的遭遇，

"翰林江左日，员外剑南时。不得高官职，仍逢苦乱离。暮年逢客恨，浮世谪仙悲"。好在，李、杜的诗歌这些年传颂各方，"吟咏留千古，声名动四夷"，千古之后人们还会记得他们。这既是他的自伤之词，也是自勉之词。他如今也是身在长江之南的贬谪之人，与李、杜的遭遇近似。他觉得上天或许有意让自己遭受官场蹉跎，目的是让自己如李、杜那样写出更多的好诗传世，便以"文场供秀句，乐府待新词。天意君须会，人间要好诗"自勉。言下之意，他觉得自己足以接踵两位先贤，写出的好诗也必将在文坛拥有一席之地。

其实，他依旧怀有为官、执政的梦想，只是如今看来有些渺茫。在江州，自己犹如关在笼中的鸟雀，无法施展才能，宏图壮志只能藏在脑海深处。日有所思，夜有所梦。一晚，他梦到自己与裴垍一起在皇宫中值班，清晰地看见裴垍"仿佛金紫色，分明冰玉容"，醒来才发现只是一个梦。裴垍是推荐他入翰林学士院的恩人，已故去五年。白居易不由再次想起从前当翰林学士时的种种旧事。他觉得，虽然自己被贬发生在元和十年，但是因缘却早在元和三年、元和四年就种下了。那时自己正受皇帝信任，一心忠君报国，除了直接进言、上书进谏，还为了"救济人病，裨补时阙"撰写议论时政的新乐府、《秦中吟》，让歌女传唱，希望这些歌行歌词能引起皇帝的重视。当时那些地方节度使经常给京城的权贵、近臣送礼，希望这些人能在皇帝面前说他们的好话，自己则一概拒绝这类贿赂。宫中的权宦、朝中的宰相也各有亲近的圈子，自己个性耿介，不愿依附他们。追随他们的中低级官员又因为自己暴得声名、却不与他们来往而心存嫉妒，喜欢在皇帝、高官前中伤自己。在宫中、朝中都有关于自己的流言蜚语，皇帝渐渐疏远了自己。如果裴垍依旧是宰相，如果他没有生病，自己的命运会有所不同吧？

只是，裴垍已逝，他只能以佛法安慰自己，"万缘成一空"（《梦裴相公》），但是毕竟难以忘却当年的君臣恩义、师友之谊，不由一再想起过去的旧事，流下感伤的眼泪，为裴垍这样的君子英年早逝而伤悲，也为自己的命运而难过。

一晚，他又梦见了湘灵，这是悬在他内心的一枚苦果，本以为自己多年来修禅已化解了这段缘分，可是它依旧藏在潜意识中，正如《梦旧》记述的：

别来老大苦修道，炼得离心成死灰。

平生忆念消磨尽，昨夜因何入梦来。

忘不掉的事情，想起来往往痛苦、幽愤。为了让自己解脱出来，他写下一首《自诲》："物有万类，锢人如锁。事有万感，热人如火。万类递来，锁汝形骸。使汝未老，形枯如柴。万感递至，火汝心怀。使汝未死，心化为灰。"形容自己之前遭受的身心磨难，决心"而今而后，汝宜饥而食，渴而饮。昼而兴，夜而寝。无浪喜，无妄忧。病则卧，死则休。此中是汝家，此中是汝乡"，即以保全形骸、享受当下为要，不再为政事、情事所牵绊，不再为过去发生的纠葛而烦恼。

在江州，他也认识了几个谈得来的人，尤其与隐居在五老峰下的元集虚颇为投缘。此君颇擅诗文，之前曾南游桂林、永州，拜谒过柳宗元。让白居易羡慕的是，他有三个儿子，反观自己至今还无子嗣。好在，妻子已经怀孕了，他盼望有个后嗣。

元和十一年（816）正月，他吃着用獐牙稻蒸的米饭，用院子里的鸭脚葵做的菜，喝着刚酿的春酒，教四岁的侄子景受下棋。他不善下棋，只是逗乐小孩消磨时日而已。

柳梢变黄的时节，辛夷（元代以后称"玉兰"）开花了，让他想起在长安看到的辛夷花。好友元稹的庭院中就有两株辛夷树，他们曾在树下饮酒、谈笑。他写了一首《代春赠》，说江西春天的风景与长安的春天差不多。言下之意是只有人发生了变化，之前自己是惹人注目的翰林学士，如今却是无所事事的司马而已：

山吐晴岚水放光，辛夷花白柳梢黄。
但知莫作江西意，风景何曾异帝乡。

春天适合栽种花木，他带着家人、仆从把庭院中的杂草锄掉，移栽松树、柳树，又让仆从把山间的几株山樱桃移栽到院子里。要是按之前皇帝规定的，被贬官员要任满五年才调动的话，自己之后四年还可以欣赏这些樱花，于是在《移山樱桃》一诗中写道：

亦知官舍非吾宅，且劚山樱满院栽。

上佐近来多五考，少应四度见花开。

天气一天比一天湿热，他常常早上起来，趁天气比较凉快到江边散步，欣赏水蒲、石桂、山榴等花木，对盛开的木兰花格外关注。木兰最早见于《离骚》中的“朝饮木兰之坠露兮”，是一种香料或药物，树干被楚人用来做船舵。南朝著名道士、医药学家陶弘景的《名医别录》明确说木兰的树皮是药材，这种树生长在湖南零陵的山谷等地，树皮近似肉桂，能散发出香辛味 [1]。

江州的春光虽美，白居易心里总有些忧郁，觉得春风也化解不了自己的愁绪。他时常想起长安的春光，以前他每年春天都和友人去曲江踏青，路上长满绿草，飘来花香，众人赏花之后去酒楼饮酒赋诗，欣赏歌舞。他一再回忆起那时的经历，当下，自己只能独自面对春寒料峭的夜晚，因此写下《浔阳春三首》之一：

春来触动故乡情，忽见风光忆两京。

金谷蹋花香骑入，曲江碾草钿车行。

谁家绿酒欢连夜，何处红楼睡失明。

独有不眠不醉客，经春冷坐古湓城。

让他稍感安慰的是，江州遍布竹林，一大好处是可以饱食竹笋，他写《食笋》一诗记述花费两个铜钱就买到一束竹笋，回家放入蒸米饭的锅里蒸熟了吃，这是京城、洛阳难有的享受：

此州乃竹乡，春笋满山谷。山夫折盈抱，抱来早市鬻。

物以多为贱，双钱易一束。置之炊甑中，与饭同时熟。

紫箨坼故锦，素肌擘新玉。每日遂加餐，经旬不思肉。

久为京洛客，此味常不足。且食勿踟蹰，南风吹作竹。

1　很可能就是今天在湖北、四川等地野生的武当木兰（学名：Magnolia sprengeri），又称“红花木兰”。祁振声.木兰及木莲原植物本草考证 // 中药材.1999 年第 5 期，260-261。

在江州，他对陶渊明、韦应物的诗歌有了新的领会。这两人与江州都有渊源，一个是这里的居民，一个曾在这里当刺史。白居易特地去柴桑的栗里寻访陶渊明的遗迹，可惜"不见篱下菊，但余墟中烟"（《访陶公旧宅》）。陶渊明的后裔还生活在这里，可惜并没有什么出色人物可以交谈。他觉得韦应物的五言诗高雅闲淡，自成一体，自己也常玩味、模拟。

假日，他常到江州城郊、庐山脚下的东林寺、西林寺、宝称寺等处游览，在山谷探寻溪流，到竹林采掘竹笋，到小河垂钓。为了排解寂寞和失意，他常去江州城内的大云寺，与驻扎在那里的马祖道一的弟子智常谈禅。他心中的忧愁繁多，让他纠结不已，犹如在"苦海"中沉溺。智常禅师劝他多读《楞伽经》，从中当有体悟，正如《晚春登大云寺南楼赠常禅师》所云：

> 花尽头新白，登楼意若何？岁时春日少，世界苦人多。
> 愁醉非因酒，悲吟不是歌。求师治此病，唯劝读楞伽。

三月三十日，他写了一首《送春归》，对比自己去年春天和今年春天的所见：

> 送春归，三月尽日日暮时。
> 去年杏园花飞，御沟绿，何处送春曲江曲。
> 今年杜鹃花落，子规啼，送春何处西江西。
> 帝城送春犹怏怏，天涯送春能不加惆怅。
> 莫惆怅，送春人。
> 冗员无替五年罢，应须准拟再送浔阳春。
> 五年炎凉凡十变，又知此身健不健。
> 好去今年江上春，明年未死还相见。

让他高兴的是，妻子生下个女孩，他取名叫"罗子"，即网罗来个弟弟之意，期望尽快再生个儿子，就如元稹给他的女儿取名"保子"一样。

天气越来越溽热，白天几乎都无法外出，白居易整日待在家中。听说江州南部的建昌县西南三十里有一座云居山，山上比较凉快，而且有佛寺可以修禅，他决定前去一游，就带着仆人，骑马走到建昌县城门口的渡口，想从这里乘船过江。可这是个偏僻的小县城，船工不知道去哪休息了，只能等候仆从前去叫人。这让他想起以前在渭水的蔡渡等候船工，见到微风吹拂青草，细雨落在沙滩上的情形，便写下一首《建昌江》：

> 建昌江水县门前，立马教人唤渡船。
> 忽似往年归蔡渡，草风沙雨渭河边。

等到登上云居山，这里果然凉快。这座山因山势高耸，常为云雾所抱，故名云居山。他在山腰的云居寺闲住了几日。此处有一株梧桐树，是寺里的老僧小时候栽下的。几十年后，僧人已经九十岁，这株梧桐也已高达五丈。梧桐高而直的树干让他若有所思，以树喻人，写下《云居寺孤桐》一诗，勉励自己在立身方面要做个"孤直"的人：

> 一株青玉立，千叶绿云委。亭亭五丈余，高意犹未已。
> 山僧年九十，清净老不死。自云手种时，一颗青桐子。
> 直从萌芽拔，高自毫末始。四面无附枝，中心有通理。
> 寄言立身者，孤直当如此。

这段时间白居易反思自己的官场经历，觉得自己之前爱写乐府诗、《秦中吟》，爱上书议论朝臣的举措，得罪的人太多，被贬谪也无人帮助自己说话，今后在官场上得小心谨慎，要懂得保护自己，不能再像从前那样太激愤、太多话。他在写给担任鄂县县尉的友人杨虞卿的信中说，自己被贬谪的主要原因其实与当翰林学士期间写作的新乐府、《秦中吟》等诗歌有关，那些文字容易被政敌当成把柄，在皇帝面前议论自己的是非。"握兵于外者，以仆洁慎不受赂而憎；秉权于内者，以仆介独不附己而忌。其余附丽之者，恶仆独异，又信猜猜吠声，唯恐中伤之不获。以此得罪，可不悲乎？"如今，他只能"安时顺命，用遣岁月"[1]。因此，对他来说，在山中、在心中可以"孤直"，

---

1 （唐）白居易，谢思炜. 白居易文集校注·卷第七书·与杨虞卿书. 北京：中华书局，2011，292、294。

而如果回到江州的人间社会，恐怕就不能如从前那样孤介，而应随缘一些，尽量别得罪其他官僚。

从云居山回来，夏日暑热，他无心外出。待在室内却无花可赏，无人可谈，只能靠酒陪伴。宅院后面半山腰的北亭有江风吹来，比院子里凉快些。他让仆从把那里收拾了一下，"前檐卷帘箔，北牖施床席"，挂上纱笼隔绝蚊虫，置小炉子、酒具、茶具于亭子里，自己搬到那里小住。每天中午从官署回到这个亭子，他把头巾随手一掷，就"脱衣恣搔首，坐卧任所适"（《北亭》），在此煎茶、温酒，望着江中的风帆、沙洲上的黄雾、飞过的鸟雀发呆，听着船工的交谈、渔民的民歌浅笑，独自一人吟诗、写诗之余，偶尔也邀朋友前来下棋、喝酒。

五月连续下雨，水位暴涨。一天早上他在北亭起床，惊讶地发现宅子下面那条江边的官道已经被洪水淹没了，之后数天洪水更是蔓延到城中。"闾阎半漂荡，城堞多倾坠……工商彻屋去，牛马登山避"（《大水》），他觉得眼前的水面苍苍茫茫，竟然有点大海的气象。当地人对洪涝之灾习以为常，并不惊奇，而白居易是第一次见到如此规模的洪水，担忧洪水会影响农、桑和缴税。不久之后就听说浮梁、乐平两县被洪水冲毁了几千户人家的房舍、田地，死了一百多人，想必那里的茶叶、粮食的收成都大受影响吧。

夏末，梅雨之后天气晴朗，一日仆从从箱子里拿出全家的衣服在庭院晾晒，白居易突然看到湘灵当年赠送给自己的那一双鞋履，上面有她亲手绣的花样。这是他从符离带到长安，又从长安带到江州的鞋子，因为爱惜从来舍不得穿，一直压在箱子最里面。这双鞋子让他又一次沉浸到往事中，有感而发，写下一首《感情》怀念这段逝去的爱情：

> 中庭晒服玩，忽见故乡履。昔赠我者谁，东邻婵娟子。
> 因思赠时语，特用结终始。永愿如履綦，双行复双止。
> 自吾谪江郡，漂荡三千里。为感长情人，提携同到此。
> 今朝一惆怅，反覆看未已。人只履犹双，何曾得相似？
> 可嗟复可惜，锦表绣为里。况经梅雨来，色黯花草死。

鞋子上绣的花草经过梅雨已黯然失色，犹如枯死一般。实际上，是自己的心死了，爱情已经远去，湘灵也越来越模糊。

这时，长兄白幼文带着家族中六七个家境困难的堂弟、堂妹、侄儿来投奔白居易。兄长自贞元十三年（799）起当了几年浮梁县主簿，离任以后长期在符离县"守选"赋闲，没有什么收入，只能靠田庄的收入生活。田地的收入并不稳定，他只好把这些弟妹、侄儿交托到白居易这里，让白居易想想办法。兄长打算住一段时间，再去京城、洛阳参加铨选，谋个差事做。

白居易虽然是被贬的闲官，可是"岁廪数百石，月俸六七万"（《壁记》），维持十几口人的温饱不是问题，一大家人可以"日有粝食，岁有粗衣。饥寒获同，骨肉相保"（《答户部崔侍郎书》）。再说，他毕竟是五品官，以后还有回朝的机会，给亲戚找个诸如照看官田之类的差事也不是难事。

来的一众亲戚，加上身边带着的侄子龟儿，妻子刚生下不久的女儿阿罗，他居住的司马官舍中住满了人，让他感受到大家庭生活的热闹和快乐。从此这个院子里总是充满孩童的吵闹声和居家的琐事。那个丈方大小的"小池"成了顽童戏水的地方，没有从前的安静氛围了。

白居易觉得家中太吵闹，有点心烦，便常一个人到江州溢浦边的水驿住几天。官府的驿馆如果没有过往的官员来往，空房间挺多。他这个无所事事的司马正好借住，有时候路过的官员听说他在驿馆，还会邀约他一起饮酒、闲聊。借用驿站让他觉得有点不好意思。他觉得自己既然还要在这里待三年，最好能租赁或者修建一处别业，方便自己独自居住、修禅、读书。

中秋节当天，他与家人一起吃完饭之后，一个人回到水边的驿舍，望着天上的月亮，想到前几年的中秋节和友人在长安曲江杏园望月的旧事，写了《八月十五日夜溢亭望月》，感叹友人飘零各方：

昔年八月十五夜，曲江池畔杏园边。
今年八月十五夜，溢浦沙头水馆前。
西北望乡何处是，东南见月几回圆。
临风一叹无人会，今夜清光似往年。

一天傍晚，他骑马前去驿舍送别友人离开，在船上举行的饯别宴会即将结束。众人寒暄告别时，他听到邻船传来琵琶声，铮铮然扣人心弦。显然，弹奏者用的是传自京城高手的手法，绝非地方寻常乐师。他让船工把船只划过去，"移船相近邀相见，添酒回灯重开宴"，邀请这位琵琶女来到自己船上，重开宴席，听这位女子弹唱几曲。果然，她所弹奏的《霓裳》《六幺》别开生面，歌罢听这位琵琶女谈及过往，说她自己本住长安，曾经跟京城有名的穆、曹两位高手学习琵琶，也曾是京城名妓。后来"弟走从军阿姨死，暮去朝来颜色故"，只能嫁给一位茶商，跟随他走南闯北。"商人重利轻别离，前月浮梁买茶去"，留她在船上等候，晚间只能自娱自乐弹奏曲子。京城的琵琶高手色衰后如此下场，让白居易想到自己也是从京城被贬而来，也是失宠之人，顿时有了"同是天涯沦落人"之感，便写下一首六百一十六字的长诗《琵琶行》赠给这位女子。

他觉得心绪不宁，决定前去登临庐山的主要峰峦峰一游。先到山脚下，与东林寺、归宗净院的僧人谈禅，之后又去金鸡峰下的简寂观与道士论道，尝试服食云母粉以求长生。途中见香炉峰北麓山脚遗爱寺西侧一处地方适合修建房舍，周围"云水泉石，胜绝第一"，可以抬头观山，俯身听泉，正是他喜欢的风光。他便向官吏打听这块地方有无主人，计划在这里设计修建一处别业。他从小就喜欢修整园林，爱一会儿挖个花畦养花，一会儿堆叠石头为山，一会儿挖个小池养鱼，如今这处地方有山有泉，正好可以大展拳脚。

回到江州城中，他仔细筹谋如何建筑这处别业，计划修建一座五架三间的"草堂"，包括用于会客的中堂和用于主人、仆从居住的两个"房室"，周围当然要开辟园林，栽花种草。

冬初，兄长告别白居易回符离。他已四十多岁，既非进士，又非明经，在仕途上格外艰难。白居易如今是被贬状态，也难以帮他什么。在江边码头，兄长所乘船只越来越远，也不知道路途上是否会遭遇风雪，淮西那里是否安全。

白居易认识了一位从嵩阳来庐山修道的刘处士，此人在家中排行十九，他就称其为"刘十九"，两人时而聚会闲谈。冬天一个傍晚，白居易得到一些新酿的酒，秋末冬初时新酿的酒还未滤清时酒面有浮沫和酒渣，它们细如蚂蚁，颜色微绿，因此人们用"绿蚁"或"绿醅"指新酿成的酒。白居易写了一首短诗《问刘十九》邀这位友人到自己家来饮酒、闲聊：

绿蚁新醅酒，红泥小火炉。

晚来天欲雪，能饮一杯无。

　　白居易虽然远离长安，但是仍关注着朝中的大事。自从元和九年（814）以来，朝廷就与占据淮西的吴元济对阵。皇帝征召十多个节度使的军队与禁军合力讨伐吴元济，参与讨伐的各节度使大都应付而已，不愿真正出力进攻，成德节度使王承宗、平卢淄青节度使李师道更是与吴元济暗中勾结，阻挠战事。朝廷与吴元济两方相持两年多还没有结果。这场战争本就耗费巨大，到今年年初，王承宗纵容手下军队四处抢掠，幽、沧、定三镇节度使上书请求讨伐王承宗。皇帝想下令允准，宰相张弘靖担心同时打两场战争耗费太大，认为应先平定吴元济再对付王承宗。但皇帝坚持己见，免去张弘靖的相位，提拔中书舍人李逢吉为相，与韦贯之、裴度共同执政，然后公开下诏削去王承宗的官爵、命令河东诸道节度使讨伐王承宗。同时进行两场战争让朝廷财政日益局促，中书舍人充翰林学士钱徽等上书请求停战。皇帝听不进去不同意见，免去钱徽的翰林学士之职，让他转任太子右庶子的闲官。宰相韦贯之也主张避免两线作战，为此与另一宰相裴度多次争论，八月被免去相位，之后被贬为湖南观察使。对白居易落井下石的那个王涯则风生水起，年初充任翰林学士承旨，年底更是升任宰相，与裴度、李逢吉共同执政。如此，白居易要想回朝就更困难了。

　　皇帝颇喜欢听歌行，命王涯、令狐楚、王涯三位翰林学士撰写朝会演奏的乐府歌辞，编成《翰林歌辞》一卷，以备宫廷演奏使用。白居易的旧交、吏部郎中张仲素于八月充任翰林学士，皇帝喜欢已故文士卢纶的诗文，命他访求遗稿进呈。

　　白居易与现在的翰林学士张仲素、李肇、杜元颖三人都是旧识，他写了一首《初到江州寄翰林张李杜三学士》寄给诸人，感叹"雨露施恩无厚薄，蓬蒿随分有荣枯"。他多少期盼这三人能借机在什么场合提一下自己的名字，皇帝如果怜悯自己的话，说不定就可以解除对自己的贬谪。

　　元和十二年（817）年初，听说皇帝因为战事，取消了元旦朝会时的仪仗。对此白居易大感郁郁，他在家中喝闷酒。对淮西局势感到忧心，可惜自己远在江州，无法给朝廷出力，他只能在诗中表达自己的愤慨。

之后几日，他第二次去庐山香炉峰，到山脚的归宗寺、东林寺、西林寺等处向僧人问法，排遣心中的寂寞。他翻阅慧远大师与诸文士唱和的卷子时，僧人请他把文集捐给寺庙收藏。他觉得自己是被贬之人，不好太招摇，就没有当即应允，发心以后可以办理这件事。

他之前经过商山，对那里漫山遍野的山石榴花印象深刻。他发现庐山的沟谷间也有山石榴，便让仆从山间移栽十八株山石榴到司马办公的厅堂前的庭院中。当山石榴开放时，他想起远方的元稹，寄去新作的一首诗《山石榴寄元九》：

山石榴（一名山踯躅，一名杜鹃花），杜鹃啼时花扑扑。

九江三月杜鹃来，一声催得一枝开。

江城上佐闲无事，山下劚得厅前栽。

烂漫一栏十八树，根株有数花无数。

千房万叶一时新，嫩紫殷红鲜曲尘。

泪痕裛损胭脂脸，剪刀裁破红绡巾。

谪仙初堕愁在世，姹女新嫁娇泥春。

日射血珠将滴地，风翻焰火欲烧人。

闲折两枝持在手，细看不似人间有。

花中此物是西施，芙蓉芍药皆嫫母。

奇芳绝艳别者谁，通州迁客元拾遗。

拾遗初贬江陵去，去时正值青春暮。

商山秦岭愁杀人，山石榴花红夹路。

题诗报我何所云，若云色似石榴裙。

当时丛畔唯思我，今日栏前只忆君。

忆君不见坐销落，日西风起红纷纷。

或许因为水土不服，这些山石榴在司马官厅前开得并不茂盛，让白居易有点扫兴。他笑称山石榴是怕自己的妻子嫉妒才不敢盛开，写了首《戏问山石榴》：

> 小树山榴近砌栽，半含红萼带花来。
>
> 争知司马夫人妒，移到庭前便不开。

他欣赏山石榴花辉煌的艳丽，觉得它是"国色"，应该进入宫廷供皇帝欣赏。这是以花自喻，觉得自己这样的人才应该在皇帝身边或在朝中为官，那才是发挥所长，而不是沦落边荒当闲人，于是作长诗《山石榴花十二韵》：

> 晔晔复煌煌，花中无比方。艳天宜小院，条短称低廊。
>
> 本是山头物，今为砌下芳。千丛相向背，万朵互低昂。
>
> 照灼连朱槛，玲珑映粉墙。风来添意态，日出助晶光。
>
> 渐绽胭脂萼，犹含琴轸房。离披乱剪彩，斑驳未匀妆。
>
> 绛焰灯千炷，红裙妓一行。此时逢国色，何处觅天香？
>
> 恐合栽金阙，思将献玉皇。好差青鸟使，封作百花王。

听闻以前在长安交往的席八病逝了，他有些想念从前的朋友。尤其是元稹一直没有给自己回信，也不知道他现在身体怎样。于是他写了一首长诗《东南行一百韵寄通州元九侍御沣州李十一舍人果州崔二十二使君开州韦大员外庚三十二补阙杜十四拾遗李二十助教员外窦七校书》分别寄给友人，通报自己的消息，希望他们都安好。

二月，白居易前去香炉峰下监督营造草堂。他指挥工匠以桂花树的木头为柱，在正堂门前铺上石头台阶，窗前栽种一些竹子。他在中堂放置四个木榻、两扇素漆屏风、一张琴以及若干儒家、道家、佛教的书籍，所在的房舍墙壁没有涂白，木头也没有涂红，追求"素净"的风格，暗合他这时候随遇而安、与世无争的恬退心态。他写下一首《香炉峰下新卜山居草堂初成偶题东壁》记述这里的风景：

> 五架三间新草堂，石阶桂柱竹编墙。
>
> 南檐纳日冬天暖，北户迎风夏月凉。
>
> 洒砌飞泉才有点，拂窗斜竹不成行。
>
> 来春更葺东厢屋，纸阁芦帘著孟光。

三月二十七日，他正式入住草堂。因为此处紧邻遗爱寺旧址，位于庐山脚下，所以他称为"庐山草堂"或"遗爱草堂"。他已经想象过许多次在这里生活的美好景象，可以"春有锦绣谷花，夏有石门涧云，秋有虎溪月，冬有炉峰雪"。

此后，他经常往返于草堂和江州城中的官舍，自己带着几个仆从独居草堂，妻子带着一大家人住在官舍。

相比之前官舍的"小池"，在这处别业他设计了更多水景。堂东有一个落差三尺的小瀑布，用劈开的竹筒引房舍北侧五步之外山崖间的泉水，从堂西屋檐上落下，犹如细线一样注入下面的石头渠道中。有风吹来时，一条条细流变为水沫随风四散。他又带着仆人在草堂前开凿了一个"方池"，引山泉水流入池中，在里面放养几尾二三寸的红鲤鱼、白鱼，亲手种上八九枝白莲花和一些蒲草。在院子里也栽种了几株山石榴树，在水边修建了走人的小径，在周围架起篱笆，"青萝为墙垣，白石为桥道"（《与微之书》）。

白居易在"草堂"北侧半山腰开辟了茶园，栽种了一些茶树。他在《重题》一诗中记述了自己在草堂的生活场景：

> 长松树下小溪头，班鹿胎巾白布裘。
>
> 药圃茶园为产业，野麋林鹤是交游。
>
> 云生洞户衣裳润，岚隐山厨火烛幽。
>
> 最爱一泉新引得，清泠屈曲绕阶流。

江州附近的农民也种茶，三百里外的浮梁县更是全国最大的茶叶产区。《元和郡县图志》记载元和八年（813）之前浮梁每年出茶七百万驮，缴税十五万贯，出产和交易的茶叶约占全国茶叶总产量的三分之一，有"浮梁歙州，万国来求"的说法[1]，一些商人常常到那里收购茶叶运销到长安、洛阳、苏州等大城市。白幼文曾任浮梁县主簿，白居易年轻时两次前去浮梁，对那里的茶叶、茶农、茶商有所了解。浮梁出产的茶叶以量著称，畅销四方，可

1　吴钢.全唐文补遗·第九辑·序·王敷·茶酒论一卷.西安：三秦出版社，2007，133。

士人更重视蜀地的茶叶。在巴蜀当官、经商的人常把蜀茶当作礼品送给远方的亲友，比如忠州刺史李宣与他是旧识，他托人寄来新产的蜀茶，白居易写了《谢李六郎中寄新蜀茶》表示感谢：

> 故情周匝向交亲，新茗分张及病身。
> 红纸一封书后信，绿芽十片火前春。
> 汤添勺水煎鱼眼，末下刀圭搅曲尘。
> 不寄他人先寄我，应缘我是别茶人。

"绿芽十片"指经过蒸、捣、拍、烘等工序制成的十块茶饼，又称"片茶"。"火前春"指清明节前的新茶（后人所说"明前茶"）。白居易拿到新茶以后跃跃欲试，让人把茶饼碾碎后用箩筛过，一边煮水，看初沸时出现的气泡（"鱼眼"）的大小，一边用形如小汤匙的"刀圭"量取茶末放入水中，轻轻搅动茶末，稍等一下就品尝新茶的滋味。他以能鉴别茶叶好坏的"别茶人"自居。在花木方面，他也以能辨别花木美丑的"别花人"自居，对自己的品位很有自信。

蜀茶如此著名，是有原因的。饮茶本来是巴蜀的地方风俗，至迟在西晋时，个别巴蜀人或在巴蜀当过官的士人把茶叶带到洛阳等地饮用，茶的味道才渐渐为外人所知。东晋及南朝时蜀、吴两地物质、文化交流紧密，饮茶风俗逐渐从巴蜀传播到江南，一些东南士人喜欢喝茶，如东晋的中书郎王濛用"茶汤"待客，太子太傅桓温、吴兴太守陆纳以"茶果"待客。江南的一些僧人、道士也开始饮茶。有位僧人单道开在山中修禅，据说他不食五谷杂粮，每天只吃松蜜、姜、桂、茯苓制作的药丸以及饮用"茶酥"一二升，后者应该指加入牛奶或酥油熬煮的茶。僧人之所以爱喝茶，是因为戒律规定"过午不食"，中午以后不能吃食物。于是就饮茶，一是可以提神，有助于在下午、晚上活动时保持清醒；二是茶水里可以加入蜜、姜等，多少也能补充一些养分。梁朝著名道士陶弘景也饮茶，他在《杂录》中说苦茶可以"轻身换骨"，有助养生。

玄宗时期，饮茶之风随着禅宗的传播从江南向北波及中原、山东地区。封演所著《封氏闻见记》记载："南人好饮之，北人初不多饮。开元中，泰山灵岩寺有降魔师大兴禅教。学禅，务于不寐，又不夕食，皆许其饮茶。人自怀挟，到处煮饮，从此转相仿效，遂成风俗。自邹、齐、沧、棣渐至京邑，城市多开店铺煎茶卖之，不问道俗，投钱取饮。其茶自江、淮而来，舟车相继，所在山积，色额甚多。"[1]代宗大历年间，饮茶之风已在京城普及。代宗崇佛，经常与僧人打交道，也喜欢喝茶，一些地方便进献"贡茶"如蒙顶（产自今四川雅安蒙顶山）、顾渚春（产自湖州长兴县）给宫廷，皇帝也给佛寺赏赐茶叶。一些僧人、士人讲究饮茶、植茶、品茶。在佛寺长大的江南文士陆羽据此撰写《茶经》，追溯饮茶之源，分析制茶之法，讲解饮茶之具，赋予饮茶以文化上的意义。湖州刺史颜真卿与陆羽相处甚欢，有心提携擅长文辞的陆羽，大历十二年（777），他回京担任刑部尚书，与宰相杨绾一起举荐陆羽担任正九品上的太常寺太祝，负责管理皇室祖宗神主牌位的出入、跪读祭文等事宜。从那时起，陆羽的《茶经》传播到京城，更是刺激了士大夫、僧人讲究茶叶的品种、产地、茶器、茶水等。德宗时京城出现"茶宴"，众人一边喝茶一边吃干果、水果、点心之类，德宗召入宫中的女官鲍君徽所写《东亭茶宴》记述宫廷贵妇在亭子中一边饮茶一边赏景的场景：

闲朝向晓出帘栊，茗宴东亭四望通。

远眺城池山色里，俯聆弦管水声中。

幽篁引沼新抽翠，芳槿低檐欲吐红。

坐久此中无限兴，更怜团扇起清风。

德宗建中元年（780），朝廷取消了对寺院和僧尼个人田产免税的规定，对佛寺、僧侣的经济生活产生了重大影响。为了应对这种局面，禅宗高僧怀海参照大小乘戒律，制定了新的修行、生活仪轨《禅门规式》（《百丈清规》），主张禅宗僧人要立足自己生存发展。其中，有多处涉及茶事，如"打茶"（每坐禅一炷香后，寺院监值都要供僧众饮茶）、"奠茶"（为诸佛菩萨及历代祖师供茶）、"普茶"（住持或施主请全寺僧众饮茶）、"茶鼓"（召集大众饮茶说法而敲鼓）等，可见这时茶已是佛寺最主要的饮料。寺院专设"茶堂"供僧人、宾客饮茶，"茶头"负责管理煮茶等事宜，"施茶僧"负责接待宾客。

---

1 （唐）封演，赵贞信.封氏闻见记校注·卷六·饮茶.北京：中华书局，2005，51。

白居易与僧人交往频繁，经常在佛寺饮茶，由此也爱上了喝茶。他在草堂边上开辟茶园种茶，不仅可以自己喝，还能卖茶叶帮补家用。他这样的士人，常用的茶具包括焙炙茶饼的银笼、碾碎茶饼的茶碾子、筛罗茶面的茶罗子、贮藏茶面的盒子、放盛盐花的盐台、饮茶用的银调达子、烧水拨火用的火筋、点茶用的茶托、茶碗，击拂用的长柄匙子，取放茶面的量器银则等。

至此，这处"庐山草堂"从北向南形成了从高到低的三个台阶式平面：最北侧的平台上是一排房舍，即中堂和两室；中间的平台即十丈方圆的"平地"，中央有五丈方圆的观景平台；"平地"南侧有一个十丈方圆的"方池"，延续了他之前在官舍"小池"的设计和清静、素白的风格，但规模比小池大了十倍，周围栽种了山石榴，水中栽种了白莲。这三个平面都有铺着白色小石子的小道供行走。方池南侧还有一条水渠"石涧"，两侧生长着十多株松树、杉树，树下面长着茂盛的蔓草、藤萝。草堂外围栽种了上千株竹子，北侧半山腰开辟了茶园。

这处别业是他全程选购地基并主持设计、修建的，是他独立设计的第一个综合性园林，因为园林的中心是小池塘，所以附近的人把这里叫作"白家池"。他写有《香炉峰下新置草堂即事咏怀题于石上》记述这里的风物：

香炉峰北面，遗爱寺西偏。白石何凿凿，清流亦潺潺。

有松数十株，有竹千余竿。松张翠伞盖，竹倚青琅玕。

其下无人居，悠哉多岁年。有时聚猿鸟，终日空风烟。

时有沉冥子，姓白字乐天。平生无所好，见此心依然。

如获终老地，忽乎不知还。架岩结茅宇，斫壑开茶园。

何以洗我耳，屋头飞落泉。何以净我眼，砌下生白莲。

左手携一壶，右手挈五弦。傲然意自足，箕踞于其间。

兴酣仰天歌，歌中聊寄言。言我本野夫，误为世网牵。

时来昔捧日，老去今归山。倦鸟得茂树，涸鱼返清源。

舍此欲焉往，人间多险难。

这是属于他一个人的私密空间，而不是家庭共同居住的宅院。他经常离开官舍到这里闲住，一住就是十几天乃至大半个月。他时常走上东边岩壁间的小路，手扶着白石崖、桂树走到山腰大声吟唱诗歌，与猿猴、鸟雀为伴。他也经常邀江州兴果寺的神凑、东林寺的神照等禅僧来草堂谈禅和小住，在他们的指点下修行，对禅法了解也越来越深入。

初夏，四月九日他在草堂招待二十一位友人喝茶、吃果，庆祝自己的遗爱草堂落成。然后又与河南元集虚、范阳张允中、南阳张深之、广平宋郁、安定梁必复、范阳张时以及东林寺、西林寺的沙门法演、智满、士坚、利辩、道建、神照、云皋、息慈、寂然等一起去游览东林寺、西林寺。众人登临化城峰顶，休息、用饭之后，又一起登上香炉峰。山下江州城已入了初夏，芳菲已尽，而庐山顶上大林寺因为地势高、气候冷，梨花、桃花才开放，涧边的草刚变绿，感觉就像山下二月的气候一样，如同初春，于是他撰写了一首诗《大林寺桃花》，戏言山下的春天跑到了山顶：

> 人间四月芳菲尽，山寺桃花始盛开。
> 长恨春归无觅处，不知转入此中来。

晚上住在大林寺，与人闲聊时白居易才知晓，友人元稹一直在兴元，而不是通州，怪不得之前自己托人带到通州的书信都没有回应。于是，四月十日回到草堂，他连夜写了一封信《与微之书》，托人带到兴元："微之微之！不见足下面已三年矣，不得足下书欲二年矣。人生几何，离阔如此。况以胶漆之心，置于胡越之身，进不得相合，退不得相忘，牵挛乖隔，各欲白首。微之微之，如何如何？天实为之，谓之奈何……[1]"

他把自己比作笼中鸟，把元稹比作槛中猿，都被拘束在贬谪之地，不知道何年何月才能再见。自元和十年年末以来他们已两年（实际天数一年多）没有通信，实在是想念对方。

元稹在兴元得到这封信，也是激动不已，写了一首《得乐天书》：

> 远信入门先有泪，妻惊女哭问何如。
> 寻常不省曾如此，应是江州司马书。

---

1 （唐）白居易，谢思炜．白居易文集校注·卷第八　书序·与微之书．北京：中华书局，2011，360-361。

从此两人恢复了通信，白居易把元稹的诗写在自家的屏风上。元稹已在兴元待了一年多，年初妻子裴淑刚生下一个女孩，取名为元樊。元稹在兴元颇为孤寂，时常与寓居汉中并喜好新乐府诗歌的青年士人刘猛、李余酬答唱和。刘、李受到李绅、元稹、白居易等人的新乐府诗歌的影响，各自作了数十首乐府诗。元稹选编他们的出色诗篇，自己又作了《田家词》《织妇词》《采珠行》《估客乐》《捕捕歌》《缚戎人》《紫踯躅》《山枇杷》等，大都陈述下层百姓的艰困、揭示社会的黑暗不公、边将的穷兵黩武。元稹在所作《乐府古题序》中认为这类乐府诗"莫非讽兴当时之事，以贻后代之人"，认为"沿袭古题，唱和重复"之作"不如寓意古题，刺美现事"之作，而这又不如针对当代事项别拟新题，即如杜甫《悲陈陶》《哀江头》《兵车行》《丽人行》等歌行体诗歌那样"即事名篇，无复倚傍"[1]。

元稹性情活跃、外向，容易受到别人言论的激发，而且，如今白居易的新乐府五十首、《秦中吟》十首最为流行，元稹未尝没有以新作与白居易一较高下的心思。而白居易在贬谪之后，已放弃创作那种过分直白的讽喻诗，偶尔写写隐晦的《寓意诗五首》《读史五首》等曲折表达自己的思想，比如他写诗说有一棵豫樟三十年才长成大树，本应是天子修建明堂所使的良好木材，可惜却被野火焚毁"地虽生尔材，天不与尔时。不如粪土英，犹有人掇之……不悲焚烧苦，但悲采用迟"（《寓意诗五首》），这明显是感叹自己这样的人才没有得到天子任用的状况。他在《读史五首》中对屈原、贾谊两人的比较，也是类似的意思。

五月，元稹带着妻子、女儿保子、儿子元荆以及襁褓中的元樊从兴元返回通州。他在经过阆州东郊的开元寺时，把白居易寄来的许多诗题写在墙壁上。元稹、白居易都喜欢把自己以及对方的诗歌题写在驿馆、寺观，这有利于其诗歌的传播。

秋天，讨伐吴元济的战事迟迟没有结果，朝廷财政的压力越来越大。为了供应战争所需不断加征赋税，让百姓不堪重负，宰相李逢吉建议罢兵停战，但是皇帝和主持军事的宰相裴度不愿中途放弃。裴度请求亲自去前线督战，

---

1 （唐）元稹，冀勤.元稹集·卷第二十三　乐府古题序.北京：中华书局，2010，292。

皇帝命他以宰相兼统帅的身份指挥，临行前裴度申请以马总、韩愈、李正封、李宗闵等官员为幕僚。

在裴度的推荐下，皇帝提拔户部侍郎崔群为相。他是白居易的旧交，对白居易来说这是个好消息。如果崔群能在皇帝面前寻机给自己美言几句，或许能把自己调离江州。崔群与自己同龄，同一天成为翰林学士，可是他已位居宰相，在朝执政，而自己却在江州无所事事，心中当然有许多感慨。难免想到同样被贬的元稹，自己与他风华正茂时，都有"致君尧舜上"的雄心壮志，可惜现在都被贬谪到僻远的地方当闲官。八月十九日晚上，白居易梦见元稹，次日便写了一首《梦微之》寄给对方：

> 晨起临风一惆怅，通川溢水断相闻。
>
> 不知忆我因何事，昨夜三回梦见君。

元稹也在努力寻找机会，此时权德舆接替年已七十的郑余庆出任山南西道节度使，元稹给到任的权德舆致信《上兴元权尚书启》，希望得到对方的关照。只是，权德舆与他的文风、性格都有极大差异，对方未必肯提携他。

在朝中，一些朝臣主张罢兵休战，而皇帝依旧支持裴度在前方主持战事。为此又一次调整人事，八月免去主张休兵的令狐楚的翰林学士职务，九月免去主张罢战的李逢吉的相位，外派他出任东川节度使。令狐楚擅写骈文，之前在同年皇甫镈的推荐下充任翰林学士。皇帝颇为欣赏他的文风，命他编选《御览诗》一卷，选录三十人的近体诗二百八十九首，所录唯韦应物为天宝时人，其余皆为大历、贞元时期的文士，题材都是适合宴会演唱的相思、宫怨、征戍方面的作品。其中李益、卢纶的诗作入选最多，因为令狐楚知道，皇帝颇欣赏这两人的诗歌。

十月底，可算传来了好消息。唐邓节度使李愬率军雪夜突袭蔡州，攻入城中，吴元济被迫投降。迁延了这么久，朝廷终于平定了淮西，一时间朝廷声威大震，各地节度使纷纷上表恭贺皇帝。之前公然与朝廷作对的王承宗迫于形势，主动上表献地谢罪，表示愿意听从朝廷的命令。平卢淄青节度使李师道也上表，请求把自己所辖十二州中的三个州献出来，遣长子入侍宿卫。参与平定淮西的有功之臣纷纷升官晋爵。

朝廷获胜的消息传到江州时，白居易正在接待来访的隐士刘十九。两人以围棋赌酒，输了的一方就要喝酒。白居易不善下棋，多喝了几杯，想起长安的政局、朝中的故交，写了一首《刘十九同宿（时淮寇初破）》，感慨自己是贬谪之人，既不是打败敌人的军将，也不是受到封赏升官的文臣：

> 红旗破贼非吾事，黄纸除书无我名。
>
> 唯共嵩阳刘处士，围棋赌酒到天明。

没有能参与平定淮西这样的大事，没有能立下什么值得一说的功业，让他有些失落。

元和十三年（818）年初，白居易与家人共度上元节，在家以逗女儿阿罗、侄子景受为乐。女儿刚三岁，侄子已六岁，最近他给这个孩子命字为"阿龟"，这是希望他能如龟一样平安长寿。白居易经常教侄子念诵诗歌。白居易知道按照禅宗的空幻观，世间的这些恩爱都是牵绊，可是他并非忘情之人，觉得与儿女相处的小日子自有快乐。另外，他把大哥带来的两个十五六岁的堂妹出嫁给本地的殷实人家，丈夫也都是良善之辈，可以依靠。

听说皇帝大赦天下，又鉴于战事平息，下诏取消了榷茶、榷盐的专卖措施，江州的茶商也沾了光。这项税收是建中三年（782）为了筹集平叛的军费开始收取的，竹、木、茶、漆都"什税一"（十分之一）。两年后因为战事结束，朝廷取消了这项税收。但是贞元九年（793）又开始征收茶税，出产茶叶的州县、交通要道设立关卡向茶商征税，把茶叶分为三等，每十税一，茶商要把茶叶从产地贩运到各地市场，面临层层关卡。每年朝廷收取的茶税约有五十万贯，也不是小数目。

初夏，白居易到庐山草堂闲居。一天，相识四年的隐士元集虚前来辞行，他应桂管观察使裴行立之邀，要去桂林当幕僚，这应该是柳宗元推荐的。白居易当然理解对方的选择，在山中隐居并不容易，当隐士走通"终南捷径"的人毕竟是极少数。如元氏这样隐居十多年还未得到朝臣推荐，继续熬下去也未必有用，何况元氏还有三个儿子，也要为后人的婚嫁考虑。如今不论是经济所迫，还是想要建功立业，去当幕僚也算是一条出路。白居易摆酒为之饯行，祝愿他未来能大展身手。只是，前去桂林路途遥远，到那样偏远的地区当幕僚，也不容易。

因为草堂就在庐山脚下，离山脚的寺庙比较近，所以白居易第三次到东林寺，跟从满上人修禅。东林寺是东晋时江州刺史桓伊为名僧慧远创建的佛寺，寺中栽有白莲花（白睡莲），慧远、刘遗民等人在这里一起修行净土之法，号称"莲社"。这里先后是净土宗、律宗的佛寺，如今是禅宗和尚住持的禅寺。白居易除了听满上人开示佛法，平时爱去四处闲逛，对东林寺的白莲花（白睡莲）印象深刻。这里的白莲花是西域传入的新物种，玄宗开元年间的药物学家陈藏器在《本草拾遗》中记载其生在"西国"，显然，言下之意与中国本土的荷花不是同一种花木。

东林寺的北池塘中栽种了三百株白莲，"白日发光彩，清飙散芳馨。泄香银囊破，泻露玉盘倾"（《浔阳三题·其三·东林寺白莲》），白居易深感它比红莲花更能象征佛教的"清净"之意。长安的曲江、东溪有红荷花，众人都知道荷花的美，以前白居易考中进士以后和同年去平康里的妓馆中风流，写诗赠给乐伎阿软，称赞对方的美貌为"渌水红莲一朵开，千花百草无颜色"。如今，仕途的挫折让他有些心灰意冷，对红莲和歌姬都没了兴趣，更亲近禅理和白莲。

一天雨后新晴，花木清新可爱，傍晚他绕着北池散步，红鱼不时跃出水面，浮萍犹如游子飘摇，让他想起以前与友人春日流连曲江的旧事，惆怅不已。他想要收藏一颗这里的白莲子，寄给长安的亲友，可又担心白莲离开庐山以后无法生长。

他把庐山的桂树、溢浦的修竹、东林寺的白莲花当作"贞劲秀异"（《浔阳三题》）的植物。本地人并不觉得贵重，但这三种花木在北方很少见，长安的宫廷、官署中也未必能罗致，于是他特别写了《浔阳三题》歌咏它们。

这时，弟弟白行简带着妻子来投奔他。去年九月府主卢坦病逝后，白行简没有了职位，他在那里一边闲居游玩，一边谋求新差事，可是几个月都没有进展，就乘船从长江而下，一路游览，现在才到江州。弟弟与儿子龟儿（景受）已四年没有见了，白居易安排他们都住在官舍，自己经常待在庐山草堂。

让白居易感伤的是，不久后接到信件，长兄白幼文在洛阳附近病逝了。兄长谦恭和善，可惜不善文辞，仕途也艰涩，没能取得什么成就便故去了。从此，白居易成了家中最年长的男人，成为这个大家庭的顶梁柱。他在家设灵位祭奠兄长，托人把长兄的儿子宅相（白景回）带到江州，以后由自己养育。

一天回到官舍，白居易听到侄儿龟儿在庭院中念诵诗歌，他觉得和自己小时候差不多，就写了一首《闻龟儿咏诗》，开玩笑说你不要像"二郎"我小时候那样辛苦地吟诵。我因为读书太刻苦，刚四十岁就两鬓斑白了：

> 怜渠已解咏诗章，摇膝支颐学二郎。
> 莫学二郎吟太苦，才年四十鬓如霜。

当然，他不会告诉侄儿，自己那么早白头，还因为有过一段烦恼的情事。

元稹给他寄来绿丝布、白轻裕制作的衣服，又先后寄来七言歌行《连昌宫词》、长篇排律《酬乐天东南行诗一百韵并序》，其中《连昌宫词》也是写玄宗旧事，明显是想与《长恨歌》一争高下。白居易明白友人的心思，也把自己的诗寄给他。他们常常写长达五百字、上千字长篇律诗互相唱和。元稹除了写闲适诗，也写了不少艳情诗。两人的这些诗作经友人传抄，禁省、寺观、邮堠墙壁都有人题写他们的诗作，长安、成都、江州、吴越的年少文士纷纷仿效他们写长篇律诗次韵唱和，号称"元和诗体""元和格"[1]。扬州、杭州等地书肆还雇人抄写元、白的诗歌并出售抄本，甚至有作坊雕版印刷这些诗作，"元白"两人越来越有名。

白居易也关注着京城的政局，朝堂上宰相来来去去。去年在宦官吐突承璀的推荐下，皇帝召淮南节度使李鄘回朝任相。宰相一般是前任宰相推荐，李鄘却是宦官荐举的，心中感到耻辱。他到长安以后称病在家，不停上表请辞。到今年三月皇帝只好免去他的相位，拜御史大夫李夷简为相。李夷简与元稹交好，白居易觉得李氏上台应该会照顾元稹，特地写信给元稹祝贺此事，希望好友能在李氏的帮助下早点回朝为官。如果元稹的状况能得到改善，他当然也会帮自己说说话。

另外，京城出了件朝野议论纷纷的文字争端。年初，皇帝命擅长文章的刑部侍郎韩愈撰写一篇《平淮西碑文》歌颂这次大捷。韩愈素有文名，之前曾任裴度的行军司马，了解战事前后脉络。他花了七十多天才写出这篇众所

---

1 （唐）元稹，冀勤. 元稹集. 北京：中华书局，2010，727、917。

瞩目的文章，皇帝立即命人抄录数份赏赐给立功的文武官员。蔡州原来有一通节度使吴少诚所立的政德碑，朝廷派去书手、工匠磨平上面的文字，把韩愈所撰的文章刻在上面，立在蔡州汝南城北门外的紫极宫前。韩愈的文章主要夸赞协调各节度使进军的宰相裴度，而甚少叙述发挥关键作用的武将李愬的事迹，李愬和部将感到不平。李愬之妻韦氏是唐安公主的女儿，她频频进宫申诉，李愬的部下石孝忠甚至去砸这块御碑。官府派人去抓他时，石孝忠把来人打死了。事情闹到皇帝那里，皇帝觉得不好处罚功臣，就又命翰林学士段文昌重新写一篇文章，把韩愈的那篇碑文磨掉，重新刻上段文昌的文章。一块石碑，也被这样来回折腾，说起来有点可笑。

七月，朝廷公开下令讨伐淄青节度使李师道，可见皇帝并没有忘记他当年刺杀武元衡的罪恶。皇帝为此把李夷简、王涯罢相，以擅长理财的户部侍郎皇甫镈、盐铁转运使程异两人为相，与裴度、崔群共同执政。如今朝廷连年开战，军事和财赋是两大当务之急，皇帝任用懂军事的裴度、会理财的皇甫镈，也算是发挥他们各自的特长。

人到中年，白居易经常感觉精力不如从前，正巧认识了一位三十多岁的郭虚舟炼师，他在庐山修道，也与元稹有来往。此人擅长以铅汞炼丹，也通琴、棋，与士人来往较多，他授予白居易《参同契》修炼内丹，又指点白居易炼外丹、房中术之类技巧。《参同契》是隋唐之际罗浮道士苏元朗倡导之后流行的炼丹著作，以易学阴阳及五行之说解释炼制金丹、黄白之术，主张以铅、银、汞、砂为原料。它们分别与玄武、朱雀、白虎、青龙四象，以及属于五行中的水、金、火、木对应，又因雄黄代表中央的土，如此四象、五行齐全，方能炼制出"大药"，炼制时也需用易经原理指导点火炼制的时间长短、温度高低、火候进退等。道教不同流派炼制外丹的方式各有差别，有的派别最推崇丹砂，有的则推崇黄金，还有的派系认为硫黄是太阳之精，水银是太阴之精，把两者合炼才能取得大丹。

白居易的草堂正适合修行养生术和炼丹，他便让仆从修筑泥灶，置办铜鼎，购买丹砂、云碓等原料，尝试炼制丹药。可是他的技巧不过关，第一次炼制没有成功，他特地去庐山寻访郭虚舟，希望得到他的指点。可惜到了他隐居的道院，只见到仆从和一对白鹤、一株青松，只能失意下山。白居易对丹药的用途也有些疑虑，弟弟之前给东川节度使卢坦当幕僚，而卢坦以爱服食丹药著称，据说他临死时尿出的都是血，全身疼痛难忍，请求亲人杀死自己。这类故事总让白居易心中犹豫，不敢轻易吃别人赠送的丹药。

他还没有来得及改进自己的炼丹技术，十二月二十日在草堂小憩、听山鸟的鸣叫时，却有官吏前来拍门，带着一纸任命公文，原来皇帝下诏调他去任忠州（今重庆市忠县）刺史。这是正四品下的官职，相比从五品下的江州司马，这是越级提升。本来五品司马不必像五品以下官员那样任满"守选"，而是由宰相给他拟定官职、皇帝审核同意即可。这应该是现任宰相之一崔群帮忙说了话，之前元和十二年（817）七月崔群拜相，次月王涯罢相，至少在宰相这个层级不会有人为难白居易。他给崔群寄去一首《除忠州寄谢崔相公》表达谢意。

驻扎在洪州（今江西南昌）的江西观察使裴堪是白居易的上司，之前曾写诗与白居易唱和。白居易便特地乘船南下，去南昌游览，与他话别。裴氏赠送给他绯色袍服、装鱼符的银鱼袋。按照朝廷制度，五品官员可以穿浅绯色常服袍、佩银鱼袋。白居易之前因为是贬谪之人，一直穿青衫。如今成了忠州刺史，作为地方主官，的确需要郑重一些，在典礼的场合最好穿绯色服装、佩银鱼袋。他写了表达感谢的诗歌。裴氏在滕王阁举行隆重的酒宴给白居易饯别，当地官员、士人应邀参加，阵势宏大。能离开贬谪之地、升官，当然是令人欢欣的，白居易觉得有生之年可以回到渭村田庄，甚至以后有可能在长安为官。

让他有些遗憾的是，要辞别自己亲手设计的草堂，他在《别草堂三绝句·其三》中说等自己在忠州任满以后还要回到这里：

> 三间茅舍向山开，一带山泉绕舍回。
> 山色泉声莫惆怅，三年官满却归来。

在被贬谪的三年多时间里，在那些悠闲而寂寞、苦闷的日子里，是花草树木的青翠、鲜艳安慰了他，是酒、茶、禅僧与友人陪伴着他。在江州，白居易经历了三个春天。让他遗憾的是，妻子杨氏在江州接连生下三个女儿，可惜有两个孩子生下不久便早夭，只有罗子一个成活。

第八章　忠州刺史：开东坡隐小城

　　元和十四年（819）正月，白居易带着妻子、女儿、弟弟白行简、侄子龟儿、宅相以及仆从等近二十口人离开江州。他还带上了自己喜欢的那柄朱藤杖，这是之前登庐山的好帮手。

　　他乘船沿江西行，每日在驿站休息时频频参加官员举办的酒宴，到武昌见到了当年在翰林学士院的同僚李程。他在这里担任鄂州刺史、鄂岳观察使，也有些不得志，不过要比在京城当官自由快活。

　　让白居易最快慰的是三月十日的晚上，在峡州夷陵（今湖北宜昌西）黄牛峡的江边与好友元稹不期而遇。元稹去年年底接到任命书，去虢州（今陕西宝鸡境内）当长史。两人五年来第一次见面，停船相聚，说了一晚上的话还意犹未尽。翌日，元稹让送他的船工掉头，送白居易一行到下牢戍，两人在船上边谈边喝。第三天，白居易、白行简与元稹在峡州江北一处山崖边停船饮酒、闲谈，他们听到岸边的石壁之间隐隐有泉声，感到好奇，于是三人拄着手杖，爬上山壁，发现那里有一个大石洞，"初见石，如叠如削，其怪者如引臂，如垂幢。次见泉，如泻如洒，其奇者如悬练，如不绝线"。他们决定去探索一番，于是把船系在岸边，领着仆夫割掉杂草，深入洞中查看，一路"水石相薄，磷磷凿凿，跳珠溅玉，惊动耳目"。他们在这个大洞窟中玩了半天，到晚上才回旅舍，此时"云破月出，光气含吐，互相明灭，昌荧玲珑，象生其中"，其中妙处只可心会。白居易写了一篇《三游洞序》记述在这个石洞所见的清泉、飞瀑等美景。

　　当然，三人闲聊，也谈及时政。朝中依旧有孤直的臣子，韩愈就因上书极谏惹了祸。正月皇帝派出宦官带着宫人、僧人到凤翔的法门寺迎请佛骨来京师，先留在皇宫供奉三日，然后在长安的各大佛寺轮流供奉，一时间京城王公士民纷纷去瞻仰和布施，掀起礼拜佛骨、施舍佛寺的热潮。御史对此不敢置喙。道士为了和僧人竞争影响力，也在道观中举行讲唱道教故事的活动。

对佛、道都持批评态度的刑部侍郎韩愈借题发挥，写了一首诗《华山女》记述道观为了和佛寺竞争，让女道士出场讲故事引起举城轰动的事情，还毅然上疏《谏迎佛骨表》反对此事，痛斥所谓佛骨是"伤风败俗、传笑四方"的虚妄之事[1]，建议把佛骨烧掉或者扔到水中，断绝天下人的痴心妄想。皇帝如今痴迷拜佛、追求长生，见了韩愈的上表大怒，打算处死韩愈。在宰相裴度、崔群的劝说下，皇帝才缓和下来，把韩愈贬为潮州刺史，让他正月十四日当日就离开京城，去遥远的岭南。

也有好消息，在朝廷和各镇节度使兵马的围攻下，李师道与部下将领有了裂痕，手下大将刘悟反戈一击，把李师道的首级交给魏博节度使田弘正，后者进献给皇帝。皇帝大为高兴，举行了盛大的"受馘"仪式，向太庙、社稷坛的祖先、神灵报告这则消息。当年朝廷勉强平定安禄山、史思明、史朝义之乱，把归顺朝廷的薛嵩、李怀仙、田承嗣、李宝臣等分封为节度使，他们占据河朔、河北、河南地区，彼此联姻，父死子立，在各自的辖区自行收税、自行任命官员，只是名义上遵奉朝廷而已。后来平卢军将领李正己驱逐原来的节度使，自领平卢淄青节度使，占据十五州之地，成为藩镇中最强大的一支。如今李正己的孙子李师道被杀，他的地盘也被朝廷一分为三，无法再以武力对抗朝廷。朝廷有如此声威，是安史之乱后六十多年少有的事情，朝野都感到振奋，朝臣觉得当今皇帝真可谓中兴之主。白居易、元稹虽然身在偏远，但是也有许多感触。

经历了多年的贬谪、外放，白居易和元稹对官场、友情、诗歌都有许多感慨。白居易在路上反思自己之前的经历，青年时以诗文出名，"早接文场战，曾争翰苑盟"。之后又成为翰林学士，仕途大好，渴望"掉头称俊逸，翘足取公卿"，当时一心报君，"且昧随时义，徒输报国诚"，身处险境而不自知，最后只能落得"众排恩易失，偏压势先倾"。如今被贬远方，他决定抱着"无妨隐朝市"的心态为官，决心"少语是元亨""昏昏随世俗"（《江州赴忠州至江陵已来舟中示舍弟五十韵》），不再写诗议论时政，也不操心分外之事，争取能在官场保全自身。

---

1 （唐）韩愈，刘真伦，岳珍，韩愈文集汇校笺注卷二十九·论佛骨表.北京：中华书局，2010，2905。

告别元稹之后，白居易带着家小一路向西逆江而上，见识了三峡的风光和险滩。"上有万仞山，下有千丈水。苍苍两崖间，阔狭容一苇。瞿塘呀直泻，滟滪屹中峙。未夜黑岩昏，无风白浪起。大石如刀剑，小石如牙齿。一步不可行，况千三百里。"（《初入峡有感》）

越靠近忠州，经过的河流的水量越少，航道越窄。最后几日山岭和林木遮天蔽日，早晚的雾气越来越浓重，白居易的心情也越来越低沉。三月二十八日，已是春末，他们一行抵达忠州郡府所在地临江县城，这是位于三峡的崇山峻岭之间的一座山城。

船只在水边的小码头停靠下来。在本地官吏的引导下，白居易登上一条石磴，上面就是城门。城中都是山路，道路狭窄难以走马车，只能骑马缓缓穿过街道。所谓的郡治，就是个小小山城，雾多，雨多，人少，城小，给他的初印象是"山束邑居窄，峡牵气候偏。林峦少平地，雾雨多阴天。隐隐煮盐火，漠漠烧畲烟"（《初到忠州登东楼寄万州杨八使君》）。几十年前杜甫曾在忠州寓居，在《题忠州龙兴寺所居院壁》中如此描述当地的环境：

> 忠州三峡内，井邑聚云根。小市常争米，孤城早闭门。
>
> 空看过客泪，莫觅主人恩。淹泊仍愁虎，深居赖独园。

这里的市场的确如杜甫所言是"小市"，白居易从繁华的上州江州来到这里，觉得此处犹如江州一个村子的集市而已。

入驻官署，他从这一天正式就任刺史（正四品下），这是他第一次主政地方。当天他就起草《忠州刺史谢上表》，宣誓要"誓当负刺慎身，履冰励节，下安凋瘵，上副忧勤，未死之间，期展微效"。

忠州属山南东道，下辖临江（今忠县）、丰都、南宾（今石柱）、垫江、桂溪（今垫江高安一带）五县，土地贫瘠，人口稀少，和万州等几个州是西南最穷困的，"户六千七百二十二，口四万三千二十六"[1]，属于户口不满二万户的"下州"，每县平均不到一万人。而且这里距离京师两千二百二十二里，

---

1 （后晋）刘昫，等.中华书局编辑部.旧唐书·卷三十九志第十九　地理二·山南道·山南东道.北京：中华书局，1975，1557。

是个偏远的地方，和人口超过四万户的"上州"江州无法相比。

白居易是忠州的最高官员，对他来说，州城以外的周边乡野生活的都是土著人"巴蛮"，"安可施政教，尚不通语言"（《征秋税毕题郡南亭》）。因为言语不通，道路险峻，他很少外出巡视、游览，只能困居在州城之中。属下小吏也是本地的土著人，性格火暴，经常为一点小事吵闹。集市则物资贫乏，远比不上江州，从商贸繁荣、水陆交通便利的江州来到这等偏僻之地，白居易感触尤甚。在《初到忠州赠李六》中他如此描述忠州郡治的人物、市井、驿站、道路：

> 吏人生梗都如鹿，市井疏芜只抵村。
>
> 一只兰船当驿路，百层石磴上州门。
>
> 更无平地堪行处，虚受朱轮五马恩。

这里唯一可说的经济事项就是出产盐，规模也不大。多数百姓都是山野之人，有的是渔民，有的是猎户，也有的种田，就是在山边开垦的一小块一小块的坡地而已，产出不多。

白居易不是严苛之人，治理地方的策略是与民休息，"劝农均赋租""省事宽刑书"（《东坡种花二首》），尽量管束下属官吏，不让他们骚扰民众。他踏访城中各处，见有一位天宝年间从关中流落到这里的康叟家中贫困，就给他赠送衣服。这位老人让他不由得联想到杜甫，他当年也是从关中流落到巴蜀的，乱世之中，多少人物都只能随波逐流。

忠州是小州，人少事简，白居易每天早上很快就能处理完公务，剩下的时间有些无聊。小城文化凋敝，可交游的人物不过萧处士、清禅师等寥寥两三人，此外便是短暂经行忠州的李侍御等过客，再就是跟随自己来这里的弟弟白行简了。这里整日下雨、起雾，无景可游览，无人可交谈。他只能守在官署中，心情常常有些低落。

在官署无事可做，除了偶尔约萧处士、清禅师等几位聊天，其他时间他倍感孤寂、无聊，只能靠写诗、写信、饮酒打发时间，形容自己"唯有绿樽红烛下，暂时不似在忠州"（《东楼招客夜饮》），宁愿喝醉了酒让神思飘到另一处地方。他经常写信给同病相怜的万州刺史杨归厚。

杨归厚也是个有个性的官员，七年前当面抨击宦官许遂振、宰相等，引起皇帝不快，被贬为国子主簿、分司东都，去年转任万州刺史。他是弘农杨氏子弟，与刘禹锡、柳宗元交好，而且他的女儿嫁给了刘禹锡长子刘咸允。杨归厚与白居易的妻子是同族，之前两人同在京城为官时就有交往，如今同在异乡为官，时常有书信、礼物往来。白居易给他寄去一些本地的特产胡麻饼，在给他的《南宾郡斋即事寄杨万州》中，他感叹自己的颓废状况：

> 山上巴子城，山下巴江水。中有穷独人，强名为刺史。
> 时时窃自哂，刺史岂如是。仓粟喂家人，黄缣裹妻子。
> 莓苔翳冠带，雾雨霾楼雉。衙鼓暮复朝，郡斋卧还起。
> 回头望南浦，亦在烟波里。而我复何嗟，夫君犹滞此。

在这个偏僻而穷困的小县城，"畲田涩米不耕锄，旱地荒园少菜蔬"（《即事寄微之》），他这个刺史也捉襟见肘，颇为困窘，也如土著人一样用质量低劣的黄丝绢缝衣服，用腥咸的盐腌小白鱼下饭。

在这个"天涯深峡无人地"（《东楼醉》），花木是让他感到安心、愉悦的伙伴。官署中就栽种了荔枝树。他以前只听说岭南、巴蜀有荔枝，如今才算真的见到这种树木的模样，等秋天就能品尝到新鲜的荔枝。

四月，他在山谷间发现了一种叫"木莲"[1]的树木，花朵艳丽，前所未见。他十分激动，一连写了三首绝句和诗序记述自己的发现，序云："木莲树生巴峡山谷间，巴民亦呼为黄心树。大者高五丈，涉冬不凋，身如青杨，有白文，叶如桂厚，大，无脊。花如莲，香色艳腻皆同，独房蕊有异。四月初始开，自开迨谢仅二十日。忠州西北十里有鸣玉溪，生者秾茂，惜其遐僻，因题三绝句云。"诗云：

> 如折芙蓉栽旱地，似抛芍药挂高枝。
> 云埋水隔无人识，唯有南宾太守知。

---

1 白居易记述的这种常绿乔木可能是木兰科木莲属植物红花木莲（学名：Manglietia insignis）或花为紫色的四川木莲（学名：Manglietia szechuanica）。祁振声. 木兰及木莲原植物本草考证 // 中药材. 1999 年第 5 期，260-261。

红似燕支腻如粉，伤心好物不须臾。

山中风起无时节，明日重来得在无。

已愁花落荒岩底，复恨根生乱石间。

几度欲移移不得，天教抛掷在深山。

他请擅长绘画的道士绘制木莲花的图画，寄给喜欢花木的好友元稹，并附赠一首诗《画木莲花图寄元郎中》：

花房腻似红莲朵，艳色鲜如紫牡丹。

唯有诗人能解爱，丹青写出与君看。

夏末，庭院中的荔枝树上的荔枝终于变红，他盼望亲自摘荔枝品尝，写下《郡中》记述自己渐渐适应了山城的缓慢生活节奏：

乡路音信断，山城日月迟。欲知州近远，阶前摘荔枝。

他迫不及待亲手摘下些荔枝，除了自己品尝，还给杨归厚寄去一些，写了《题郡中荔枝诗十八韵兼寄杨万州八使君》，详细描述自己官署中的这棵荔枝树。

奇果标南土，芳林对北堂。素华春漠漠，丹实夏煌煌。

叶捧低垂户，枝擎重压墙。始因风弄色，渐与日争光。

夕讶条悬火，朝惊树点妆。深于红踯躅，大校白槟榔。

星缀连心朵，珠排耀眼房。紫罗裁衬壳，白玉裹填瓤。

早岁曾闻说，今朝始摘尝。嚼疑天上味，嗅异世间香。

润胜莲生水，鲜逾橘得霜。胭脂掌中颗，甘露舌头浆。

物少尤珍重，天高苦渺茫。已教生暑月，又使阻遐方。

粹液灵难驻，妍姿嫩易伤。近南光景热，向北道途长。

不得充王赋，无由寄帝乡。唯君堪掷赠，面白似潘郎。

杨刺史对他寄来的荔枝欣赏不已，打算也在万州尝试栽种。白居易听说之后又给他寄去一些，还写诗打趣说这种树木多年之后才能结果，你现在种下树苗，也不知何年何月才能吃到荔枝，那时你早就离开万州，无福消受了。

除了欣赏花木、品尝荔枝，也有其他几种乐事能让他暂且放松身心，比如写诗、游览、喝酒、坐禅，逗女儿、侄儿玩。偶尔有比较重要的官员路过忠州，他要举行酒宴招待，在这种场合经常听本地的乐伎演唱《竹枝词》。这是长江中上游流行的曲调，白居易以前在江州就听过，如今时而在晚上听到蛮儿巴女对歌。他对音乐一向敏感，便也写了几首《竹枝词》，让官伎在酒宴上演唱，算是发挥了自己的文字特长。代宗、德宗时的诗僧圆观、文士顾况曾作过几首《竹枝词》《竹枝曲》，并无什么影响。如今，因为刘禹锡、白居易两位名诗人也开始写竹枝词，为一些歌女传唱，渐渐有了更多的作者仿写。

从来来往往的官员、信使那里，白居易听到京城传来的各种消息。平定了那些桀骜不驯的藩镇之后，朝廷内部却起了争端。据说朝中四位宰相不和，去年皇帝要提拔擅长理财的皇甫镈、程异两人为相，宰相裴度、崔群表示反对，可是皇帝仍然不顾他们的意见任命二人为相。皇甫镈经常在皇帝面前搬弄是非攻击裴度。今年四月程异病故后，皇帝命裴度以门下侍郎、同平章事的官衔充任河东节度使，等于把他赶出朝廷。在皇甫镈的推荐下，七月召河阳节度使令狐楚回朝任相，与崔群、皇甫镈一起执政。崔群与皇甫镈在许多政事上观点不同，显然难以长久共事。

听说，柳宗元于十一月初八在柳州刺史官署病逝，终年四十七岁。他临终拜托友人刘禹锡整理自己的遗稿，托韩愈给自己撰写墓志铭，请刘禹锡、韩愈、崔群以及表弟卢遵分别照顾自己的四个儿女。刘禹锡因为母亲故去，离任连州刺史，正在返回洛阳的路途中。他在衡阳获悉柳宗元病逝的消息，不禁号啕大哭。他们年轻时候结交，后因与王叔文亲近，因此被归入"永贞党人"，贬谪边荒多年。当年一起被贬的"二王八司马"中，王叔文被赐死，王伾、韦执谊、凌准早逝。程异最为幸运，因他擅长理财，元和初年就得到起用，去年更是升为宰相，可惜几个月后就病逝了。而刘禹锡与其他三人韩泰、韩晔、柳宗元都在边远州郡当刺史，柳宗元的诗文独树一帜，可惜却无缘活着回到故乡。

年底，白居易收到消息，好友元稹应召回朝，出任膳部员外郎。也有坏消息，友人崔群因为另一位宰相皇甫镈的谗言，被免去相位，外任湖南观察使。听说中书舍人张仲素在京城病逝了，白居易感叹不已。

元和十五年（820）年初，刺史官署东楼前那几株桃树开花了，白居易在树下举行酒宴赏花。让他高兴的是，去年他让仆从自庐山移栽至庭院的山石榴也开花了，他赋诗《喜山石榴花开（去年自庐山移来）》：

> 忠州州里今日花，庐山山头去年树。
>
> 已怜根损斩新栽，还喜花开依旧数。
>
> 赤玉何人少琴轸，红缬谁家合罗裤。
>
> 但知烂漫恣情开，莫怕南宾桃李妒。

这是适合栽花种树的季节，他在官舍中"栽松满后院，种柳荫前墀"（《春葺新居》），这两种树都比较好活，而且在南方四季常绿。他又下令开辟一条山路通往隆昌寺，在巴子台周围、通往城东郊的开元寺的"东涧"水岸边都栽种柳树，便于人们行路、赏景。他走到东溪，一时兴起，带着童仆动手栽种柳树，"乘春持斧斤，裁截而树之。长短既不一，高下随所宜。倚岸埋大干，临流插小枝"（《东涧种柳》）。

他觉得城中居民无法理解自己为何要干这些"闲事"，特意写了一首《代州民问》，说这些花木能让自己忘却官场的烦恼、思乡的焦虑，安心在此悠然生活，即"吏隐"之意：

> 龙昌寺底开山路，巴子台前种柳林。
>
> 官职家乡都忘却，谁人会得使君心。

白居易在刺史官署西南角修建了一座可以观景的"西楼"，又名"荔枝楼"。可惜这里太偏僻，本身就没有多少文士、禅僧，也很少有官员、文士路过，缺乏知趣的客人，他只能独自在这里就着荔枝喝酒，正如《荔枝楼对酒》记述的：

> 荔枝新熟鸡冠色，烧酒初开琥珀香。

欲摘一枝倾一盏，西楼无客共谁尝。

　　北方的友人大多没有见过荔枝树，吃的也大多是荔枝的干果而非新鲜荔枝，于是白居易请画师绘制荔枝树的图画寄给亲友，并作《荔枝图序》："荔枝生巴峡间，树形团团如帷盖。叶如桂，冬青；华如橘，春荣；实如丹，夏熟。紫如蒲萄，核如枇杷，壳如红缯，膜如紫绡，瓤肉莹白如冰雪，浆液甘酸如醴酪。大略如彼，其实过之。若离本枝，一日而色变，二日而香变，三日而味变，四五日外色、香、味尽去矣。元和十五年夏，南宾（忠州旧名）守乐天命工吏图而书之，盖为不识者与识而不及一二三日者云。"荔枝、木莲的图画传入京城之后，不少好事者都让画家摹写，传为雅事。

　　据说萱草可以让人忘掉忧愁，白居易便在庭院中栽种了些萱草，又栽种了一株桂花树和一棵荔枝树。听说荔枝树十年才结果，他不知道是谁曾在这里当刺史，想起自己以前曾嘲笑杨归厚打算在万州栽种荔枝的举动，如今自己也这样做了，于是写了首《种荔枝》感叹自己的痴傻：

红颗珍珠诚可爱，白须太守亦何痴。
十年结子知谁在，自向庭中种荔枝。

　　光在庭院栽花种树还不过瘾，他带人清理城东的一处荒坡，栽种果树，把这块地方称为"东坡"。他领着童仆在东坡锄草、修渠、引水，让仆从拿钱去向老百姓购买各种果木树苗，如野桃、山杏、水林檎等，最小的树苗仅有数尺高，大些的树苗则一丈有余。虽说这是一座果园，但白居易没有像通常的果园那样把树木按照树种固定行距、树距栽种，而是按照自己的审美趣味"信意取次栽，无行亦无数"（《步东坡》）。如此，这里兼有观赏园林的特质，而非单纯的果园。他想象着，以后来这里既可赏花，又可吃果，对未来的风景、收获十分期待。

　　在东坡前的小溪中，他命人栽种了一些荷花，在水边修筑一个小平台赏景，从这里既可以欣赏溪流的水景，也能观览东坡的桃树、杏树。他觉得这里可以让自己感到愉悦、安乐，写下一首《种桃杏》记述此时的心境：

无论海角与天涯，大抵心安即是家。

路远谁能念乡曲，年深兼欲忘京华。

忠州且作三年计，种杏栽桃拟待花。

中午太热，他经常早上、傍晚天气凉快时，穿着黄麻履、挂着斑竹杖到东坡漫步，观察树木的长势，听林中鸟雀的鸣叫，看落花一片片掉落犹如蝴蝶翻飞。因为来的次数多，他在林木中间踩出了一条小路。每次到了东坡，他都东看看，西瞧瞧，不时整修这里，开挖那里，连续数日与童仆带着锄头开凿水渠，给果树壅土，引水灌溉。劳作之余，他从栽培树木想到"养民"，说想让增加人口，要从"均赋租""宽刑书"这个根本做起，自己在忠州就是这样执政的。

一天傍晚，他在小平台上独酌，月亮升上西天，落花掉入怀中。他在月色下吟诗《东坡种花二首·其一》，描述暮春时节东坡的景观：

持钱买花树，城东坡上栽。但购有花者，不限桃杏梅。

百果参杂种，千枝次第开。天时有早晚，地力无高低。

红者霞艳艳，白者雪皑皑。游蜂逐不去，好鸟亦栖来。

前有长流水，下有小平台。时拂台上石，一举风前杯。

花枝荫我头，花蕊落我怀。独酌复独咏，不觉月平西。

巴俗不爱花，竟春无人来。唯此醉太守，尽日不能回。

这片果园只象征性地围了一圈矮篱笆，也欢迎城中的百姓来观赏。可惜"巴俗不爱花，竟春无人来"，小小的忠州城中，无人欣赏这片新栽的矮树林，只有白居易一个人喜爱自己设计的这处小园囿。

二月，传来让白居易震惊落泪的消息。正月二十六日晚，宪宗皇帝在毫无征兆的情况下突然驾崩，宫中又是一番争斗。当夜右神策军中尉梁守谦、王守澄等人拥立太子李恒（后世称穆宗）登基，诛杀了另一派宦官吐突承璀和皇次子沣王李恽。对宪宗皇帝的故去，士人窃窃私语。有人说他服食方士柳泌炼制的丹药中毒而死；也有人说他近年来服用丹药导致性情多变，经常处罚侍从宦官，引起一些人的怨恨，内常侍陈弘志等人谋杀了宪宗；还有人说，宪宗亲近的神策军左军中尉吐突承璀劝皇帝立皇次子李恽为太子，让已当了七年太子的皇三子李恒心中不安，于是太子之母郭贵妃联合宦官梁守谦、王守澄等人发动政变，指使宦官谋害宪宗，然后拥立太子即位。

一朝天子一朝臣，朝中自然又是一番人事变动。据说宰相皇甫镈之前依附吐突承璀，曾向宪宗上奏欲改换太子。新帝登基后便马上贬皇甫镈为崖州（今海南琼山市）司户参军，提拔御史中丞萧俛、中书舍人充翰林学士段文昌两人为宰相，与令狐楚共同执政。闰正月，皇帝又任命监察御史（正八品上）李德裕、右拾遗（从八品上）李绅、礼部员外郎庾敬休三人充任翰林学士，加上宪宗任命的翰林学士段文昌、杜元颖、沈传师、李肇，如今共有七位翰林学士。李德裕、李绅得到皇帝赏识，一个月后分别升为屯田员外郎（从六品上）、右补阙（从七品上）。皇帝还提拔擅长经史的韦处厚、路隋为翰林侍讲学士，擅长书法的柳公权为右拾遗充翰林侍书学士，这三人并不参与起草诏书。

白居易对宪宗的故去心情复杂。这位皇帝对他有知遇之恩。元和三年（808）至元和六年，他得到宪宗的赏识，担任翰林学士。可也是在这位皇帝的治下，他被贬谪远方。这位皇帝的举措有成功之处，也有不妥之处，比如他对宦官太过信任，让他们直接掌握左右神策军，元和十三年又命六名宦官分别担任左右龙武军、左右神武军、左右羽林军的辟仗使，负责监察各军，实际上成为武将之上的各军统领，这样宦官就掌握了十多万禁军，势力越发强大。

现任河中观察使的李绛给白居易寄来一首绝句，感叹宪宗皇帝的驾崩。李绛比白居易更早一些受到宪宗的赏识，一度被提拔为宰相，可是他与皇帝信任的宰相李吉甫、宦官吐突承璀关系不睦，元和九年初便自行辞去相位。去年又受到宰相皇甫镈的忌惮，被外派出任河中观察使。一般他这样曾任宰相的高官外任应出任节度使而非观察使，也不知道宪宗皇帝为何如此对待这位旧臣。另一位宰相崔群也有类似的遭遇，只能说，宪宗皇帝晚年处理政事已经有些昏聩，不如早年那样知人善任。

白居易想起旧事，得宠、失宠都已惘然不由再次流下眼泪，写下一首七言绝句《奉酬李相公见示绝句（时初闻国丧）》寄给李绛：

> 碧油幢下捧新诗，荣贱虽殊共一悲。
>
> 涕泪满襟君莫怪，甘泉侍从最多时。

新皇登基，按惯例都会大赦天下，起用一些前朝贬逐而又有声望的文臣，其中自然少不了诗名赫赫的白居易。他之前曾任太子左赞善大夫，名义上也算是新皇帝的老下属。

四月，白居易接到回朝任刑部司门员外郎（正六品下）的任命书，这样，他只能离开忠州，无法等到东坡的果树长大、结果的那一天。他依依不舍地和东坡的桃树、李树们告别，像安慰小孩一样说你们不要担心，或许新来的太守"不妨还是爱花人"（《别种东坡花树两绝》），会好好对待你们。他也与城中自己栽种的花木一一告别，在开元寺上方台阁题诗留念，感叹"最怜新岸柳，手种未全成"，自己无法见证它们繁盛的模样。之前他还在官舍的庭院中栽种了桂树、萱草，如今也只能写一首《别萱桂》，感叹无缘与它们相伴。

他脱下刺史穿的绯色袍子，换上符合自己官品的青绿服装，叫仆从收拾起那柄朱藤杖，骑上自己的紫骢马，踏上回长安的路。经过武关时，还不是山石榴花开放的季节，却在武关南的驿站中见到了元稹之前题写的有关山石榴的诗，他写了一首《武关南见元九题山石榴见寄》：

> 往来同路不同时，前后相思两不知。
>
> 行过关门三四里，榴花不见见君诗。

元稹已经在长安了，而现在，自己也即将到达长安，两人终于能再相会，同朝为官。元稹是膳部员外郎，自己是刑部司门员外郎，都是六品小官。

第九章　再回京城：小心翼翼当官

元和十五年（820）夏天，白居易从忠州启程回长安，随行的有妻子、女儿罗子、弟弟白行简一家，还有几个侄儿和十来个仆从。入驻层峰驿，见到元稹和自己的题诗仍然在墙壁上，他感慨不已，写了一首《商山路驿桐树昔与微之前后题名处》：

> 与君前后多迁谪，五度经过此路隅。
> 笑问中庭老桐树，这回归去免来无。

进入长安城，白居易出任刑部司门员外郎（从六品上）。此时他是名满天下的"白才子"，在文士心目中他和元稹、刘禹锡等几人堪称当代最有名的诗文高手。令狐楚虽然贵为宰相，也擅长诗文，却没有他们如此著名。

经历了贬谪的磨砺，重回京城官场，白居易比以前小心谨慎，不再像从前那样勇于直言，也不再作诗公然议论时政，免得惹出事端。他常来往的，不是故交，就是姻亲。妻子的从兄杨汝士如今是右补阙，杨虞卿则是监察御史，是皇帝近臣。几位故友或是高官，或是近臣，李绛任兵部尚书，钱徽任礼部侍郎，李绅、庾敬休两人是翰林学士，牛僧孺是库部郎中、知制诰，元宗简是左司郎中。只有张籍依旧不得志，在秘书省当从六品的闲官秘书郎。

如今，不仅官员中各有派系，宦官也各有势力，又和朝中官员私下各有联结。比如现在的宰相令狐楚、萧俛与已经被贬谪的皇甫镈是同年进士。自己的好友元稹如今是官场瞩目的人物，颇受皇帝赏识。之前，元稹被贬到江陵府（今湖北荆州）任士曹参军，认识了驻在荆南的监军宦官崔潭峻。崔潭峻喜爱诗文，元稹与之交好。去年年底元稹回朝任膳部员外郎。当今皇帝即位后，崔潭峻也回到内廷担任宦官集团的第三号人物——左枢密使。皇帝以前当太子时就喜欢元稹的诗歌，让妃嫔、侍女配合曲子吟唱元稹的诗歌，宫中称其为"元才子"。崔潭峻把元稹的作品《连昌宫词》等上百篇诗文呈给皇帝看，皇帝大为欣赏。担任宰相的段文昌和令狐楚或许也听到点风声，都对元稹有所夸赞。令狐楚故意在和皇帝谈话时提及元稹的诗句，称其为当代鲍照、谢朓。段文昌也推荐元稹、薛存庆、牛僧孺几人可以当知制诰、给事中之类的官职。于是，五月元稹升任祠部郎中、知制诰，经常应召入宫起草诏诰。也有一些官员背后议论说元稹变了性情，如今颇为钻营，和有影响的宦官崔潭峻、魏弘简来往密切，甚至乔装偷偷去魏弘简的宅邸拜访魏氏，有人背后攻击说他是靠宦官的关系升官的，或许也有眼红元稹受宠的因素吧。

七月，有人告发宰相令狐楚，说他之前担任山陵使主持给宪宗修建陵墓时，他的几个亲信擅自克扣给工匠的工钱，把十五万贯钱当作"节余资金"献给皇帝，以此作为功劳。令狐楚与之前被罢免的宰相皇甫镈是同年进士，多年来都得到后者的提携，一荣俱荣，一损俱损，他大概也是担忧自己的相位不稳，所以以贡献钱物取宠。二十七日，皇帝罢去令狐楚的相位，外派他担任宣州刺史兼御史大夫，充宣、歙、池观察使，提拔御史中丞崔植为宰相，与萧俛、段文昌共同执政。八月三十日，皇帝又下诏把令狐楚贬为横州刺史，元稹撰写的公告《贬令狐楚衡州刺史制》语气颇为苛刻，指责他在宪宗朝阻挠讨伐吴元济、依附"奸邪"皇甫镈，让令狐楚大为怨恨。之前元稹刚回朝时，身为宰相的令狐楚曾在朝堂夸赞元稹的诗文，还写信给元稹想看看他更多的诗文。元稹把自己的古体歌诗一百首、律诗一百首抄写呈送到令狐楚府上，之后令狐楚也曾在皇帝面前夸奖元稹的才华。而元稹或许觉得令狐楚赏识自己未必出自真心，而是从宫廷听说皇帝欣赏自己的诗歌才刻意如此。而且，令狐楚擅长四六骈文，而元稹、白居易都好作古文，文风不同，诗歌的风格也大相径庭，元稹此举或许也有点才士相轻的意味。

其间，白居易的几位旧交陆续回朝，身居要职。如崔群回朝任吏部侍郎，九月升任御史中丞，但十天之后又被外派担任徐州刺史、武宁军节度使、徐泗宿濠观察使。或许他在朝中说的哪句话不合当今皇帝的心意，或不为哪位宰相、权宦所喜，为谗言所累。白居易熟知的李宗闵则从驾部郎中、知制诰升为中书舍人。十二月，库部郎中、知制诰牛僧孺得到宰相赏识，被推荐出任御史中丞。

或是因牛僧孺、元稹等推荐，白居易升任朝议郎（正六品上散官）、礼部主客郎中（从五品上）、知制诰。唐初草拟诏敕本由中书舍人专任，可是太宗常让其他官员兼任起草诏敕的差事，玄宗时又正式建立了让中书舍人之外的官员兼"知制诰"的制度，常召他们入宫起草诏敕。好友元稹负责撰写白居易的任命公告，称赞白居易勇于劝谏的"直声"与文辞，称赞他是当代的司马相如："元和初，对诏称旨，翱翔翰林，蔼然直声，留在人口。朕尝视其词赋，甚喜与相如并处一时。"[1] 白居易又成了起草诏书的皇帝近臣，可是，他心里知道，如今自己的心态与当年充任翰林学士时大不相同，当年自己想的是忠心事君，兼济天下，而现在则首先要独善其身，且行且看。

白居易认识的李宗闵、元稹、王起都在中书省担任中书舍人兼知制诰，都是皇帝近臣，前途看好。一晚白居易与元稹、王起、李宗闵三人同在宫内值班。四人闲谈旧事，都有被贬的经历，如今又都在宫内值班，成为官场中人羡慕的对象，"闲宵静话喜还悲，聚散穷通不自知。已分云泥行异路，忽惊鸡鹤宿同枝"（《初除主客郎中知制诰与王十一李七元九三舍人中书同宿话旧感怀》）。

另一位友人元简宗也升任京兆少尹，成了从四品官员。让白居易感到美中不足的是，每次上朝、下朝，当年的旧交大都穿着朱袍、紫袍，佩带着金鱼、银鱼，只有元简宗与自己"马上青袍唯两人"（《朝回和元少尹绝句》）。这是因为按朝廷制度，散官三品以上服紫饰玉，三品以下五品以上服朱饰金，五品以下七品以上服绿饰银，七品以下九品以上服青饰鍮石。元简宗和自己两人职事官虽已是四品、五品，但散官的品阶还不到五品，只能继续穿绿袍。元、白二人要上书请皇帝下诏赐加五品散衔，方有资格穿绯红衣裳。

这时的京城文坛上，元稹、白居易是风云人物，世人把他们合称为"元白"。老一辈的著名文辞宗匠权德舆已于元和十三年去世；另一位著名文士柳宗元去年在柳州刺史任上病逝；刘禹锡正在洛阳家中为母亲守孝，不能抛头露面。此时京城中能和元、白抗衡的文士唯有韩愈，韩愈也被从袁州（今江西宜春）刺史任上召回朝中任国子祭酒。他的文章在京城士人中影响挺大，权德舆、柳宗元的碑文都是他撰写的。可是就世俗的名声而言，文章没有诗歌容易流传，韩愈的诗并不为人特别重视。白居易、元稹的诗歌传播广泛，

1　元稹，冀勤．白居易授尚书主客郎中知制诰∥元稹集 卷四五．北京：中华书局，2010，565。

是天下士子皆知的两位才子、当世最著名的诗人。其他如翰林学士李德裕、李绅虽然也有学识、才名，诗文颇有特色，但是名气远不如元、白，他们和韩愈一样，名声仅为部分士人所知而已。

在长安，之前流行令狐楚撰写的那类对仗工整、用典繁多的四六文。元稹有心改革制诰文体，改用高古的散文体写作制诰，提倡典雅而晓畅的新文风，他自称这是"追用古道"（《制诰序》）。这种新文体得到当今皇帝的好评，白居易也与之呼应，带动了撰写这类公文的新潮流[1]。

白居易常应邀出席友人、同僚举行的酒宴，表演歌舞的侍伎穿着橘红色的石榴色裙子。这种裙子用茜草染制而成，也称"茜裙"。它最初在南朝宫廷流行，南齐文士何思澄《南苑逢美人》记载当时有宫人穿"石榴裙"，隋唐时这种裙子传播到北方，女子常上穿深色短小襦衣，下穿石榴裙，裙腰高束，上短下长，看上去犹如一朵艳丽的石榴花。这是歌姬中流行的穿着，以前白居易在《琵琶行》里就曾形容琵琶女穿着"血色罗裙"。见识了山石榴那种犹如火焰的橘红色，他觉得以此来形容这种裙子更恰当，一次应邀到卢子蒙家参加酒宴，这位友人的侍伎向他索诗，他便在赠诗中形容她"郁金香汗裛歌巾，山石榴花染舞裙"（《卢侍御小妓乞诗座上留赠》）。

这一年户部统计户口，全国户数约为 237.54 万，人口约一千五百七十六万，比天宝初年少了三分之二以上。只是，这一年的统计并不包括定、盐、夏、剑南东西川、岭南、黔中、邕管、容管、安南等处九十七州的户口，因为这些地方数据不好统计。

长庆元年（821）正月，皇帝祭祀南郊时，元稹、白居易侍从皇帝，在南郊的斋宫住了一晚。天黑以后两人在房间中一边饮酒一边吟诗，来回各自念诵所作诗歌数十首。左右两边的翰林学士、吏员等三十多人听到声音，纷纷进入他们的房间旁听，十分热闹。元、白以前就喜欢比较谁的记忆更佳，如今依旧是难分胜负。

听说，宰相萧俛多次上书请辞，皇帝免去他的相位，又把另一位宰相段文昌派去担任西川节度使，提拔翰林学士杜元颖为相，与崔植共同执政。

1　陈寅恪.元白诗笺证稿.北京：生活·读书·新知三联书店，2003，118-120；周京艳.中唐元、白制诰研究 // 北京大学学报（哲学社会科学版）.第 49 卷第 4 期（2012 年 7 月），91.

去年进京，白居易先租了一处地方住。为了安顿一家二十多口人，白居易决定购置一座私宅。探看了几处院子后，二月初，他付款买下了新昌坊的一处两进院落。之所以在新昌坊买房，是因为他和妻子都熟悉这里。之前他与杨氏结婚之初就租住在新昌坊的一个小院。他们在那里生活了近三年，元和六年（811）四月因为母亲去世，他回下邽田庄守孝，才离开新昌坊。

新昌坊距离皇宫有十里远，每天要走挺长一段路才能去参加朝会，所以"省吏嫌坊远，豪家笑地偏"（《新昌新居书事四十韵因寄元郎中张博士》）。几个交好的朋友都劝白居易不要在此置业，可是他思来想去还是买下了。究其原因，一则新昌坊正北就是靖恭坊，妻子的父母、从兄杨虞卿等就住在靖恭坊，方便她回娘家串门；二则近年来新昌坊已成了新兴官僚聚居的所在，杨虞卿、李绅、牛僧孺等友人先后在这个坊内买了宅邸，便于彼此往来；三则这里风景不错，坊东有一座青龙寺，可以远眺乐游原，距离曲江也挺近；四则他要负担近二十口人的衣食住行，经济压力也比较大，没有太多财力去区位更佳的坊、购买更好的宅子。

从贞元十五年（799）入京科考算起，他努力了二十二年才在长安城有了属于自己的房舍。这座院子庭院较小，院墙太矮，"阶庭宽窄才容足，墙壁高低粗及肩"（《题新居寄元八》）。南院中前任主人留下的十棵松树占据了绝大部分地方，"乱立无行次，高下亦不齐。高者三丈长，下者十尺低。有如野生物，不知何人栽"（《庭松》）。他倒是喜欢这些松树，可让他感到惭愧的是，自己如今是个奔忙仕途的"俗士"，不敢自称是松树的主人。后来，他移走了十棵松树里的三棵，给庭院腾出了些空间，方便自己和亲友在院子里闲坐、饮酒。

他想起十多年前到辋川参观王维舍施的佛寺，那里的一处斋堂朝向东北的窗口能望见竹林、走廊，那丛幽深的绿竹给他留下深刻的印象，于是他让仆从找工匠修建一座可以乘凉、读书的斋堂，在北窗之外栽种一些竹子，"开窗不糊纸，种竹不依行。意取北檐下，窗与竹相当"（《竹窗》）。到夏天暑热时，自己回家就可以解开衣裳，躺在六尺小簟上乘凉，眺望窗外的风景，聆听风扫竹林的声响。

皇帝赏识元稹的才华，二月十六日命他充任翰林学士承旨，次日升为中书舍人充翰林学士承旨。奉命起草文诰的恰好是白居易，他写了古文体的《元積除中书舍人翰林学士赐紫金鱼袋制》，其中特别称赞元稹创新诰命文体的举动："能芟繁词，划弊句，使吾文章言语与三代同风，引之而成纶绤，垂之而为典训，凡秉笔者，莫敢与汝争能。"[1] 他推崇元稹是当下写作这类制诰文章的第一人，可是，其他翰林学士、中书舍人未必人人都认同这一点。本来，按照资历应该由沈传师充翰林学士承旨，可是他为人谦退，以身体有病为由多次推辞，于是皇帝命他不再充任翰林学士，任中书舍人、判史馆事。

长安的春天来得晚。在中书省看到庭院中的花木，白居易又一次想到去年在忠州东坡栽种的野桃、山杏、林檎，想象花开烂漫的场景。他怀念的不仅仅是几株花木，而是没有围墙的东坡那种"野趣"所象征的相对自由、闲适的生活。如今他再次成了皇帝近臣，在官署、宫禁中要小心谨慎为官，说话、做事不如当刺史时那么自在。他只能写《西省对花忆忠州东坡新花树因寄题东楼》，想念在东楼赏花的往事，感叹"花含春意无分别，物感人情有浅深"。去年与今年，忠州与京城，花似乎没有什么差别，可是因为人寄托的情思不同，感情便有了深浅之别。

自去年从忠州回到长安，白居易连续两次升官。皇帝、宰相颇为看重自己的文辞，前途看好，他觉得自己这样的小镇青年、废弃官员也终于有了发达的机会，于是写了一首诗《春风》。表面写宫苑的梅花、樱桃、杏花、桃花、梨花等次第开放，村中的荠花、榆荚得到春风的吹拂，也开了，实际是以花喻人，写自己贞元、元和年间的同僚纷纷当了高官，自己有些落后，如今赶上新皇帝登基的春风，也得以升官：

> 春风先发苑中梅，樱杏桃梨次第开。
> 荠花榆荚深村里，亦道春风为我来。

二月二十三日，白居易的友人、刑部侍郎李建在修行坊的宅邸里突然病逝，他之前热衷食用丹药，还向白居易介绍其中的好处。不料年仅五十八岁就故去了，让白居易大感可惜，也对丹药的效用有些疑虑，不敢服用别人赠予的丹药。不久后，另一位友人、京兆少尹元宗简也生了病，只能请假回家

---

1 （唐）白居易，谢思炜．白居易文集校注·卷第十三中书制诰三　元稹除中书舍人翰林学士赐紫金鱼袋制．北京：中华书局，2011，620。

休养。

如今，皇帝之下，皇宫南部的宰相系统为"南衙"、北部的宦官系统为"北衙"，都能直接影响中枢决策。而翰林学士因为是皇帝的顾问和近臣，往往也能影响皇帝，所以地位颇为重要。翰林学士如能得到皇帝赏识或者宰相推荐，也能快速升任宰相。白居易的进士同年杜元颖就是最新的例子，自从新皇帝即位以来，他大受赏识，去年从司勋员外郎、知制诰越级提升为中书舍人，年终又越级升为户部侍郎、翰林学士承旨，最近又升为宰相，与崔植共同执政。他一年之内就从六品的员外郎升为宰相，格外引人注目。如今，担任翰林学士的元稹、李德裕、李绅交好，三人俱以学识、才艺闻名，时称"三俊"。而李德裕与时任户部侍郎牛僧孺、中书舍人李宗闵之间怨恨颇深，十三年前李德裕的父亲李吉甫担任宰相时曾贬谪牛僧孺、李宗闵，从那时起双方就结下了梁子。

三月，关于进士录取人选起了一场大争议。礼部侍郎钱徽、中书舍人李宗闵、右补阙杨汝士主持这一年的进士考试，录取郑朗等十四人为及第进士，其中包括李宗闵的女婿苏巢，杨汝士的三弟杨殷士，谏议大夫郑覃之弟郑朗，裴度之子裴撰等官宦子弟。三月初，外任西川节度使的宰相段文昌入宫辞别皇帝时告状称"今岁礼部主持的进士考试极为不公，所取进士皆是朝中官员的子弟，没有才艺，是靠走门路考中的"。皇帝就此征询元稹、李绅的意见，他们称段文昌说的是实情。于是皇帝命中书舍人王起、主客郎中知制诰白居易等重新考试郑朗等十四人。皇帝自己出了两个题目《孤竹管赋》《鸟散余花落诗》，考完后发现其中十份考卷的质量一般。于是皇帝下旨取消郑朗等十人的进士资格，仅给其他三人及第进士资格，对功臣裴度之子裴撰则特殊对待，"特赐及第"[1]。

白居易与卷入此事的两派官员都有交往，如与杨汝士是姻亲，与元稹是至交。他与王起一起呈上《论重考试进士事宜状》，指出复试遭到淘汰的人并不完全是因为才能不佳，而是两次考试的方式不同：之前进士考试允许带参考书，时间上也准许白天、夜晚都答题；复试比初试严格，不允许带参考

---

1 （后晋）刘昫 等撰，中华书局编辑部 点校：《旧唐书卷一百六十八　列传第一百一十八·钱徽》，中华书局，1975 年，第 4384 页。

书，时间也短，要求考生在晚上两支蜡烛燃烧完毕之前就写出《孤竹管赋》《鸟散余花落》诗文，仓促之下难免有些人发挥失常。他主张维持原来的考试结果，对考官也不再追究，息事宁人。皇帝对白居易的建议不以为然，仍然追究此案的责任，贬黜钱徽为江州刺史，李宗闵为剑州刺史，杨汝士为开江县令，白居易认识的王起则接任礼部侍郎。

也有人传言，说已故刑部侍郎杨凭之子杨浑之把家藏的珍贵书画送给段文昌，请求他打通关节让自己及第。段文昌当面拜托钱徽，之后又特地写私信请他关照杨浑之，翰林学士李绅也为举子周汉宾说情，希望钱徽能取中他。钱徽他们没有录取杨浑之、周汉宾，这才引发这件事。李宗闵与元稹原来关系比较亲近，但是如今两人官职相当，都急于进取，把对方视为自己在官场发展的竞争对手，便有了嫌隙，不怎么来往了。

元稹与宦官来往密切，近来又连连越级升官，让宰相系统的一些官员议论纷纷。一日朝中同僚中午聚集在一起吃瓜，元稹来晚了一些。礼部侍郎兼知制诰武儒衡一边挥扇驱蝇，一边指桑骂槐地说：“刚才从哪里来的，为何到这里来！”同僚听了都脸色大变，知道这是暗暗讽刺元稹从宦官府邸来到朝堂。有人觉得武儒衡这样做与朝中宰相的矛盾有关，裴度和段文昌以前有过矛盾，如今亲近裴度的朝臣见元稹亲近段文昌，自然把段文昌、元稹看作同党。和裴度交好的官员大多看不起元稹，觉得他是靠宦官升官的，有失大臣之节，喜欢在背后讽刺元稹的言行。也有人说武儒衡是武元衡的从弟，武氏兄弟一向看轻元稹。还有人说武儒衡是进士，看轻元稹的明经出身，这才借题发挥，不过是文士相轻罢了。

元稹虽然官场得意，但是家中却遭遇不幸。原配妻子韦丛生育的五个孩子，只有小女儿保子存活，其他都早夭。继妻裴淑生的女儿降真、元樊先后早夭，安仙嫔生的儿子元荆长成了少年，本是元稹最寄予厚望之人，不料这时因病早逝，让他大为感伤。元稹写了《哭子十首》，“鸟生八子今无七”，只有一个女儿保子长大，让他感叹自己没有生子的运气，“深嗟尔更无兄弟，自叹予应绝子孙”。白居易对此心有戚戚，他也只有罗子一个女儿而已，也不知道还能否再生个儿子。

入秋，有朝臣举荐弟弟白行简当了左拾遗，也成了皇帝近臣，前途看好。白居易当然勉励了弟弟一番，希望他不要学自己当年太过忠直，惹人怨恨。

秋天，朝政又出现了变化。七月，成德军（治镇州，今河北正定）都知兵马使王廷凑（一说"王廷凑"）鼓动士兵哗变，杀死节度使田弘正一家和部属三百人，自称节度留后，派使者到长安，上表请求皇帝下诏任命自己当节度使。皇帝和宰相不满他如此行为，命宰相兼河东节度使裴度为镇州四面行营招讨使，集结河南河北诸道十五万兵马讨伐王廷凑。

八月，因魏博节度使李愬病重，朝廷调河阳三城节度使田布入朝，任命他为魏博节度使。皇帝命白居易持节前往田府宣旨，按照如今的惯例，受命之人要赠给使者大笔金钱表示感谢。田布因白居易是名士，所以赠送五百匹绢表达谢意，白居易当场一再推辞无果，只能暂且带回家中。他回到家后据实陈奏这件事给皇帝，皇帝派宦官第五文岑到白家宣旨，让他接受这些礼物。或许在皇帝看来，白居易拒绝按照常规接受这份礼物，会让田布这样的武将不安，以为皇帝、宰相不信任他。白居易反复思考，还是觉得接受这份大礼不妥，他找了个理由把这份礼物退还给田家，次日又给皇帝上《让绢状》陈述自己的理由，说田布的父亲田弘正上月被乱兵杀害，他"未报父仇，未雪国耻"，因此自己才拒绝接受这份礼物。其实，白居易一直觉得受命官员回馈使者大量钱物的惯例太过恶劣，心中期望皇帝能有所反思，禁止这种"时弊"。但是他如今小心谨慎，不敢轻易出头论事。他知道许多宦官、朝臣都希望借此得利，如果自己公然建议禁止此事一定会被人怀恨在心，只能以身作则，以自己心中不安的理由"就事论事"，借此说出自己的想法，希望皇帝能从中悟出点什么。只是，皇帝也没这方面留心，这一番小水花平息之后，一切照旧。

朝中种种举措的弊端，白居易心中当然有对错的判断，可是他绝大多数时候只能把自己的意见埋藏在心中。如今的他，已不像从前当翰林学士时那样心直口快。经历了贬谪的磨难，他觉得首先要保全自己，才能做到"独善其身"。何况，朝廷那么多难题，皇帝、宰相们常常束手无策，能弥缝一日是一日，自己着急又有什么用呢。

深秋，白居易独自来到慈恩寺，看到寺中的红色柿叶，想起当年一起游览慈恩寺的几个朋友：刑部侍郎李建刚在春天去世，家中正在办理丧事；京兆少尹元宗简也在生病——这些都让他有些惆怅，写了一首《慈恩寺有感》：

自问有何惆怅事，寺门临入却迟回。

李家哭泣元家病，柿叶红时独自来。

　　朝中官员如今都在关注讨伐成德军将领王廷凑的战事。裴度指挥的太原、魏博、泽潞、易定、沧州等五道节度使以及从其他道抽调的兵马总数有十八万。官军在深州（今河北深州）与敌人相持数月没有结果，军费耗资巨大。朝中大臣就此分成了"战""和"两派，翰林学士元稹是主张扶绥的"和派"，主张下诏赦免王廷凑，也就是承认王氏为成德军节度使并撤兵停战。他多次和知枢密魏弘简联手进言皇帝，阻挠裴度的计划，导致裴度对他大为不满，十月时从前线派人进呈《论请不用奸臣表》，指责元稹结交宦官，直言"若朝中奸臣尽去，则河朔逆贼不讨自平；若朝中奸臣尚存，则逆贼纵平无益"。见皇帝没有回应，裴度又接连上《论元稹魏弘简奸状疏》《论元稹魏弘简奸状第二疏》，指责他们结成朋党蒙蔽皇帝，请求皇帝令文武百官在朝堂讨论自己的上书，"必以臣表状虚谬，抵牾权幸，伏望更加谴责，以谢弘简、元稹；如弘简、元稹等实为朋党，实蔽圣聪，实是奸邪，实作威福，伏望议事定刑，以谢天下"。皇帝见裴度的态度如此激烈，考虑到朝野的舆论，就解除元稹的翰林学士之职，让他当工部侍郎，把魏弘简在宫内的职务也降为弓箭库使。

　　十月，皇帝任命刑部尚书兼盐铁转运使王播为相，与崔植、杜元颖共同执政。王播曾长期在地方当节度使，屡次上表请求调回京师，三个月前刚回到朝廷。据说他给皇帝近臣送了大笔钱财，他们在皇帝面前说他的好话，他才得以出任宰相。

　　白居易也升了官，十月十九日被任命为中书舍人（正五品上）兼知制诰。中书省设有中书令二人、侍郎二人、中书舍人六人。"安史之乱"前因为中书省的长官中书令按惯例空缺，副长官中书侍郎兼任同平章事（宰相），所以中书舍人权力极重，是中书省内承上启下的枢纽，号称"宰相判官"，负责接收尚书六部的奏议、提出初步的处理意见、上报宰相商议处理，在中书省官署中有单独的"舍人院"用于他们办公。安史之乱后，中书舍人权力有所缩减，只负责起草皇帝的诏诰文翰，但仍是非常清要的职位，号称"文士之极任，朝廷之盛选"[1]，其品阶虽是正五品上，却较九寺三监和外官四品为高，日常能接触到皇帝和宰相。如果得到赏识，很容易升为六部的侍郎，然后由侍郎而跻身宰执之列。许多朝廷重臣都是从中书舍人升迁上去的。

对白居易来说，九年前他担任翰林学士时就负责起草诏书，经常在大明宫值班，和宪宗皇帝的关系相当亲近。当时他在京城写讽喻性的新乐府、《秦中吟》讥刺时政，笔锋指向贵戚、宰相、宦官、节度使等，得罪了不少人。后来他被贬谪到江州，也没有宰相、翰林学士帮他说话，恐怕都和他当时得罪了太多人有关。经历了江州的贬谪岁月，回朝以后白居易比从前沉稳和谨慎，对官场的潜规则也有了更多的体会。对自己能升迁担任中书舍人这样的关键职位，他感到心满意足，不再撰写愤世嫉俗的乐府诗。同任中书舍人的王起、韦处厚都是他的故交，平常有些往来。

经历了官场的起伏，白居易觉得既不可像从前的自己那样刚直，也不可变成柔佞取媚的小人，自己要在刚柔之间独善其身，有机会进言就进言，如果没有合适的时机，宁愿沉默。说起来，这似乎有点因循，可算是古人说的"循吏"吧。

白居易对朝中的人事自有判断，其中既有君子，也有小人，有因循之辈。如今朝堂中各路人物互相纠集，形成多个派系，各派系里面君子、小人互相掺杂，恐怕连君主也无法分辨，也难以处分。他写了一首《问友》，表面上是由兰花、艾草相伴而生的现象联想到君子、小人同在朝堂的问题，问友人如何在朝廷和各色人等相处。但"问君合何如"一语双关，也可以理解为他在问君主该如何面对这种复杂的局面：

> 种兰不种艾，兰生艾亦生。根茎相交长，茎叶相附荣。
> 香茎与臭叶，日夜俱长大。锄艾恐伤兰，溉兰恐滋艾。
> 兰亦未能溉，艾亦未能除。沉吟意不决，问君合何如。

要是在十多年前，白居易如果注意到这种现象就一定会写成更长、更直

1　（唐）杜佑，王文锦，王永兴，刘俊文，徐庭云，谢方.通典·卷第二十一　职官三中书省·中书令·舍人.北京：中华书局，1988，564。

白的诗歌传播，以劝谏皇帝、警醒世人。可是当年"忠直"却遭贬谪的经历改变了他，如今他只是发出个人淡淡的感慨，只能与几个会心之人相视默然。

他的许多无奈无处诉说，许多愤慨无处发泄，只能靠佛法缓解焦虑。他常去佛寺问法，与中书舍人韦处厚一起在长安普济寺道宗律师那里受八戒、持十斋。"八戒"，指不杀生、不偷盗、不淫洪、不妄语、不饮酒、无求安（不着香华、不自乐观听）、不坐高大床、不奉法（过午不食）。"斋"分两种，一种是长斋，指每年正月、五月、九月三个月整月吃素、禁酒；另一种是遵行"十斋"，即每月初一、初八、十四、十五、十八、二十三、二十四、二十八、二十九、三十等十日进行斋戒。白居易从此开始持十斋，但是对"八戒"并没有严格遵行，比如他经常饮酒，也喜欢欣赏歌舞，仅在斋戒的那些日子才能做到不喝酒、不观赏歌舞。

年底，朝中又出了事端。谏议大夫李景俭与几位同僚在史馆饮酒，兵部郎中、知制诰冯宿，库部郎中、知制诰杨嗣复中途离去。李景俭继续与员外郎独孤朗、起居舍人温造、司勋员外郎李肇、刑部员外郎王镒一起饮酒，议论时事。李景俭喝醉之后到中书省叫喊王播、崔植、杜元颖之名，指责他们的过失，言辞悖慢。被人秘密报告给皇帝。十二月十五日皇帝下诏贬李景俭、独孤朗、温造、李肇、王镒为刺史。白居易认为这一处置颇有错谬，实在无法保持缄默，作《论左降独孤朗等状》，指出其他人与李景俭的行为关系不大，如此贬谪处罚太重，建议不要贬谪独孤朗、温造几人。可是皇帝并没有听从。

进入长庆二年（822），因为有战事，皇帝取消了元旦的朝会。听说敌人攻占了弓高（今河北东光县西部），一度中断了朝廷军队的粮道。如今朝臣对讨伐王廷凑的战事争论颇多，白居易虽然入朝以来小心谨慎，可忧心国事，思来想去，还是撰写了一篇《论行营状》呈交皇帝，认为应专委忠武军节度使李光颜从东侧主动进攻，打通粮道，裴度在西面统帅驻军相机而动。但是，皇帝此时已在犹豫是否继续打仗，并不听从他的意见。这时，又发生了魏博军将领史宪成逼死节度使田布的乱事。朝廷鉴于前方还有战事，对此只能姑息，任命史氏为魏博节度使。白居易之前拒绝田布的馈赠，是期待此举能对田布有所激励，不料如今他死于非命，只能感叹世事无常。

之前宪宗皇帝削平叛镇，让河北三镇也只能听从朝廷号令，实现了大唐中兴。可惜当今的宰相无能，把大好局面弄得支离破碎。去年幽州军士动乱，拥戴朱克融为首领，朝廷不愿生事，授予他幽州卢龙节度使的官职，如今魏博又悍然自立，短短几年，河北三镇又回到宪宗之前半独立的状态，真是让人觉得无奈。

只是，现在的局面，错在皇帝、宰相，还是权宦、地方节度使？很难说清。

白居易数次上书以后，觉得皇帝、宰相都不喜欢自己的观点，加之皇帝沉溺游览、狩猎，自己尊重的元老裴度、好友元稹彼此倾轧，让他对朝政深感无能为力。皇帝登基以来，他受召回朝后两次升官，最初心情明快。中书舍人这一官职是跃居台省长官以至入相的良好跳板，他是这时最著名的诗文大家，按照他的资历、声望，进一步当上六部侍郎、翰林学士承旨乃至拜相都有可能。只是，他不是那种曲意逢迎之人，无法做到完全与世浮沉。心中对看不惯的人、事都有疏离感，就算嘴上不说什么，但是别人多多少少能感受出来他的态度。而他对当今皇帝的施政、德行也有些失望，朝中局势复杂，让他心中又有了求退的想法。

柳枝渐黄，白居易路过玄宗开元年间修建的勤政楼的西侧，看到一株老柳树，让他想起玄宗的故事，或许玄宗当年在这座楼上宴乐时也曾望见这株柳树。可是百年以后，时移世变，柳树的树干有半边已经朽坏，大唐也不再是开元盛世，自己年已半百，不再是那个雄心勃勃的年轻翰林学士，于是赋诗《勤政楼西老柳》：

半朽临风树，多情立马人。开元一株柳，长庆二年春。

他今年五十一岁，虽然已不年轻，可是在朝廷的中高级官员中，也说不上衰老。只是，他的心有些疲惫。除了对朝政无奈，家中也有遗憾，妻子之前生的孩子大多早夭，只有一个女儿阿罗成活，现在七岁，颇为聪明，正是"学母画眉样，效吾咏诗声"的年龄，"我齿今欲堕，汝齿昨始生。我头发尽落，汝顶髻初成"（《吾雏》）。他看着女儿，常常感慨自己年纪老大还没有儿子，心中不是滋味。

他在朝堂觉得兴味索然，闲来无事，把自家新昌坊宅子的南北两个庭院改造了一番：北庭院比较狭小，他只栽种了一些竹子，推开窗户就能看到竹丛，夏日可以在竹子下面乘凉。在南庭院的"松庭"，他在那十棵松树下部铺上青瓦、撒上白沙，即"承之白沙台"（《庭松》），这样下雨时就不再泥泞，更凸显了每株松树轻灵的身姿、浓绿的枝叶。

之前，他在江州司马官舍开凿的"小池"池底铺过白色的沙子，他形容是"帘下开小池，盈盈水方积。中底铺白沙，四隅甃青石"（《官舍内新凿小池》）。那种效果让他印象深刻，所以"故伎重施"，把白沙铺在了庭院中。在白沙之间，他铺设了大而平的石板供人行路，或者偶尔放置小桌、小几。他写了《新居早春二首》表达自己在院子里漫步的快慰，其一云：

> 静巷无来客，深居不出门。铺沙盖苔面，扫雪拥松根。
>
> 渐暖宜闲步，初晴爱小园。觅花都未有，唯觉树枝繁。

白居易很喜欢沙子这种造园材料。这时官府会用沙子铺路，他以前的《新乐府·官牛》写长安官府让人把浐水岸边的沙子运送到官道边铺设"沙堤"（沙石道路），这样下雨以后也没有泥泞，方便宰相等高官的马行走。说明人们已懂得用沙子铺路。官府用沙子铺地仅仅是实用考虑，而白居易几次用到沙子，而且尤其喜欢用白沙，不仅是为了实用，还有美学上的考虑[1]。东晋以来不少文人注意到江溪岸边的沙滩、白沙之类，作为江岸风景提及。唯有王维把它当作一种园林景观给予细致描述，他的辋川有一处景点"白石滩"。他多次在诗中写过，如"清浅白沙滩，绿蒲尚堪把"（《白石滩》）、"涟漪涵白沙，素鲔如游空"（《纳凉》），关于这些诗句白居易都留有印象。如今也在自己家中以白沙造景了。

自家的园林改造完毕，长安也进入踏青的时节了。月末，京城士民纷纷外出春游。白居易去游曲江时，想起友人国子博士张籍也喜欢赏花，便给他寄了一首诗，约他一起游览曲江。张籍是兵部侍郎韩愈的弟子，和白居易在元和二年（807）就相识。他佩服白居易的诗才，也想拉近其与自己最敬佩的人物韩愈的关系，便约韩愈、白居易一同前去。为了凑彼此的时间，拖了

1　白居易是历史上第一位明确把白沙当作一种造园材料和手法使用的园林设计师，后来他去杭州当刺史，也让人用白沙铺设西湖边的堤坝，所以才有"白沙堤"一说。他的这一举动或许带动了寺观园林使用白沙铺地之潮流。

几日还未成行。韩愈与张籍去游览中书舍人杨嗣复的园林后，主动写了一首诗《早春与张十八博士籍游杨尚书林亭寄第三阁老兼呈白冯二阁老》寄给中书舍人杨嗣复、白居易、冯宿，白居易也回了一首诗《和韩侍郎题杨舍人林池》。两人有了唱和，彼此亲近了一些。

还没有约定赏花的时间，韩愈接到了一桩有点危险的差事。皇帝决定改弦更张，罢兵停战，二月初二下诏"昭雪"王廷凑的罪责，授以他成德军节度使的官职，派遣兵部侍郎韩愈至镇州颁布诏旨、慰问成德军将，说服王廷凑解除对深州的包围，救出已被围困一年多的深州刺史牛元翼。韩愈即将出发时，百官都为他的安全担忧，害怕他有去无回。元稹对皇帝说："韩愈可惜。"[1]皇帝也有点后悔派他去，在韩愈来觐见辞别时叮嘱韩愈到成德军占据的地方时，先观察形势变化，不要急于入境，以防不测。

二月十九日，皇帝免去崔植的相位，任命工部侍郎元稹为宰相，与杜元颖、王播共同执政。同一天任命中书舍人充翰林学士承旨李德裕为御史中丞，司勋员外郎、知制诰李绅为中书舍人，仍旧充任翰林学士。崔植之前不按卢龙军节度使刘总弥留之际的建议迅速把卢龙占地一分为三，导致后续各种变乱，又不顾魏博军节度使田弘正与成德军有仇怨的背景，把他调任成德军节度使，不久就引发变乱。田氏被杀，王廷凑自称留后，引发后面一系列战事。朝臣私下议论，崔植、杜元颖都不通武略，举措失当，才导致局势如此。说起来，任用此种人物为相，也是当今皇帝识人不明。

六天后，皇帝下诏河东节度使裴度调任东都留守，这是让他去洛阳当闲散官员，是向藩镇表明罢兵的姿态。裴度自元和十二年（817）平定淮西叛乱后就声望卓著，他被排挤而元稹当宰相引起朝野的纷纷议论，不少官员上书反对让裴度去洛阳当闲官，朝中局势颇为微妙。按照惯例，新宰相应该由前任宰相或现任宰相推荐，元稹却是皇帝直接下诏任命的，一些朝臣因此背后议论和讥笑元稹，说他是因为和宦官交好才拜相。而且朱克融、王廷凑虽被封为节度使，仍没有解除对深州的包围，让朝廷感到尴尬。皇帝还是靠裴度写信给他们两人，晓以大义，朱克融才率军离开，王廷凑也退兵表示缓和之意。可见就算是对手也更尊重裴度，而元稹受到不少非议。

---

1 （宋）吕大防，徐敏霞.韩愈年谱附录·故正议大夫行尚书吏部侍郎上柱国赐紫金鱼袋赠礼部尚书韩公行状.北京：中华书局，1991，184。

韩愈颇有勇气，去镇州顺利完成使命，让朝廷有了脸面，三月初回到朝中后很受皇帝和宰相看重。

这时，已经是曲江花木最茂盛的时候，游人众多，白居易却有点犹豫要不要和韩愈、张籍一起去赏花。

韩愈比他大四岁，两人的关系"一般"，仅仅算是"朝中同僚"，不是一个部门的同事，也没有同年、同乡、婚姻这类关联，个性、爱好、家族背景也不同。两人同朝为官的时间不超过三年。贞元十九年（803）韩愈担任监察御史时，白居易刚担任了第一个官职秘书省校书郎，同时在京几个月而已，至多是点头之交。年底韩愈就被贬为连州阳山县令。元和六年（811）韩愈回朝担任职方员外郎，那时白居易还在渭水田庄中为母亲守孝，自然不可能有什么来往。元和九年年底白居易入京担任太子左赞善大夫，成为闲官；而韩愈被提拔为考功郎中、知制诰，是前途看好的官员。两人没有来往，而且很快白居易就被贬谪去江州了。两年前的秋天，在地方当刺史的白居易、韩愈都被召回京城，分别担任尚书司门员外郎、国子祭酒，这是两人第三次同朝为官。贬谪的经历让他们有了些共同话题，在张籍的引介下，去年秋天白居易和韩愈有了第一次诗歌唱和。

韩愈这时是兵部侍郎，文章的名气也比较大，不少人请他写墓志铭。他给王用撰写墓志得到一匹马（配鞍、衔）和一条白玉腰带的报酬。之前他写的那篇引起武将不满的《平淮西碑》因为称赞了节度使韩弘的贡献，得到韩弘赠送的五百匹绢，这相当于四百贯钱，比韩愈的年薪（三百贯）还要多。韩愈靠写这类"谀墓"文章赚钱的行为，让一些人背后议论纷纷。听说狂傲的文士刘叉眼红韩愈写碑文赚来的钱，一次去韩家拜会韩愈时，见到有人给韩愈送来一笔润笔费，他当即拿了一些扬长而去，还振振有词道："你这是谀颂死人得来的，不如送给我当生活费。"

白居易、韩愈两人还有某种竞争关系。元和初年韩愈的诗风在京城有一定影响，可是白居易的新乐府、《长恨歌》等异军突起，声名大振，比韩愈的诗作流传更广泛。韩愈如今在京城主要以文章著称，在诗歌方面的声势远不如元、白。他的诗风与白居易截然不同，恐怕心中对白居易的诗风、名声也有些看法，所以尽管两人有共同的朋友元稹，却没有结交为友。他们在朝中的人脉也不同，韩愈是宰相裴度的旧僚，而白居易虽然和裴度关系不坏，但是他与元稹是人所共知的好友。裴度与元稹这时的政策观点对立，各有党援。而白居易对元稹的停战观点并不认同，对裴度相当尊敬，但是在外人看来他和元稹要更亲近。其实，白居易对大政方向自有独立的观点，并不会附和元稹，他这时因为与元稹的政策观点不同，两人也不如从前那样亲密。

与张籍、韩愈的约会拖延了一个多月，张籍的官职已升为水部员外郎。白居易思来想去，对与韩愈一起出游有些兴味索然。他明白，自己与韩愈不仅是文士，更是官僚，出游的举动或许会被旁人注意，会被视为有心结交。刚就任宰相的元稹和现在仍然是"使相"的裴度因如何对付王廷凑公然对立。白居易是元稹的好友，而韩愈和裴度关系密切，两人在政坛的人事渊源不同，如果一起游览恐怕会引起各种猜测与议论。如今朝局复杂，白居易不愿卷入是非之中，怕招来麻烦，最终决定不与韩愈出游。韩愈也不知白居易为何一再推托，他和张籍去赏花之后写了一首《同水部张员外曲江春游寄白二十二舍人》，问白居易到底有什么忙事来不了[1]：

> 漠漠轻阴晚自开，青天白日映楼台。
> 曲江水满花千树，有底忙时不肯来。

收到这首诗，就礼貌而言，白居易应该谦虚地以临时生病、家中有事之类的理由表达歉意。毕竟韩愈已经五十五岁，年龄比他大，资格比他老，官位也比他略高。可是白居易是名气最盛的诗人，他心目中唯有元稹、刘禹锡可以与自己相比，对韩愈那种格调的诗文并不喜欢。白居易原来是想约张籍早春人少的时候去曲江赏花，只是一次简简单单的休闲活动，可是张籍又约韩愈，把这件事弄复杂了。为了凑彼此的时间，拖到了三月，此时已是曲江的花最茂盛、人最多的时候，白居易真的不愿挤入熙熙攘攘的人群中凑热闹，也不愿意和韩愈同行惹来议论。于是，他给韩愈回了一首《酬韩侍郎张博士雨后游曲江见寄》：

> 小园新种红樱树，闲绕花行便当游。

---

1 实际此时张籍的官职是国子博士，他稍后才改任水部员外郎，这首诗的标题想必是韩愈后来整理诗稿时采用了张籍稍后的职务。

何必更随鞍马队，冲泥蹋雨曲江头。

诗中说自家的红樱花开了，自己在庭院中闲走就可以欣赏，何必骑马去曲江人挤人冒雨看花？这或许是他的真实想法，可韩愈看到这首诗肯定有点不舒服：这是把我当成了凑热闹之人吗？难道我都不值得你特意出来一趟吗？

其实，韩愈对樱花并不怎么感兴趣，或者说，他对所有花木的兴趣都有限。他仅写诗详细描述过菊花、芍药、楸树、杨柳等几种花木，其他如辛夷、梅花、桃、李、杏之类都是在咏怀、送别之类的诗里顺带比兴或者提及而已。他在京城蹉跎多年，都是租赁房屋居住，无心收拾园林，一直到元和十年（815）左右当考功郎中时才在长安靖安坊购置宅邸。韩愈在家居方面讲究实用，对园林并不太感兴趣。按照他的记述，他"辛勤三十年"才购置的这座宅邸中有一座"高且新"的中堂供奉祖宗灵位、举办宴会、婚礼等。中堂前的庭院内没有栽种什么花木，只有"高树八九株"和附身的藤蔓而已。从"东堂"可以望见远处的山，南亭外有松树，下面是栽种蔬菜瓜芋的菜园，西偏也有几间屋，庭院中有几株槐树、榆树，没怎么住人（《示儿》）。而韩愈夫妇住在北堂。后来他又在城南郊区买了一座小田庄，但从未详细记述那里的布局、林木之类，可见他对园林、花木没有太大兴趣。反而他很喜欢钓鱼，经常去那里的南塘垂钓。

白居易写了这首诗后，韩愈并没有回应，以后两人的关系明显冷淡了，韩愈再也没有给白居易寄过诗。白居易尽管不是钻营之人，也没有刻意取悦韩愈的心思，可也知道韩愈冷淡自己。在张籍的劝说下，白居易主动写了《久不见韩侍郎戏题四韵以寄之》，说"近来韩阁老，疏我我心知。户大嫌甜酒，才高笑小诗"，以开玩笑的方式表达善意，希望缓和关系。之后，白居易、韩愈又应邀游览郑家的园林，有一番寒暄，白居易写了《同韩侍郎游郑家池吟诗小饮》记录此事，而韩愈则没有写什么东西，从此没了文字赠答之举。

让白居易感伤的是，已病了一年的友人元宗简在樱花盛开的时节故去了，他当然前去吊唁了一场。元和年间的旧交中，元宗简以绝句著称，白居易也时常吟诵他的诗作。

白居易的生活

（从唐代的文物遗迹推想白居易活着的生活场景）

家居休闲

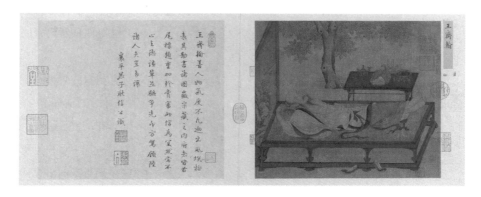

《槐荫消夏图》 绢本设色　25cm×28.4cm　（南宋）佚名　故宫博物院

　　这幅图画可以让人联想到白居易《池上逐凉》一诗描述的场景："青苔地上消残暑，绿树阴前逐晚凉。轻屐单衫薄纱帽，浅池平岸庳藤床。"

三彩陶仕女俑　三彩釉陶器　37.5cm×14.3cm×
15.4cm　8世纪　纽约大都会艺术博物馆

　　一位胖胖的年轻女子悠闲地坐在马扎上，一只顽皮的哈巴狗站在她的脚边。

拿花的女子　上釉陶俑　43.8cm×16.5cm×
12.2cm　8世纪中期　克利夫兰美术馆

园林

《八达游春图》 绢本设色　161cm×103cm　（五代）赵嵒　台北"故宫博物院"

　　由这幅五代时期的画作可以推想白居易年轻时与友人在园林游览时的场景。

写生紫薇　绢本设色　23.8cm×25.3cm　（宋）卫升　台北"故宫博物院"

丛菊图页　绢本设色　35cm×36cm　（宋）佚名　故宫博物院

饮酒

三彩凤头壶　三彩釉陶器　高 32.5cm
（唐）纽约大都会艺术博物馆

　　西亚或中亚金属制品的形状可能
为这个陶器提供了参考，这或许是粟
特商人传入中原的器物形式。

大口壶　釉面陶瓷　高 22.5cm
（唐）克利夫兰美术馆

唐代茶叶末釉罐　1993 年洛阳白居易
故居出土　洛阳博物馆藏

蓝釉陶壶　蓝釉陶器　16.5cm×15.9cm　（唐）纽约大都会艺术博物馆

　　这个容器的深蓝色釉由含钴的材料制成，这种特殊的美丽色彩从 8 世纪开始用于给瓷器上釉，流行一时。白居易也许就使用过这种色彩的瓷器。

叶形鎏金银盘　长 14.6cm　（唐）纽约大都会艺术博物馆

赏乐

伎乐女俑　彩陶器　每个 8.9cm×7.9cm×14.6cm　7 世纪晚期　纽约大都会艺术博物馆

　　从左向右四位女乐人分别在演奏铜钹、竖琴、拍掌和琵琶，这可能是白居易生前常常能见到的场景。白居易家中就有这样的乐队。

唐人宫乐图　绢本设色　48.7cm×69.5cm　（晚唐）佚名　台北"故宫博物院"

　　图为一群宫中女眷围着桌案宴饮、演奏音乐的场面。图中坐着仕女九人，有的饮酒，有的作乐，左方有站着侍奉的女孩两人。女孩立在后面打拍板。桌上陈列着蔬果、酒具。

出游

骑马男子陶俑　三彩釉陶器　39.5cm×　　　彩绘泥塑骑马仕女俑　彩绘泥塑　36.2cm×
11.7cm×34cm　（唐）美国亚洲艺术博物馆　　29.2cm　7 世纪　纽约大都会艺术博物馆
（弗里尔美术馆）

　　这是从唐代墓葬出土的骑马男子陶俑，他
应是贵族、官僚的随从，头戴帽子，身穿宽袖
绿衣，脚穿黑靴，跨骑在马背上。

《春游晚归图》　绢本设色　24.2cm×25.3cm　（宋）佚名　台北"故宫博物院"

　　图为一名官员及其侍从们春游归来时的场景。前后簇拥着数位侍从，有的在前方引导，有的在牵
马或扶马鞍，后方还有人扛着茶床，从中可以想象白居易出游时的场景。

《虢国夫人游春图》（宋摹本） 绢本设色　51.8cm×148cm　（北宋）张萱　辽宁省博物院

陀罗尼柱残件　石刻　50.2cm×40.4cm　（唐）克利夫兰美术馆

　　这种八角形石柱的八个侧面都雕刻着佛教人物，是佛教信徒委托制作的陀罗尼柱的一部分。白居易的园林中就有他捐资雕刻的陀罗尼柱。佛教徒认为，念诵柱子上雕刻的咒语有助死者、生者往生极乐世界。

《大般若波罗蜜多经卷》抄本　纸本墨迹　26.2cm×9cm　（唐）
克利夫兰美术馆

　　这是玄奘翻译的《大般若波罗蜜多经卷》（第五百六十一第五分甚深相品第十三）抄本，当时僧侣和信徒雇请抄书手用楷书抄写这类佛教经文。他们认为忠实地抄写经文是一种善行，有助于积累功德、获得佛陀的加持，将来能够前往生西方极乐世界。白居易就曾捐资抄写佛经，修建保存佛经的建筑。

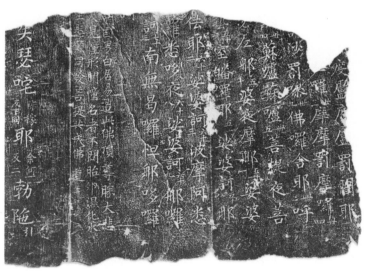

经幢残件拓片　白居易故居遗址出土

　　1993年在洛阳郊区白居易故居遗址出土两件经幢幢身残件，均为六面体石刻，一至三面刻《佛顶尊胜陀罗尼》咒语，四至六面刻有《大悲心陀罗尼》咒语及白居易所撰题记，残文"唐大和九年开国男白居易造此佛顶尊胜大悲"说明这是白居易修造的经幢，目的是"及见幢形、闻幢名者，不问胎卵湿化，水陆幽明……悉愿同发菩提，共成佛道"。原石藏于中国社会科学院考古研究所洛阳唐城工作队。

高髻宫女　高 31.6cm　（唐）克利夫兰美术馆

这位苗条的宫廷女子双手合十，袖子又长又窄，身穿及地长裙，裙子上画着细细的红条纹。贵族逝世之后用随从、乐人、舞者、猎人、外国旅行者、马、骆驼、守护战士和守护动物等的陶俑陪葬，希望在另外一个世界继续享受这些人的服务。

宫装伎乐女俑　彩绘陶器　高 38.4cm　（唐）纽约大都会艺术博物馆

让白居易重新高兴起来的是，堂弟白敏中考中了今年的进士。除了这位堂弟文辞的确出色，也与白居易此刻在朝中有一定的影响力有关。这一年知贡举的礼部侍郎王起是白居易的旧交，妻兄杨嗣复也担任中书舍人，颇有影响。白居易与从弟见面时，除了祝贺他及第，还特意写诗叮嘱他撰文、行事莫要过激，这样才有平步青云的机会，"转于文墨须留意，贵向烟霄早致身。莫学尔兄年五十，蹉跎始得掌丝纶"（《喜敏中及第偶示所怀》）。

在朝堂上，白居易小心谨慎，把自己对朝政的看法深藏在心中，不愿与人公然议论，也不敢连连上书。他时而感到寂寞，觉得无人可以说真心话交流。三月中旬，在宫中值班时，望着高大的梧桐树、低矮的红芍药，写下一首《春夜宿直》记述晚春的景象：

> 三月十四夜，西垣东北廊。碧梧叶重叠，红药树低昂。
> 月砌漏幽影，风帘飘暗香。禁中无宿客，谁伴紫微郎。

传说梧桐树可以招引凤凰，所以宫廷、官署中常常栽种这种树，可惜，当今的朝堂上，谁是凤凰，谁又是野鸡呢？

三月十七日，裴度从太原回到帝都，第二天皇帝下诏任命他为淮南节度使，驻守扬州，却听说驻地在徐州的武宁节度副使王智兴与朝廷任命的节度使崔群不和，发动军士哗变，自称留后，他率兵护送崔群和他的幕僚回京。到埇桥辞别之后，他见这里有朝廷设置的盐铁院仓库，其中保管的财物众多，于是纵容士兵抢掠盐铁院储藏的钱帛以及汴河中的船只。朝廷无可奈何，只能把有失职守的崔群任命为秘书监、分司东都，让他去当闲官了。埇桥那里有白居易家的别业，还有几个亲戚住在那里，不知道是否平安。王智兴也是看到当今皇帝、宰相无能，才敢如此。宪宗皇帝故去之后几年之间形势急转直下，白居易也只能摇头。

朝臣担忧不服朝廷约束的几个藩镇互相勾结掀起大乱，纷纷建议留裴度在朝辅政以震慑四方，皇帝便留下裴度在朝为相，派另一位宰相王播前去当淮南节度使。已经公开闹翻的裴度、元稹同朝为相，这下子京城官场就更热闹了。李逢吉的党羽在朝野传播谣言，中伤裴度，据说翰林学士李绅、韦处厚在皇帝面前替裴度辩白，说有人背后挑拨事端，想要排斥裴度。

月底，禁苑的樱桃成熟了，皇帝给宰执和近臣赏赐樱桃，白居易也收到一盘，写下《与沈杨二舍人阁老同食敕赐樱桃玩物感恩因成十四韵》。不少得到赏赐的官员都写过这类感恩的诗歌。对长安的权贵、官僚来说，樱桃是最早成熟的水果，是三四月尝鲜的主要果品。此时也是品尝竹笋的时令，人称"樱笋时"，宫廷、官署的厨师经常制作"樱笋厨"，官僚也会举办"樱桃宴"招待亲友，许多人喜欢用奶制品"甘酪"（类似今天的酸奶）或"冷蔗浆"（糖浆）搭配着樱桃食用。

樱桃也是皇家祭祀的贡品。《礼记·月令》记载："仲夏之月……天子乃以雏尝黍，羞以含桃（樱桃），先荐寝庙。""荐新"指古人以初熟的五谷或时令果物祭献天地、神灵、祖先，感谢他们的庇护，并希望来年继续得到保佑。樱桃作为初春第一果，当仁不让地成为荐新的祭品。汉代起，历代宫廷禁苑一般都会栽种樱桃。每年四月一日左右，禁苑的第一批樱桃成熟时，首先要摘下质量最好的进献寝庙，还有一部分被皇帝赏赐给后宫、宗亲及朝廷中高级官员以示恩宠。中宗当年在禁苑芳林园的樱桃成熟时，请中书门下五品以上诸司长官、学士乘马进入樱桃林中，在枝下直接吃樱桃，让众人体验"含桃"之趣，然后一起饮酒为乐。后来玄宗在紫宸殿周围的樱桃成熟时，也让百官骑马进入园中吃过一回。

夏天，白居易的文散官品阶从正六品上的朝议郎升为从五品下的朝散大夫，妻子杨氏也被封为弘农县君。从此，白居易可以穿他念念不忘的绯色袍子，这是四、五品散官才能穿着的。以前白居易在江州当刺史，作为地方主官可以穿绯色官服，如今则是名正言顺可以穿绯色服装了。从此可以恩荫子孙，让白居易感觉人生圆满，觉得就算以这一品阶退休也可以接受。他父亲当年也不过是五品而已。

中书省俗称"西省"，又被称为紫微省，中书令为紫微令，中书侍郎为紫微侍郎，中书舍人为紫微郎。他在中书省官署（丝纶阁）值班时面对庭院中正在开放的紫薇花，觉得有趣，写了一首《紫薇花》：

丝纶阁下文书（一作章）静，钟鼓楼中刻漏长。

独坐黄昏谁是伴，紫薇花对紫微郎。

而好友元稹陷入了一桩大麻烦。王廷凑在被皇帝下诏任命为节度使后依旧围困深州的官吏、士兵而没有撤兵，让元稹十分尴尬。他刚当上宰相，急于立功，私下通过担任和王傅的官员于方结识了两个江湖侠士于友明、王昭，想派他们潜入深州解救刺史牛元翼或找人刺杀王廷凑。为了方便二位侠士行动，元稹未与裴度等其他宰相商议，就擅自让于方找吏部、兵部的文吏偷偷把盖有吏部、兵部大印的二十份空白告身（任命官员的凭证）交给这两人去组织人马。这件密谋很快就泄露了，兵部尚书李逢吉听闻此事后，让人传播说元稹想派人刺杀裴度，指使一位神策军中尉向皇帝告发元稹的密谋，皇帝和朝臣对此相当震惊。皇帝命三法司及神策军、京兆府联合调查此案，元稹一度被软禁在家，最终证明元稹的确涉嫌伪造朝廷告身一事，但并无谋害裴度的举动。

白居易觉得元稹的目的是想立奇功，不会冒险杀人。他向皇帝进言，以自己的性命保证元稹不会谋杀大臣[1]。可是元稹如此轻率的举动确实有失大臣风范。六月五日，皇帝同时免去裴度、元稹的宰相之位，任命裴度担任左仆射的闲职，元稹去同州（今陕西大荔县）做刺史，命兵部尚书李逢吉当了门下侍郎、同平章事，与杜元颖共同执政。

元稹只当了几个月宰相，却因为与宦官交好、举措轻率而使声望大受影响，名誉大不如从前。而李逢吉这个人惯于操纵阴谋，指使党徒在长安编排和散布关于裴度的各种谣言，诽谤他的声誉，在宫廷、民间流传，不外乎他对皇帝的忠心可疑、裴度身上或家中有异常征兆，等等，以此挑拨皇帝猜忌裴度，这样自己就可以渔翁得利。裴度对这些谣言也无可奈何，为了显示自己与世无争，他改造自家在兴化坊、永乐坊两处宅邸的园林，以悠闲地欣赏园林、写诗、饮酒的形象示人，自娱自乐，常与韩愈、张籍等人唱和。

裴度罢相、元稹离京，让白居易失去了后援。如今朝中人事关系复杂，之前他曾两次鼓起勇气对科考案、用兵方略上书，可惜都没有得到皇帝的肯定。皇帝似乎对他的意见并不特别看重，对他坚持的一些观点没有兴趣，也可能是无法领会白居易的一些提议后面的暗示，而如今李逢吉上台，更是让他失望。

1　由《寄乐天二首》其一“唯应鲍叔犹怜我，自保曾参不杀人”推测白居易当时的举动。

白居易为人颇为直率、独立，觉得自己的观点既然不为皇帝、宰相所喜，那以后就少说话为妙，从此，对朝政有些意兴阑珊。

无心政事之后，他决定扩建新昌坊这处狭窄的院子。他买下丹凤楼后、青龙寺前一块废弃的田地，把这片狐狸、兔子出没的荒地扩建为房舍和园林。他记述这次改造包括"新园聊铲秽，旧屋且扶颠"两项内容，具体包括"檐漏移倾瓦，梁敧换蠹椽。平治绕台路，整顿近阶砖。巷狭开容驾，墙低垒过肩"，也就是更换两处地方朽坏的瓦片、木椽、砖块等，平整道路，新修大门、砌高院墙，从大门可以出入马车，新园林的堂室则可以用来举办宴会、招待亲友。他在这里栽种了松树、竹子、花草、青苔等，形成了"篱东花掩映，窗北竹婵娟"的景致（《新昌新居书事四十韵因寄元郎中张博士》）。

李逢吉成为宰相之后，白居易明显感觉到皇帝疏远了自己，觉得自己可能要被排挤出朝，已有了上表请求外出担任刺史的想法。皇宫、官署中栽种的槐树、松树比较多，白居易去办公总是能看到这些树木。有一晚，他在皇城的中书省官署值班，闻着槐花的香味，寂静中似能听到松子落地的声响，写了《夏夜宿直》描述这场景：

> 人少庭宇旷，夜凉风露清。槐花满院气，松子落阶声。
> 寂寞挑灯坐，沈吟蹋月行。年衰自无趣，不是厌承明。

他觉得自己是个衰老之人，在官署中深感寂寞，无人可与一诉心声。

入秋后，他对自己可能要离开中枢已有心理准备。七月十日，他去游览曲江，想起元和二年（807）到四年自己当翰林学士时每年都会写一首《曲江感秋》，感慨道："今游曲江，又值秋日，风物不改，人事屡变。况予中否后遇，昔壮今衰，慨然感怀，复有此作。噫！人生多故，不知明年秋又何许也？"于是，他又作《曲江感秋二首》，其一云：

> 元和二年秋，我年三十七。长庆二年秋，我年五十一。
> 中间十四年，六年居谴黜。穷通与荣悴，委运随外物。
> 遂师庐山远，重吊湘江屈。夜听竹枝愁，秋看艳堆没。
> 近辞巴郡印，又秉纶闱笔。晚遇何足言，白发映朱绂。

消沉昔意气，改换旧容质。独有曲江秋，风烟如往日。

　　果然，四天后他就接到了去当杭州刺史（从三品）的任命公告。虽然看起来担任杭州这样人口众多、经济繁荣的"上州"的刺史待遇不错，但是从接近皇帝、宰相的中书舍人职位上被外派去当刺史，远离了皇帝、宰相，以后再要升六部的侍郎就有一定难度。不当侍郎，也就难以成为宰相。中书舍人如果顺利升迁，大多都升为六部侍郎，极少数带着节度使、观察使或者御史大夫、御史中丞的"宪官"官衔到外地担任刺史，或者到靠近京城的大州当刺史。而白居易去远离京城的大州杭州当刺史，在官场之人看来犹如遭到贬黜。白居易自己也是如此看待，他当日就急忙收拾了行李，从京城东门离开，就如同当年被贬谪江州一般。[1]

　　这次挫折让白居易大为沮丧，按照他的资历，从中书舍人成为六部侍郎、进一步成为"同平章事"的宰相是顺理成章的事，他从前在翰林学士院的几个同僚都先后当过宰相，唯有他还没能享受这份荣光。

　　只是，每个人的命运都不同，这次挫折让他觉得自己的性格无法得到皇帝、宰相的眷顾，没有当宰相的命。

1　（日）辻正博.唐代贬官考 // 京都大学.东方学报.1991 年第 63 期，265-390。

第十章　杭州刺史：满眼湖山养心

长庆二年（822）七月十四日，白居易黯然离开长安。好在这一次不算公然遭贬，不必太着急。他缓缓行路，等候家人收拾行李，随后在前面的驿站相会即可。

听闻宣武节度使驻扎的汴州发生兵乱，刚到任几个月的节度使李愿对军士的赏赐比前任少，又大施威刑。牙将李则臣等发动兵变，七月四日夜把李愿的妻弟窦瑗斩首，鼓动士兵推举宣武军都押牙李齐为留后。李愿则仓皇逃到郑州躲避。朝臣讨论此事时，群臣大多主张照河北三镇那样，准其军自举节度使，唯独李逢吉主张讨伐，一时还没有决策。

因为汴州动乱，王智兴在徐州又颇为跋扈，白居易觉得汴水无法安全通行，决定改走更为艰难一些的驿路前去上任：他先从长安走商山路到襄阳，然后顺着汉水乘船到汉口，之后顺着长江抵达京口，从那里沿着江南运河到杭州。

他第三次踏上商山路，之前两次是被贬和被召回朝。如今，则是去杭州当刺史。在长安城门口告别亲友，他在路上写了一首《初出城留别》，表示自己并不依恋京城。对如今的他来说，能让自己感到安乐的地方就是自己的归宿："我生本无乡，心安是归处。"晚上走到蓝溪驿休息，他感慨自己这次回朝一向小心谨慎，但还是忍不住关心国事。"伏阁三上章，戆愚不称旨"（《长庆二年七月自中书舍人出守杭州，路次蓝溪作》），因此遭到外派。他想起贞元年间，自己还是个少年，游历杭州时对杭州刺史房孺复、苏州刺史韦应物的诗酒风流满是羡慕。如今自己去当杭州刺史，也算完成了他少年时代的夙愿。而且，杭州有鱼鲜、美酒、山水，自己能到那里当刺史，也算乐事。

翻越商山时，望着道路上来往的行人，他写下一首《登商山最高顶》，说在这条"通达楚与秦"的路上奔忙之人都是"或名诱其心，或利牵其身。乘者及负者，来去何云云"，自嘲"我亦斯人徒，未能出嚣尘。七年三往复，何得笑他人"。

在路上，他一时觉得外任地方算是好事，朝堂的争夺犹如上有罗网、下有陷阱的丛林，稍一不慎就要陷入困顿；外出犹如鱼儿进入大江大河，鸟儿飞到旷野，可以放松心神；一时又心中忧郁，觉得受了委屈，未能受到知遇大展宏图。一路感触良多，枯桑、山雉等都让他浮想联翩，只能宽慰自己，山中的野鸟比笼下鸡、池中雁自在。在层峰驿，又见到了驿站院子里的梧桐树、松树，这是自己以前写诗记述过的风景。他题写了《桐树馆重题》，这次他不再把自己比作梧桐，而是自比衰老、孤独的老松树，感叹自己又一次被贬：

> 阶前下马时，梁上题诗处。惨淡病使君，萧疏老桐树。
> 自嗟还自哂，又向杭州去。

到了襄阳，登上船，沿着汉水缓缓南下，他给中书、门下的给事中、舍人寄诗，宣称自己到任"犹须副忧寄，恤隐安疲民。期年庶报政，三年当退身"（《初下汉江舟中作寄两省给舍》），打算干满三年之后就隐退，当个闲官。

在汉阳汇入长江，折而向东。经过洞庭湖，望着浩浩荡荡的湖水，他未能忘却俗事，感慨洞庭湖夏秋发洪水、周边的农民土地狭窄，追问大禹当年治水为何没有疏通这里，是周围的苗民反对吗？他希望大禹复生，疏通河道，让湖面变成良田，种上水稻、麦子，给大唐增加百万户口。这当然只是他的遐想而已。

到江州时，因为他以前在这里当过司马，又是名士，所以江州的官吏、士人、禅僧打探到他的行程，提前到江边迎候他乘坐的船只，免不了又是一场酒宴。江州刺史李渤比白居易小一岁，年轻时隐居庐山白鹿洞、嵩山，出了点名，得到朝臣举荐为官，之前因得罪宰相皇甫镈，一度谢病归乡。当今皇帝即位后召他为考功员外郎。他曾上书指责宰相萧俛等人尸位素餐、平庸误国，以性情粗放、越职言事的理由被外派做虔州刺史，去年转任江州刺史。与李刺史欢宴之后，白居易抽空特地去了自己修建的庐山草堂一趟。三年多没见，书房、药台、竹窗、莲池还是当年的模样，只是人已经变了，他没了在山中隐居的心绪。在草堂住了一宿，第二天他返回江州继续赶路。

九月初三在江边行船，傍晚时即将落下的太阳仅露出一半身形。光线几乎贴着水面照射过来，照得江面一半是橘红色，还有一半没有阳光照射的江水则是碧绿色。此时天气有些凉，已有圆圆的珍珠一般的露水了。白居易抬头能看到月亮如同弯弓一般，便写下一首略显寂寞的《暮江吟》：

> 一道残阳铺水中，半江瑟瑟半江红。
> 可怜九月初三夜，露似真珠月似弓。

他由九江转入新安江，行至桐庐县水边的驿站，已经是秋末。秋雨打在院中的梧桐叶上，让他觉得寂寞忧愁，于是写了一篇《宿桐庐馆同崔存度醉后作》：

> 江海漂漂共旅游，一樽相劝散穷愁。
> 夜深醒后愁还在，雨滴梧桐山馆秋。

花了两个多月的时间，走过水路七千余里。十月一日，白居易抵达杭州，到凤凰山麓的官署处理公务。这段路程中，他不断反省自己的宦途，觉得自己的个性恐怕不适合当宰执，不必操心能否在仕途上更进一步，应该安心过闲适旷达、知足常乐的亦官亦隐的生活。当然，他并不是那种漠视民生之人，对百姓依旧关心，打算如同当年在忠州当刺史时一样，以"循吏"的原则宽刑简政，与民休息。

自隋炀帝以杭州为江南运河南端起点之后，杭州经济快速发展，如今已是东南著名的富庶之处，人口众多，经济发达的程度仅次于苏州，与苏州并称为东南两大名郡。前人李华在《杭州刺史厅壁记》中形容这里"咽喉吴越，势雄江海"，"骈樯二十里，开肆三万室"，不仅城内繁华，城外各处也都是"鱼盐聚为市，烟火起成村"（《东楼南望八韵》）。白居易少年时就来过杭州，对此并不陌生。这些年朝廷依靠东南征收的赋税运行，除了正税，从江南各地征收的苛捐杂税颇多，民众负担颇重，遇到水旱灾害的话，也是各种凄惨的场景。白居易到任后，不敢放手让幕僚处理公文，每天清晨到官衙亲自阅读、批示重要公文，希望能减轻民众负担、公正处理案件。等到幕僚、下属熟悉了自己的为政风格，才稍稍放松了一些。

因为杭州刺史官署事务繁多，白居易邀二十年前就认识的殷尧藩当自己的幕僚帮办杂务。殷尧藩是元和九年（814）进士，仕途不如白居易通达，当了几年从八品的协律郎，没有得到举荐参加科目试、制科，也没有通过吏部铨选，只能在家闲居。所以白居易邀他来帮办公私文书之类，还约请萧悦、周元范两人为幕僚，他们都擅长诗文、饮酒，萧悦还会画竹，白居易休闲时经常与他们饮酒闲谈。这三人年纪比白居易略大，白居易更信任这种老成之人，怕年轻士人惹是生非。

杭州刺史这个官职俸禄颇高，每月能领80贯（8万钱），此外还有各种杂给、料钱、职田收入以及州府公廨的利钱（官府把富余的行政经费发放高利贷，所得利息用于补贴官吏）。杭州风物宜人，山水秀美，让白居易心情比较放松。对比今昔，白居易觉得在京城当中书舍人时因为能接近皇帝，要应对皇帝、宰相，得时刻小心谨慎，"有诗不敢吟，有酒不敢吃"，如今当了刺史反倒比较舒适和自由，可以"饱食坐终朝，长歌醉通夕"（《咏怀》）。晚衙之后，他爱到山腰的东楼小坐，从那里眺望下面的大江、远山，让自己忘却处理公事带来的烦恼。

官署中竹林茂盛，他却有些思念长安家中那一丛竹子，写下一首《思竹窗》：

> 不忆西省松，不忆南宫菊。惟忆新昌堂，萧萧北窗竹。
> 窗间枕簟在，来后何人宿。

对追求仕途发达之人来说，外任是一大挫折。可对白居易来说，杭州西部的钱塘湖周围山水秀美，附近还有几个友人可以诗书来往。杭州北面湖州的刺史是钱徽，苏州的刺史是熟人李谅。他给两人寄去诗歌，觉得湖州城小、事小，不在运河沿线，比较冷僻，而苏州要比杭州人更多、事更繁，当太守想必更忙碌，恐怕都不如自己在杭州当刺史这般舒服，即"霅溪殊冷僻，茂苑太繁雄。唯此钱唐郡，闲忙恰得中"（《初到郡斋寄钱湖州李苏州》）。知道白居易好酒，钱徽寄来湖州出产的箬下酒，李谅寄来苏州出产的五酘酒，白居易作诗表达感谢。饮酒可以让白居易放松一些身心，从对官场的戒备心理中脱离出来，以陶然的醉眼望着这个世界，既身处其间又与之拉开一定距离，远远望着而已，不必卷入、纠缠。

除了处理公务，白居易经常到钱塘湖周围的山水之间游览，颇为舒心。杭州钱塘湖边的山岭常见松树，他写了《余杭形胜》，提及这里的松树之多：

> 余杭形胜四方无，州傍青山县枕湖。
> 绕郭荷花三十里，拂城松树一千株。
> 梦儿亭古传名谢，教妓楼新道姓苏。
> 独有使君年太老，风光不称白髭须。

钱塘湖的湖边有许多柳树，孤山上则有许多松树，以致他在诗中把钱塘湖称作"柳湖"，把孤山称作"松岛"。有一次，他在钱塘湖东岸骑马漫步，看到月光下孤山上的松林，写下了一首《夜归》：

> 半醉闲行湖岸东，马鞭敲镫辔珑璁。
> 万株松树青山上，十里沙堤明月中。
> 楼角渐移当路影，潮头欲过满江风。
> 归来未放笙歌散，画载门开蜡烛红。

他与灵隐寺中的韬光禅师常来往，一天在家中守斋时，他写了一首诗《招韬光禅师》请这位僧人从灵隐山前来饮茶：

> 白屋炊香饭，荤膻不入家。滤泉澄葛粉，洗手摘藤花。
> 青芥除黄叶，红姜带紫芽。命师相伴食，斋罢一瓯茶。

一次，白居易在酒宴上欣赏一位老人演奏音乐，天宝年间这位老人还是个少年乐师。听他谈起玄宗、杨贵妃的旧事，白居易想起自己所见的骊山、华清宫，写下了一首《江南遇天宝乐叟》，部分诗句如下：

> 我自秦来君莫问，骊山渭水如荒村。

新丰树老笼明月，长生殿暗锁春云。

红叶纷纷盖欹瓦，绿苔重重封坏垣。

唯有中官作宫使，每年寒食一开门。

意犹未尽，他又写了一首七绝《梨园弟子》：

白头垂泪话梨园，五十年前雨露恩。

莫问华清今日事，满山红叶锁宫门。

他依旧关注着长安的政局。此时京城又有一番人事变动，御史中丞李德裕遭宰相李逢吉排挤，被外派任浙西观察使、润州刺史，驻在润州（今江苏镇江）。据说，之前宪宗朝，李德裕之父李吉甫主张强硬对待藩镇，李逢吉主张姑息，政见不同，李逢吉对李吉甫颇为怨恨。如今李逢吉见李德裕颇有声望，有入相的可能性，便把他外派到地方任职。杭州属于浙西道，正位于浙西观察使李德裕监管的地区之内，如今他是白居易的上司。

李德裕到辖区各州巡视，到了杭州，两人难免在一些礼仪场合见面。诸道观察使和各州刺史的关系一向模糊而微妙，这两个官职并没有上下隶属关系。一般来说官场论资排辈，官职低、资历浅、年龄小的人要率先向官职高、资历深、年龄大的人行礼，请对方坐宴席的主要位置。问题是白居易和李德裕之间不好计算：论年龄，白居易比李德裕大十五岁；论官职，白居易是从三品的刺史，李德裕以从三品的御史大夫兼浙江西道观察使，品级相当，但李氏带着御史大夫的朝官官衔，无疑官衔更重要些；论资历，白居易是进士，李德裕是门荫入仕，无法比较考中进士的先后。按照常规，李德裕至少应该口头谦让一下年长而又声名卓著的白居易，可是李德裕自视甚高，加上觉得白居易和牛僧孺、李宗闵交好，却对自己没有好感，就毫不谦让地坐在了主位。白居易不是争强好胜之人，当然没有争抢位子，可是在场官员免不了私下议论一番。

就在几个月前，出任京兆尹并有"御史大夫"加衔的韩愈就与新任御史中丞李绅两人因谁应该参见谁闹了一场纠纷。之前的惯例是京兆尹上任之初要去御史台参见御史中丞，但是在韩愈看来，之前有御史中丞加衔的容桂观察使也没有去御史台参见御史中丞，而自己如今的加衔是御史大夫，即御史台名义上的长官，比御史中丞更高，更不应该去御史台参拜御史中丞。两人指使京兆府、御史台两个机构的官吏以公文你来我往交锋，闹得官场沸沸扬扬。皇帝改令李绅为兵部侍郎，韩愈为吏部侍郎，免得他们争吵。吏部是六部中最重要的部门，吏部侍郎主管铨选考课，权位炙手可热，这是韩愈在官场上最威风的一段时间。官场私下流传，现在的首席宰相李逢吉善于阴谋诡计，之前元稹、裴度二人双双罢相，就是他在背后挑拨离间造成的；而韩愈、李绅之争，也是他有意制造的，主要目的是把李绅排挤出朝廷。只是因为皇帝对李绅印象颇佳，他一时没有得逞。

说起来，白居易、李德裕两人以前曾同朝为官。元和十五年（820）当今皇帝登基后力图有所作为，同时提拔牛僧孺、李德裕、白居易三人到首都长安同朝为官。白居易在长庆元年（821）升任主客郎中、中书舍人，与翰林学士李德裕都负责为皇帝撰写制诰，但两人并没有什么交情。李德裕是宰相之子，凭门荫入仕；而白居易是低级官僚世家子弟，是进士官员。而且两人年龄差距大，性情、政见也并不相投。而且众所周知，白居易和牛僧孺交好，妻子也是牛党核心杨氏兄弟的亲戚，因此他通常被外人视为亲近牛党的人物。

十一月假日，白居易带着幕僚到西湖边的山寺游览，不料刮起了北风，下起了雪。他见萧、殷两位幕僚依旧穿着葛袍，怕是有些寒冷，便赠给两人各一件棉裘。他们都写诗感谢，白居易觉得这等小恩小惠不足一提。让他惭愧的是，自己刚来杭州不久，还没能施惠百姓。他觉得真正的"大裘"是仁政，"我有大裘君未见，宽广和暖如阳春。此裘非缯亦非纩，裁以法度絮以仁"（《醉后狂言酬赠萧殷二协律》），要是让自己在杭州当五年刺史，一定能让这件大裘覆盖全州的百姓。他写下这首诗，也是提醒幕僚、下属，对待百姓要宽和，莫要苛刻。

长庆三年（823）春天，白居易惊喜地发现孤山寺中也有山石榴，开得正繁茂，于是写了一首《题孤山寺山石榴花示诸僧众》，说这种美丽的花犹如天魔女一样，是来诱惑和考验坐禅的僧人的：

山榴花似结红巾，容艳新妍占断春。

色相故关行道地，香尘拟触坐禅人。

瞿昙弟子君知否，恐是天魔女化身。

他常用鲜花打趣僧人，比如在灵隐寺看到红辛夷花（红玉兰）、海石榴花，他就写诗《题灵隐寺红辛夷花戏酬光上人》，声称鲜花的美会勾起僧人对家乡、恋人的怀念，让他们后悔出家：

紫粉笔含尖火焰，红胭脂染小莲花。

芳情乡思知多少，恼得山僧悔出家。

这些诗歌貌似打趣，实则与他对佛法的关注有关，希望自己和僧人都能不为鲜花、美女这些"色相"诱惑。尽管他熟悉佛法中的空幻思想，可是他是一个活生生的人，容易被生活中的美好事物打动。所以他依旧喜欢赏花，写诗记录自己的见闻，正是这一次次的感动造就了他的诗，让他成了一位多愁善感的诗人。

牡丹适合中原的风土，在南方比较少见。杭州开元寺僧人惠澄从京师移植了一株到寺中，称之为"洛花""牡丹栽子""花篦子"。江南雨水丰沛，容易浇死牡丹，惠澄在花坛上张挂油布遮雨。白居易与睦州诗人徐凝一起到寺中游览时，这株牡丹含苞未放，徐氏作《题开元寺牡丹》，恭维说这丛花正等白居易来欣赏：

此花南地知难种，惭愧僧闲用意栽。

海燕解怜频睥睨，胡蜂未识更徘徊。

虚生芍药徒劳妒，羞杀玫瑰不敢开。

惟有数苞红萼在，含芳只待舍人来。

三月，听说在宰相李逢吉的推荐下，皇帝已命户部侍郎牛僧孺为中书侍郎、同平章事，位居宰相，与杜元颖、李逢吉共同执政。牛氏是白居易的故交，他当然要去信祝贺。据说牛僧孺得到皇帝认可，是因为之前长期在地方担任节度使而富有资产的韩弘、韩公武父子相继病逝。皇帝得到韩家的账簿，上面记录了他们向当朝官员行贿的数额，绝大多数官员都收取过他们的贿赂，而时任户部侍郎牛僧孺拒绝了他们送去的大笔钱财，因此皇帝对牛僧孺印象颇好。

夏天，白居易饱览钱塘湖，湖中荷花众多，"绕郭荷花三十里"（《余杭形胜》）。他喜欢在假日乘坐游船，在湖光山色之间欣赏歌舞演出。

令人忧愁的是，这年夏天杭州很少下雨，干旱严重，白居易先是带着官吏去祭祀伍相神、城隍祠，可惜随后只下了一点雨。他听本地人说城外东北郊的皋亭山（今杭州半山）南面的皋亭庙神比较灵验，就亲自写了《祈皋亭神文》，七月十六日带领官吏出城，到庙中虔诚进献祭品求雨。他因为信佛，对这类地方神仙心存怀疑，可是祈雨是官员的职责所在，也能稳定民心，他就遵循惯例照章办事。他所写的祈祷文字经常是与神灵谈条件的口气，比如在《祈皋亭神文》中，他承诺如果神灵五日之内天降甘霖，自己一定会修整神庙、神像，带着歌舞队、乐队和祭品来感谢神灵；但如果神灵对官吏的虔诚呼吁、民众的殷殷期望不给予回应，他认为神灵应该感到羞愧，这期间他写的祈雨文字都是这类风格。可惜，依旧没有下雨，杭州市民见刺史一再求雨也没有用，都议论纷纷，白居易也有点发愁。八月二日，他又带着官吏前去祭祀黑龙神，写了《祭龙文》，满怀期冀地期望龙神大显神通，能在三日之内下一场大雨。

这时，灵隐寺的僧人来求文，之前来杭州的风流太守，要么修建名胜，要么题诗刻石。白居易觉得前几任杭州刺史已修建了好几座亭子，自己不必再多事，便给前任元䆛修建的灵隐寺冷泉亭写了一篇记文《冷泉亭记》，称赞冷泉亭观景、养心、洗眼之妙，推崇其为杭州绝佳之处：

东南山水，余杭郡为最。就郡言，灵隐寺为尤；由寺观，冷泉亭为甲。亭在山下，水中央，寺西南隅。高不倍寻，广不累丈，而撮奇得要，地搜胜概，物无遁形。春之日，吾爱其草薰薰，木欣欣，可以导和纳粹，畅人血气。夏之夜，吾爱其泉渟渟，风泠泠，可以蠲烦析酲，起人心情。山树为盖，岩石为屏。云从栋生，水与阶平。坐而玩之者，可濯足于床下；卧而狎之者，可垂钓于枕上。矧又潺湲洁沏，粹冷柔滑。若俗士，若道人，眼耳之尘，心舌之垢，不待盥涤，见辄除去。潜利阴益，可胜言哉！斯所以最余杭而甲灵隐也。

杭自郡城抵四封，丛山复湖，易为形胜。先是领郡者，有相里君造虚白亭，有韩仆射皋作候仙亭，有裴庶子棠棣作观风亭，有卢给事元辅作见山亭，及右司郎中河南元莫最后作此亭。于是五亭相望，如指之列，可谓佳境殚矣，能事毕矣。后来者虽有敏心巧目，无所加焉。故吾继之，述而不作。长庆三年八月十三日记。

或许因山中干旱，去年冬天到今年秋天余杭县近郊多次有老虎出没，咬死、咬伤了几个百姓，闹得城乡民众议论纷纷，大为紧张。八月十七日，白居易一边派驻军去搜寻捕猎，一边写了篇《祷仇王神文》，令余杭县令常师儒前去祭祀仇王神，在文中说自己不像先贤能让猛虎渡河出境，期望神灵能约束这等野兽，不要让它们残害生灵。他对这位神灵似乎并不怎么信服，所以在文中说："若一酹之后，神其有知，即能挥灵申威，服猛禁暴，是人之福幸，亦神之昭昭；若人告不闻，兽害不去，是无神也，人何望焉？呜呼！正直聪明，盍鉴于此。尚飨。"

这时杭州举办解试，各县士子都来参加。白居易十分欣赏徐凝描写庐山瀑布的"今古长如白练飞，一条界破青山色"诗句，判为解元，期望他能考中进士。

到八月底终于下了点雨，白居易轻松了一些，带着士人、幕僚一起到恩德寺的泉洞游览，又去天竺寺欣赏桂花。传说每年中秋节，月中的桂子落在天竺寺中，所以寺内外才有那么多桂花树。

西湖周边的寺庙、农家栽种了不少卢橘。一次从孤山寺回官署时，白居易看到雨中卢橘的果实压低了树枝，棕榈叶子在风雨中飘摇，写了一首《西湖晚归回望孤山寺赠诸客》，感叹"卢橘子低山雨重，棕榈叶战水风凉"。

他经常在酒宴上欣赏乐人演出歌舞，为自己赏识的几个歌女商玲珑、谢好、陈宠、沈平等写过可以和曲演唱的曲子词或歌行。一天他想起自己当翰林学士时在宫廷欣赏的霓裳羽衣舞曲，有了排演这套曲子的想法。这是玄宗根据西域传入的《婆罗门曲》的素材改编创作的大型"法曲"，模拟的是道教仙境，由散序、中序及"繁音急节十二遍"的曲破三部分组成。"散序"是由乐队演奏器乐，不歌不舞；之后到了"中序"，则有舞女穿着羽衣跟着乐曲起舞，间或还有歌女配合乐曲唱诵悠扬的歌曲；末了一大乐段"曲破"

则是演出的高潮，乐队演奏的乐曲繁音促节，舞女快速旋转舞动，间或也有歌女随之演唱，乐、歌、舞并作。宫廷法曲演出至少需要几十位乐人、舞女、歌女配合，规模宏大，演出时间漫长。杭州没有这样的条件，而且他也不便僭越，便指导本地的乐人、舞女、歌女排演缩减版本的霓裳羽衣舞，让商玲珑奏箜篌、谢好弹筝、陈宠吹觱篥、沈平吹笙。等她们能熟练演出以后，便在凤凰山半山的虚白亭设宴，命她们在亭前的草地上演出霓裳羽衣舞，一时传为雅事。虚白亭是之前的杭州刺史修建的，视野开阔，白居易喜欢在这里眺望钱江潮水，也常在这里招待宾客。

在朝中，李逢吉把持大权，朝士张又新、李续之、张权舆、刘栖楚、李虞、程昔范、姜洽、李仲言等八人甘为鹰犬，还有八人依附他们，时人称之为“八关十六子”。他们勾结宦官，造作谣言毁谤重臣裴度，皇帝于八月外派裴度为司空、山南西道节度使，十月又免去杜元颖的相位，外派到成都担任剑南西川节度使、成都尹。朝中只剩下李逢吉、牛僧孺二人为相。

冬初，同州刺史元稹调任浙东观察使兼越州刺史，驻地越州（今浙江绍兴）紧邻杭州。路经杭州时，他特地停留了三日与白居易叙旧。以前在朝中，两人都职位紧要，谨慎小心，政治观点也有分歧，无法像现在这样轻松相对。如今他们与朝中要务已没有多大关系，都放下了之前的小小心结，连日畅叙、游览，时常回想起年轻时的壮志和交往。只是他们经历了多年的政坛磨砺，如今都已步入中年，有了许多无奈。

乐伎商玲珑擅长演唱诗歌，尤其擅长演唱白居易、元稹的诗歌。在饯别元稹的酒宴上，元稹听商玲珑演唱自己写的诗歌，这是之前他送给白居易的赠别诗，难免又勾起了他对从前的回忆，于是写了一首《重赠（乐天商玲珑能歌，歌予数十诗）》，感叹明天又要与友人告别：

> 休遣玲珑唱我诗，我诗多是别君词。
> 明朝又向江头别，月落潮平是去时。

在城门口告别之后，元稹就往越州去了。杭州与越州相隔仅百里之遥，乘船一日可以抵达，可是因为身份所限，两人不能跨境相见，只能以信笺通问。他们两人把诗稿放入竹筒中往来传递，号称“诗筒”。此时白居易和元积都在外地当刺史，也都年老怀旧，常常在诗中回想往事。白居易觉得元积是自己关系最密切的友人，"一生休戚与穷通，处处相随事事同"（《醉封诗简寄微之》）。张籍寄来二十五首新诗，白居易自己读了之后，也转寄给元积欣赏，让元积又一次回想起三人之前在长安相聚元宗简宅园的旧事。

听说，元积在越州结识了名妓刘采春。她是伶工周季崇之妻，风姿绰约，会作诗、作曲、演唱，相貌要比从前的那位才女薛涛更为出色。元积最喜欢与这等有才情的女子来往，一再赠诗给刘采春。

元积与在润州当浙西观察使的李德裕交好，时而诗歌唱和。他劝说白居易与李德裕友好相处。白居易因为人在屋檐下，不愿与上司把关系闹僵，写过《奉和李大夫题新诗二首各六韵》应付场面。秋冬之际，李德裕听家中十二岁的小童薛阳陶吹奏觱篥时作了一首诗《霜夜对月听小童吹觱篥歌》，便寄给元积。元积写了唱和诗作之后，又寄给白居易，想帮白居易拉近与李德裕的关系，劝说白居易写一首和诗。白居易写了一首《小童薛阳陶吹觱栗歌（和浙西李大夫作）》，他并没有按照这类诗歌的惯例赞美李德裕的高情雅致，仅仅就音乐写音乐，追溯了吹奏觱篥的名家如关璀、李衮，称赞薛阳陶的技术高超，"若教头白吹不休，但恐声名压关李"。明眼人都看得出这是敷衍之作。李德裕也薄通文辞，恐怕也能感受到白居易写作此诗的心态。刘禹锡在附近当和州刺史，他与李德裕也有交往，写了和诗《和浙西李大夫霜夜对月听小童吹觱篥歌依本韵》，称赞李德裕如同谢安一样"谢公高斋吟激楚，恋阙心同在羁旅"。他与李德裕诗歌唱和更频繁，关系更密切。

李德裕留心政事，他见民间巫祝风行，为改良风俗，命令各州县核查寺庙、祠堂的登记状况，下令只保留在官府登记或方志记载的祠庙，拆除民间私自建设的"淫祠"一千一十所，"山房"一千四百六十个，白居易当然也要遵行。自从宪宗元和二年（807）以来，朝廷禁止在五台山、嵩山两处戒坛之外设置戒坛，禁止大批剃度百姓为僧尼。这时，听说湖州刺史钱徽回朝任工部侍郎，崔玄亮前来接任，他是元、白的制科同年、故交，来了以后三人常书信往还。

长庆四年（824）正月十五，杭州格外热闹，"灯火家家市，笙歌处处楼"（《正月十五日夜月》），白居易望着江面上的明月，有些思念长安的亲友。不料想，十几天后从京城传来消息，穆宗皇帝于正月二十二日驾崩，终年三十岁，据说与服用方士的金石药物有关。十六岁的太子李湛即位（后世所称敬宗）。新皇帝登基，朝中自然又升升降降，热闹了一阵。听说友人、户部侍郎李绅得罪了李逢吉一党。他们通过宦官王守澄向新帝进谗，说李绅从前在穆宗面前不赞同立太子，于是李绅被贬为端州司马，与他友好的翰林学士庞严、蒋防也被贬到外地当刺史。李逢吉大权在握，许多官员都靠走与之亲近的"八关十六子"的门路升官。

白居易经常到杭州城西的钱塘湖（今西湖）游览，这是个周回三十里的大湖，既是杭州一处美景，也有实际的功用，可用于周边田地的灌溉。放水灌溉田地的话，湖水的高度每减少一寸就能灌溉周围五十余顷田地。白居易到钱塘湖游览，见这座大湖的四周严重淤积，出现了数十顷葑田，导致钱塘湖蓄水量大为缩减。他打算放掉一些西湖之水，等水位降低之后让民夫在四周清淤、修堤。

他给下属钱塘县的官员讲了自己的想法，可是当地民间传言"决放湖水，不利钱塘县官"，钱塘县的官员便编造理由推脱，不愿意动工，说放水会让鱼虾干死，杀生造孽，而且会让农民栽种的菱芡干死，影响民生。白居易驳斥说"鱼龙与生民之命孰急？菱芡与稻粱之利孰多"[1]。县府的人又说放走湖水的话城内的六井会干枯，让城中百姓无水可取。白居易认为钱塘湖底的泉眼和城中井水有地下暗道相通，湖高井低，不会影响六井。

在他的坚持下，钱塘县府官吏只好征召民夫，先把湖水放掉一些，让民夫在四周清理淤泥，又用挖出的淤泥把旧有湖堤（钱塘门外自东向西与白堤东端相接，相当于今湖畔居至宝石山麓）增高了数尺，如此就可以增加钱塘湖的容水量。白居易又命人在湖的北侧设立石函，在湖的南侧设木笕用来控制水量、排泄洪水。这项工程完成以后，不仅可以保障钱塘湖对周围农田的灌溉，也方便了钱塘湖向江南运河补充水源，可谓一举两得，施惠于民。同时，他还命人疏浚、修整杭州市民取水的六口水井。

三月十日，他撰写《钱塘湖石记》立在湖畔，记述了修筑湖堤的作用、水闸的使用和管理方法等，谆谆告诫后人应该注意维护堤岸、石闸，如何及时蓄水、泄水。为了便于官吏理解，他特别以简单平易的词句写作此文。比

---

1 （唐）白居易，谢思炜.白居易文集校注·卷第三十一　碑志序记表赞论衡书·钱唐湖石记.
　北京：中华书局，2011，1843。

188

如假如连下三日以上大雨，钱塘湖的堤坝就可能决塌。所以，应该派人时刻检查水位，预先提防险情。湖水的尺寸以距离石函口一尺为限，超过这个界限，就应当泄洪。他洞悉官僚行政的弊端，提醒以后的刺史，如果发生旱灾，百姓可以直接到州衙请求放水，刺史核实以后当日就应下令让看管人员放水，否则民众通过乡、县递交请求放水的文书，而刺史同意放水的令符又通过县、乡层层传达的话，动辄要花十天半月，会耽误救灾。

修好堤坝之后，钱塘湖碧波荡漾，春天青草勃发，他骑着马去湖边欣赏风景，写下一首《钱塘湖春行》：

> 孤山寺北贾亭西，水面初平云脚低。
> 几处早莺争暖树，谁家新燕啄春泥？
> 乱花渐欲迷人眼，浅草才能没马蹄。
> 最爱湖东行不足，绿杨阴里白沙堤。

这些新春刚长出来的"浅草"长满湖岸，是温和而柔软的，是他这位刺史可以居高临下全然把握的景观的一部分，就像眼前的湖水、绿树、沙堤一样。有月亮的夜晚，春天的松树似乎比冬日更加青翠，映在水中的月亮犹如明珠，他以"松排山面千重翠，月点波心一颗珠"（《春题湖上》）形容春天的孤山、西湖。

刺史官署位于城东的凤凰山，望海楼位于山顶，登上楼阁可以眺望东南的大江、西北的杭州城池，能看到杭州城内吴山（又称胥山）上的伍员庙，柳树掩映着歌姬舞女居住的街巷。让他得意的是，西湖沙洲上那条通往孤山寺的新道路是自己主持修筑的，这条新路在大片绿草地之间犹如腰带一般突出，路边的酒家想必还在卖自己喝过的"梨花春"，于是他写了一首《杭州春望》：

> 望海楼明照曙霞，护江堤白蹋晴沙。
> 涛声夜入伍员庙，柳色春藏苏小家。
> 红袖织绫夸柿蒂，青旗沽酒趁梨花。
> 谁开湖寺西南路，草绿裙腰一道斜。

他经常到天竺寺，与僧人坐在绳床（靠背椅）上闲谈、念佛。绳床是源自西域的坐具，在僧人中最为流行，宫廷、士人也常在家中置办这种高坐姿的家具。他在自己的官署中摆放了一张绳床，守斋之日常坐在绳床上修行，觉得自己前生或许就是个爱好写诗的僧人，写了一首《爱咏诗》：

辞章讽咏成千首，心行归依向一乘。

坐倚绳床闲自念，前生应是一诗僧。

当然，他并不愿意真去当僧人，还是当官更舒服，有俸禄，也受士人、百姓乃至僧人尊崇。他喜好作诗，除了新写的，假日如果不外出，就抽空修改旧作，让词句更加妥帖，"新篇日日成，不是爱声名。旧句时时改，无妨悦性情"（《诗解》）。他有志让自己的诗文传世，希望尽量留下完美的作品。

三年任满，五月他接到朝廷的调令。为了等待新太守来交接，他停留了半个月游玩各处，"朝寻霞外寺，暮宿波上岛"（《除官去未间》）。空闲时，他把自己与元稹、李谅酬唱的诗结为《杭越寄和诗集》一卷，把与元稹、崔玄亮酬唱之作结集为《三州唱和集》一卷。把与友人来往唱和的诗歌编为选集，是大历间的名臣颜真卿始创的，他编过《吴兴集》。白居易对此兴趣颇浓，友人也很支持。

这时，浙江发大水，冲毁了西北郊的一些房舍，还淹死了人。为了安慰民心，白居易五月四日在江边主持祭祀仪式，亲自写了《祭浙江文》，把醴、币、羊、豕投入江中为祭品，希望浙江之神让大江安定下来，不要危害百姓。

他写诗与自己喜欢的钱塘湖美景一一告别，写了一首《西湖留别》，感慨"处处回头尽堪恋，就中难别是湖边"。他在杭州待了二十一个月，与歌姬苏小小、商玲珑、谢好、陈结之、沈平等都有露水情缘，最为赏识青春年少的歌姬陈结之，经常招她在酒宴助兴，给她起了个艺名"桃叶"，以此形容她的姿容青葱而娇俏，正如他写的《柘枝妓》记述的：

平铺一合锦筵开，连击三声画鼓催。

红蜡烛移桃叶起，紫罗衫动柘枝来。

带垂钿胯花腰重，帽转金铃雪面回。

看即曲终留不住，云飘雨送向阳台。

离任时，他因为喜欢陈结之，索性买下她，带回洛阳陪伴自己。

他喜欢灵隐寺、天竺寺的山水、花木，也喜欢与僧人参禅、饮茶、诗词唱和，两年里去了十二次。所以他特别去和两寺僧人告别，留下一首《留题天竺灵隐两寺》，说自己爱到这两座寺庙是为了等待桂子落地、海榴开花，即"宿因月桂落，醉为海榴开"。

在告别杭州官员、士人的酒宴上，不仅官员、士人前来送行，还有许多市民、农民都在运河边摆酒送行。不少人流下眼泪，舍不得他这样的好官离去。白居易对民众的沉重税负无可奈何，那是他这个刺史也无力改变的，他只能尽力减少官吏对民众的骚扰，把修筑钱塘湖的湖堤这件事当作自己的主要政绩，希望这项工程在大旱之年能帮到民众，为此作诗《别州民》云：

> 耆老遮归路，壶浆满别筵。甘棠无一树，那得泪潸然。
> 税重多贫户，农饥足旱田。唯留一湖水，与汝救凶年。

按照惯例，刺史离任时可以拿走官署中剩余的杂给钱、利钱，白居易并非贪图钱财之人，他都留下供后来者用于维修水利、赈济灾民，自己只拿自己应得的那份俸禄。他离开时随行的只有两艘船，不像有些官员那样，当一任刺史就能搜刮好些财物，要运送好几艘船乃至十几艘船东西回家。

夏秋之际运河经常涨水，他有意慢点行船回朝。沿着汴水西行，经过埇桥时，他上岸去旧日的田庄匆匆一观，大为感慨。至今堂弟、堂侄仍在这里生活，他们只能勉力维持而已，"有税田畴薄，无官弟侄贫。田园何用问，强半属他人"（《埇桥旧业》）。至于湘灵，又在哪里？

秋初，白居易在茅城驿（在今河南商丘县南）停留，傍晚出门漫步，看到驿站西侧"地薄桑麻瘦，村贫屋舍低"（《茅城驿》），感慨不已。北方饱经战乱，民生艰困，不如江南那样人烟密集，民众的生活也格外艰困，只是处处如此，自己也无能为力。

天下之大，何处又是乐土呢？

第十一章 闲居洛阳：初理南园池亭

长庆四年（824）秋初，五十三岁的白居易走到了洛阳，决定在此停留，置办一处宅院。

常能听到长安传来的消息，当今皇帝年仅十六岁，爱好嬉戏、游览。宫中管理混乱，发生了染坊役夫张韶、卜者苏玄明联络数百染工杀入右银台门的事件。当时皇帝在清思殿打马球，听到喊杀声后狼狈逃到左神策军中避难。张韶登上清思殿御榻进食，被左神策军兵马使康艺全率兵杀死。之后朝中、宫中自然是一番波澜。

皇帝任命吏部侍郎李程、户部侍郎窦易直两人为相，与李逢吉、牛僧孺共同执政。皇帝耽于玩乐，一个月只举行两三次朝会。经常日上三竿了，他还没有到大明宫紫宸殿就座。等他来到殿中和朝中高官议事时，殿门外朝廷百官还要继续等候他们散会，有的老年官员因为等待太久，临走时身体僵硬无法动弹，受累不浅。

白居易四处打听可以购买的房舍。之前从杭州带回了天竺寺附近山里出产的两块赏石、华亭的一只丹顶鹤 [1]，他戏称自己为了给这只鹤找适宜的地方才在洛阳求购有水池的宅邸。其实，他还从杭州带来了一个美貌的侍妾陈结之，以及五匹良马。他交好的朋友中，元稹、崔群都在履信坊置办了宅子，崔玄亮则在依仁坊有园林。只是几人常年在各处为官，很少有机会在家居住。

白居易四处寻访，在中介人的介绍下看了几处宅院，最后在洛阳城东南比较偏僻的履道坊西门内寻到一处带水池的宅院和园林。履道坊是洛阳长夏门之东第四街第二坊，引伊水自南入城的河渠流经坊西、坊北，又向东流入伊水。坊间遍布水塘、竹林、杨柳、果园。隋朝时乐平公主和洛阳城的设

1　白居易对自己带回洛阳的东西表述不一，《洛下卜居》说自己从杭州回来时带着"天竺石两片，华亭鹤一只"，《池上篇序》云"得天竺石一、华亭鹤二以归"。

计者宇文恺在这个坊内建有宅园，入唐以后这里有一处地方曾是长寿寺的果园，开元时期的国子祭酒源匡赞、高力牧曾在这里置办宅邸。紧邻的南侧履信坊中有友人崔群的宅邸，他如今在宣州当宣州刺史、宣歙池等州都团练观察等使。

白居易看中的是五十年前以诗文著称的散骑常侍杨凭之宅，杨凭和弟弟杨凝、杨凌当年同时考中进士，颇有才名，时称"三杨"。杨凝是韦应物的女婿，杨凭则是柳宗元的岳父。杨凭故去后，杨家把这处宅邸卖给了田氏。"东南得幽境，树老寒泉碧。池畔多竹阴，门前少人迹"（《洛下卜居》），白居易喜欢这里的大水池和池畔的竹林，感觉这是上天给予自己这个"爱水人"的，当即决定买下。因为钱帛的数量不够，他把两匹骏马也作价抵给田氏才顺利买下这座宅院。

这座规模颇大的宅子，总面积约十七亩（合今 8806 平方米，今人推测是个东西长约 259.5 米、南北宽约 33.94 米的狭长矩形宅院[1]）。其中屋室占三分之一，水池占五分之一，竹林占九分之一，这是大概的说法，即房舍占地五六亩，水池占六七亩，园林总面积约十亩。里面有三处院落，足以容纳下他一家四五口人（包括女儿、侄儿）以及陈结之、菱角、谷儿、紫绡、红绡等家妓、十多名仆从、三四匹老马。买下这里后，因为钟爱其中的池塘，白居易把这里称作"池馆"，亲自设计改造庭院。

一些朋友得知他买了新宅，送来一些礼物装饰园林，如寿州刺史杨归厚赠给他三块长方形的青石，上面平滑，可以坐人、摆小桌小几。白居易把这三块青石板放置在水池边，平日在上面或坐或卧。他把带来的太湖石安置在水池边作为赏石，陈结之还在太湖石上刻写了三个字。

得到这处宅邸后，白居易十分兴奋，一再在诗文中歌咏这座宅院，写了《履道新居二十韵》《池上篇》及诗序详述这座宅院的格局和自己改造园林的过程，其中《池上篇》云：

十亩之宅，五亩之园。有水一池，有竹千竿。

1　萧驰.水国之再呈现：白居易的履道坊园//诗与它的山河：中古山水美感的生长.北京：生活·读书·新知三联书店，2018。

勿谓土狭，勿谓地偏。足以容膝，足以息肩。

有堂有亭，有桥有船。有书有酒，有歌有弦。

有叟在中，白须飘然。识分知足，外无求焉。

如鸟择木，姑务巢安。如龟居坎，不知海宽。

灵鹤怪石，紫菱白莲。皆吾所好，尽在吾前。

时饮一杯，或吟一篇。妻孥熙熙，鸡犬闲闲。

优哉游哉，吾将终老乎其间。

　　这座宅邸位于履道坊西北角，西侧、北侧有伊水渠流经。白居易和家人居住在宅邸西北角一个带有前后庭院的两进院落，进入门房即第一进"南院"，院中栽种了杨树、榆树等，春夏时"杨花飞作穗，榆荚落成堆"（《南院》）。门房有回廊与中厅相连，中厅是白居易会客的主要地点。中厅后面即第二进院落"北院"，正中为上房中厅、东西侧房，两侧为东西厢房，有回廊连接东西厢房和北侧的侧房、上房，这里主要供白居易和家人居住、做饭，很少在这里招待客人，所以平素比较安静。里面栽种了一些竹子，安置了假山，"竹烟行灶上，石壁卧房前"（《北院》），庭院中还栽种了桐树、柳树和蕙兰。

　　另一处比较清静的东院位于上述两进院落之东，是白居易独自念经、修佛的地方。院子中栽种了松树、竹子，"松下轩廊竹下房，暖檐晴日满绳床"（《东院》），房中桌子上摆着他唱念的佛经、弹奏的古琴，他常常在这里喝茶、闲酌、静坐。

　　两进院落以南就是面积约十亩的"南园"，其中心是一个六七亩大的水池"南塘"。履道坊的西侧有伊水渠流过，南塘通过一条小渠与伊水渠相通，所以这里的水是活水。池中有三个小岛蒲浦、桃岛、中岛，岛上有阁、亭，三岛之间、岛与池岸各有小桥相连。白居易在水池中栽种红莲、白莲、菱角，放养了游鱼，在水池西岸与一岛之间修建了一座小桥"西平桥"。桥、路、道、林、亭台之间曲折萦回，移步换景。他可以在池中的小岛、湖边的亭子和斋堂中欣赏风景，也可以携茶上小舟，坐在胡床（小板凳）上乘凉、闲聊。

　　他对此园进行改造。除了在三个庭院中栽花种草，他还在南塘畔的竹林边修建了可以纳凉的"竹阁"，栽种了几株松树。在水池中的中岛上修建了观景的小亭子，又修建了一条环绕南塘的道路。他在池东修建了观景的小亭子和一个存放粮食的小仓库"粟廪"，在池北修建了"书库"保存自己的藏书，在池西修建了供弹琴、饮酒、赏景的琴亭、石樽以及酿酒、存酒的"酒库"。又在池西西平桥附近修建了"池西小阁"，在此可闲坐观景。家妓陈结之（桃叶）、春草（樊素）等住在琴亭、池西小阁。琴亭里摆着崔玄亮赠送的琴，水岸边是杨归厚送的三块可以坐卧的大青石，水池周围栽种了几百株竹子以及柳树、桃树、松树、菊花等。

这座园林不仅可以欣赏风景，也兼有经济功能，白居易在岛上放养了乌鸢、鸡、鹅，池中的鱼、竹林中的笋可食，菜圃也可栽种各类蔬菜。

他写信、赠诗给在朝中担任宰相的旧交牛僧孺，以自己"懒慢""衰羸"的理由请他帮忙，让自己在东都洛阳当闲官。他和牛僧孺是旧交，早在元和初年就相识。宪宗元和元年（806）春天，他准备制科"才识兼茂明于体用科"考试时，曾借宿在长安永崇坊的华阳观，当时牛僧孺也在华阳观中借住。两人那时就有来往，都过着"日暮独归愁米尽，泥深同出借驴骑"的穷日子（《酬寄牛相公同宿话旧劝酒见赠》）。元和三年，担任翰林学士的白居易担任制举考核官，而牛僧孺、李宗闵是考生，白居易不惜得罪权宦和宰相，上书为因制举考试文辞激烈而遭贬的牛僧孺、李宗闵辩解，自然让牛僧孺念念不忘，两人一直保持着联系。后来白居易被贬为江州司马，元和十二年（817）给去京城的年轻士人刘轲写引荐信时介绍的"文友"包括庾敬休、杜元颖、元宗简、萧睦、杨虞卿、杨汝士和时任监察御史的牛僧孺，可见两人交好。穆宗即位后，白居易从忠州调回长安，一度与李宗闵、牛僧孺、元稹、王起同在中书省兼任知制诰一职，有同僚之谊，关系相对亲近。所以，白居易无论从官场派系还是个人感情上都与牛僧孺较为亲近。不过，白居易为人颇为独立，并非苟且之人。他虽然和牛僧孺私交挺好，但与李宗闵关系一般，不像妻兄杨氏兄弟那样热衷与牛僧孺、李宗闵拉帮结派。

朝廷在洛阳设有东都留守司，下辖一套略同于长安的中央级机构，其中的任官者称为"分司东都"，其中除了尚书省、御史台的官职有一定实际职能以外，其他多数机构的官员均为闲职，要么是安置年老官员在此安度晚年，要么是皇帝、宰相把有意闲置的失意官员派驻在此。当前的东都留守杨於陵就是年老之人，他的儿子杨嗣复时任中书舍人，他与牛僧孺、李宗闵都是权德舆取中的同年进士，情义相得，牛僧孺便推荐他临时代理礼部侍郎，成了主持明年科举的考官。

在牛僧孺的关照下，五月朝廷任命白居易为太子左庶子、分司东都。白居易觉得在洛阳当闲官，得其所哉，从前自己在长安官场，犹如被关在笼中的鸣禽、养在房舍中的乌龟、驿站中劳累的驿马、磨坊中拉磨的碾牛，如今可算脱离藩篱，可以顺应自己的天性当个闲散之人。

让他高兴的是，这一年（824）朋友元稹把他寄去的诗稿编为五十卷，取名《白氏长庆集》。他们两人鉴于李白、杜甫的诗歌多有散失的状况，都挺注意保存自己的手稿，希望能流传后世。元稹在序言中提到新罗国商人希望购买白居易诗文抄本一事，听说他们的宰相曾以一百钱换一篇白居易的诗稿，可见白居易之诗远播域外。

九月，河南尹令狐楚调任汴州刺史、宣武军节度，兵部侍郎王起接任河南尹。他与白居易是故交，在洛阳时两人常在酒宴见面。王起听说白居易为了买房连马都押给别人，担心他家中缺少马匹，特地借给他河南府的官马备用。又听说白居易计划修建一座桥，王起便让官吏派人到其宅内帮忙造桥、栽树，给他省了不少事。

十二月，吏部侍郎韩愈突然病逝了，据说与服用丹药有关，终年五十七岁。韩愈以前写过一篇《故太学博士李君墓志铭》，记述工部尚书归登、殿中御史李虚中、刑部尚书李逊、逊弟刑部侍郎李建、襄阳节度使工部尚书孟简、东川节度御史大夫卢坦、金吾将军李道古等因为服饵暴亡之事，令人惊心。韩愈觉得这些人都"不信常道而务鬼怪"，反倒误了自己的寿命；可惜他晚年也沉迷丹药，因此毙命。韩愈擅长写文章，如今身为侍郎，距宰相之位只有一步之遥。白居易得知噩耗也是感慨不已，只是两人算不上是朋友，不必作什么悼念诗。

一忽就进入宝历元年（825）正月，听说宰相牛僧孺曾就皇帝任用道士炼制长生药、修炼长生术劝谏皇帝，皇帝并未听从。皇帝嬉游无度，喜欢深夜带人捕狐狸以取乐，宫中称之为"打夜狐"。白天自然没有精力接见朝臣，每月只听政两三天。宫中王守澄等宦官趁机弄权，朝野士人忧心。牛僧孺见此情形，一连五次上书请求辞去相位到地方任职，于是皇帝任命他为平章事、武昌军节度使、鄂州刺史，前去鄂州坐镇，白居易当然要去信慰问。浙西观察使李德裕听闻朝中动向，进呈《丹扆六箴》，规谏皇帝应按时接见群臣、注重服装礼节等。皇帝虽然下诏褒扬他的建言，可是并没有遵从，也没有调他回朝的意思。

朝中剩下李逢吉、李程、窦易直三人为相。李逢吉的朋党呼风唤雨，也引起一些朝臣的议论。礼部郎中李翱以文章著称，他觉得自己应该担任知制诰一职，可是未能如愿，心中郁闷，一天在中书省谒见宰相李逢吉时，他当面出言指责李逢吉的过失。之后他心神不安，请了病假，等到请假时间满一百天时自动离职，李逢吉倒是没有与他多计较，又上奏举荐他出任庐州刺史。

在洛阳当了十个多月闲官，白居易觉得无聊。这时他才五十四岁，自觉身体还健康，可以继续处理公务，于是上书宰相李逢吉、李程，请求重新安排官职。

三月四日，他接到苏州刺史的任命书。苏州是江东人口最多、最繁华的大州，事务繁多，所以他邀约之前曾在杭州当自己幕僚的周元范共赴苏州。

白居易拖了二十多天，与友人频频举行酒宴告别，三月二十九日，他带着一大家人、幕僚周元范等出东门，也带着自己钟爱的白鹤一起南下。洛阳城东的梨花、桃花都已纷纷凋落，他觉得自己应与这些花木"告别"，写下一首《除苏州刺史别洛城东花》：

> 老除吴郡守，春别洛阳城。江上今重去，城东更一行。
> 别花何用伴，劝酒有残莺。

他从水路走，到汴州时得到宣武军节度使、汴州刺史令狐楚的热情招待，停留了五日，之后渡淮水，南下运河。这是他熟悉的道路，少年时投靠亲戚、去年从杭州回洛阳都乘船经过这条路，运河两边的柳树依旧青葱可爱。这是隋炀帝命人栽种的，白居易以前写过《新乐府·隋堤柳》。

第十二章　苏州刺史：边当官边修行

宝历元年（825）五月五日端午节当日，白居易一行抵达苏州，当日办理移交正式上任。他在上呈皇帝的《苏州刺史谢上表》中说"江南诸州，苏最为大。兵数不少，税额至多。土虽沃而尚劳，人徒庶而未富"，自己在这里主政要"唯诏条是守，唯人瘼是求，谕陛下忧勤之心，布陛下慈和之泽"。

刺史官署西侧有一处园林"西园"，这里有一个池塘，周边栽种了柳树、绿竹，有桥梁连接，有一座"西亭"是观景的好去处。白居易便把自己带来的鹤放养在这个池塘中。官署中还有一处地方叫"木兰西院"，栽种了几株木兰[1]，只是如今木兰花期已过，只能欣赏他高大的树干、丰满的枝叶。官署后面的子城城墙之上有一座可以观景的高楼阁，白居易以古诗十九首中"西北有高楼，上与浮云齐"之意，改名为"齐云楼"，常在这里宴请宾客。

苏州是江东经济最发达、人口最多的郡，比他熟悉的杭州还要繁华一些。元和年间统计苏州所辖七县共有十万户即五六十万人口，其中苏州城内和近郊的总人口有二三十万，比越州（绍兴）、杭州两地都要多[2]，是江南商业最

---

[1]　唐人所说"木兰"可能指樟科植物阴香，为常绿大乔木，花色为白色，树皮可入药。廖文芳. 古"木兰"原植物考释 // 自然科学史研究. 2012年第4期，428-434。但是白居易所写木兰花在春天开花，或许他观察的木兰与当时主流认知有差别，他笔下的木兰更可能是春天开花的紫玉兰一类花木。

[2]　唐末五代曾考察盛唐时淮南、江东地区人口。如玄宗天宝元年（742），宣州有121204户；常州有102633户；润州有102023户；越州辖六县，有90279户，529589口；杭州有86258户；吴郡辖六县，有76421户，632650口；扬州（领四县）有77150户，467857口（《嘉庆扬州府志》卷20《赋役志》略有差别）。但安史之乱后浙东频繁动荡，导致浙东的政治经济中心越州有所衰落，而其他城市人口则有所增长。有研究者认为唐后期长江下游地区的实际户数远远高于政府所掌握的在籍户。其中最为显著的是苏州，在德宗大历时苏州就是有唐一代长江下游地区唯一的"雄州"。元和间（806—820）苏州辖七县，领户由天宝元年的吴郡76421户增至100808户，上升了31.91%。唐末僖宗时，苏州户数增至143361户，较元和户上升了42.11%，较天宝户上升了87.46%。当时苏州共有七县，其中吴、长洲、嘉兴、昆山四县皆为望县，海盐、常熟为紧县，惟华亭为上县，陆广微《吴地记》载，唐末华亭县有12780户，比当时一般州郡的户数还要多。从人口和经济功能综合考虑，白居易所在的中唐时期，扬州、苏州是一等城市，而越州、杭州只能算二等城市。

为活跃的城市，缴纳的税赋也最多，"甲郡标天下，环封极海滨。版图十万户，兵籍五千人"（《自到郡斋仅经旬日方专公务未及宴游偷闲走笔题二十四韵兼寄常州贾舍人湖州崔郎中仍呈吴中诸客》）。

苏州城有六十个坊，八个门。江南的坊与长安、洛阳的里坊不同，并没有坊墙，坊与坊之间街巷相通，房舍鳞次栉比，"复叠江山壮，平铺井邑宽。人稠过杨府，坊闹半长安"（《齐云楼晚望偶题十韵兼呈冯侍御周殷二协律》）。城中水道纵横交织，桥梁众多，家家几乎都有小船系在码头边，人们出远门一般都是乘船。

苏州是大州，事务繁忙，白居易又邀从前在杭州当过自己幕僚的殷尧藩也来到苏州当幕僚，帮办各项事务。他觉得主政此地，"救烦无若静，补拙莫如勤。削使科条简，摊令赋役均"（《自到郡斋仅经旬日方专公务未及宴游偷闲走笔题二十四韵兼寄常州贾舍人湖州崔郎中仍呈吴中诸客》），要平均赋役、约束官吏不要骚扰民众，让负担沉重的"疲民"能够休养生息。他在寄给常州、湖州两位刺史的新诗中表露此意，还特别抄写了一份让苏州的诸位幕僚阅读，显然是想让幕僚、下属官员领会自己的意思，莫要苛刻对待民众。

抵达苏州之初，白居易勤于公务，一连十多天早衙、晚衙都在官署审阅和批示公文、核对账目，有时候晚上还在灯光下继续审阅公文，思考如何处理公事。假日他也没有外出游览或举办酒宴娱乐，显然是想干出一番成绩。一方面公务繁忙，要处理许多积压的公文、案件等；另一方面，这时候天气湿热，不利出行，他极少外出游览。

由于劳累过度，加之身体虚弱，他生了点小病，六月底请了十五天假休养。为了凉快点，他搬到官署北部半山的"北亭"住了十天。等到七月入秋，天气凉爽了，把积压的公务处理完毕，他才开始游览、酒宴。他想起从前在杭州排演过的霓裳羽衣舞，可惜乐人已经星散。听说元稹所在的越州乐人众多，他就去信询问有没有懂得霓裳羽衣舞的人，可以来苏州教导自己这里的乐人。元稹来信说自己那里没有懂这套舞曲的，顺便寄给他一首长歌《霓裳羽衣谱》，让他从中揣摩曲子的大概，白居易打算以此教苏州的乐伎李娟、张态排练霓裳羽衣舞。

他想起少年时自己羡慕苏州刺史韦应物、杭州刺史房孺复诗酒风流的往事。当时人们称韦氏为诗仙，房氏为酒仙，自己当时觉得要是未来也能当苏州、杭州的刺史，能有他们的名声，就满足了。不料自己如今先后出任杭州、苏州刺史，又能写诗、喝酒，也成了人们传颂的人物，有得偿所愿的感叹。他把韦应物在苏州所作《郡宴》（《郡斋雨中与诸文士燕集》）与自己所作的一首诗《旬宴》[1]刻石，立在官署中。七月二十日写了一篇《吴郡诗石记》记述自己与苏、杭的这段因缘。诗、酒、风流集于一身，自己这一辈子也不算白活了。

苏州城内小桥流水，花木繁盛，城外湖光山色，风景绝佳，名胜古迹很多。白居易假日抽空去虎丘（唐人为避皇室祖先"李虎"的名讳，改"虎丘"字为"武丘"，本书沿用"虎丘"一名）、水驿边的语儿店、传说是吴王安葬女儿的女坟湖（吴县西北六里处）等名胜游览。他喜欢让歌姬作陪，一边行船一边欣赏歌舞表演。苏州人喜欢用荷叶包鱼鲊，食物清香可口，白居易在游船上经常吃这道美食。他还喜欢把酒瓶放在石渠中浸水，这样就可以喝到冰凉的酒水。

让他惊喜的是，苏州一处地方也有木莲花。和忠州不同，这里的木莲是七月底八月初开放。白居易觉得苏州的八月中秋就如同三月春末一样气候温和，不像之前那样湿热，适合出游。他特地在木莲花下举办了一场宴会，邀集客人傍晚一起饮酒、赏花，写有《木芙蓉花下招客饮》：

> 晚凉思饮两三杯，召得江头酒客来。
> 莫怕秋无伴醉物，水莲花尽木莲开。

没想到，吴江水畔也有白莲花（白睡莲）。白居易把从苏州得到的青石两片、白莲三四枝寄给洛阳的亲友，让把太湖石安置在自家园林中，把白莲花栽在池塘中，等自己回洛阳时就能欣赏它们的风姿了。

一日去城西的天平山游览，山腰流淌的清泉名为"白云泉"。白云舒卷自如，与世无争，同名的泉水也应是如此，可是泉水从山中一路流淌到城郭

1　疑似为白居易《自到郡斋仅经旬日方专公务未及宴游偷闲走笔题二十四韵兼寄常州贾舍人湖州崔郎中仍呈吴中诸客》一诗。

的人间，难免沾染人情世故，让他这个刺史颇有些感慨，写了一首《白云泉》：

> 天平山上白云泉，云自无心水自闲。
>
> 何必奔冲山下去，更添波浪向人间。

与在杭州一样，白居易关心这里的水利和道路。他前去城西北的虎丘游览时，看到沿路河道淤塞、水涝频发，于是亲自设计规划，让官吏征召民夫疏通从阊门至虎丘寺的人工运河山塘河、拓展河堤，既有利于排洪、灌溉，也方便乘船前往虎丘，改善了苏州西北郊的农田水利和交通。爱好花木的他命人在这条运河的两岸栽种桃树、李树，在河中栽种莲花（睡莲）、荷花，总数达两千余株，以后人们行船，两岸有花可赏，别是一番风景。

秋末，白居易发起一场大型游览活动，与下属官员、士人、歌姬等乘坐十艘画舫，去城外西南五十里处的太湖游览，在洞庭山监督采摘贡橘。他与众人一大早就到阊门的码头乘船，这时候天蒙蒙亮，望得见头顶上的月亮、星星，水中映照着人、棹、烛火的影子。开船后，白居易命乐队、歌舞伎演出新排的缩减版《霓裳羽衣曲》。众人一边行船，一边欣赏歌舞，缓缓向洞庭湖行去。《霓裳羽衣曲》开始部分是慢曲，乐队演奏的曲调悠扬，歌女也唱得舒缓，船走了十五里时她们才唱罢一曲。就这样缓缓行进，等到了太湖中的洞庭山，漫山遍野都栽种着橘树。这是当地重要的经济作物，成熟以后，果农、商人把洞庭橘子运输到长安、洛阳等各大城镇售卖。洞庭山的橘子也是苏州官府向皇帝进献的地方特产之一。以前白居易在京城当翰林学士时，对宦官的骄奢颇为愤慨，写的《秦中吟十首·其七·轻肥》说江南发生大旱、饥荒，衢州出现人吃人的惨剧，而京城中的高级宦官要么穿着高级文官才能穿的红色服装，要么穿着禁军统帅才能佩戴的紫绶，享用的都是各地的珍品乃至皇帝御用之物，"果擘洞庭橘，脍切天池鳞"。

世事无常，如今自己成了苏州刺史，也要给皇帝进贡太湖洞庭山的橘子，恐怕自己负责上贡的橘子中的一部分也会出现在宦官的案头，他们"近水楼台先得月"，说不定比皇帝还先品尝其滋味呢。

晚上，白居易与众人在画舫中欣赏歌舞表演，之后就在船上休息，他写了一首《宿湖中》：

水天向晚碧沉沉，树影霞光重叠深。

浸月冷波千顷练，苞霜新橘万株金。

幸无案牍何妨醉，纵有笙歌不废吟。

十只画船何处宿，洞庭山脚太湖心。

　　他对进献皇帝的贡橘十分重视，自己监督拣个头大、颜色均匀的好橘子。他对植物春华秋实的成长有浓厚的兴趣，喜欢观察它们的变化。这次他一共在太湖中停留了五晚，白天登岛游览，晚上欣赏皓月当空、水月相映的美景，回程时他特别写了一首《泛太湖书事寄微之》，记述这次游览所见的风景。

　　在洞庭山附近，他获得了两块太湖石，"苍然两片石，厥状怪且丑"（《双石》），让人担到官署，洗刷掉石头缝隙中的泥垢，放在园林中欣赏。他觉得既可以欣赏它们的形状，又有实用功能，"一可支吾琴，一可贮吾酒"，笑称在如今的官场、士林中自己已是个老人，正好与两块太湖石组成"三友"，又说太湖石可与琴、酒并称为"三友"。后来他又得到一块取自太湖的赏石，写了一首歌咏这三块赏石的《太湖石》：

烟翠三秋色，波涛万古痕。削成青玉片，截断碧云根。

风气通岩穴，苔文护洞门。三峰具体小，应是华山孙。

　　他是当世名士，如此推崇太湖石，许多士人便也跟风，以在园林中摆设太湖石为雅事。他与浙东观察使元稹、湖州刺史崔玄亮两位故交频繁以书信、诗歌唱和，与和州刺史刘禹锡、常州刺史贾𫗧、宣武节度使令狐楚、水部员外郎张籍等也偶有唱和。听说白居易爱好听琴、赏石，崔玄亮派人送来一块可以放琴的红色赏石，白居易命名为"红石琴荐"，特地写诗感激对方记挂自己。他觉得这块红色的千年古涧石与自己的琴是绝配，可以"引出山水思，助成金玉音"（《崔湖州赠红石琴荐焕如锦文无以答之以诗酬谢》）。

　　他在苏州东城墙下看到一株桂树，若有所思，写了《东城桂三首》，表面上是感叹"霜雪压多虽不死，荆榛长疾欲相埋。长忧落在樵人手，卖作苏州一束柴"，实际上是以树自喻，觉得自己这样的贤才被派到地方当官，没有机会在"月宫"（朝中）执政，无法发挥自己的才能。他还写了《有木》

八章，分别歌咏弱柳、樱桃、枳橘、杜梨、野葛、水柽、凌霄、丹桂等八种树木，以象征朝中各种行事风格的官僚，其中《有木诗八首·其八》如此形容"丹桂"类型的官员：

> 有木名丹桂，四时香馥馥。花团夜雪明，叶剪春云绿。
> 风影清似水，霜枝冷如玉。独占小山幽，不容凡鸟宿。
> 匠人爱芳直，裁截为厦屋。干细力未成，用之君自速。
> 重任虽大过，直心终不曲。纵非梁栋材，犹胜寻常木。

他说这种人虽然不是栋梁之材，但也是"直心"为公之人，比寻常的木材好。或许这是有感而发，这时候牛僧孺、李宗闵和李绅、李德裕、元稹等人各成朋党。白居易与牛僧孺、杨虞卿友善但是与李宗闵疏远，与元稹、李绅友善但是与李德裕不和。他有自己的个性和坚持，不喜欢与其他人拉帮结派，或许就因为这个原因，一直没有宰相愿意推荐他当宰相。如今，他为官颇为小心谨慎，很少写涉及朝政、人事的诗，就算想要表达点想法，也是隐晦地以草木比喻而已，这样别人也抓不住他什么把柄。一方面，他自己也无心在朝中靠各种阴谋诡计、纵横之术争权夺利；另一方面，此时他诗名赫赫，是上到皇帝下到百姓都知道的名士，一举一动颇受人关注，也不好自降身份与一般士人、官员争斗，朝中掌权的宰相等人也乐得把他放在闲散而尊显的官职上，显示自己尊老敬贤。

一天他从官署出门，偶然瞥见一位女子背着木柴走过，头发乱蓬蓬的，裹着简陋的布巾；而那些歌姬穿着红衣裳、骑着马正缓缓前去赴宴。两类女子都是钱塘江边的人家，处境如此不同，他若有所思，写了一首《代卖薪女赠诸妓》：

> 乱蓬为鬓布为巾，晓踏寒山自负薪。
> 一种钱塘江畔女，着红骑马是何人。

官场何尝不是如此，每个士人、官员也有各自的遭遇。白居易又想到过往的种种，情场，官场，说不清是怎样的滋味。

入冬，一日起来，白居易看到天空纷纷扬扬飘着雪花。这在苏州比较稀奇，他来了兴致，立即命仆从在郡城的西楼设宴，让歌姬舞姬前来表演，与众人欣赏这美妙的雪景。可是一会儿之后，有仆从来报告说，养在西池的华亭白鹤不知飞去哪里了，让白居易大感遗憾。养鹤须在幼鹤即将长成之时把它的翅膀剪短，让它难以高飞，只能在池塘中游来游去，难以越过墙壁逃走。或许当初训鹤之人有些粗心，没有叮嘱白家的仆从要及时剪短它的翅膀；又或许天气太过寒冷，那只白鹤终究飞走了。不久之后，仆从听说市集上有人卖鹤，急忙买来两只关在笼子里的雏鹤。这一回，白居易吩咐仆从小心照看，按时处理它们的翅膀，防止它们又飞走了。一日在园中欣赏这两只"笼中鹤"，他联想到自己身处官署，忙于俗务，不也犹如笼中的鸟雀一般，便写诗发了一通感慨。

在驿站招待过往的官员时，他注意到这里的一些房舍比较破旧，联想到自己当年也是旅人，也曾奔波在一处处破旧的旅社，便让官吏整修旧房舍并新建了一处馆舍，希望能让来往的宾客的住宿条件好一些，感受到更多的温暖。

除夕他举行家宴，与妻子、女儿、堂弟、堂妹、侄子等一大家人一起饮酒，吃春盘、胶牙饧，也请了幕僚张彤（张二十八）、殷尧藩参加，热闹了一场。

宝历二年（826）年初，他命人在官舍的池塘边栽种了七株梅树，期待着不久便能欣赏到它们开花时的风姿，为此写下一首《新栽梅》：

池边新种七株梅，欲到花时点检来。
莫怕长洲桃李妒，今年好为使君开。

一天早晨起来，在园林中欣赏梅花时，他想起湘灵，写了一首《寄情》，感叹先开的花总是让人格外牵挂：

灼灼早春梅，东南枝最早。持来玩未足，花向手中老。
芳香销掌握，怅望生怀抱。岂无后开花，念此先开好。

梅花最早开，初恋最早来，可惜都匆匆而去，握不住，空思念。

苏州城内水道纵横，水岸边、桥边的千万条柳枝随风飘摇，青葱可爱。正月三日白居易从刺史官署出门向南走到乌鹊桥边，一路风景清新，便写了一首歌咏春日风光的《正月三日闲行》：

> 黄鹂巷口莺欲语，乌鹊河头冰欲销。
> 绿浪东西南北水，红栏三百九十桥。
> 鸳鸯荡漾双双翅，杨柳交加万万条。
> 借问春风来早晚，只从前日到今朝。

他最爱虎丘那一带兼有田园、野趣的风光，近一年游览了十二次之多，还特地夜晚乘船前去游览过一回。一天，他沿着新开的水路去虎丘游览，见到河中来往船只颇多，都是前去虎丘拜佛、踏春、种田之人。他对自己去年主持疏浚的这条水道颇为得意，赋《武丘寺路》诗一首：

> 自开山寺路，水陆往来频。银勒牵骄马，花船载丽人。
> 芰荷生欲遍，桃李种仍新。好住湖堤上，长留一道春。

苏州风景绝佳，物产丰美，远离朝廷与世无争，可白居易心中依旧有难言的苦恼。早年的情爱经历、母亲的意外故去、没有儿子的遗憾、对朝政的无奈，让他感到烦乱。为了安慰自己，他越发倾心佛法，这些年一直坚持守斋，到苏州也爱去虎丘寺、报恩寺、思益寺、楞伽寺、灵岩寺等佛寺，与僧人多有交往。一日在南门内沧浪亭西面的南禅院与僧人闲聊时，他发愿在这里修建一座千佛堂转轮经藏。蜀地僧人清闲、矢谟，吴地僧人常敬、弘正、神益等愿助益这件功德，号召信众捐资，邓子成、梁华等人施舍了一些财物。

白居易对这类事情格外热心，之前当杭州刺史时，苏州重元寺的僧人拜托他写过一篇《苏州重元寺法华院石壁经碑文》。可惜他写好之后，僧人未能募集到足够多的资金，至今都没有完成这份功德，碑迟迟无法立起来。他也知道这等事情耗费颇多，一时恐怕难以筹集到足够的资金，只能靠当事僧人用心化缘，要么吸引众多善男信女小额捐助，要么就得等候某位大施主慷慨解囊。

　　不知为何，这年春天他老是咳嗽，嗓子里有痰，眼睛也经常感到难受，他平日不得不尽量把字写得大些。更倒霉的是，二月末，骑马视察苏州外郭城墙时，他不慎从马上跌下来，摔伤了腰骨和腿骨，开始咳血，只好卧床养病。

　　听说，在兴元（今陕西汉中）的山南西道节度使裴度请求入觐。他是朝野著名的重臣，回朝的话皇帝多半会留他在朝中为相。李逢吉的党羽便制造各种谣言破坏其声誉，挑拨皇帝猜忌他，比如传播"绯衣小儿祖其腹，天上有口被驱逐"，"绯衣"合起来是"裴"字，天上有口合起来是个"吉"字，指向李逢吉；又传谣说裴家的宅邸所在里坊占据"乾卦"的方位，不利皇帝；等等。亲近李逢吉的拾遗张权舆便以此为由攻击裴度"不召而来，其旨可见"，韦处厚则为裴度辩白。当今皇帝虽然爱玩乐，但是并不愚蠢，没有理会这些谣言。又听说有个叫武昭的士人在家赋闲，心有怨言，他与太学博士李涉、金吾兵曹参军茅汇关系密切，宰相李程的族人李仍叔私下对武昭说："丞相（李程）想要任用你，但李逢吉不同意。"武昭喝醉酒之后公开声称要刺杀李逢吉，李逢吉得知后还曾通过茅汇召见武昭，缓解与他的矛盾。为了阻止裴度还朝，李逢吉指使人揭发武昭要刺杀宰相之事。武昭、茅汇被逮捕，御史中丞王播负责审案，李逢吉的族侄李训让茅汇诬陷武昭与李程是同谋，茅汇不从，反倒揭发李训教唆自己的内幕。最终武昭被杀，茅汇被流放崖州，李仍叔被贬为道州司马，李训也被流放象州。李逢吉在朝为相，没有匡正皇帝，却成天阴谋诡计，此案的处理也不公道，引起朝野的议论。

　　裴度进京十来天后，皇帝于二月九日任命他为司空、同平章事，与李逢吉、李程、窦易直共同主政。从此李逢吉失宠，而裴度一向受比较正直的朝臣的推崇，德行更佳，功业更隆，皇帝任用他，也是期望他能镇定朝廷，减少纷扰。

　　白居易与裴度从前有过交往，虽然说不上亲密，但是这样的人物能主政，想必用人、行政会有一番新气象，对白居易也算有利。只是，听说当今皇帝宠信道士赵归真以及僧人惟贞、齐贤、正简等，好祈祷、炼丹等神怪之说。民间也兴起迷信之风，近来亳州有个僧人宣称发现一处山泉为"圣水"，饮用那里的泉水可以治好疾病，许多人都去那里取水饮用。消息越传越广，中原和浙东、浙西、江西、福建的许多百姓出钱雇人前去那里取水，取水之前还要断绝荤腥，饮水之后十四天只能吃蔬菜，从那里取来的一斗水可以卖出三贯钱的高价。浙西观察使李德裕为此上书朝廷，认为这处"圣水"是僧人编造出来骗钱的"妖妄"之事，请皇帝命主管亳州的汴宋观察使令狐楚尽快填塞那处泉眼。宰相裴度也认为"妖由人兴，水不自作"，命地方官员立即填埋那处泉眼，这才让传言平息下来。

让白居易遗憾的是，因为自己生病，无法前去一睹清明之前采茶的盛况。顾渚紫笋的产区位于湖州、常州交界地区，产出的第一批新茶须作为"贡茶"。每年春分刚过，茶树刚刚发芽。茶史太监在唐贡山、顾渚茶山设有"茶舍"和"贡茶院"，专管贡茶的采制、品鉴和进献。湖、常二州的地方长官会选择吉日，带上眷属、幕僚、乐工、歌姬等，同时还邀请临近州县的地方长官、乡宦名绅为宾客，到两州交界的茶山举行"境会"。在"境会"上官员、士人观摩采茶、品茗斗茶，饮酒赋诗、观赏歌舞。民间女子在园中采摘茶叶，作坊中的工人精心炒制，制成第一批贡茶后，官府派专人策马日夜兼程送往长安，赶在清明之前送到皇宫。皇帝用来祭祀宗庙、分赐近臣。白居易早就想去看看采茶的盛况，也接到常州刺史贾餗、湖州刺史崔玄亮的邀请信了，可是如今因为身体不佳无缘前去。

到了三月，苏州街头巷尾到处都是飘飞的白色柳絮。人们外出，头上都会挂几缕白絮，白居易以前曾戏称"三月尽是头白日"（《柳絮》），如今就算在官署中养病，只要在庭院中转一转，这些柳絮也会粘在他的白发上，让他无可奈何。他写了一首《苏州柳》记述这一场景：

> 金谷园中黄袅娜，曲江亭畔碧婆娑。
> 老来处处行应遍，不似苏州柳最多。
> 絮扑白头条拂面，使君无计奈春何。

他时常想起洛阳的园林，想要快点任满三年，早些回到洛阳，觉得"宦情薄似纸，乡思急于弦。岂合姑苏守，归休更待年"（《忆洛中所居》）。还有一年才任满，他觉得自己有些等不得了，有了就此称病离任的打算。那样的话，朝廷随后就会任命自己去当分司东都的闲官，可以回家闲待着。

寂寞无聊时，他常召集周元范、殷尧藩一起饮酒、闲聊。周元范如他一般好饮酒、吟诗，也是老年无子，可谓同病相怜。考虑到周元范的生计问题，他写信给在绍兴的元稹，推荐周元范去他府中当幕僚，好有一份收入。周氏随后就前去元稹府中，临别时白居易在官署举行宴会送行，还代歌姬们写了一首赠别诗。

他在官署中一处叫作"花堂"的庭院中移栽了几株紫薇花，在月光下赏花时，想到当江州司马时官舍中有两株高大的紫薇花，也曾欣赏过长安兴善寺中的紫薇花、中书省官署的紫薇花。这时他远离了皇帝，不再是中书省中尊贵的"紫微郎"（中书舍人），他觉得当苏州刺史的处境对自己最适宜，写了一首《紫薇花》：

> 紫薇花对紫微翁，名目虽同貌不同。
> 独占芳菲当夏景，不将颜色托春风。
> 浔阳官舍双高树，兴善僧庭一大丛。
> 何似苏州安置处，花堂阑下月明中。

这是他在安慰自己，如今在苏州这样繁华而优美的地方当个闲适的刺史，能在月光下赏花就是命运最好的安排，何必再纠结过去呢。

到五月，他的腰还未完全恢复，又患了眼病、肺病，不得不向朝廷上书请假养病。按照制度，职事官请假超过一百天就要自动离职，于是他就一边养病，一边等待离任。

因为朝中党争权斗不断，白居易小心谨慎。八月三十日即将满一百天，他晚上做了个噩梦，梦见自己被贬岭南，在雨中踩着泥巴艰难行走。惊醒以后，他特别写了一首《宝历二年八月三十日夜梦后作》，提醒自己官场中的网罗之可怕，"莫忘全吴馆中梦，岭南泥雨步行时"。九月初，恰好超过一百天，他从这一天起自动离任，心情才放松下来。

在等新刺史来的日子，他继续在苏州待了一个多月，还特地带着乐伎到自己闻名已久的松江亭观赏众多渔民乘船到江中打鱼的场景。他带着随从、乐伎簇拥在船头观赏渔民撒下大网，从水中拖出一网又一网鱼鲜。他们就近吃了不少生鱼片。侍妾陈结之是杭州人，她想念家乡，不愿随他回洛阳，请求白居易让自己回家。白居易不愿强人所难，便放她回了杭州。

他在苏州待了一年半。离任时不像其他刺史那样带着好几艘船只装载钱物。他仅带着妻妾、侄儿和若干奴婢，一条大船载着全家人和两只幼年丹顶鹤，四块太湖石、若干白莲藕、折腰菱，后面跟着一艘苏州风格的小游船"青版舫"。他打算在洛阳的自家水池里栽种白莲、折腰菱，乘坐青版舫游览自己的小湖。

十月初临别那一日，苏州官吏、民众为了表达对这位当世第一诗人的尊崇，纷纷前来告别。运河的码头两岸挤满了民众，许多人都流下眼泪。白居易有些惭愧，自己刚来一年多，未能留下什么值得一说的惠政，只能心中叹息。他与众人挥手告别，乘船北上。一些平日有交情的官吏、士子乘舟送行了十里才回去。周元范也从越州赶来送行，他乘坐一条小船随行，每天晚上与白居易饮酒，送到苏州五十里外的望亭驿才与白居易告别。

和州刺史刘禹锡听说白居易离开苏州的情形，寄来一首《白太守行》，称颂"闻有白太守，抛官归旧溪。苏州十万户，尽作婴儿啼"。白居易写了一首应和诗《答刘禹锡白太守行》："为郡已周岁，半岁罹旱饥。襦裤无一片，甘棠无一枝。何乃老与幼，泣别尽沾衣。下惭苏人泪，上愧刘君辞。"

听说刘禹锡也任满，正要回朝，他期待着，与刘禹锡这位诗坛数一数二的高手尽快见面。

第十三章　诗坛国手：见到了刘禹锡

宝历二年（826）十月初，白居易告别苏州的下属、友人，沿着运河往北走。朝廷还没有任命新官职，所以不必着急，可以一路走，一路游。

数日后，他抵达了长江北岸、扬州城外的扬子津渡口，与早已约好的刘禹锡会合。刘禹锡刚结束和州（郡治在今安徽和县）刺史任期，也要回京复命。两人在驿馆住下，闲聊、饮酒，一见如故，白居易当日即作了《初见刘二十八郎中有感》：

> 欲话毗陵君反袂，欲言夏口我沾衣。
> 谁知临老相逢日，悲叹声多语笑稀。

刘禹锡和白居易同龄，他生在苏州，十岁左右就受到诗僧灵澈的熏陶，所写诗文得到前辈名士权德舆的称赞。贞元九年（793），二十二岁的他第一次参加进士考试就考中了，比白居易足足早了七年。贞元十一年，他又考中吏部科目试博学宏词科，得以出任太子校书，可谓青春得志，在士人中颇有名气。可资对比的是，韩愈第四次参加进士考试才考中，之后连续三年参加吏部的博学宏词科考试都没有考中，没法获得官职，一度生活困窘。

而且，刘禹锡的祖父、父亲虽然是小官，可是他的父亲刘绪侨居江南几十年，与在江南任官的朝廷要员如王玙、李西筠（李吉甫之父、李德裕祖父）、韩滉（韩晔从父）、陈少游、权德舆等人有来往，母系的亲戚如卢征、卢璠、卢顼等与裴度家族关系密切，因此他在朝中颇有些人脉，早年仕途也堪称顺畅：太子校书任满后先后担任淮南节度使杜佑掌书记、京兆府渭南县主簿，贞元十九年闰十月，他和柳宗元被举荐入朝担任监察御史，是仕途最被看好的几位年轻官员之一。当时，他与柳宗元的诗文在京城年轻文士中名声颇大，常有士子登门拜会，请求他们指点和评论，和韩愈一起受到年轻文人推崇。

这一年太子宾客韦夏卿把小女儿嫁给了元稹，刘禹锡、柳宗元曾是韦夏卿的下属，刘、柳、元三人从此就有了些来往。白居易那时刚进入官场，任秘书省校书郎，他为人比较拘谨，还未适应京城士人社交的场面，与正出风头的刘、柳没有什么交往。

贞元二十一年（805）正月，德宗驾崩，顺宗李诵即位。顺宗在父亲德宗驾崩前夕就中风，几乎无法说话，他登基后重用自己当太子时教自己书法的翰林待诏王伾、教自己棋艺的翰林待诏王叔文，把两人分别提升为左散骑常侍充翰林学士、起居舍人充翰林学士，掌握了很大权力，京师士人称其为"二王"。在二王的建议下，皇帝任用吏部郎中韦执谊为尚书左丞、同中书门下平章事，成为执政的宰相之一。四月时韦执谊、王叔文把跟自己友善的监察御史柳宗元、崇陵使判官刘禹锡分别越级提拔为礼部员外郎、屯田员外郎。王叔文经常找柳、刘二人入宫议事，于是"刘柳"也成了官场炙手可热的人物，眼看着就能飞黄腾达。

可是几个月后政局发生了天翻地覆的变化。韦执谊、王伾、王叔文的政策、人事安排得罪了一些宫中权宦、朝中大臣，于是内廷宦官俱文珍、刘光琦等与西川节度使韦皋、荆南节度使裴均、河东节度使严绶等人上表，请立皇子李纯（宪宗）为太子，又在七月请求太子监国，翰林学士郑絪、卫次公等人也赞同此举，八月时顺宗被迫禅位给宪宗。宪宗登基后立即对朝中人事大肆调整，王伾、王叔文被贬谪远方，与他们交好的刘禹锡、柳宗元、韩泰、陈谏、韩晔、凌准、程异等年轻官员都被贬谪到边荒担任刺史。一个月之后，宰相韦执谊被贬到遥远的崖州（今海南岛）当司马，连带着刘禹锡、柳宗元等人又都被贬为司马的闲职。宪宗还下旨规定柳宗元、刘禹锡等八人无法享受大赦时"量移"的待遇，打算让这些人老死边荒。

虽然刘禹锡被贬为朗州（今湖南常德）司马，远离京城，可他的诗歌依旧在京城有所流传，白居易就是读者之一。刘禹锡、柳宗元两人是贞元末年、元和初年有名的诗文名家，而白居易此时才显露诗才，在他心目中，刘禹锡是值得尊重的诗坛高手。元和五年（810），担任翰林学士的白居易曾把自己的一百篇诗作寄给在朗州的刘禹锡，刘氏回赠一首《翰林白二十二学士见寄诗一百篇因以答贶》，称赞他的写作技巧和风格是"郢人斤斫无痕迹，仙人衣裳弃刀尺"，两人有了首次诗歌唱和。

元和十年（815）春天，皇帝把以前被贬谪的刘禹锡、永州司马柳宗元、唐州长史元稹等官员召回长安，考虑重新任用。朗州司马刘禹锡从武陵回到京城时，白居易正担任太子左赞善大夫。可是两人还没来得及见面，刘禹锡就因为所写《元和十年自朗州承召至京戏赠看花诸君子》惹出事端，被外派到远方当刺史。他的官位虽然升了，可是距离长安更远了，依旧被看作贬谪的待遇。元和十四年因为母亲去世，四十八岁的刘禹锡返回老家洛阳守孝，与从忠州回到长安当官的白居易没有交往。穆宗长庆元年（821）年底，守孝满三年后刘禹锡被任命为夔州刺史。他到任后给兵部侍郎韩愈、中书舍人白居易寄了一首《始至云安，寄兵部韩侍郎、中书白舍人，二公近曾远守，故有属焉》，可见在他心目中韩愈、白居易地位颇重。之后白居易在杭州刺史、苏州刺史任上和他偶有书简往来。

　　直到现在，在扬州城外的扬子津渡口，他们才第一次见面。两人在酒宴上大醉一场，在赠诗中他称刘禹锡为诗坛"国手"，可惜在政坛上"命压人头"（《醉赠刘二十八使君》），二十三年来都在外地为官，无法在朝中施展才能。刘禹锡也十分感慨，写下了《酬乐天扬州初逢席上见赠》：

> 巴山楚水凄凉地，二十三年弃置身。
> 怀旧空吟闻笛赋，到乡翻似烂柯人。
> 沉舟侧畔千帆过，病树前头万木春。
> 今日听君歌一曲，暂凭杯酒长精神。

　　这首诗语调沉痛但是并不悲哀，尤其是"沉舟侧畔千帆过，病树前头万木春"一句让白居易大为赞叹，觉得比喻新奇，前所未见。他们两人都是当世有名的诗人，颇为惺惺相惜。白居易深知自己诗文的毛病，就是用词平易、通俗易懂，好处是容易记诵、流传甚广，可不免流于详尽琐碎，了无含蕴。他曾对友人说自己、元稹的诗都"意太切而理太周""理太周则辞繁，意太切则言激"（《和答诗十首序》），他内心颇为欣赏刘禹锡那种婉约而有余韵的诗歌。对刘禹锡写的《金陵五题·石头城》叹赏良久，说"吾知后之诗人，不复措辞矣"。[1]

白居易和刘禹锡晚年变成知交，这是罕见的事情。一般来说青少年时期相识的朋友更容易长期维持下去，而刘禹锡、白居易却是在中老年时才成了亲密的朋友。他们之所以能立即亲近起来，也因为两人的朋友圈有重合，如今在政坛的处境类似。他们两人有几位共同的朋友如元稹、崔群、崔玄亮，给白居易送过青石的杨归厚则是刘禹锡的亲家。而在政坛上，他们两人都颇为独立，并没有深度卷入之前李逢吉与裴度、如今李宗闵与李德裕的党派之争。

白居易和刘禹锡在扬州停留了半个月，一起游览此处的楼台、佛寺，一起登临栖灵寺的九层高塔眺望风景。扬州也是一座大城，南北十一里长，东西七里宽，周长四十里，城内外人烟稠密，可以游玩的地方不少。

之后，两家的船只相伴向北，一路闲聊、饮酒、作诗。白居易带着的两只雏鹤经过调教，已经能在主人的呼唤下翩翩起舞，让他大为得意。而刘禹锡好音乐，根据民间歌曲写过《竹枝词》《浪淘沙》《潇湘词》《纥那曲》《抛毬乐词》等，喜欢配合乐人演奏的竹枝曲的悠扬调子演唱《竹枝词》，曲子婉转，辞意忧伤。

两人也免不了议论朝政。听说当今皇帝喜好占卜、丹药之类，派遣方士杜景先到江南、岭南寻访"异人"。听说李德裕也信道教，自称"玉清玄都大洞三道弟子"，其妻、姜也都有道号，还捐资在茅山崇玄观中修建了一座老君殿院（崇玄圣祖院），供奉玄元皇帝老子、孔子、尹喜三人塑像，并作了一篇《茅山三象记》记述此事，又请常州刺史贾𫗧撰写《大唐宝历崇玄圣祖院碑铭并序》，把这两篇文章刻石立在院中。

近来皇帝再次更动宰相，九月让李程外出就任河东节度使，十一月又外派李逢吉出任山南东道节度使，让他们两人离开了朝廷，朝中主要是裴度、窦易直两位宰相主持政务。

二人到了楚州（今淮安），这是一处繁华地方，风景颇佳。楚州刺史郭行余热情地款待他们。他们停船游览了十余日。在酒宴上，刘禹锡高兴的时候就演唱自己写的《竹枝》，这是巴渝地方的民歌。贞元年间刘禹锡在沅湘

---

1 （宋）计有功，王仲镛.唐诗纪事校笺·卷第三十九·刘禹锡.北京：中华书局，2007，1339。

当官时，听渔民、农民在短笛、鼓声中一边扬袂跳舞一边演唱这类曲词，和吴地民歌一样婉转动听。于是白居易也作了九首《竹枝》，教给当地儿童演唱，贞元、元和之间颇有些文人模仿刘禹锡的笔调写这类曲词。白居易从前在忠州时，也听过不少歌女、山民演唱《竹枝词》，对此当然印象深刻。

这时，长安的宫廷又发生剧变：敬宗皇帝李湛十六岁继位，年少气盛，喜怒无常，近来又喜欢服用丹药，性情多变，经常责打周围的宦官和马球手、角抵力士。这些人心怀怨气，十二月八日夜晚，皇帝被宦官刘克明、击球手苏佐明等人谋害而亡，年仅十八岁。刘克明企图拥立穆宗之弟绛王李悟当皇帝，他伪造敬宗遗旨，想调动禁军接绛王入宫。然而，神策军中尉魏从简、梁守谦、枢密使王守澄、杨承和一些资深老宦官另有主张，他们商议之后派卫士迎立十八岁的江王李涵（穆宗第三子、敬宗之弟，后世称文宗）入宫即位，并出动左右神策军、飞龙兵，以弑君矫诏之罪诛杀了刘克明、绛王李悟等人。

新皇帝登基，宫中、朝中又是一番变动。新帝提升兵部侍郎充翰林学士韦处厚为相，与裴度、窦易直共同执政。对白居易来说，这是个好消息。韦处厚是他的制科同年，也信佛，长庆初年两人俱为中书舍人，曾一同前去普济寺受"八戒"、持"十斋"。在宫中，新帝把敬宗招来的道士赵归真、纪处玄、杨冲虚，僧人惟真、齐贤、正简等都流放到岭南，又放出没有职责的闲杂宫女三千余人，减少五坊饲养的鹰、犬数量，缩减宫廷主管的教坊、翰林院的冗员一千二百多人，让朝野感到欣慰，有焕然一新之感。

白居易接到让他大吃一惊的信息——二弟白行简不幸在京病逝，时年五十岁。他的异母哥哥早逝，三弟早夭，这些年自己与小四岁的行简相依为命。行简长庆元年出任左拾遗（从八品上），长庆三年升为礼部主客员外郎（从六品上），旋即调任户部度支员外郎，宝历元年升任吏部主客郎中（从五品上），后改任膳部郎中，一直在朝中为官，仕途要比自己平顺。没想到他却先自己而去，真是可惜。

白居易、刘禹锡听闻京城传来的诸多消息，无心游玩，除夕当天离开楚州向西入朝。经过新郑时，他大为感慨，自己十一二岁离开祖宅之后，经过四十多年才第一次回来。自家的宅邸已无处可寻，这里也没有了白氏宗族居住。当年曾在符离一起游玩的朋友中，刘翕习、张彻、张美退都先后考中明经、进士，张彻已死于长庆元年的幽州兵变，贾谏在朝为官，其他人都不知道去哪里了。

返回洛阳履道坊家中已是大和元年（827）年初，刘禹锡也在洛阳等候朝廷任命新官职。白居易则忙着安排弟弟的丧事，主持葬礼，把他安葬在渭村田庄北侧的家族墓地中，收录弟弟的遗稿，将其编辑为《白郎中集》二十卷。

第十四章　一步之遥：没当宰相的命

大和元年（827）年初，白居易在洛阳闲居。他把随船的四块太湖石安置在园林中，加上之前布置的两块天竺石、两片大青石，园中的赏石颇为可观。他命人栽种从苏州带回的白藕，写下一首《种白莲》记述自己对它们的钟爱：

> 吴中白藕洛中栽，莫恋江南花懒开。
>
> 万里携归尔知否，红蕉朱槿不将来。

他因为办理弟弟的丧事，在家中休养了一段时日。侄子景受（龟郎）已经十五岁，白居易自己教他如何写诗、写策论，希望他未来能考上进士，有所成就，可以告慰地下的弟弟。

春天适合栽花种草，他"平旦领仆使，乘春亲指挥。移花夹暖室，徙竹覆寒池"（《春葺新居》）。因为绿竹比较常见，他在池边又特别移栽了些黄竹。趁着空闲，他对园林做了一点小改动，在"南塘"偏西的岛屿与居中的岛屿之间修建了"中高桥"相连，在桥上修建了"桥亭"。

看侄儿景回（小名宅相，白幼文之子）不是读书、科考的料，白居易找门路给他谋了个彭泽场场官的差事。场官是管理铜、铁、盐场的官员，主要是监督工场生产、物品保管、收税等，是不入流的小官，与进士、明经无法相比。要是干得出色，若干年后也有转为流内（九品官阶体系之内）小官的机会。

自从弟弟去世后，白居易越发虔诚信奉佛教。他在圣善寺智如禅师那里获授八关斋戒，从此不仅持十斋，还开始持三长月斋，即正月、五月和九月这三个月整月都斋戒，不饮酒，不吃肉、不欣赏歌舞[1]。他认为如此虔诚，或许死后就可以直达西方净土，免去地狱轮回之苦。对死亡，他有些恐惧，母亲是意外故去的，三弟早夭，大哥、二弟也都寿命不长，自己或许哪一天就会离开人世，也不知道故去又是怎样的光景。

新皇帝勤于听政，朝中气氛颇为振作，白居易的一些熟人纷纷应召回朝，得到任用，如太子少师、分司东都李绛回朝任太常卿，宣州刺史、宣歙池等州都团练观察等使崔群回朝任兵部尚书，华州刺史钱徽回朝任尚书右丞。只是，听说皇帝为人缺乏定见，与宰相裴度、窦易直、韦处厚商定一项政务举措之后，在宫廷宦官的撺掇下经常中途又改变主意，让重臣也无可奈何。裴度本来也打算让刘禹锡回朝，不知为何功亏一篑。二月朝廷授予刘禹锡主客郎中分司东都的闲职，他只能留在洛阳当闲官。

皇帝久闻白居易的大名，宰相裴度、韦处厚又和白居易交好，听说他病好了，三月十七日朝廷任命他为从三品的秘书监，即秘书省的长官。秘书省负责管理内府各种图籍、档案，秘书监的荣耀而闲散的官职，可以穿戴金腰带、紫袍。于是，白居易回到长安，住到新昌坊的宅院。

宪宗元和初年当翰林学士，穆宗长庆年间任知制诰、中书舍人，他都经常入宫起草诏书，如今在秘书省又得以出入宫禁，他写了一首《残春曲（禁中口号）》，记述春末在宫中出入的感受：

禁苑残莺三四声，景迟风慢暮春情。
日西无事墙阴下，闲蹋宫花独自行。

他熟悉皇宫中的花草树木，见识过春天的桃花，春末的"碧梧叶重叠，红药树低昂"（《春夜宿直》），早晚能听到早莺在御苑中的叫声，到了秋天傍晚，能听到乌鸦、蝉的鸣叫，初冬能欣赏菊花"新黄间繁绿，烂若金照碧"（《和钱员外早冬玩禁中新菊》）。当然，他也得到过皇帝春天赏赐的樱桃、秋天赏

1　白居易《早春持斋·答皇甫十见赠》云："正月晴和风气新，纷纷已有醉游人。帝城花笑长斋客，三十年来负早春。"《仲夏斋戒月》："仲夏斋戒月，三旬断腥膻。"仲夏月即为农历五月。会昌二年（842）白居易七十岁时所作《闰九月九日独饮》云："自从九月持斋戒，不醉重阳十五年。"表明他从五十五岁开始即持九月斋。

赐的菊花酒。

秘书监官衔虽然高，但是职事简单，工作清闲，明眼人都知道这是安排老年人的闲职。秘书省官署的庭院中有高大的槐树、梧桐，他在《秘省后厅》记述自己这个闲官在初秋时的悠闲状态，颇有点自嘲的意味：

> 槐花雨润新秋地，桐叶风翻欲夜天。
> 尽日后厅无一事，白头老监枕书眠。

白居易头发白得比较早，加上去年在苏州摔伤后大病一场，所以大家对他的印象是身体比较衰弱。和他交好的宰相裴度、韦处厚把他安置在这个位置上，大概也是照顾老朋友。实际上，白居易才五十六岁，在高级官员群体中并不算老。可是白居易在官场的角色已经被定型了——他是名满天下的诗人，是皇帝、士子都知晓的名人，大家都把他看作爱写诗、爱饮酒、爱园林的才子，而不是精明强干的官僚。宰相们虽然尊崇他，但是未必乐意让他掌握实权。白居易对此心知肚明，他也有辅佐君王治国理政的想法，只是难以对外人直说，只能把这份雄心壮志埋藏在心中。他觉得朝臣无法理解自己内心的想法，在长安官场格外寂寞。这也不能怪别人，他自从贬谪以后为官、处事都比较低调、谨慎，好处是可以保全自身，坏处就是没有明确表达自己的政见，别人也就当他没有政见了。

他时而与兵部尚书崔群、吏部侍郎庾敬休、吏部员外郎杨虞卿等相约去杏园、杜曲、佛寺等处游览，与杨虞卿的兄长、职方郎中杨汝士也恢复了唱和。长庆元年的贡举事件中杨汝士被贬为开江令，他大概抱怨过白居易当时没能帮自己说话，从那以后不怎么来往了。其实白居易曾上书请求皇帝不要贬谪众人，只是皇帝没有听从罢了。杨汝士后来在西川节度使段文昌处当了一段时间幕僚，随后入朝任户部员外郎、职方郎中。如今两人年纪都大了，又恢复了来往。

五月，淮南节度使、领盐铁转运使王播回朝，他给皇帝进献玉带十三条、大小银碗三千四百枚、绫绢二十万匹，不久之后被拜为左仆射、同中书门下平章事、仍领盐铁转运使。此人也是进士出身，早年为官政理修明，为人称道；这些年却热衷奉承迎合皇帝、权宦，对治下百姓横征暴敛，颇受士人非议。据说他能回朝任相，是花费十万贯钱贿赂近臣如谏议大夫独孤郎张仲方、起居郎孔敏行、柳公权，起居舍人宋中锡，补阙韦仁实、刘敦儒，拾遗李景让、薛廷老等人才得逞。他如此作为却能升为宰相，白居易心中也是感叹不已。当年，他在担任翰林学士时，敢直言进谏劝宪宗皇帝莫要任用聚敛之臣，如今，这样的人却位居宰相，自己却只能沉默。

一日他因为身体状况不佳，请假休养，白天去乐游原游览，晚上借宿在观音寺（青龙寺）。清晨他睡不着觉，起来登上寺内的一座高台，远眺北方的长安城池。长安的一个个里坊犹如围棋的棋盘一样整齐排布，十二条大街横平竖直，把城市分隔得像整齐的菜畦，依稀能看到百官纷纷从里坊出来去上早朝，他们的仆从所持的灯火闪烁着，一路从主街延伸到大明宫正门丹凤门口，于是白居易写下一首《登观音台望城》：

> 百千家似围棋局，十二街如种菜畦。
> 遥认微微入朝火，一条星宿五门西。

自己尊重的长辈杨於陵致仕后在新昌里家中闲居，一天友人杨嗣复（杨於陵之子）邀请亲友聚会，白居易也去参加。杨於陵坐在中间，两边都是小辈，众人在酒席上赋诗，白居易照例也作了一首赞颂的诗歌，而杨汝士稍后写成一首诗，风格可观，让白居易也有点惊讶。杨汝士对此极为得意，喝了不少酒，酒宴结束之后，回到家中就对子侄说："我今日压倒元、白！"[1]杨於陵去年从东都留守任上调任检校左仆射兼太子少傅，到京城后三次上表请求退休，皇帝颇为尊崇，令他以左仆射身份退休并领取全额俸禄，他上表推辞，坚持按照惯例领取半份俸禄。

十月十日是皇帝生日，按照惯例这一天道士、僧人都要奉诏入宫举办法事为皇帝祈福。皇帝指定白居易代表儒士参加在麟德殿举行的"三教论衡"大会，与佛教代表安国寺高僧义休、道教代表太清宫道士杨弘文共聚一堂，分别讲论各自教义并互相辩难。这是为了庆贺皇帝诞辰举办的活动，三方自

1　王定保《唐摭言》卷三记载此事发生在"宝历年中"，但白居易此时在苏州和回洛阳途中，不可能与会，他的记忆有误。此事可能发生在大和初年但当时元稹并不在朝中，也可能发生在穆宗长庆年间元、白都在朝为官时。

然不会有什么激烈言论。再说，白居易自己深受佛教影响，在论辩中也很温和，主张三教的概念、约束虽然有异同，但是核心的大义宗旨并没有差别。

去年三月，驻扎沧州（今河北沧州市）的横海节度使李全略病逝，其子李同捷自称留后，上表请求朝廷任命自己为节度使。朝廷不愿意助长这种私相授受的风气，拖延了一年多也没有下诏任命他，但是也没有讨伐他。到今年五月，朝廷下诏任命天平节度使（驻郓州，今山东东平县）乌重胤为司徒、横海节度使，李同捷前去兖州（今山东济宁市）当兖海节度使。这是个妥协方案，把李同捷调到一个新地方授予节度使的官职，免得他的家族长期盘踞一处。但是李同捷不愿意离开老巢，借口将士挽留，拒不奉诏赴任。武宁节度使王智兴奏请朝廷，自愿率军前去讨伐，于是八月皇帝下诏削夺李同捷官爵，命天平横海节度使乌重胤、武宁节度使王智兴、魏博节度使史宪诚、平卢节度使康志睦、卢龙节度使李载义、义成节度使李听、义武节度使张璠等率兵马前去征讨。

双方对峙了三个多月，不料，十一月初八日乌重胤突然在前线病逝。朝廷担忧这会影响战事，于是皇帝下诏派散骑常侍张正甫、秘书监白居易为敕使，前去吊唁乌重胤并观察战况、宣慰将士。之所以派白居易去，也是考虑到白家和王智兴有交往，白居易的父亲白季庚在徐州当彭城县令、徐州别驾时，王智兴是徐州刺史李洧的亲兵。有这层关系在，白居易应该能从他那里探听到前线的一些实际情况。

长安至洛阳的总路程有八百多里，前半段路从长安至陕州，从陕州的交口镇分为南、北两条道路，北道沿着崤山北麓行进，经渑池、新安到洛阳，南道从北向南穿过崤山之后，从崤山南麓沿着洛水北岸的河谷经永宁、福昌、寿安到洛阳。北道距离短但是道路险峻，南道较远但是平坦易行，人们没有紧急事情的话都是走南道。南道是大唐最繁忙的一条官道，一年四季都出没着官员、士子、商人、士兵、信使各色人等，有人写诗形容"长安城东洛阳道，车轮不息尘浩浩。争利贪前竞着鞭，相逢尽是尘中老"[1]。一路上的市镇都有不少旅店、酒馆。

南道沿途共有 27 个官方驿站，主要接待官员来往，白居易多次往返长

1　（宋）李昉，等. 太平广记·卷第四百九十杂传记七·东阳夜怪录. 北京：中华书局，1961，4025。

安和洛阳，熟悉这些驿站和每段路上标明里程的土墩"官堠"。他和张正甫都是闲官，这件差事也并不紧急，所以他们骑马缓缓行进。有时累了就乘坐篮舆走一段路，每天只走四十里就在驿站休息。不料，走到灵宝市北稠桑村西黄河南岸的驿站"稠桑驿"时，白居易的小白马突然病死了，他写了长诗纪念这只跟随自己多年的爱马。

到了洛阳，听取王智兴等前线诸将介绍情况，王智兴推荐保义节度使李寰为横海节度使，统领诸道兵马讨伐李同捷。当然，他也去吊祭了乌重胤，如今一些与朝廷交好的节度使都在洛阳购置宅邸，让家人在此居住。白居易在洛阳出席了多次宴会，与在洛阳的闲官如太子宾客皇甫镛、太子庶子苏弘、监察御史分司东都姚合等人有来往。

安史之乱后地方藩镇坐大，时而发生节度使逝世后其子侄、部属拥兵自重，自称"留后"请求朝廷任命自己当节度使的事情。朝廷也是根据情势，有时候同意任命，有时候拖延不办，有时候拒绝任命并派军讨伐。但即使去讨伐，除了派出一部分禁军参战，也主要是依靠亲近朝廷的节度使各自派兵。而各节度使、手下将领难免都有自保的心态，即使派军参与围攻也常出工不出力，所以这类讨伐战事都旷日持久，耗费巨大，朝廷也只能好言鼓励各节度使，争取尽快结束战事。

张正甫、白居易慰问各节度使时获得了一些情报，派人回到长安汇报给皇帝、宰相。朝廷便下诏任命李寰为新任横海节度使，节制各路兵马进讨李同捷。同时又嘉奖积极参与讨伐的各节度使，加授王智兴为检校司徒、同中书门下平章事，给他宰相的头衔，对他这类节度使来说，这是荣衔而已，并不需要入朝执政。

大和二年（828），白居易五十七岁了，他回到长安。皇帝、宰相们觉得他这次出使办事颇为得力，二月调他任刑部侍郎（从三品），让他又担负起行政管理的重任。刑部主管全国刑狱事务，下辖刑部司、都官司、比部司、司门司，刑部司负责制定和解释律令格式，审理复核各类案件以及八议、赦免等特殊案件；都官司负责管理京师及各地方的监狱、劳役执行；比部司负责中央各部门和地方州府的财务会计和审计，监督税收、俸禄、公廨、赃赎、军费、和籴等收支；司门司负责管理宫城各城门的出入及全国关隘通行，负责审批发放通行文牒，并负责监督执行流放刑。

六部侍郎位高权重，月俸有八九万钱，收入比秘书监高，实权更是远超秘书监。主政的司空、同平章事裴度，中书侍郎、同平章事韦处厚与白居易友善。白居易多次应邀去裴度家中做客，游览、酒宴，心情畅快。当年武元衡、裴度遇刺，白居易率先上书要求追捕刺客，查明真相，后来裴度对他也颇为提携。

白居易作为刑部侍郎，距离宰相之位只有半步之遥。按照惯例，一般都是前任宰相、现任宰相从现任高官中推荐一两位宰相人选，皇帝觉得合适的话就会任命该人任"同平章事"。当然，有时候皇帝也会抛开宰相的推荐，任命自己赏识的人物当宰相。

白居易多次在诗中感慨二十多年前，在翰林学士院共事的翰林学士中，其他五人都当过宰相，唯有自己还是个等待任用时机的"渔翁"，隐约透露出不甘心的意思，颇为期待自己也能当上宰相，达到文臣的最高地位。

他固然有更进一步的心思，可也知道朝中情形复杂，多位都有望当宰相的人暗暗较量，这绝非易事。桃花开尽时，他写了一首《晚桃花》，以花为喻，其实是希望当朝的宰相能够"怜惜"自己，推荐自己当宰相，诗云：

> 一树红桃亚拂池，竹遮松荫晚开时。
> 非因斜日无由见，不是闲人岂得知。
> 寒地生材遗较易，贫家养女嫁常迟。
> 春深欲落谁怜惜，白侍郎来折一枝。

按照惯例，皇帝任命宰相要咨询现任或者即将离任的宰相的意见，因此一般新宰相都是被之前的宰相推荐就任的。白居易写诗的目的也是希望当下的宰相裴度、韦处厚能推荐自己。可这时候朝中的形势微妙，白居易不是皇帝最看重的大臣，也没有宰相愿意强力支持他当宰相。

在宰相裴度的操作下，刘禹锡回到了长安，出任礼部主客郎中（从五品上）兼集贤院直学士。他到了京城，时常一起参加酒宴、文会，在杏园之类的名胜之地与白居易相见。刘禹锡对玄都观的桃花念念不忘，他去游览的时候那里已是废墟，于是他写了一首《再游玄都观绝句并引》：

余贞元二十一年为屯田员外郎时，此观未有花。是岁出牧连州，寻贬朗州司马，居十年召至京师。人人皆言有道士手植仙桃满观，如红霞，遂有前篇，以志一时之事。旋又出牧，今十有四年，复为主客郎中，重游玄都，荡然无复一树，唯兔葵燕麦动摇于春风耳。因再题二十八字，以俟后游。时大和二年三月。

百亩庭中半是苔，桃花净尽菜花开。

种桃道士归何处？前度刘郎今又来。

据说裴度有意让刘禹锡知制诰，但是其他宰相听闻刘禹锡写了这首诗，觉得他性格有些偏执，不适宜出任知制诰，裴度也就打消了主意。如今裴度年纪大了，担心自己功高震主，引起猜忌，期望能平安退休，不愿对朝政做太多更动。他对皇帝不像从前那样直言进谏，对众官、政务也有些敷衍，不愿强人所难。

不料，三月的制举策试闹出了一场风波。今年的制举"贤良方正直言极谏科"有一百多人参加，取中了包括杜牧在内的二十二人，但是最出风头的却是落选的昌平县文士刘蕡（字去华）。他是前年礼部侍郎杨嗣复主持科考时取中的进士，今年被举荐参加此科考试。他写了一篇五六千字的长篇文章，直言皇帝左右的宦官是国家最大的隐患，"忠贤无腹心之寄，阉寺持废立之权，陷先君不得正其终，致陛下不得正其始"，宁愿自己被害也要指出这个"社稷之危"。这番言论流传开来后，众人都佩服他的胆色，考官却害怕得罪宦官，不敢取中刘蕡。刘蕡只能失意离京 [1]。有谏官、御史想要上书为他鸣不平，宰相劝说他们多一事不如少一事，莫要惹麻烦。宦官听说消息后，大为不满，仇士良当面质问杨嗣复前年为何取刘蕡为进士。杨嗣复只好辩解说自己当年录取刘蕡时，他还没有变得像今年这样疯狂。如今，宫中的高级宦官掌握禁军和宫廷事宜，朝臣都不敢轻易得罪他们。像刘蕡这样敢直言的人被朝臣视为"风汉"（疯子），也是荒诞。白居易对此当然有所耳闻，可他已经不再年轻气盛，只能沉默不语。

1　直到七年后令狐楚、牛僧孺先后担任山南东西道节度使，聘他到自己的府中当幕僚，但是宦官们听闻刘蕡当官的消息后授意吏部找他的把柄，把他贬为柳州司户参军。

秋天的假日，白居易到兴化里裴度的宅邸闲住了几日，借他家的船只游览泛水。裴度听说白居易在洛阳饲养了一对丹顶鹤，写诗《白二十二侍郎有双鹤留在洛下予西园多野水长松可以栖息遂以诗请之》，觉得那两只白鹤与其在洛阳闲置，不如赠送给自己，放养在位于长安兴化坊的西园池塘中，这样自己和白居易都能欣赏。白居易赶紧写了《答裴相公乞鹤》推托，说自己晚年还要与之相伴，那两只鹤如自己一般性子疏野，肯定无法适应宰相的池塘。刘禹锡、国子监司业张籍得知裴度的诗之后都写了和诗，劝白居易赠鹤，觉得宰相家的大池子更适宜白鹤生活，这等于是赶鸭子上架。白居易抹不开情面，只能让仆从把那两只白鹤送到长安来，赠给裴度。这般风雅之事，大家自然又是作诗，又是赏鹤，热闹了一场。

徐凝多年没有能考中进士，至今还是白衣文士。他有事经过洛阳，特地寄诗给白居易，在这首《自鄂渚至河南将归江外留辞侍郎》中感慨自己的命运：

> 一生所遇惟元白，天下无人重布衣。
> 欲别朱门泪先尽，白头游子白身归。

白居易知道，许多有才华的文士因为各种原因无法考中，他也无可奈何。就算考中进士，当了官，依旧有无奈之事，他也没有办法。

他喜爱音乐，让家中的乐伎重莲跟从京城有名的琵琶高手曹刚（或为"纲"）学习技艺。曹刚是贞元年间著名的琵琶高手曹保之孙。曹家源自西域曹国，有一位叫曹婆罗门的祖先跟从龟兹商人学会弹奏琵琶，后魏（今称北魏）时他来到中原定居，他的孙子曹妙达是北齐君主高洋欣赏的琵琶高手，后代多以此技艺谋生。他们定居在洛阳，自称河南曹氏。曹刚最善运拨的技能，弹奏时手指快如风雷，但拙于提弦；同时有一位琵琶高手裴兴奴长于拢捻而拙于下拨，所以有人戏称"曹纲有右手，兴奴有左手"[1]。一次酒宴上，主人邀曹刚一边弹奏琵琶一边演唱，白居易对他的技艺大为叹服，作了一首打趣的诗歌《听曹刚琵琶兼示重莲》：

---

1 （唐）段安节，吴企明．乐府杂录·琵琶．北京：中华书局，2012，131。

拨拨弦弦意不同，胡啼番语两玲珑。

谁能截得曹刚手，插向重莲衣袖中。

最后一句是化用杜甫《戏题画山水图》中"焉得并州快剪刀，剪取吴松半江水"，希望曹大师的手能长在重莲的胳膊上，这样自己在家也能听闻精彩至极的琵琶演出。他自己也得到蜀人姜发的指点，学会了弹奏琴曲《秋思》，此曲指法简约、情韵淡泊，正适合自己这样的人操持。

从前做过他幕僚的殷尧藩从外地寄来三十首诗"忆江南"，其中大多叙述苏、杭的风景名胜，这都是白居易熟悉的。他不由得也来了兴致，模仿殷尧藩诗歌的体式，写了三首《忆江南》：

江南好，风景旧曾谙。

日出江花红胜火，春来江水绿如蓝，能不忆江南？

江南忆，最忆是杭州。

山寺月中寻桂子，郡亭枕上看潮头，何日更重游？

江南忆，其次忆吴宫。

吴酒一杯春竹叶，吴娃双舞醉芙蓉，早晚复相逢！

年底十二月，与自己友善的宰相韦处厚突然病逝，让白居易深感生命无常。前两个月，宰相窦易直被外派担任山南东道节度使，如今韦处厚又逝世，皇帝肯定会任命一两位新宰相。此时刑部侍郎白居易、兵部侍郎路隋与刚入京两个月的户部尚书令狐楚等几人都有望为相，就看宰相们推荐谁，皇帝选择谁。可能是韦处厚临终遗表举荐，皇帝最终决定命兵部侍郎、翰林学士路隋为守中书侍郎、同中书门下平章事，成为宰相，与裴度、王播共同执政。

白居易心中有些遗憾，只是他也知道，自己这些年在朝、在外都谨小慎微，固然可以保平安，可这样做难免无甚值得一说的政绩、政声，与同僚的关系也不咸不淡，并非大家最为看好的宰相人选。皇帝和裴度等宰相忽略自己，也情有可原。

入冬以来，白居易的眼疾又犯了。他一直有些小疾病，从年轻时就患有眼疾和痛风，天冷时常感到身体难受。在写给元稹的诗中，他有点夸张地说自己"病眼两行血，衰鬓万茎丝。咽绝五脏脉，消渗百骸脂。双目失一目，四肢断两肢"（《和微之诗二十三首·和晨兴因报问龟儿》）。

白居易觉得自己不受皇帝和宰相的看重，身体状况不佳，自己也不是那种千方百计钻营之人，无心留在朝堂卷入合纵连横的权力争夺，决定打消在仕途上最后一搏的心思，借养病的机会离开朝廷。他又一次以患了重病为由请假在家，期待超过一百天后就自动离职，届时可以去洛阳当闲官。这个日子是他计算过的，满一百天时恰好也逢侄儿景受给父亲守孝期满，那时自己正好带着他回洛阳闲居。

他在《戊申岁暮咏怀三首》中感叹"人间祸福愚难料，世上风波老不禁。万一差池似前事，又应追悔不抽簪"，觉得要避免遭遇从前被贬江州那样的命运，就要及早置身朝堂争夺之外。他觉得自己在官场"紫泥丹笔皆经手，赤绂金章尽到身"，当过士人羡慕的翰林学士、中书舍人，又成了秘书监、刑部侍郎这样的高级官员，不算虚来人间一趟。如今年老而且身体有病，本想直接申请退休，可是为了妻子、十二岁的女儿、几个侄儿考虑，还是去洛阳当个闲官更合适，毕竟可以领一大笔俸禄，比退休只能领一半俸禄要好些。

请假之后，在家闲待着无事，他便把自己近几年写的诗歌汇编，打算作为元稹编辑的五十卷本《白氏长庆集》的续编。他把自己与元稹历年来唱和的诗歌编辑为《因继集》，又细读元稹新近寄来的一系列诗歌，打算一一写作和诗。他和元稹相交几十年，彼此写的唱和诗合计有上千首之多。从古至今的诗人，唯有他们两人如此亲近而又诗才匹敌，也是一桩雅事。

因为即将离开长安，十二月三十日他特地到渭村的家族坟地祭祀弟弟白行简，作《祭弟文》告慰弟弟，说要带着全家搬到洛阳去终老，打算将来身故后让侄儿把自己安葬在弟弟的墓地之东。他已出钱买下渭村田庄附近杨琳家的一处田庄并修建了"堂院"，还买下弟弟曾想要购置的新昌坊"西宅"。这是为后人考虑，觉得家族后人以后可能在长安为官、生活，需要置办更大一点的田庄、房舍。他认真教授行简的儿子景受诗文，期望两三年后他能学有所成，去参加科举考试。

到了大和三年（829）元月，听说刘禹锡在裴度的关照下，升为礼部郎中兼集贤学士，白居易自然去信祝贺。这时，听闻另一位老友、已经退休的钱徽在家病逝，终年七十五岁。白居易去信吊唁，感伤了几日。也是奇怪，半月之内京兆尹孔戡、钱徽、华州刺史崔植先后病逝，让白居易感慨寿数无常，庆幸自己能从长安抽身。白居易把自己和刘禹锡彼此唱和的诗作一百三十八首编辑为《刘白唱和集》，三月五日写了序，让人抄写了一部，一部留给侄子龟儿保存，一部给刘禹锡的儿子岑郎保存。他把刘禹锡视为最亲密的四五位朋友之一，其他四位元稹、崔群、李绛、李建都是白居易青年时代就结交的朋友，只有刘禹锡是晚年才频频来往的。

第十五章　闲居东都：喝酒写诗度日

大和三年（829）三月一日，户部尚书令狐楚调任东都留守，白居易、刘禹锡一起前去送别。白居易知道，不久之后自己就能与之在洛阳相会。令狐楚比白、刘两人大六岁，也是当世的诗文名家，只是他的诗文与白居易的风格不同。从前两人交往不多，四年前白居易前去就任苏州刺史，路过汴州时得到时任宣武节度使的令狐楚的热情招待，留了五日才离开，从那时起两人有了诗歌唱和。刘禹锡与令狐楚贞元年间（785—805）就相识，当时刘禹锡在年轻一辈中以诗文著称，在官场也炙手可热，结交了不少人，其中就包括在河东节度使幕府当幕僚的令狐楚。但是后来刘禹锡被贬谪远方，与令狐楚断了联系。元和十五年令狐楚被贬为衡州刺史，路过洛阳，前去拜会正在家中守孝的刘禹锡，两人才再次恢复联系，从此诗文、书信往来不断。令狐楚与刘禹锡渊源更深，他也更欣赏刘禹锡的诗歌风格，与他的唱和更多一些。

离开长安时，令狐楚作了一首《赴东都别牡丹》，感叹自己无缘欣赏长安宅邸的牡丹花，"十年不见小庭花，紫萼临开又别家"，刘禹锡写了一首《和令狐相公别牡丹》：

> 平章宅里一栏花，临到开时不在家。
> 莫道两京非远别，春明门外即天涯。

对官场人物来说，四处任官是常事，谁又能保证自己一直在长安安享富贵呢。

三月末，白居易因为请假超过一百天，自动离任刑部侍郎一职。朝廷对他这样患病的高官，一般都会任命为闲官，便于养病。不几天，就有诏书任命白居易为太子宾客、分司东都。这是正三品的官位，在东宫官属中仅次于三师、三少，地位尊崇。东宫的官职都是名誉性的闲职，不过俸禄相当优厚，每月有七八万钱，比侍郎稍低一些。让白居易高兴的是，作为三品官员，他可以在家中公开设置"一部乐"，也就是十二名能歌善舞、娴熟乐器的乐伎[1]，而四五品官员家中只被允许拥有三名乐伎。这是朝廷的制度，未必人人都严格遵守这些规矩，比如把乐伎换个名目称作奴婢，其他人也不会干涉。光禄卿周皓就有家伎数十人，远远超出一部乐的人数。白居易欣赏一个叫樊素（春草）的小妓，她今年十三四岁，擅长歌舞，于是便把她买下来，也带到洛阳去。

朝中友人纷纷设宴钱行，裴度、刘禹锡、张籍几人在裴度府中设宴送别白居易，众人写有《宴兴化池亭送白二十二东归联句》《西池送白二十二东归兼寄令狐相公联句》等。在"长乐亭"，白居易与友人告别，写下《长乐亭留别》，说自己这次彻底放下了在朝为官的念头，从容离去。

对断断续续住了近十二年的长安，他心情复杂。当年他是雄心勃勃的文士，来到长安科考、为官，也有过"致君尧舜上"的宏图壮志，发誓要辅佐君主澄清天下，恢复盛世光景。可惜经历了贬官、外任，见识了朝堂内外的你争我夺，最终还是放弃争取宰执之位，退避三舍，保全自身。"时也命也"，乐天知命，过饮酒、写诗、赏花的日子，这似乎更适合自己的性情。

他带着一千斛粟、一车书，带着家人以及擅长奏乐、歌舞的樊素、小蛮、重莲等女乐离开长安，缓缓往洛阳走。他觉得自己离开长安，等于脱离危险与陷阱，犹如"蛾须远灯烛，兔勿近罝罘"（《想东游五十韵》），下定决心从此只当闲官，绝不再出头当主官、任要职。

从长安到洛阳的官道两侧，每走几十里就有一座荒废的行宫。以前的皇帝外出巡游，少则数千人、多则上万人随行。沿途的驿站无法满足这么多人的住宿、供应要求，尤其是皇帝的住宿、守卫更是大事，于是就需要设置"行宫"招待皇帝住宿。隋炀帝喜欢洛阳，他为了方便自己来回长安和洛阳，命人在两都之间的官道上设置了十四处行宫。入唐后大多沿用，另外还新建

1　关于"一部"乐队的组成人数史书并没有明言，但是根据白居易记述当时的宰相级高官裴度、牛僧孺家中乐伎"金钗十二行""九烛台前十二姝"可以描测当是十二人，这也有图像证据的支持。"台北故宫博物馆"藏《唐人宫乐图》描绘的女乐恰好是十二人，五代王处直墓出土的《白石彩绘散乐浮雕》雕刻的女乐也恰好是十二人。她们身着窄袖襦衫，长裙曳地，分前后两排，所持乐器有筚篥、筝、琵琶、拍板、座鼓、笙、方响、答腊鼓、筚篥、横笛等。

了几座行宫。这些行宫大都位于南道，北道因为走的人少，所以仅有渑池县的芳桂宫比较著名。太宗、高宗、武则天、玄宗四位皇帝经常沿着官道来往长安与洛阳，所以南道上有十来座行宫。"安史之乱"后皇权不振，河北藩镇势大，皇帝很少去长安附近的离宫别馆，更不要说去洛阳了，于是这些行宫大都荒废。可是因为皇帝住过，所以依旧有专门的宫人看守，外人不得进入。

这些行宫大多年久失修，只有一些老宫女、老太监管理和打扫。而这条道路是天下最繁忙的官道，许多官员、士子往返两京都会路过那些寥落的行宫。那残破的宫墙、疯长的花树都在提醒他们，大唐曾经有过贞观之治、开元盛世。兴衰成败就在眼前，擅长诗歌的士人把荒废的行宫一次次写入诗歌，留下许多感喟。比如元稹写过一首有名的《行宫》，写到废弃的行宫中，老迈的宫女还在讲述玄宗的故事：

寥落古行宫，宫花寂寞红。白头宫女在，闲坐说玄宗。

从长安到洛阳的官道的中间两三百里要穿行崤山，在山间崎岖的道路上行走。但是到了永宁县就走出了崤山，到了涧河河谷的开阔地带，开始走下坡路，视野也开阔不少。进入这片河谷，白居易的心情变得舒畅了些，向东缓缓行进，写下一首《从陕至东京》记述这时放松的心情：

从陕至东京，山低路渐平。风光四百里，车马十三程。
花共垂鞭看，杯多并辔倾。笙歌与谈笑，随分自将行。

他如今只想归老田园。而在许多年前，他一次次从这条道路前往长安，一次次经过驿站，一次次注视标明里程的"官堠"，去科考、求仕、接受朝廷的任命、拜见皇帝，想要大有作为。

终于，到洛阳了。他坐在藤舆上，刚回到履道里的宅邸，就询问仆从，园林中的江南物件是否都完好。杭州带来的天竺石、苏州带来的白莲花依旧，只是苏州风格的小游船油漆有点陈旧了，以前河南尹王起帮忙修建的小桥有些歪斜，有待他安排工匠修补。让他遗憾的是，白鹤被迫送给了宰相裴度，还在长安兴化坊，于是写了一首《问江南物》：

> 归来未及问生涯，先问江南物在耶。
> 引手摩挲青石笋，回头点检白莲花。
> 苏州访故龙头暗，王尹桥倾雁齿斜。
> 别有夜深惆怅事，月明双鹤在裴家。

好在裴度是世家子弟，并不贪图他的白鹤。听说白居易想念他的白鹤，便叫人把两只白鹤归还给他，让他高兴了几日，写了《池上篇》感叹"灵鹤怪石，紫菱白莲；皆吾所好，尽在吾前"。刘禹锡听说白居易买下擅长唱歌的小妓樊素，对她有些印象，特地写了一首《寄赠小樊》送给她：

> 花面丫头十三四，春来绰约向人时。
> 终须买取名春草，处处将行步步随。

在洛阳的东都留守令狐楚、河南尹冯宿、太子宾客分司皇甫镛、太子右庶子分司苏弘等都是白居易从前就认识的官场熟人，自然在酒宴上常常碰面。令狐楚、白居易都有诗文才华，如今都在东都当闲官，两人也乐得写诗唱和。

太子宾客是正三品的闲官，没有什么公事要处理，最多就是重要典礼出席一下，逢年过节给远在京城的太子上书祝贺节庆即可，可如今还未立太子，更是无事。洛阳的官僚、士人都知道他爱好喝酒、赏乐、赏花，经常邀请他参加酒宴、游览这一类活动。闲谈、写诗，正是他这样的名士擅长的；品酒、赏乐，也是他喜欢的。他乐得出来与众人交际，这样的场合并不涉及官场争斗，每次就是随缘说些闲话而已。

白居易以"中隐"自居，明言自己是拿着俸禄养老的闲官（《中隐》）：

> 大隐住朝市，小隐入丘樊。丘樊太冷落，朝市太嚣喧。
> 不如作中隐，隐在留司官。似出复似处，非忙亦非闲。
> 不劳心与力，又免饥与寒。终岁无公事，随月有俸钱。

君若好登临，城南有秋山。君若爱游荡，城东有春园。

君若欲一醉，时出赴宾筵。洛中多君子，可以恣欢言。

君若欲高卧，但自深掩关。亦无车马客，造次到门前。

人生处一世，其道难两全。贱即苦冻馁，贵则多忧患。

唯此中隐士，致身吉且安。穷通与丰约，正在四者间。

以前他被贬为江州司马，以"吏隐"形容自己的状态，那时他是中级官员。如今已是三品高官，便以"中隐"自居，总结自己的状态是"似出复似处，非忙亦非闲。不劳心与力，又免饥与寒。终岁无公事，随月有俸钱"。其实，这时候他的年龄并不大，才五十八岁，要是有明君贤相任用自己，也是能干一番功业的。只是朝中局面并非自己能左右，自己也无意竭力进取，能在洛阳静心休养，安享晚年，也就如此了。为家人考虑，他出了一笔钱买下洛阳郊区五顷田地，出租的收成可以让家庭经济更有保障，日常都交给亲戚、仆从打理，自己不必操心。

世事无常，当年他写信给元稹，不满南朝诗人的作品大多与政教无关，觉得"以康乐之奥博，多溺于山水；以渊明之高古，偏放于田园……陵夷至于梁、陈间，率不过嘲风雪、弄花草而已"。如今，自己回到洛阳，也只是写"风雪花草"这类诗歌。命运弄人，可堪一笑。

一度，他起了念头，想去浙右、苏州游览，拜会当浙东观察使的老友元稹。可是寄去五百字的长诗《想东游五十韵》之后，他思来想去，终究没有成行。毕竟他并非那种一往无前的性情中人，有些谨小慎微。要去长途旅游，就需要向朝廷请假，需要准备若干行李，需要沿途与各地节度使、官员交际，想起种种应酬他就觉得有点麻烦。多一事不如少一事，自己毕竟是称病休养之人，招摇总归不可取。

作为当世第一诗文名家，他到了洛阳，自然有许多年轻士人前来请教，求他指点诗文、张扬声誉什么的。他早年为了制科考试纂辑的资料集《事类集要》三十部已广泛流行[1]，这一著作把经史中的一千一百三十个典故、名物

---

[1] 白居易的"白氏六帖"至少在大和九年之前就流行。张雯.白居易《白氏六帖事类集》纂集考//文献.2021年第3期，138-150。

分门别类，便于士子翻阅参考，时人称之为"白氏六帖"，是从事科举的士人经常抄写的学习参考书。而且，他与弟弟白行简的诗赋、判词、策论之类卷子也都成了流行的科举参考书，有许多士子抄写、传播。

闲来无聊，白居易对履信坊的园林作第二次改造和修整。他把宅邸西侧、南园池塘北侧的一处地方改造为"西园"。这里本来是前任主人留下的"水亭院"，原来修建有一座观景的小亭子和小水池，但是后来水池干枯了，这一处地方便荒废了。他重新修筑了一条石砌的渠道，从院外伊水的渠道引水进入这里。他称这段引水的新渠为"新涧""小涧""西溪"，在狭窄的水渠中放置了一些大如拳头的石头，这样水流冲击石头能发出声响，犹如山泉淙淙，他形容是"伊流狭似带，洛石大如拳。谁教明月下，为我声溅溅"（《引泉》）。他还疏浚原来的池塘为小池沼，周围修筑了观景的高台和水轩、西亭（"新涧亭"），"因下疏为沼，随高筑作台。龙门分水入，金谷取花栽"（《重修府西水亭院》）。

他在西溪、南潭（应指南园的大池塘）周边都栽种了竹子，构成了"西溪风生竹森森，南潭萍开水沉沉。丛翠万竿湘岸色，空碧一泊松江心。浦派萦回误远近，桥岛向背迷窥临。澄澜方丈若万顷，倒影咫尺如千寻"（《池上作》）的景观，竹木茂盛，境界清幽，犹如一处具体而微的江南之地，让他恍然觉得"醉卧船中欲醒时，忽疑身是江南客"《泛小舲二首·其一》。从九江的丈方小池到现在的十亩园林，白居易感到心满意足，觉得这处宅院足以容身、放心、养性。

他常去的斋堂的北窗外有竹丛，安置了赏石，如《北窗竹石》所云：

> 一片瑟瑟石，数竿青青竹。向我如有情，依然看不足。
> 况临北窗下，复近西塘曲。筠风散余清，苔雨含微绿。
> 有妻亦衰老，无子方茕独。莫掩夜窗扉，共渠相伴宿。

"南潭"即"南池"，这里"竹径绕荷池，萦回百余步"（《闲居自题》），周围摆放着他从江南带回来的四块太湖石。他经常在竹林下观赏"华亭双鹤白矫矫，太湖四石青岑岑"（《池上作》）。南园的池塘边丛竹茂盛，"霜竹百千竿，烟波六七亩"（《泛春池》），他爱去竹林中的"竹阁"，夏日燥热时，他常来到这里，脱下衣服在此闲坐乘凉，即"绿竹挂衣凉处歇"（《池上即事》）。

幸运的是，他之前从苏州带回的白莲藕栽下后，果然长出了白莲花（睡莲），这样，夏日的池塘里既有红莲也有白莲，煞是可爱。他爱待在水边赏荷，家中的少年女仆"小桃"去采莲子，船在池中一荡一荡，相比自己从前在钱塘湖、太湖中所见的采莲场景别有趣味，于是写下一首《看采莲》诗云：

> 小桃闲上小莲船，半采红莲半白莲。
> 不似江南恶风浪，芙蓉池在卧床前。

五月初，洛阳百姓纷纷传言，那个横海军叛将李同捷已经被斩首，头颅被快马加鞭送到长安展示，让白居易想起三年前在洛阳慰问讨伐李同捷的诸节度使的旧事。李同捷已被禁军和各节度使的军队围攻了三年多，今年年初其大本营沧州被包围数月，上月末不得不向朝廷任命的横海节度使李祐投降，正在军中慰问官军的谏议大夫柏耆押送李同捷及其家属回京，行至将陵县（今山东宁津西南）时，担心与李同捷交好的成德节度使王廷凑半路截击，便将李同捷斩首。李同捷死后，与之勾结的魏博节度使史宪诚、成德节度使王廷凑大为惊惧，朝廷趁机任命李听为魏博节度使，调史宪诚任河中节度使，而魏博军的牙将何进滔煽动士兵杀死即将离任的史宪诚，占据魏州，请求朝廷任命自己为节度使。朝廷因为连年用兵财政紧张，不愿兴兵讨伐，便下诏授何进滔为魏博节度使。史宪诚七年前煽动军士逼魏博节度使田布自杀，如今自己也是被部将诛杀，"始作俑者，其无后乎"。这样的事情在河北三镇很常见，军队将领见怪不怪，一切都凭实力、权谋说话，他们才不在乎外人如何看待。参与围攻李同捷的各节度使不满谏议大夫柏耆半路抢夺功劳，纷纷上表指责他的各种不妥举动。皇帝觉得众怒难犯，把柏耆贬为循州司户参军，有宦官揭发柏耆还夺取李同捷的婢女九人，于是皇帝又下诏把柏耆长流爱州，在半途赐死。举荐过柏耆的中书舍人李肇也因此被降职为将作少监。

朝中的纷扰与自己无关，白居易乐得置身事外。作为当今数一数二的诗文名家，平日不少年轻士人希望拜会他，一日有个叫李商隐的士子带着名刺、诗文卷轴前来拜会。他今年十八岁，写的诗歌、古文的确有些才气，白居易勉励了几句。

李商隐是宗室子弟，与近几代皇帝早已经出了五服，所以也没有什么光可沾。历代祖先一代比一代的官小，他父亲仅是低级官僚而已。李商隐幼年丧父，家境贫寒，少年时靠为别人抄书贴补家用。他少年时就显露出文学才华，跟从一位叔父学习五经、古文，十六岁时就写出《才论》《圣论》一类古文。今年刚搬家到洛阳，很快就以自己华丽的文辞引起洛阳年轻文人的关注，与太原温庭筠、南郡段成式齐名。因为三人在家族中都排行十六，时人把他们三人合称"三十六"。他去拜会东都留守令狐楚时，得到对方赏识，聘他为府中巡官，擅长文章的令狐楚亲自教授他如何写作"今体"（骈文）章奏，让李商隐与其子令狐绹、令狐纶等交游。有这样的人物相助，李商隐想必会有发达的机会。白居易在不熟的人面前沉默寡言，没有兴趣与这些少年郎密切交往，这些人对他的名声当然都是知道的，只是关系并不亲近。

不时从长安传来各种消息。据说，宰相裴度向皇帝推荐浙西观察使李德裕可以回朝担任宰相，皇帝便于八月初召他回朝任兵部侍郎，打算当面谈话之后决定是否任命他为宰相。刚结束为父亲守孝、回朝任职的吏部侍郎李宗闵求知枢密杨承和、著名的宫廷女学士宋若宪在皇帝面前为自己说好话，得以被皇帝任命为平章事，与裴度、王播、路隋共同执政。当今皇帝的心思容易动摇，由此可见一斑。

李德裕入京之后仅待了十天，便被外派出任义成军节度使兼滑州刺史，又去坐镇地方了。与之交好的礼部郎中刘禹锡等人前去送行。李德裕在浙西八年，政绩突出，本来朝野觉得他有望拜相，颇为期待，不料却是李宗闵近水楼台先得月，出乎不少人的意料。李宗闵以前也曾得到裴度的提携，据说他听闻裴度推荐李德裕而不是自己为相，对裴度有所不满，所以如今裴度、李宗闵的关系也颇为微妙。

八月，在长安的刘禹锡寄来一首怀念白居易、元稹二人的诗《月夜忆乐天兼寄微之》：

> 今宵帝城月，一望雪相似。遥想洛阳城，清光正如此。
> 知君当此夕，亦望镜湖水。展转相忆心，月明千万里。

他们三人是最近二十年来最著名的文士，如今还能彼此唱和，确实不容易。

九月，任浙东观察使的元稹应召入朝担任尚书左丞，途经洛阳时他停留了几日，与白居易多次酒宴。回顾往昔，几位故交皆已逝世，他们也感慨良多。经历了政坛的多年反复，元稹如今髭须皆白，有了暮年心态，临别时赠诗《过东都别乐天二首》，其一云：

> 君应怪我留连久，我欲与君此别难。
> 白头徒侣渐稀少，明日恐君无此欢。

白居易也心中感伤，觉得真是见一次少一次，在洛阳西南门外的临都驿饯别时两人喝到半夜，又回到卧房对枕闲聊，犹如几十年前在长安初遇的时候那样。第二天，望着元稹离开的身影，想到彼此都已有了老相，白居易心中有凄凉之感，因为自己的官员身份，不好跨境送别，否则自己应该陪同元稹到甘泉驿再告别。

元稹入朝，是得到宰相之一王播的引荐；而元稹与另一位宰相李宗闵不和，这次入朝也不知道前途如何，反倒不如在地方当官自在一些。不过长安有刘禹锡，至少他们诗歌唱和，不会寂寞。

秋末冬初，白居易见池子中间的水阁有些破旧，便命仆从找工匠修复，涂上红漆。从此他时而来这里起居，陪伴他的是一灯、一榻和"软火深土炉，香醪小瓷榼"（《葺池上旧亭》）。他颇有兴致地安排仆从晾晒药物、用泥修复煮茶的小灶、清理松树林和竹林，把生病的、弯曲的竹子都砍伐掉。他还特别安排仆从，把砍下来的小竹子做成渔竿，大竹子则可以保存起来以备修补茅屋，不可拿去制作扫帚，免得粪土侮辱了自己视为君子的竹子。

他对这座有竹、树、池、亭的园林十分自得，觉得这里不是田庄、宅邸，也不是佛寺，但是兼有它们的妙处。自己也不是道士、僧人、俗官，而是个闲人，犹如水池中的游鱼那样自在，正如《池上闲吟二首·其二》所云：

> 非庄非宅非兰若，竹树池亭十亩余。
> 非道非僧非俗吏，褐裘乌帽闭门居。

梦游信意宁殊蝶，心乐身闲便是鱼。

虽未定知生与死，其间胜负两何如。

　　他每月能领取俸钱八九万，在长安的新昌坊有宅院，在洛阳的履道里有大宅院和园林，在洛阳郊区还有五顷田地。虽然比不上王公权贵，可也算洛阳比较富有的官僚人家，足以养老、养家，他在《吾庐》中自豪地形容：

吾庐不独贮妻儿，自觉年侵身力衰。

眼下营求容足地，心中准拟挂冠时。

新昌小院松当户，履道幽居竹绕池。

莫道两都空有宅，林泉风月是家资。

　　让他高兴的是，这年冬天一位侍妾给他生下个儿子。年近六十才终于有了后人，他大为欣慰，给这个小孩起了个小名"阿崔"，希望催生更多的孩子，让白家人丁兴旺。

　　冬天下第一场雪时，他想起长安新昌坊院子中的松树，想起与友人在雪中饮酒的旧事，写下《新雪二首（寄杨舍人）》寄给中书舍人杨汝士，回忆从前下雪时两人聚会的情景：

不思北省烟霄地，不忆南宫风月天。

唯忆静恭杨阁老，小园新雪暖炉前。

不思朱雀街东鼓，不忆青龙寺后钟。

唯忆夜深新雪后，新昌台上七株松。

　　十一月，令狐楚调任校检右仆射、郓州刺史、天平军节度使，离开了洛阳，那个年轻士人李商隐也跟着他去当幕僚。这是没有考中进士的士人或者守选的"选人"养家糊口的方式，得到幕主欣赏的话，也有发达的可能。

　　年底传来坏消息，南诏君主嵯巅率军入侵西川，打败唐军，攻陷了成都的外城墙，占据外城十天。西川节度使杜元颖带着一些官军守着牙城自保。南诏人临走抢掠年轻男女、工匠数万人和钱财而去，沿途不少人跳江而亡。

蜀地的惨剧很快流传到长安、洛阳，朝野都大为惊讶。杜元颖因为守土无方，被贬为循州司马。西川辖境与吐蕃、南诏相邻，是边防重地，而担任节度使的杜氏擅长文辞而疏于军事，到任后疏忽边塞防卫、削减士兵待遇，导致边境的军队经常越境抢掠物资，引发边境纠纷。南诏也探知西川的内部情形，趁机大举入侵。好在南诏也不愿与大唐完全闹翻，所以他们攻入成都后并未竭力进攻牙城，否则杜氏自己也凶多吉少。杜氏近年在西川搜刮彩绣打球衣等玩物进献皇帝，声誉不如往日。白居易与他是进士同年，又曾同朝为官，算是旧交，去年曾赠诗给他，称赞"诗家律手在成都，权与寻常将相殊"（《昨以拙诗十首寄西川杜相公相公亦以新作十首惠然报示首数虽等工拙不伦重以一章用伸答谢》），不料如今落得这样的下场。

大和四年（830）年初，听说宰相王播正月十九因病突然去世，与之交好的元稹失去了这位后援，遭到另一位宰相李宗闵的排挤。李氏引荐武昌军节度使牛僧孺入朝担任兵部尚书、同平章事。如此，朝中就有了裴度、路隋、李宗闵、牛僧孺四位宰相一同处理政务。元稹则被外派担任检校户部尚书兼鄂州刺史、武昌军节度使。据说，接到任命书时，元稹的妻子裴淑在屋内痛哭。宣告敕命的宦官问她为什么哭泣，她说："去年岁末我们才回到家乡，今年早春又去赴任他方，亲戚还有一半没来得及见面，所以难过啊。"裴氏是长安人，元稹为此赋诗"嫁得浮云婿，相随即是家"（《赠柔之》）。元稹离开京城时，刘禹锡特地到蓝田浐桥送别。朝中人事复杂，白居易也只是照例给境遇不同的友人写祝贺信、慰问信，不愿牵涉太深。

这时听到噩耗，山南西道节度使李绛在遣散招募的兵卒时发生动乱，被害身亡，终年六十七岁。皇帝下诏追赠李绛为司徒，谥号"贞"，赐给家属布帛三千段、米粟二百石。白居易感叹不已，不由又想起当年同在翰林学士院的经历，谁能料到，李绛晚年竟遭遇这等祸事。想起杜元颖的遭遇，李绛的命运，白居易只能默默庆幸自己能抽身而退，否则，也有可能陷入类似的窘境。

政坛争来斗去，白居易觉得意味不大，他有感而发写了《劝酒十四首·不如来饮酒七首》，觉得深山隐居的隐士、追求长生的君主、朝堂争夺的大臣、辛苦劳作的农夫都不如自己这样的"闲官"舒适，"不如来饮酒，相对醉厌厌"，如其二、其五、其六、其七所云：

莫作农夫去，君应见自愁。迎春犁瘦地，趁晚喂羸牛。
数被官加税，稀逢岁有秋。不如来饮酒，相伴醉悠悠。

莫学长生去，仙方误杀君。那将薤上露，拟待鹤边云。
矻矻皆烧药，累累尽作坟。不如来饮酒，闲坐醉醺醺。

莫上青云去，青云足爱憎。自贤夸智慧，相纠斗功能。
鱼烂缘吞饵，蛾灼为扑灯。不如来饮酒，任性醉腾腾。

莫入红尘去，令人心力劳。相争两蜗角，所得一牛毛。
且灭嗔中火，休磨笑里刀。不如来饮酒，稳卧醉陶陶。

　　春日，他教导家中侍女弹奏新乐曲，除了配合曲子演唱《渭城曲》，也唱他自己写的《忆江南》之类的曲子词。他把自己写的三首《忆江南》寄给刘禹锡。刘禹锡也对这类宴会演唱的歌曲兴趣浓厚，知道这种体式的曲子起头有"忆江南""春去也"两种格式，于是依着曲拍作了两首《忆江南（春去也）》寄来：

春过也，共惜艳阳年。
犹有桃花流水上，无辞竹叶醉樽前，惟待见青天。

春去也，多谢洛城人。
弱柳从风疑举袂，丛兰裛露似沾巾，独坐亦含嚬。

　　白居易的园林中有他从太湖带回的赏石，从苏州带回的白莲、小船"青雀舫"，他时常让仆从按苏州的方法制作食物。这些东西常让他想起在苏州当刺史时的江南风光。每次有苏州的故人来访，他都十分高兴。他还保持着在江南形成的一些生活习惯，比如爱吃米饭、水葵、鱼之类食物。他常想起苏州夏至宴会上的"粽香筒竹嫩，炙脆子鹅鲜"，想起水乡"每家皆有酒，无处不过船"（《和梦得夏至忆苏州呈卢宾客》）的风情。

一天，从苏州来京参加科考的程秀才来拜访他，奉上行卷请求他点评。闲聊时他颇为关心苏州的故人、风景，写下一首《池上小宴问程秀才》，问这位苏州人自己家里的风物是否和苏州一样：

> 洛下林园好自知，江南景物暗相随。
>
> 净淘红粒署香饭，薄切紫鳞烹水葵。
>
> 雨滴篷声青雀舫，浪摇花影白莲池。
>
> 停杯一问苏州客，何似吴淞江上时。

他喜欢游览山水、园林，多次去洛阳郊区的平泉、金谷参访友人的别业，欣赏山林之美。韦楚隐居在平泉，喜好练气、修道，白居易应邀在平泉的韦楚家、薛家游览和参加酒宴，对薛家的"雪堆庄"印象深刻。那里有一块白色的大石头，号称"雪堆"，他写下一首《题平泉薛家雪堆庄》：

> 怪石千年应自结，灵泉一带是谁开。
>
> 巉为宛转青蛇项，喷作玲珑白雪堆。
>
> 赤日旱天长看雨，玄阴腊月亦闻雷。
>
> 所嗟地去都门远，不得肩舁每日来。

他一度想买下以白色怪石著称的"雪堆庄"，可思量之后，觉得那里距离城中太远，并不方便，就没有付诸行动。他喜欢到城内外的园林中游赏，曾出入张仲方的林亭、崔玄亮的依仁坊亭台等私宅，以及香山寺、圣善寺、天宫寺、长寿寺等寺庙。

李宗闵得到皇帝宠信，又善于拉帮结派，排挤名望最高的宰相裴度以及不附和自己的翰林侍讲学士郑覃、户部尚书崔从等。裴度年老多病，无意留在朝中与之争斗，便拜托刘禹锡代自己连续作了《让官第一表》《第二表》《第三表》，以生病为由请辞宰相之位。六月，皇帝升裴度为守司徒、平章军国重事。随后，皇帝提拔自己赏识的宋申锡为宰相，与路隋、李宗闵、牛僧孺共同执政。

九月，裴度被免去相位，以守司徒兼侍中之职出任襄州刺史、山南东道节度使，前去坐镇襄阳。友人杨虞卿之前因受下属贪赃枉法之事牵连，被罢官，在家闲居，如今与之交好的李宗闵、牛僧孺得势，他也出来当了左司郎中，成了官场红人之一。十月，因西川节度使郭钊患病，朝廷调义成军节度使李德裕出任西川节度使，他是干才，谙熟民政、军事，去镇守西川也算相宜。为此，又调东都留守崔元略去接任义成军节度使，年老体弱的大臣崔弘礼接任东都留守。

十二月，崔弘礼病逝，在宰相牛僧孺等的提议下，派礼部尚书韦弘景来任东都留守、判东都尚书省事，河南尹冯宿则被召回朝任工部侍郎，又任命白居易为河南尹（从三品），成了主政一方的地方官。牛僧孺与白居易交好，看重他的名声，才有了这一任命。

河南府管辖的县多达二十六个。公务虽然繁多，可这时候的白居易却无心在政事上进取，只是按部就班地应付公事而已。在他看来，积极有为恰恰是在扰民，还不如简政放权，与民休息。节假日，他常常组织游览、酒宴一类活动，虽然身在官署，他宁愿做个身闲心也闲之人，把自己视为半个官场中人。

这时，听闻已经退休的左仆射杨於陵已在京城去世。两家是亲戚，白居易自然去信吊唁，送上一份礼金。

大和五年（831）年初，官署园林中栽种的兰花长出紫色的嫩芽。他十分高兴，写了《二月一日作赠韦七庶子》告诉朋友这个消息：

> 园杏红萼坼，庭兰紫芽出。不觉春已深，今朝二月一。

处理公务之余，他经常在官署的园林中栽花种草、饮酒喝茶，在《营闲事》中记述自己浇花、喝酒、饮茶的悠闲生活：

> 自笑营闲事，从朝到日斜。浇畦引泉脉，扫径避兰芽。
> 暖变墙衣色，晴催木笔花。桃根知酒渴，晚送一瓯茶。

白居易想起在杭州当刺史时，每年春天都去赏梅，去过好几处以梅花著称的地方。他想起在酒宴上一同赏梅的薛、刘二位下属官员以及沈、谢二位官妓，于是写了《忆杭州梅花因叙旧游寄萧协律》一诗，回忆自己与幕僚萧氏一起在伍子胥庙、孤山赏花的情景：

> 三年闲闷在余杭，曾为梅花醉几场。
> 伍相庙边繁似雪，孤山园里丽如妆。
> 蹋随游骑心长惜，折赠佳人手亦香。
> 赏自初开直至落，欢因小饮便成狂。
> 薛刘相次埋新垄，沈谢双飞出故乡。
> 歌伴酒徒零散尽，唯残头白老萧郎。

　　洛阳的牡丹开放时，他也去了几处地方欣赏，履道里的庭院中也栽种了红牡丹。每次看到牡丹花都会让他想起自己刚进入京城的那些日子，记起与好友元稹一起度过的青春岁月。他更喜欢描述"残牡丹""白牡丹"，不愿意夸赞红艳艳的牡丹。他心中始终对时人器重的红牡丹、紫牡丹有一点排斥。或许，这是当年那个倔强的小镇青年对京城流行文化风尚的抗拒心理遗留下来的影响。

　　听说当今皇帝也喜欢牡丹花，常在内殿前观赏花园中的牡丹。三月初，皇帝特地从夹城前去慈恩寺赏花，看到寺中的元果院佛殿东头的围挡上有首裴潾题写的诗（《白牡丹》）：

> 长安豪贵惜春残，争赏先开紫牡丹。
> 别有玉杯承露冷，无人起就月中看。

　　裴潾时任左散骑常侍、集贤殿学士，颇有才情和学问，在朝中以敢谏著称。此诗感叹白牡丹无人关注，别具一格。皇帝吟诵之后，回到皇宫让宫女唱给自己听。等到傍晚时，宫中之人纷纷抄写此诗，成了之后几日长安风传的文雅之事。

　　白居易当下更关心整修花园之类的事情。他闲不住，决定把河南尹官署的园林做些改造。他命人在官署的西池之北整修水渠，堆叠青石，形成一座小瀑布，制造出"石叠青棱玉，波翻白片鸥。喷时千点雨，澄处一泓油"之景。这一道水流向一个新挖的水池，而挖出的泥土则用于在水边修筑高台，其上有一座可以观景、小憩的"水斋"。此处"夹岸铺长簟，当轩泊小舟"，可以让白居易"枕前看鹤浴，床下见鱼游"(《府西池北新葺水斋即事招宾偶题十六韵》)。他经常在此读书或者与幕僚下棋、喝酒。

五月，东都留守韦弘景病逝，朝廷命身体有病的兵部侍郎温造接任东都留守，他到来后成了洛阳品级最高的官员，自然又是一番酒宴。

让白居易意外而伤心的是，秋初，才三岁的独生子阿崔不幸早夭。老来得子，他十分钟爱这个儿子，想一天天看着他长大。不料自己刚过六十岁，孩子却离开，让他感慨自己"文章十帙官三品，身后传谁庇荫谁"(《初丧崔儿报微之晦叔》)。

八月，白居易收到另一噩耗，元稹因为服用丹药，于七月二十二日在武昌军节度使官署得了急病，一天后便暴亡，卒年五十三岁。元稹有三女一子存活，儿子道护年仅三岁，大女儿小迎十来岁，二女道卫、三女道扶还是幼童。

白居易对这位"文友诗敌"[1]的突然故去大为感伤。两人三年前在洛阳分别，当时就有些感慨，不料今日阴阳相隔。一个月后，元稹的灵柩经过洛阳，白居易前去哭吊，作《祭元微之文》，感慨两人"死生契阔者三十载，歌诗唱和者九百章"，还作了三首悼念元稹的诗《哭微之》，说自己写完这三首以后就不再写诗：

> 八月凉风吹白幕，寝门廊下哭微之。
> 妻孥朋友来相吊，唯道皇天无所知。
> 文章卓荦生无敌，风骨精灵殁有神。
> 哭送咸阳北原上，可能随例作埃尘。
> 今在岂有相逢日，未死应无暂忘时。
> 从此三篇收泪后，终身无复更吟诗。

这当然有些夸张，他是性情中人，诗里有些随口说的话，当不得真。元稹故去后，天下与他名声相当的诗文名家便剩下刘禹锡一人。他给刘禹锡写

---

1 （唐）白居易，谢思炜．白居易文集校注·卷第三十二　碑序解祭文记·刘白唱和集解．北京：中华书局，2011，1893。

信，觉得"微（元稹）既往矣，知音兼劲敌者非梦（刘禹锡字梦得）而谁"[1]。

东都留守温造刚来不久，朝廷又调动他去任河阳怀节度观察使，命李逢吉为太子太师、东都留守、东畿汝防御使。这大概是宰相李宗闵的主意，李逢吉当年曾提拔他，如此也算是报答了。

李逢吉到洛阳后，成了白居易的直接上司。白居易与李逢吉一向疏远，从前没有什么交往，加之李逢吉在士林名声不佳，他尽量避免与之见面。假日也尽量去郊外游览，免得在洛阳城与李逢吉在酒宴之类场合相见。

为了散心，九月，白居易到河南府下辖的济源县游览[2]，这里位于洛城北一百二十里，一日可以抵达。他泛舟济源，参观孔山、沁水，观悬泉、坊口，在坊口悬泉对面让随从设置帐幕、屏风，在这里一边欣赏音乐，一边饮酒，从辰时一直待到酉时才离开。枋口堰是温造当东都留守时奏请朝廷刚整修的，之前征调四万人修建了几个月，可以更好地灌溉济源、河内、温、武陟四县的五千余顷田地。身为官员，白居易只有一天假期，只能傍晚匆匆赶回洛阳城，心中想着等退休了再来重游此地。

听说，吐蕃发生内讧，吐蕃君主派驻在维州（今四川里番县）的将领悉怛谋率领三百多部属逃到成都，李德裕派遣下属占据了他们的军事堡垒"无忧城"。李德裕觉得机会难得，上书朝廷请求允许自己乘势出兵攻占维州全境。朝廷讨论此事时，官员大多同意李德裕的建议。但是宰相牛僧孺认为吐蕃辖境广大，攻占维州对他们并无太大影响，反倒可能破坏最近与之达成的盟约，引发一场大战。吐蕃如果派兵从西北的平凉进攻关中，三五日就能逼近长安，不应与吐蕃就此开战。于是皇帝下诏命李德裕把军堡归还吐蕃，将悉怛谋及其部属都押送回吐蕃。李德裕只好奉命行事，吐蕃官员就在边境把悉怛谋等人全部残酷杀害，血流成河。李德裕对朝廷的举措大为失望，对牛僧孺更是心怀怨气。只是，两人一在朝廷，一在地方，各有秉持的理由。据说李德裕对民间私自修建佛寺的举动不满，在西川下令捣毁民间私设的小佛

1　此处文字参考《淳熙秘阁续帖》白居易手稿，常见的《与刘苏州书》此段为"微之先我去矣，诗敌之勍者，非梦得而谁"。(唐) 白居易，谢思炜. 白居易文集校注·卷第三十一　碑志序记表赞论衡书·与刘苏州书. 北京：中华书局，2011，1877。

2　根据赵明诚《金石录》卷十"第一千八百三，唐白居易游济源诗，正书，大和五年九月。冯宿诗附"记载可知这次游览在九月发生。

寺数千个，把这些佛寺的占地都分配给农民。

从京城传来一些闲话。时任检校左仆射兼吏部尚书崔群与刘禹锡、白居易是故交，刘禹锡的儿子刘咸允多年都没有考中京兆府的举人，便想帮刘咸允一把。这年京兆府的主考官是他当年取中的进士张正谟，于是崔群特意把张正谟召至府中，当面拜托他能录取刘咸允为今年京兆府的前十名"解头"之一。京兆府荐送的举人每年多达百人。其中前十名号称"解头"，这些人参加次年春天的进士考试有很大概率被取中。崔群这样叮嘱，是想帮刘咸允考中进士。可是等到京兆府"解试"放榜时，张正谟只把刘咸允放在十名以后的位置取中，没有让他当"解头"。崔群得知后十分恼怒，对看门的奴仆说："张正谟要是再来，不要通报！"这和当时的官场情势有关，崔群与宰相李宗闵、牛僧孺不和，而刘禹锡的官职仅是礼部郎中、集贤学士，并没有什么实权。在微妙的官场关系中，张正谟这样的官员宁可辜负座主，也不敢得罪当权的宰相。

白居易妻子的从兄杨汝士、杨虞卿、杨汉公兄弟与李宗闵、牛僧孺交好，是官场炙手可热的人物。牛僧孺的宅邸在新昌里西北隅，杨嗣复、张仲方、裴向、京兆韦氏的韦端、韦缜等官员都居住在新昌坊，新昌坊以北的靖恭坊住着杨虞卿、杨汝士、杨汉公三兄弟[1]。牛僧孺的大宅和杨虞卿的大宅夹街对门，杨虞卿修建了一座高树架在牛家的墙上，称之为"南亭"。他经常晚上打着灯笼从这里去拜访牛氏，新昌里的人戏称他是"半夜客"，把这个亭子称作"行中书"，意思是这是中书省的临时办公厅堂，牛氏和他会在这里商议政事。杨虞卿倚仗与李宗闵、牛僧孺交好，尤其喜欢拉帮结派，议论人事，仗势干预科考名次、铨选官职。京城官场有"太牢笔，少牢口，南北东西何处走"的说法，太牢指宰相牛僧孺，少牢指谏议大夫杨虞卿。官场中人戏称遭到杨氏中伤是得了"阴毒伤寒"。翰林学士苏景胤、张元夫的影响也不如杨氏三兄弟，以致来京城赶考的年轻士人中流传着"欲入举场，先问苏张；苏张犹可，三杨杀我"[2]的说法。

1　徐畅.白居易与新昌杨家——兼论唐中后期都城官僚交往中的同坊之谊 // 中华文史论丛.2021年第4期，141-164。

2　（宋）李昉，等.太平广记·卷第一百八十一贡举四·苏景张元夫.北京：中华书局，1961，1352。

白居易对杨氏兄弟的名声也有所风闻，虽然和他们是亲戚而且有来往，但是并没有深度卷入他们的朋党密谋。而且，他固然和牛僧孺要好，可是与李宗闵的关系一般，并没有被视为李宗闵的朋党。

十月十二日，刘禹锡接到出任苏州刺史的公文，此时关中、洛阳都下了大雪，道路艰难，他到洛阳后停留了十五天，东都留守李逢吉、河南尹白居易等人先后设宴款待。刘禹锡与李逢吉并无多少交情，写了一首客气的诗歌表达谢意。他与白居易相处就自在得多，两人朝觞夕咏，极平生之欢。最后一天，白居易冒雪在福先寺中为刘禹锡饯行。之前他已经写了《送刘郎中赴任苏州》，当场又作了一首《福先寺雪中饯刘苏州》，刘禹锡则回赠了一首《福先寺雪中酬别白乐天》。喝多了之后，白居易又写了一首《醉中重留梦得》：

> 刘郎刘郎莫先起，苏台苏台隔云水。
>
> 酒盏来从一百分，马头去便三千里。

刘禹锡说自己不久之后也要请求到洛阳来当闲官，作了首《醉答乐天》唱和：

> 洛城洛城何日归，故人故人今转稀。
>
> 莫嗟雪里暂时别，终拟云间相逐飞。

刘禹锡说的倒不是客套话，他家就在洛阳怀仁坊，退休之后肯定要回这里养老。

白居易是相当虔诚的佛教徒，爱与洛阳的僧人来往。他和圣善寺的僧人如信、智如，奉国寺僧人神照、清闲师徒有交往，跟从智如前后九次奉行八关斋戒，连续十五年都没有在斋戒的九月饮酒，号称"自从九月持斋戒，不醉重阳十五年"（《赠僧五首其一钵塔院如大师》《闰九月九日独饮》）。白居易住的履道坊中有一座长寿寺，他经常和寺中僧人清闲谈禅，关系密切。

香山寺位于洛阳城南二十五里处的龙门东山南侧。这里本是武后时期去世的中天竺国僧人地婆诃罗灵塔所在之处，后来梁王武三思上奏在边上设立香山寺。这座大佛寺的建筑修在三层台地之上，依山面水，是龙门山上下十座寺庙中山水风景最佳的一座。白居易经常去香山、龙门游览，和香山佛光寺的僧人如满关系密切。他是南岳怀让门下三世弟子[1]，住在佛光寺东边芙蓉山的一处地方，人称"佛光和尚"。白居易自称"香山居士"，经常和如满一起修行、出游。冬季一天假日，白居易和如满二人从建春门前往香山寺。两人都身着襄笠，在初冬的伊水上泛舟。他们乘的船是江南水乡常见的蓬头小艇，船头覆盖着青幕，船后部有个小灶，小童用铜器煮鱼、煮茶。有个官员卢简辞亲眼见到这一幕，一时传为美谈。

一天，白居易披着新做的绫袄在园林中散步，觉得这件新衣服又轻又暖，比鹤氅、木棉的袄子都舒服。在雪夜，他又一次想到宅院之外的百姓，"百姓多寒无可救，一身独暖亦何情"，期盼"争得大裘长万丈，与君都盖洛阳城"（《新制绫袄成感而有咏》）。他熟悉杜甫的诗句"安得广厦千万间，大庇天下寒士俱欢颜"。在他看来，真正能让百姓温暖的是仁政。之前他在杭州时所作的《醉后狂言酬赠萧殷二协律》就说过："我有大裘君未见，宽广和暖如阳春。此裘非缯亦非纩，裁以法度絮以仁。"问题是，当年他作为杭州刺史无力用"大裘"覆盖杭州人，如今在洛阳，又能怎样呢？今天，大唐的百姓能得到仁政的庇佑吗？

大和六年（832）春天，寒食节前后，白居易频频出洛阳城去踏青，"东郊蹋青草，南园攀紫荆。风拆海榴艳，露坠木兰英"（《六年寒食洛下宴游赠冯李二少尹》）。这种季节，东都留守、河南尹等官员常出面组织酒宴，邀请在洛阳的高官、名人一起到野外赏花、酒宴，还会请歌姬演出歌曲、舞蹈等。

白居易喜欢春秋两季登临天宫寺中的楼阁眺望、酒宴，觉得"每上令人耳目新"（《天宫阁早春》）。到了秋天，八月十日他登临俗称"五凤楼"的应天门城楼，即兴创作了一首《五凤楼晚望》：

> 晴阳晚照湿烟销，五凤楼高天沉寥。
> 野绿全经朝雨洗，林红半被暮云烧。
> 龙门翠黛眉相对，伊水黄金线一条。
> 自入秋来风景好，就中最好是今朝。

1　一说是马祖道一弟子，即南岳怀让的再传弟子，《景德传灯录》（卷6）目录所列马祖法嗣。

应天门是洛阳宫城的正南门，向南就是省部寺各个衙署所在的皇城，可惜自从玄宗末年以后，皇帝便不再来洛阳巡视。这些官署已荒废多年，白居易关心的是更远处的龙门、伊水，想到秋游所见的景色，心情舒畅，觉得今天就是最好的一天。

元稹的家人拜托白居易给故友写作墓志铭，这是元稹生前就曾叮嘱白居易的事情，希望借他的大手笔让自己流芳后世。白居易顾念老友，在《唐故武昌军节度处置等使正议大夫检校户部尚书鄂州刺史兼御史大夫赐紫金鱼袋赠尚书右仆射河南元公墓志铭并序》中大大称誉友人的功绩、诗文。元家送来舆马、绫帛、银鞍、玉带等作为润笔，折合成铜钱价值六七十万。白居易不愿占老友的便宜，给元家仆从退了回去。如此推辞了三次，最后白居易没有办法只好收下，转而把这笔巨额润笔费都捐给龙门香山寺，供它们修缮寺中的亭台楼阁。七月底完工之后，他撰写《修香山寺记》，把这份施舍看作自己与元稹共同做的功德，有了"与微之结后缘于兹土"的念头，打算死后安葬在洛阳龙门寺的佛塔之侧，而不是长安下邽县义津乡的家族墓地。

夏天燥热，一直没有下雨，白居易睡在藤床上还是觉得难受。大太阳暴晒，把洛阳周边田地中的禾苗都烤焦了，许多田地都没有收获。他担忧民众的生活，上书请求皇帝减免税赋，救济民众。官府也因为赋税不足，经济紧张，只能减少发给官吏的补贴。

听说，刘禹锡二月初抵达苏州时，城中到处是田园荒废、饥荒遍野的惨象。去年夏秋苏州接连下暴雨，洪水浸泡城乡，过后许多地方毫无收成，冬春遭遇大饥荒，郊野到处都是饿死的尸体。年近花甲的他顾不上休息，急忙上书请求从常平义仓中拨出十二万石米，忙着开仓赈饥、减免赋役之事。刘禹锡少小生长在江南，对此地深有感情，因此倾力办理，劳心劳力。刘禹锡还是希望有所作为，与白居易的心态有些不同。白居易之前给刘禹锡寄去《忆旧游》一诗，回忆当年在苏州当刺史时，与幕僚周五、殷三，乐伎李娟、张态在虎丘、齐云楼酒宴的风流雅事。刘禹锡作了《乐天寄忆旧游因作报白君以答》寄来，说苏州的乐伎还记得白郡守爱喝酒、爱游览的故事，想起他会流下怀念的眼泪，这让白居易大为高兴。

最热的月份，白居易假日带着幕僚到嵩山的少室山、太室山、龙潭寺、少林寺等处游览、避暑。他利用空闲，把最近一年和刘禹锡唱和的诗作编成

《刘白吴洛寄和卷》一卷，把之前编辑的《刘白唱和集》两卷改为上卷、中卷，以此为下卷。在你来我往的唱和中，他们两人为了争雄，竭力构思隽句，可谓棋逢对手，因此都写出了几篇得意之作。他也以此为荣，把这三卷《刘白唱和集》抄写了几份寄给友人。

八月接到口信，友人、吏部尚书崔群不幸在长安病逝，终年六十一岁。白居易又一次联想到与崔群等人一起当翰林学士的旧事。崔群与刘禹锡也交好，白居易在《寄刘苏州》一诗中感慨"同年同病同心事，除却苏州更是谁"。他们那一辈的文士，渐渐凋零殆尽，真是让人感慨。

九月，他利用十五天授衣假的日子，到香山寺内小住，在那里修禅、斋戒。一晚望着月亮，他又起了死后安葬在这里的念头。"从今便是家山月"（《初入香山院对月》），把这里视为"终老地"（《重修香山寺毕题二十二韵以纪之》）。之前他一直保留着长安新昌坊的那座宅子，除了自己可能回朝中任职，一些亲戚也时不时要到长安赶考、办事，留一处宅子也好有个落脚的地方。如今，他决定常住洛阳并安葬在龙门香山寺，打算卖掉长安的房舍，彻底告别他在新昌坊的那一处"松庭"。

之前，他先后把渭村田庄、庐山草堂、履道里的园林视为终老之处，希望在有树木、流水的地方养老、埋骨，"料得此身终老处，只应林下与滩头"（《池畔逐凉》）。而现在，他确定要把香山龙门寺当作埋骨之处。这里既满足他虔信宗教所感受的"佛缘"，让他免于对死亡、轮回的恐惧，又满足了他亲近林泉、自然的夙愿。香山寺位于山水之间，有山石、泉水、清潭、松树，望得见伊水悠悠、听得到飞瀑淙淙。这里既是林下，也是滩头。

其后，他把家中的笔砚、茶瓯、煮药煎茶的小灶、爱喝的佳酿、爱看的书籍等搬来这个小院，形容这里"家酝满瓶书满架，半移生计入香山"，期望自己能在此修行，死后能转世为在此修行的僧人，即"他生当作此山僧"（《香山寺二绝》）。

十月，白居易请假十天，又去济源王屋山等处游玩了十天。他特地登上灵都山的阳台等处，并不单纯为了观景，还去投龙简，祈求神灵保佑自己能有个子嗣，能健康长寿。白居易渴求子嗣，对生死也有些忐忑。他知道五年前皇帝曾派遣道士赵常盈去天台投简，三年前元稹也曾在会稽山阳明洞投简，他写过《和微之春日投简阳明洞天五十韵》，熟悉投龙简的仪式[1]。在王屋山张道士的操办下，白居易先斋戒数日，在金、玉制作的载体上书写表达祈福消罪愿望的文辞。道士举行斋醮科仪之后，把这份"金简"投入名山洞府，拜山水之灵沟通人神，希冀得到神灵的护佑，达成自己的心愿。

十月二十六日崔群安葬之日，他特地到崔宅送别棺木[2]，之后接到苏州刺史刘禹锡来信，里面有他写作的祭文、诗歌等。白居易写了回信感叹往事，把李绛、崔群、元稹和刘禹锡视为平生最重要的四位友人。可惜去年元稹故去，今年崔群又离世，令人感伤。

侄子景受已经成年，最近白居易给侄子办了婚事，娶了杨鲁士之女为妻。自己的妻子是杨鲁士的从妹，这样算是亲上加亲。杨鲁士虽然也考中了进士，可是仕途没有两位哥哥杨汝士、杨虞卿那样通达。宝历元年（825）他考中了制科第四等，本来可以获得校书郎、畿尉一类官衔，可是不知皇帝从哪里得知外界对杨鲁士的非议言辞，特别告诉宰相说让他去地方当官，不得授予朝廷官职。他因此在仕途上一直不顺，如今的官位仅为检校礼部员外郎而已。

听说，宰相李宗闵、牛僧孺最近失宠了。有人传言，是因为西川监军太监王践言回宫担任知枢密后，给皇帝汇报时大大夸奖李德裕在西川的政绩，谈及悉怛谋归降被拒一事。他认为朝廷那样拒绝吐蕃叛将归顺，导致当地的部族首领不敢再心向大唐，只能死心塌地遵奉吐蕃君主。皇帝听了以后颇为后悔当初听信牛僧孺之言。据说，有一天皇帝在延英殿召见宰相，咨询"天下何时才能太平"。皇帝这是担忧宦官专权、藩镇骄横，而牛僧孺回答说："如今四夷没有侵犯边境，百姓没有流离失所，可谓小康。陛下假若在此之外追求太平景象，恐怕不是臣能辅佐您达成的。"这样的回答，也让皇帝失望，觉得他没有进取之心。也有人说，皇帝颇为欣赏牛僧孺，对他说"卿才类霍光，异日可属大事"[3]。这话让牛僧孺颇为惊讶。因为如今废立的关键由掌握禁军的宦官掌握，皇帝如此夸赞自己，恐怕要引起宦官的疑忌，也有人猜测

---

1 白居易并没有明言自己是为了投简，但是考察白居易一生，似乎并无登临名山观览的特别兴趣，因此他晚年登上王屋山很可能与投龙简有关。

2 上述洛阳大旱及为崔群送终事见白居易《祭崔相公文》及《淳熙秘阁续帖》载白居易《与刘禹锡书》。

3 （清）董诰，等. 全唐文卷七百二十·李珏·故丞相太子少师赠太尉牛公神道碑铭. 北京：中华书局，1983，7407。

皇帝可能有意借助朝臣的力量铲除宦官。总之，牛僧孺心中不安，连续上了三次奏章，请求到外地任职，不愿再当宰相。于是皇帝任命他为淮南节度使，前去坐镇扬州。皇帝又下诏调西川节度使李德裕回朝担任兵部尚书，怕是要任用他为宰相。

白居易听说朝中的这些信息，心中打起退堂鼓。他谨慎小心，觉得自己虽然没有得罪过李德裕，可毕竟被看作亲近牛僧孺的人物，而且自己的亲戚杨氏兄弟也都依附李宗闵，如此境况，还是早点求退，当个闲官为好，免得别人上台之后对付自己。

让他高兴的是，散骑常侍崔玄亮因为生病，请了长假回洛阳依仁坊的家休养。他们是故交，时而相约闲聊。这位老友最近新纳了一位美妾，白居易写诗调笑他"因何临老转风流"（《赠晦叔忆梦得》）。一天晚上黄昏时分，下起了雪，他让仆从在园林中撑开碧毡帐，点燃火炉，打起灯笼，备好二三升美酒，派人带着自己刚写好的一首诗前去邀请崔玄亮，要一起欣赏秦筝《湘神曲》。让他感到遗憾的是，两人都认识的刘禹锡在外地当官，无法一起在洛阳相聚。

白居易是老一辈的名士，年轻的文士要出头，难免说些难听的话。新到任的河南县令李林宗（字直木）也擅长文辞，年轻气盛，对白居易的名声、诗文不以为然。他与同辈士人闲聊时，攻击元稹、白居易的诗歌混杂诗体，有违清正之风，等等。一天他乘坐肩舆出行，恰好遇到河南尹白居易乘马出行。李林宗年纪轻轻就乘坐肩舆，有点自高身份。按照礼节，他作为下属遇见白居易的仪仗队要早早停下，站在街边等候白居易的仪仗队经过之后才能走。可是他却故意等到两队人马靠近了才缓缓下来行礼，显得对白居易不太尊重。李林宗还在参加的聚会中当众讽刺白居易是"嗫嚅公"，挖苦他在朝中谨小慎微，不敢大声说出自己的主张。有士人背后议论白居易，流露出轻视之意。

白居易对这类闲话也有耳闻，只是他已经垂垂老矣，没有心情与这些年轻人计较，没工夫给他们讲述自己当年在翰林学士任上直谏的往事。他也无意与这些年轻官员斗来斗去。一次有人说起李林宗，他笑着说："李直木，就像我养的小疯狗似的横冲直撞而已，何必与他一般见识。"[1]当年的自己，

---

1 （宋）李昉，等．太平广记·卷第一百九十九　文章二·杜牧．北京：中华书局，1961，1493。

也曾横冲直撞过，他觉得这些年轻人的举动也可以谅解。

进入大和七年（833）元月，白居易听闻刘禹锡因为在苏州为官勤谨，是去年政绩最佳的刺史，获得皇帝赏赐的紫金鱼袋。这是三品官员才能佩带的，皇帝每年只赏给政绩最为突出的一位地方主官。白居易特别写了一首诗寄去，祝贺友人。又听说，被贬的杜元颖去年年底在循州病逝，终年六十四岁。他是白居易的同年，一度位居宰相，可惜，最终却因为在西川节度使任上的错误被贬，在遥远的岭南故去，让白居易感慨荣辱的嬗变。

牛僧孺前往扬州做淮南节度使。路过洛阳时，白居易参加迎送的酒宴，从他那里得知一些朝政内幕，得知皇帝有意任用李德裕。不几日，故交李绅也来到了洛阳，这次是从寿州刺史调任太子宾客、分司东都。他怀疑是李宗闵、牛僧孺刻意让自己赋闲。不过，如今与他亲近的李德裕有望入朝担任宰相，说不定他还得到重用的机缘。他比白居易年轻，还有雄心在政坛施展抱负。此时洛阳春光渐入佳境，白居易常约李绅一起去郊外游览，给他介绍自己喜欢的景色、花木。

白居易虽然在政坛颇为独立，可毕竟与杨家兄弟是姻亲，与牛僧孺颇为亲近，也被视为牛、李相关之人。他谨慎小心，担心李德裕为相后政坛又要大起波澜，便主动以自己患病为由上书请假，这样，等超过一百天后就能自动离任。

等到二月李德裕到京城后，皇帝果然拜其为相，与路隋、李宗闵共同执政。据说京城本来干旱多日，这一天下起了大雨，宫廷中戏称李德裕拜相是"李德雨"，视为吉兆。[1] 李德裕入宫感谢皇帝时，皇帝主动提及朝臣中的"朋党"之事，李德裕回答说"今天朝廷一半都是'党人'"。皇帝说："众人以为杨虞卿、张元夫、萧浣为党魁。"显然，皇帝对一些朝臣相互勾结弄权的举动不满，而这些人都是李宗闵、牛僧孺之前举荐、提拔的，他任用李德裕的目的之一就是解决这一问题。

到三月，皇帝下诏把给事中杨虞卿外任常州刺史，中书舍人张元夫外任汝州刺史。一天皇帝与宰相们谈及朋党之事，李宗闵有点自我辩解地说："臣素来知道这种现象，所以臣不给虞卿这类人上好官职。"李德裕反驳说："给

1　傅璇琮 . 李德裕年谱大和七年癸丑（八三三）四十七岁 . 北京：中华书局，2013，212。

事中、中书舍人不是上好官职的话，那什么官职才算！"给事中、中书舍人是中级官员人人羡慕的皇帝近臣，李宗闵心知肚明，听到这话难免脸色一变。随后皇帝又下诏把给事中萧浣外任郑州刺史。如此一来，李宗闵失宠的风向已明。

河南县令李林宗为人轻狂，不知天高地厚，三月被御史检举有低价购买商人缣帛的罪行，很快就被贬谪到远方去了。这样昙花一现的人物，白居易这几十年见得多了。

四月二十五日，到了一百天的期限，白居易自动离任河南尹，把信印、事务移交之后，心情轻松地回到自己家中闲居。朝廷任命散骑常侍严休复接任河南尹，而白居易则再度被授予太子宾客分司东都的闲职。

又一次当了闲官，可以远离朝堂的争端，白居易心满意足，乐得在家中闲居。他在南池边修筑了一座建筑，经常在此观景，看着水中游动的龟、鱼，觉得自己与它们一样是"池中物"，而非大海中腾云驾雾的蛟龙，在这一方小世界中尽享逍遥自在。不再当河南尹，也就不必住在官署，可以在家中招待亲友。他喜欢在月色下开宴、赏月，听妙年乐伎菱角奏笙簧、谷儿抹琵琶、红绡舞蹈、紫绡唱歌。相比裴潾那样第一流士族高门的豪宅，他觉得自家的园林只能算是"小庭""小院"，月色、花朵之美却不比他家逊色。他对来家中做客的友人感慨"小庭亦有月，小院亦有花。可怜好风景，不解嫌贫家。菱角执笙簧，谷儿抹琵琶。红绡信手舞，紫绡随意歌。村歌与社舞，客哂主人夸。但问乐不乐，岂在钟鼓多"（《咏兴五首》其五）。

太子左庶子分司东都裴潾住在洛阳最东南角的仁里坊，他家的蔷薇花入夏才渐次开放，比别人家的花开得晚。他邀请白居易等人到家中赏花、酒宴，刚就任太子宾客闲职的白居易来到他家的庭院，见木架上爬着蔷薇花的枝条，开着许多小花，写了一首长诗《裴常侍以题蔷薇架十八韵见示因广为三十韵以和之》称赞他家的蔷薇花之繁盛，气味之美妙。此时裴潾已经接到诏书，要回朝担任左散骑常侍、集贤殿学士，所以这也算是告别的酒宴。

裴潾出身著名的河东裴氏，是洛阳最声名显赫的家族之一。他的高曾祖、高祖、曾祖、祖父、父亲五代人都曾担任河南尹。其中祖父裴宽（681—755）的故事最为传奇。高宗末年受命辅佐中宗的宰相裴炎被武后杀害后，裴炎的同宗近亲都被免官，子孙被禁止参加科考。裴宽带着几个弟弟在洛阳城的东南郊经营自家的东溪别业。东溪是发源于万安山北麓的一条小河，在洛阳的东南郊流入伊河。官府在东溪流入伊河的交口西北侧开凿了一条人工水渠，引伊水入洛阳城。这条人工渠道和东溪基本平行，与伊河形成十字交叉，人们便把这条人工渠道称为"东溪"。这里两岸柳树依依，是洛阳人春天踏青赏景的有名去处。裴宽很有头脑，他在东溪的田庄养马，靠卖马赚来的钱把洛阳的仁和里整个里坊买下，让兄弟子侄都住在这个坊中。中宗、睿宗即位后给裴家平反，裴宽的兄弟全部考中明经，出任官员。裴宽担任河南尹时，玄宗曾到他家的东溪庄园游览，亲笔写下"德比岱云布，心如晋水清"的诗句，并给东溪庄园赐名"清洛苑"。从此，这里就成了洛阳有名的私家园林和庄园。清洛苑中修有别墅、湖泊、柳树、绿竹，还有一座孤峰独秀的小山"天平山"。裴宽是虔诚的佛教徒，是禅宗高僧普寂大师的俗家弟子，在天平山上修了寺院天平寺，先后请普寂、一行等人到清洛苑中讲法。这处别业传到裴潾手中时，依旧是洛阳的名园之一，白居易以前就应邀去游览过。

在李德裕的建议下，皇帝调整了御史大夫、吏部侍郎等官职，白居易的亲戚杨汝士由中书舍人改任工部侍郎。到了六月，失宠的宰相李宗闵被外派担任山南西道节度使。尚书右仆射、诸道盐铁转运使王涯被任命为宰相，与路隋、李德裕共同执政。王涯就是当年导致白居易被贬为江州司马的落井下石者。

从此，朝中形成了李德裕入朝为相则牛僧孺、李宗闵的朋党成员被贬，而牛、李党成员入朝为相则亲近李德裕的官员被贬的格局。官员们因为血缘、婚姻、座主门生、亲朋故友、乡党、同年以及政策观点的不同，形成了各种大大小小的集团。如今李宗闵是一党，李德裕被视为另一党，其实他们身边各自都有一批亲近者，是各种人际关系交织构成的松散集团，并没有特别严密的组织，也没有一致的政策观点。可是，种种原因形成了李宗闵一党得势就打击与李德裕亲近的官员，李德裕一党得势就排挤亲近李宗闵的官员的局面。闰七月，太子宾客李绅调任浙东观察使，前去越州，白居易也参加了钱别活动，还写了赠别诗。

宰相李德裕得到皇帝宠信，在政策上自有主张，比如他认为现在的士人重视诗赋而轻视经学，是舍本逐末，所以建议更改进士科举考试内容，改为先考帖经，通过者再考议、论两篇，取消诗赋考试。他还主张让十六王宅的宗室王公"出阁"去担任各州的长史、司马之类官员，皇帝一度赞同此议，但是并没有真正推行。

九月，白居易为了守斋，前去龙门的佛寺借宿了一个月。其间，也在东都当闲官的太子宾客张仲方、著作郎舒元舆来龙门。他用自己的家酿招待他们，乘船游览了三四天。他们都擅长诗文，白天一起游览，晚上闲聊诗文、掌故，经常一边饮酒一边聊天到天亮时分。最后他写了一首长诗《秋日与张宾客舒著作同游龙门醉中狂歌凡二百三十八字》，说"丈夫一生有二志，兼济独善难得并。不能救疗生民病，即须先濯尘土缨"，以"龙门醉卧香山行"的闲人自居。

张、舒二人都不为当今宰相所喜，被排挤到洛阳当闲官。张仲方得罪的是李德裕。张氏早年与吕温友善，元和三年吕温因弹劾李吉甫交通术士被贬，他也受到牵连被外派出任金州刺史。元和十二年朝臣讨论李吉甫（李德裕之父）的赠谥时，时任度支郎中的张仲方认为当时朝廷连年用兵的始作俑者就是李吉甫，反对给他美谥，惹怒了宪宗皇帝，被贬为遂州司马。后来回朝，逐渐升为左散骑常侍。李德裕为相后，张仲方主动请求外任，来到了洛阳。舒氏则是不容于李宗闵。他擅长文辞，之前写了八万字的长文自荐。当时的宰相李宗闵觉得他为人浮躁，不可重用，把他分派到洛阳当闲官。

当今皇帝为人简朴，有心重振朝纲，可是他没有什么谋断，既不满牛僧孺、李宗闵，也不满李德裕，近来亲近郑注、李训两个。郑注出身贫寒，本是江湖游医，因为给襄阳节度使李愬诊治疾病得到赏识，被辟为节度使的下属"衙推"。他擅长出谋划策，颇受李愬信任，后来得到徐州监军王守澄的赏识，随他入京。王守澄把他推荐给穆宗皇帝，出入宫廷，成了官场中一号人物。听说当今皇帝最近患了风疾，难以说话。王守澄引荐郑注进宫给皇帝调制药剂，皇帝服了药以后效果很好，从此大受皇帝赏识。李训是李逢吉的从子，考中进士以后历任太学助教、河阳节度使掌书记，从前因为诬陷宰相李程一案被流放象州。当今皇帝登基之后大赦天下，他才得以回到洛阳家中，与权宦王守澄的亲信谋士郑注往来密切。传说东都留守李逢吉将价值数百万的金帛珠宝交付李训，让他去长安贿赂郑注，希望王守澄、郑注帮助自己再次成为宰相。王守澄便以郑注善于炼药、李训善讲《周易》为由，将他们两人引荐给皇帝。李训目前正在给父母服丧，按礼制应该穿着孝服、不得外出。

他却穿着平民服装，自称"王山人"，与郑注出入禁中，成了皇帝的亲信。舒元舆热衷仕途，据说与李训交好，不久之后就得到李训的推荐，入朝出任左司郎中，白居易当然按照惯例写了赠别诗。

苏州刺史刘禹锡听说白居易养的一只鹤病死了，托人给白居易送来一只华亭的丹顶鹤，为他的南园增色。白居易作《刘苏州以华亭一鹤远寄以诗谢之》表达谢意：

> 老鹤风姿异，衰翁诗思深。素毛如我鬓，丹顶似君心。
> 松际雪相映，鸡群尘不侵。殷勤远来意，一只重千金。

白居易编辑整理《刘白唱和集》三卷并寄给几位友人，流传颇广，让令狐楚心动，主动写信给刘禹锡，建议也把两人的诗歌编辑整理一下。他或许也是想以此让自己的诗歌流传下去。刘禹锡利用空闲时间整理诗文，把自己与令狐楚彼此唱和的百余篇诗歌编成《彭阳唱和集》。之后，又把自己与李德裕任西川节度使的时候的唱和之作编为《吴蜀集》。李德裕虽然并不是进士出身，可是也娴熟诗文，时常与刘禹锡、李绅等唱和。

年底，河南尹严修复离任，朝廷任命给事中王质来任河南尹。他是白居易的故交，来洛阳当然也有往来。冬末下了一场大雪，冷风扑面，白居易戴着给耳朵保暖的夹帽，穿着厚厚的裘袍，在斋堂的炉火前饮酒，突然想到外面街道上的众多寒士、百姓，不知他们是否有柴烧火，是否甑里有酒。穷困之人众多，恐怕"如我饱暖者，百人无一人"（《岁暮》）。他有些惭愧，却也无能为力，只能在诗里感叹几句。皇帝、宰相都没有办法救助他们，自己一介闲官，又能如何？

大和八年（834）春天，杨柳飘摇之时，洛阳的乐伎流行演唱从江南传来的《杨柳枝》。对音乐敏感的白居易在酒宴上听一个妙龄小妓演唱了几曲，他觉得"辞章音韵，听可动人"，于是参考这个曲调写了首《杨柳枝二十韵》赠给这位女子。诗中记述她的姿态是"绣履娇行缓，花筵笑上迟。身轻委回雪，罗薄透凝脂"，演唱时"乐童翻怨调，才子与妍词。便想人如树，先将发比丝。风条摇两带，烟叶贴双眉。口动樱桃破，鬟低翡翠垂。枝柔腰袅娜，黄嫩手葳蕤"，声音则如"唳鹤晴呼侣，哀猿夜叫儿。玉敲音历历，珠贯字累累"。

在苏州的刘禹锡也爱听乐伎演唱《杨柳枝》，写了十二首可以搭配曲子演唱的《杨柳枝》交给乐伎演唱，又把白居易的《板桥路》那首诗的词句"梁苑城西二十里，一渠春水柳千条。若为此路今重过，十五年前旧板桥。曾共玉颜桥上别，不知消息到今朝"改编为曲子词：

> 春江一曲柳千条，二十年前旧板桥。
> 曾与美人桥上别，恨无消息到今朝。

听说，当今皇帝喜欢经史、诗文，尤其喜爱卢纶的诗，曾经在闲聊时问侍从的大臣："卢纶的文集有几卷？有子弟吗？"李德裕回答说："卢纶有四子，都考中了进士，如今在朝的员外郎卢简能、侍御史简辞就是他的儿子。"于是皇帝派遣宦官到他们家，令其整理父亲的诗文进呈。卢简能把自己搜集的五百篇诗文一起进献，得到皇帝的表扬。

二月最后一天，白居易到龙门的香山寺，打算在这里修行度过三月的斋戒。山间的梨花已经开满枝头，他心中喜乐，经常去奉国寺与神照禅师谈禅、静坐。数日后，听闻朝廷召太子太师、东都留守李逢吉回朝出任左仆射兼守司徒，他因为年老而且脚上有病，无法按时朝谒，上书请求以司徒的官衔致仕。朝廷又命守司徒兼侍中、山南东道节度使裴度到洛阳充任东都留守。这个官职的主要职责是巡视宫殿、督训守卫、拜表、行香而已，实际也是闲职。

白居易与裴度关系较为亲近，所以裴度到了洛阳以后，经常与之往来。裴度年已七十，无心政事，亲自指挥工匠整修自家在集贤里的园林，构筑假山，开凿池塘，建风亭水榭、梯桥架阁，打算在洛阳安度晚年。秋天，他的园林改造完毕之后，数次邀请白居易等友人前去喝酒、赏宴。这个大园林中有平津池、南溪、北馆、晨光岛、夕阳岭、水心亭等景点，登上假山可以眺望洛阳城外的远山，论规模、风景，当然要超出白居易的宅邸。

集贤坊与白居易住的履道坊之西仅一街之隔，白居易经常去那里赴宴。他计算从自己家走到那里仅需一百三十步。有时候白居易喝多了就留宿在裴家。他觉得自己的南园如果有人的感情，可能会不满自己频频外出，于是模拟南园的口气写了首游戏之作，抱怨主人为什么频频去西边的集贤坊游览，又以自己的口气写诗回答南园的质问，解释说自己爱好游览才如此。他作了四首互问互答的代言诗歌，让南园与自己辩论，最后以《重戏答》总结：

> 小水低亭自可亲，大池高馆不关身。
>
> 林园莫妒裴家好，憎故怜新岂是人。

纵然别人家的园林有大池、高馆，也还是自家的庭园最可亲。多年相处下来，他觉得南园犹如自己的朋友，彼此有了依恋。别人的园林与自己并没有切身的关系，并没有那份长期相处才滋生的感情。

见裴度修建园林的举动，白居易也心痒，为了让宅院西墙外的那段伊水渠好看一些，他"雇人栽菡萏，买石造潺湲"，即堆叠石块形成"石滩"，从此可以看到水激石块，听到水声潺潺。他还命人依西墙修建了一座小楼（又名"西楼"），可以扶着二楼的朱槛欣赏墙外这段水渠的莲花、石滩，"影落江心月，声移谷口泉"（《西街渠中种莲叠石颇有幽致偶题小楼》）。外人都笑话他竟然自己出钱改造公用的水渠，家人也觉得他这样做有点浪费，可是他依然故我。他很喜欢西园的泉石之趣，常在这里举行酒宴招待亲朋好友。

一天，收到在宫廷当翰林供奉的曹刚供奉寄来《蕤宾》《散水》两支新曲子的曲谱，他作了一首《代琵琶弟子谢女师曹供奉寄新调弄谱》：

> 琵琶师在九重城，忽得书来喜且惊。
>
> 一纸展看非旧谱，四弦翻出是新声。
>
> 蕤宾掩抑娇多怨，散水玲珑峭更清。
>
> 珠颗泪沾金捍拨，红妆弟子不胜情。

洛阳的官僚、士人都知道白居易爱赏花，所以谁家园林中有特别的花木开放，都邀请他前去观赏，希望他能作诗赞誉一番。一日，他应令狐楚的儿子之邀去他家宅邸，欣赏盛开的木兰花，他当场写了一首《题令狐家木兰花》：

> 腻如玉指涂朱粉，光似金刀剪紫霞。
>
> 从此时时春梦里，应添一树女郎花。

几个友人记挂着他，夏日苏州刺史刘禹锡寄来酿酒的糯米，在绍兴的浙东观察使李绅寄来乐人穿戴的银泥舞衫。九月桑叶凋零时，他家的酒酿好了。他一边品尝着新酒，一边欣赏着杨柳枝歌舞，作了一首诗赠给二人，再次表达谢意。不久之后，听说刘禹锡调任汝州刺史，离洛阳倒是近了些。李德裕举荐了韦楚，皇帝下诏授予他左拾遗的官职，但是韦楚无意为官，推辞没有就任。如此看来，还是宰相的举荐有效，两年前河南尹白居易也曾上表举荐韦楚，皇帝、宰相并没有理会。韦楚的哥哥韦长仕途亨通，如今已是京兆尹兼御史大夫。

白居易整理自己来洛阳五年所作的四百三十二首诗歌，七月写了篇《序洛诗》，感慨其中除了十多篇丧朋哭子之诗气味悲凉，其他作品都"闲适有余，酣乐不暇，苦词无一字，忧叹无一声"。他觉得这既是因为自己在这里当闲官"家给身闲""省分知足"，也得益于与美酒、音乐、山水风月为伴，幸亏自己生活在当下的"治世"。可是要说他已经完全忘掉世间事，也并非如此。之前他看到南池的白莲花盛开，从江南的白莲被移植到洛阳联想到西凉的士人、百姓，安史之乱后吐蕃趁唐军回撤平叛，攻占了甘州（今甘肃张掖）、瓜州（今甘肃瓜州）、凉州（今甘肃武威）等地，许多人在那里生活了两三代，恐怕已忘记了故土、君亲。

长安的朝廷也并不安乐。如今，皇帝倚重心腹李训、郑注，八月时他想任命李训为谏官、翰林学士。据说宰相李德裕直言李训是奸邪，不宜充任侍臣。皇帝只好任命此人为国子监四门助教。郑注在朝臣眼中是个依附宦官弄权的小人，侍御史李款、司门员外郎李中敏先后上书请求惩治此人，可是皇帝不为所动。郑、李二人憎恨李德裕阻止皇帝任用自己，劝皇帝从兴元召回李宗闵。皇帝果然十月任命李宗闵为宰相，把李德裕外派担任山南西道节度使。同一天皇帝就提升李训为国子监《周易》博士，充任翰林侍讲学士，从中可见皇帝的偏向。一些朝臣上书请求留李德裕在朝，李德裕也上书请求留在朝廷，于是又改任他为兵部尚书，免去宰相之位。不过，失宠之人很难留在朝中，到十一月，皇帝终究还是外派李德裕出任镇海军节度使、浙江西道观察使。

朝臣之间拉帮结派、明争暗斗，让当今皇帝也感到为难，不禁叹道："平定河北藩镇之乱容易，而想平息朝中党争却很难啊。"朝中又是一番人事调整。擅长写诗的姚合也被外派担任杭州刺史。路过洛阳时，白居易参加了饯别的宴会，写了赠诗。两人自从大和元年以来偶有来往。姚合的诗风靠近韩愈、孟郊，与贾岛等下层文士交往密切，与白居易的兴趣不同。常州刺史杨虞卿因与李宗闵亲近，则被调回朝中出任工部侍郎，太子宾客分司东都张仲方也回朝担任左散骑常侍。

冬天每次下雪，裴度都派人来邀白居易到官署或者住所饮酒、赏乐，一同听乐伎演唱《杨柳枝》。对裴度，白居易当然敬佩，他在政坛功成名就，如今享受"自由身"优游林下。自己能与之同游，也是幸运的，只是，他心中始终有点遗憾，自己没有能如裴度那样当上宰相，没有做出什么大功业，最光荣的时候或许就是之前当翰林学士、中书舍人，是皇帝身边的文学侍从之臣。

大和九年（835）正月，听说皇帝读杜甫《曲江辞》中的"江头宫殿锁千门，细柳新蒲为谁绿"，大为感叹。曲江边原来有许多柳树和宫殿楼阁，安史之乱后那里的楼台大都被毁，只剩下柳枝依旧袅袅婷婷。侍御史郑注为人机巧，他揣摩皇帝想在曲江建造亭榭宫室，便以关中有灾，需要修建工程禳灾的名义建议在曲江修建楼台。于是皇帝以此为由，命左右神策军疏浚曲江、昆明池，修造了紫云楼、彩霞亭等几处楼台，皇帝去观赏时大为欢喜。从此郑注越发受皇帝信重。

皇帝的弟弟巢县公李凑（原来的爵位是漳王）薨逝，被追赠为齐王，已经退休的司徒李逢吉也病逝了。三月，尚书左丞王璠、户部侍郎李汉因与浙西观察使李德裕有嫌隙，诬陷说李德裕大和三年在浙西时私自结交漳王李凑的保姆杜仲阳，图谋不轨。皇帝便下诏以这个罪名把李德裕降职为太子宾客分司东都。杜仲阳本是镇海节度使李锜的侍妾，后李锜因为谋反被杀，家属都发配到掖庭当下人。因缘际会，杜仲阳得到宪宗宠爱，之后又被穆宗指定当漳王李凑的保姆。杜仲阳是润州人，被放出宫廷，李德裕奉命妥善安置，而当时他已经离任，只是在路上行文让下属具体处理而已，连人都没有见过。

王涯现在贵为宰相，依旧喜欢落井下石。他说去年皇帝生病时，自己招呼朝臣入宫问安，李德裕却借故没有参加。于是，十多天后皇帝又下诏贬李德裕为袁州长史。宰相路隋是李德裕亲家，在皇帝面前为李德裕说情，也遭到郑注等人的嫉恨，游说皇帝把路隋排挤出朝，去当镇海军节度使，甚至不给依例可当面辞别皇帝的待遇。一个宰相遭到如此对待，心中的郁闷可想而知，他在半途就病逝了。

白居易对这些消息有所耳闻，对政坛的争斗更是暗生戒心。李宗闵得势，想要召他回朝任职。毕竟，白居易是名士，可以装点门面。但是白居易无心回朝任官，他写了一首《寄李相公》推拒对方的好意：

渐老只谋欢，虽贫不要官。唯求造化力，试为驻春看。

他说自己已经年老，只想安享晚年，不想回朝劳累。如果"造化"真的存在，自己唯独希望能把春光或者青春留下，却并不觉得继续回朝当官对自己有什么好处。

他乐得与裴度等人在洛阳游览、饮宴，应邀给裴度的园林写了一首一百句、五百字的长诗，称颂那里的景致和裴度的功名、情怀。裴度"十授丞相印，五建大将旗。四朝致勋华，一身冠皋夔"，的确是当代名臣，让未能当上宰相的白居易心中有些羡慕。他觉得自己没有立下什么可以值得夸耀的大功绩，只能以"诗魔"自称，以诗文名世，在《醉吟二首》中他感慨自己"两鬓千茎新似雪，十分一盏欲如泥。酒狂又引诗魔发，日午悲吟到日西"。

时不时从京城传来各种消息。四月，皇帝召浙西观察使贾𫗧回朝为相，与李宗闵、王涯共同执政，又任命自己近来颇为宠信的郑注为太仆卿。在李宗闵的主导下，刚入京担任工部侍郎的杨虞卿出任京兆尹，而浙东观察使李绅受到排挤，调任太子宾客、分司东都，夏末又来到洛阳，成了闲官。他与白居易是旧交，见面之后当然也是畅叙一场。

六月，京城盛传一则谣言，说郑注正在为皇帝炼制金丹，里面有一味药材是小儿的心、肝，皇帝下旨秘密抓小孩挖取心、肝。这则谣言风行长安，百姓家家都锁上门，不敢让小孩外出玩耍。有关的风言风语传入宫廷，皇帝听说以后大为不满。御史大夫李固言说这是京兆尹杨虞卿的从人传布的消息，皇帝立即命令逮捕杨虞卿。他的弟弟杨汉公、儿子杨知进等杨氏子弟八人到朝堂敲鼓鸣冤，皇帝才下诏让杨虞卿暂且回家。第二天宫中下诏贬杨虞卿为虔州司马。宰相李宗闵入宫为杨氏辩解，遭到皇帝怒斥，第二天被贬为明州刺史。皇帝提拔御史大夫李固言为宰相，与王涯、贾𫗧共同执政。

据说，郑注在皇帝面前诋毁李宗闵，皇帝因此开始厌恶李宗闵及其党羽。七月，郑注又指控李宗闵以前在吏部侍郎任上勾结驸马都尉沈㻲，以重金贿赂宦官杨承和、韦元素、王践言以及大明宫女学士宋若宪得以拜相，还查出他们来往的信笺。皇帝见到信笺以后大怒，他最忌讳朝臣与宫内之人勾结，于是下诏把李宗闵追贬为处州长史，杨虞卿追贬为虔州司户，又把李宗闵的党羽吏部侍郎李汉、刑部侍郎萧浣贬为刺史。八月，又贬谪李宗闵为潮州司户参军，把宋若宪以及已遭流放的左神策中尉韦元素、枢密使杨承和、王践言三位宦官赐死，还把另一位已经亡故的宦官崔潭峻剖棺鞭尸。其实，李宗闵能靠宦官说好话任相，根源是皇帝自己耳根子软，容易听信亲近之人的言论。皇帝不反躬自省，又一次迁怒于人。

短时间内李德裕、路隋、李宗闵三位宰相去位，而大受皇帝信重的国子博士李训却升为兵部郎中、知制诰、充翰林侍讲学士，太仆卿郑注升为工部尚书、充翰林侍讲学士。朝中凡是得罪郑注、李训之人，如侍御史李甘、户部侍郎李钰、中书舍人高元裕纷纷被贬。一时间官场人人自危，加上八九月份一直阴云密布，民间议论纷纷，觉得天象有点异常。为了安定人心，皇帝在九月下诏宣称已经"扫清朋附之徒"，"应与宗闵、德裕或新或故及门生旧吏等，除今日已前放黜之外，一切不问"[1]，即宣布不再追究其他人的罪责。不过，这篇诏书也等于公开宣示李宗闵、李德裕两人是两派朋党的首领。

在洛阳闲居的白居易听人谈起朝中的这些纷扰，写了首《诏下》记述"昨日诏下去罪人，今日诏下得贤臣"的情形。他庆幸自己在洛阳可以置身事外，"我心与世两相忘，时事虽闻如不闻"。让他高兴的是，今年河南粮食丰收，大家都能吃饱饭。他让人在南池边修筑了一座可以观景的小土台，"新树低如帐，小台平似掌。六尺白藤床，一茎青竹杖"（《小台》）。他爱坐在藤床上，解开衣带面西而坐，感受清风的吹拂。信佛的他还找工匠修造了一尊石经幢，立在南园中。红幢上刻有《佛顶尊胜陀罗尼经》《大悲心陀罗尼经》和他自撰的题记，愿见闻此幢、念诵经文之人都能脱离苦海，往生极乐。

之后，刚成为宰相的李固言也被排挤出朝，去担任山南道节度使。郑注则被任命担任凤翔节度使，在距离长安很近的地方掌握军权。皇帝把李训以

---

1 （后晋）刘昫，等.中华书局编辑部.旧唐书卷十七下　本纪第十七下　文宗.北京:中华书局，1975，560。

及依附李训的御史中丞舒元舆分别擢升为刑部侍郎、礼部侍郎，任命他们两人为相，与王涯、贾𫗧共同执政。李训一年多时间就从被流放之人升为宰相，可谓本朝的一大异事，别人只能羡慕他"奇人奇遇"。皇帝经常召他讨论政务，王涯等三位宰相都是应声虫而已。宫中的中尉、枢密、禁卫诸将见到李训也都要提前迎拜、叩首，与他亲近的官员纷纷得到提升。为了显示大公无私，李训说服皇帝让年老的东都留守、司徒兼侍中裴度兼中书令，提升有声望的令狐楚为左仆射、郑覃为右仆射，以示尊崇老臣。一些士人因此赞誉李训，觉得他执政似乎颇有章法。

李训、郑注得到皇帝倚重，秘密建言要"先除宦官，次复河湟，次清河北"[1]。依其策略分三步实施就可清平天下，创造盛世。他们一方面设计提拔宦官仇士良以制衡王守澄，并设计杖杀襄阳监军陈弘志，鸩杀王守澄等宦官；另一方面在朝中赶走李德裕、李宗闵两派的要员，起用派系色彩不怎么明显的、有声望的官员出任要职。他们下诏调同州刺史杨汝士回京任户部侍郎，命白居易接任同州刺史。同州刺史兼任同州防御使，负责镇守潼关，地位十分重要。可白居易不愿离开洛阳去肩负重任，不愿卷入朝廷争端，以患有痛风、双脚行动不便为由竭力推辞。

他上表推辞之后，朝廷便调同样以诗文著称的汝州刺史刘禹锡出任同州刺史，十月改命白居易为太子少傅、分司东都。这依旧是闲职，却是从二品，月俸有百贯之多。太子少傅品级高而无实际公务，他便自称是"月俸百千官二品，朝廷雇我作闲人"（《从同州刺史改授太子少傅分司》），过着亦官亦隐的闲散生活。

刘禹锡上任途中经过洛阳，与裴度、白居易、李绅聚会一场。几人纷纷作诗，刘禹锡在诗中期待裴度能再度出山为相，自己能得到他的照应。可惜，裴度老迈，无心政事，没有多大兴趣再去长安执政。

如今，朝廷举措失当之处甚多。比如郑注为了增加财政收入，建议官府直接管理茶园、制作茶叶，以此垄断茶叶产业的收益。于是十月皇帝命宰相王涯兼任榷茶使，下令朝廷专营茶叶的焙制与贸易，禁止私人种植茶树，下令地方官府把私人茶山上的茶树都强行移栽到官府直接管理的"官场"，否则

---

1 （宋）司马光，（元）胡三省．标点资治通鉴小组．资治通鉴·卷第二百四十五 唐纪六十一·文宗元圣昭献孝皇帝中·九年．北京：中华书局，1956，7905。

都要烧掉，闹得产茶的浮梁、婺源、祁门、德兴、睦州、寿州霍山、舒州天柱山、蕲州蕲门等地沸沸扬扬，几十万茶农、茶商的生计受到影响，怨声载道。

白居易忙着处理家事，把女儿阿罗嫁给了一位监察御史谈弘谟，又卖掉长安新昌里的宅邸，不再想念长安那座"帝都名利场"的风光，打算自己以后就安葬在洛阳龙门香山。

他在元稹帮忙编辑的《白氏长庆集》五十卷的基础上，把自己近年创作的诗文新编辑为十卷，并改命文集之名为"白氏文集"，共六十卷，共计两千九百六十四篇诗文。他想起当年东林寺长老请求收藏自己的诗文集，就让人抄写了一套送往庐山东林寺保存。在信中他叮嘱僧人应该依照对待慧远文集的旧例，"不借外客，不出寺门"，即外人可以来寺中欣赏、阅读、抄写这些诗稿，但是不得带出佛寺。

十一月，京城传来惊人的大新闻：李训、郑注掌权之后密谋除掉掌握禁军的宦官集团，本来计划在王守澄安葬之日让郑注带兵诛杀送葬的宦官，可是李训不愿郑注独自立下大功，决定依靠自己的亲信在皇宫解决问题。十一月二十一日这天，在紫宸殿早朝时，左金吾大将军韩约向皇帝奏报，他的部下在左金吾大厅后的石榴树上发现了甘露，这是"祥瑞"。随后皇帝在含元殿召见宰相、两省官员，让他们去检验甘露的真伪。李训带着众人回来后上奏"臣与众人检验，并非真的甘露，不可贸然宣布消息"。皇帝便让神策军左、右中尉仇士良、鱼志弘率宦官前去查看，那里已经埋伏了军士。宦官们刚走进左金吾大厅，发现韩约神情慌张，额头冒汗，情况异常。仇士良因此警觉，恰巧又有风吹起帷幕，露出埋伏的士兵的身影。仇、鱼二人觉得情势危急，转身跑回含元殿向皇帝报告。他们护送皇帝进入内宫宣政门，关闭宫门固守，仇士良等人这才意识到，皇帝也与这一密谋有关，出言责怪皇帝。面对他们的指责，皇帝惭愧而恐惧，不敢多说什么。仇士良等命左、右神策军一千人到南衙的中书省、门下省和朝廷各部门大开杀戒，杀死官吏一千六百多人，可谓血洗长安。据说王涯仓皇逃出中书省，在永昌里一处茶肆被禁军逮捕，他家也被乱军、乱民洗劫一空。王涯收藏了众多书籍、法书、名画，可惜抢劫者不识货。他们抢走书画卷轴上的金玉牙轴、锦缎之类，把有文字、图画的部分尤其是纸张丢弃在街道上，任人践踏，让识货之人大叹可惜。

王涯、舒元舆两位宰相及河东节度使王璠、邠宁节度使郭行余、京兆少尹罗立言、左金吾卫大将军韩约等朝廷重要官员都被逮捕关押在禁军军营。

禁军拷打王涯，让他自己写供状承认与李训发动政变，阴谋立郑注为帝。这是"大逆"的罪名，自然要死一批人。第二天早朝时，仇士良呈上王涯手书的供状，皇帝当然清楚这件事的内幕，只能无奈地说："诚如此，罪不容诛！"命令狐楚、郑覃留宿中书，参决机务。令狐楚负责起草制书向朝野宣告王涯"反叛"的罪名，他也知道其中可疑之处甚多，只能浮泛地陈述王涯、贾餗谋反之类套话。长安坊市内的恶少趁机结成团队杀人掠货，到处都烟尘滚滚。左右神策军将领杨镇、靳遂良各自率领五百人到街道上击鼓警告，斩杀十余人，街道才略微安定下来。之后出逃的宰相贾餗投案，代理御史中丞李孝本被捕，李训被斩首。

随后左神策军三百士兵押送李训的头颅和王涯、王璠、罗立言、郭行余；右神策军三百士兵押送贾餗、舒元舆、李孝本，先去太庙、社稷坛告罪，然后在东、西两市巡回展示。许多百姓怨恨王涯的榷茶政策，大声咒骂他，有人扔石头、瓦片砸他。他一边走一边头上流血，令人唏嘘。之后，这些人都被押到有名的独柳树街口腰斩，百官都在场观看，然后这些"罪人"的头颅被挂在兴安门外展示。这些高官都遭族诛，还没有死亡的妻女没为官婢，受株连被杀的人达一千多人。一时血雨腥风弥漫长安，朝班几乎为之一空，史称"甘露之变"。担任凤翔节度使的郑注全家、幕僚等上千人也都被杀，郑注的头颅也挂在兴安门上。

白居易与死难的朝臣大都相识，如舒元舆前几年还与自己同游龙门，"昼游四看西日暮，夜话三及东方明"（《秋日与张宾客舒著作同游龙门醉中狂歌凡二百三十八字》）。他当时与在洛阳为亡母守孝的李训来往密切，得到李训的帮助，回朝之后从左司郎中快速升为御史中丞、宰相，春风得意；王涯当年导致他被贬江州司马。不料两人如今都已身首异处，惨遭族诛。白居易庆幸自己早早就退居洛阳当闲官，躲过了这场大劫，他写了一首《九年十一月二十一日感事而作》：

祸福茫茫不可期，大都早退自先知。

当君白首同归日，是我青山独往时。

顾索素琴应不暇，忆牵黄犬定难追。

麒麟作脯龙为醢，何似泥中曳尾龟。

他感叹：你们这些当宰相的人中龙凤，最后却被人剁成肉酱；而我如同泥中的乌龟，可以保全性命，颇为自己"重裘暖帽宽毡履，小阁低窗深地炉"（《即事重题》）的闲居生活得意。

一些无辜之人也在事变中遇害，比如有名的文士卢仝在王涯府中做客。士兵在王家宅邸抓捕王氏的亲属、部下时，卢仝辩解说："我是卢山人，不是朝廷官吏，与你们也没有仇怨，何罪之有？"有人就训斥他说："你既然说自己是山人，却在宰相的宅邸，难道与他没有勾结吗？！"于是他也被杀害了。卢仝的命运凄惨，他未满二十岁便隐居嵩山少室山，后来为了生计经常到洛阳奔走，维生艰难。元和六年（811）冬天大雪纷飞，他全家住在少室山中的破屋里，饥寒交迫，"病妻烟眼泪滴滴，饥婴哭乳声呶呶"（卢仝《苦雪寄退之》），只好手执斧头劈开冻成冰疙瘩的酸菜充饥，靠邻僧送米度日。后来他年龄大了，便借钱在洛阳里仁坊买下破屋数间当住宅，家中只有一老奴、一老婢。卢仝个性古怪，之前两度得到朝廷官员举荐，皇帝曾下诏起用他为谏议大夫，他没有接受，可是如今却遭遇无妄之灾，可谓倒霉至极。

王涯死了，对茶农、茶商来说是个好消息。茶叶专卖的事情不了了之，他们又能过几年舒心日子了。朝中不能没有宰相，皇帝便任命右仆射郑覃、户部侍郎李石两人为相。在延英殿议事时，仇士良等人经常提及李训、郑注，以此折辱朝臣。郑覃、李石回答说："李训、郑注的确是变乱的首恶，但是他们开始是因为哪些人才进宫、升官的？"众人皆知他们是宦官王守澄最早引荐给皇帝的，纠缠这才终止。

甘露之变后，长安的恶少横行霸道，担任京兆尹的张仲方对这类人不敢管束。宰相外派他去当华州刺史，推荐有谋略、胆识的司农卿薛元赏接任。薛元赏上任后，把与宰相李石争论的一位禁军将领公开杖击处死，逮捕三十多名抢劫、闹事的恶少，杖打处死之后，在市场中暴尸。见这位京兆尹不好惹，其他恶少年纷纷炙烤毁掉身上的刺青，不敢再闹事、抢掠，禁军也收敛了一些，不敢公然为非作歹。

掌握军权的宦官把持禁军军权，监控宫中人事，皇帝对此只能沉默地接受，此后常常以喝酒排遣心中的寂寞，自比无能的周赧王、汉献帝，觉得自己愧对祖宗。时势如此，皇帝也只能无奈自嘲。

第十六章　终老洛阳：花园里的囚徒

京城的腥风血雨让不少大臣心生恐惧，有了避世之心。中书令兼东都留守裴度是朝野许多官僚、士人敬重的重臣。听闻宦官把一些朝臣的亲属、门生关押在监狱审讯，打算将他们都流放到偏远地方，他主动上书为牵涉其中的无辜士人求情，救下了几十家。这件惨事让他心灰意冷，无心再参与政事，不想再回长安。

裴度在洛阳南门长夏门（定鼎门）外五里处的午桥边有一座大田庄"午桥庄"（又名"南庄"），里面大部分是农田。他命人把其中一部分改造为园林，栽种上万株松树、花卉，其中包括数百株文杏（银杏）、江南移来的春兰。他命人在一处突出的山头上修建高台建筑，用来歇凉避暑，命名"绿野堂"。在堂前的下方开凿了一块方形的池塘，引伊水进入园林中环绕并注入方池。说起来，修建绿野堂所用的木材也是有来历的，玄宗时期得宠的乐人李龟年三兄弟在洛阳通远坊修建了一座豪华的大宅，规格堪比王公。"安史之乱"后李龟年流落他方，豪宅几经转手，已经荒废多年。裴度买下这座大宅的中堂，拆下木材修建了绿野堂。

这时白居易听闻噩耗，被贬到虔州的友人杨虞卿不幸病逝，家人护送他的棺木回到洛阳北邙的祖坟安葬。白居易与他既是友人，又是姻亲，自然要去参加葬礼。听到他的妻孥、兄弟的哭声，白居易心中为这位老友含冤去世感到不平。这位老友生前醉后喜欢唱《扫市词》，家里有个小妓弹奏琵琶特别出色，如今他魂归地下，再也无法唱小曲，那个小妓恐怕也去了别家，只剩下坟地周围的萧萧白杨，苍苍青蒿。白居易有点庆幸，自己比杨氏早几年离开长安朝廷，躲过了光怪陆离的朝中斗争。在洛阳当个闲人、中隐，这是他的幸运，可是，没有人能理解其中的况味。

开成元年（836）初春，白居易与李绅经常结伴到城郊踏青、游览。白居易写诗安慰李绅，说自己是"病叟"适合闲居，而你是"才臣"还有前途可期，只是时势如此，暂且游山玩水等待有利自己的机会吧。

此时草发芽了，柳树变黄了，白居易外出时看到少年郎纷纷骑马去郊区踏青，便写下一首《二月二日》：

> 二月二日新雨晴，草芽菜甲一时生。
> 轻衫细马春年少，十字津头一字行。

他常应邀去别人的园林中欣赏花木，连续几年都去友人美周的南池赏樱，与众人一边酒宴一边欣赏歌舞。他在履道里自家池塘中间的小岛上也栽种了十几棵樱桃树，樱桃花开的时候，他以诗作《感樱桃花因招饮客》邀约友人来赏花：

> 樱桃昨夜开如雪，鬓发今年白似霜。
> 渐觉花前成老丑，何曾酒后更颠狂。
> 谁能闻此来相劝，共泥春风醉一场。

有时候，他会想起当年因为留在家中赏樱，没有与那位执拗的韩愈同游曲江的旧事。他们是两种性情的人，文风也截然不同，就算一起出游也实在无话可说。

户部侍郎杨汝士因事路过洛阳。因为是故旧兼亲戚，白居易特地去城郊的驿站与之相见。晚上连床夜谈，难免涉及朝中的动向，他写了《喜杨六侍郎侍御同宿》记述两人相会之事，形容杨氏是在朝飞翔的大鹏，自己则是逍遥洛滨的鹨鸟：

> 岸帻静言明月夜，匡床闲卧落花朝。
> 二三月里饶春睡，七八年来不早朝。
> 浊水清尘难会合，高鹏低鹨各逍遥。

如今朝臣谈起政事，常常叹息连连。去年的大变之后，宦官掌握宫内、朝廷大权，宰相只能勉强维持。最近，去年甘露之变的内幕渐渐传播开来，昭义节度使刘从谏上表为被杀害的王涯等人鸣不平，明言"训等实欲讨除内臣，两中尉自为救死之谋，遂致相杀，诬以反逆，诚恐非辜。设右宰相实有异图，当委之有司，正其刑典，岂有内臣擅领甲兵，恣行剽劫，延及士庶，横被杀伤！流血千门，僵尸万计，搜罗枝蔓，中外恟疑"，宣称"如奸臣难制，誓以死清君侧"。

朝廷不愿多事，加刘从谏为检校司徒，以此安抚这位藩镇将帅。宫内的宦官也知道他们直接出面执掌朝政难服人口，闹得天下大乱对自己也不利，不敢再横行无忌。这就是当今的局面，皇帝、宦官、朝臣、禁军将领、藩镇将帅等各色人等，各有各的利益，各有各的局限，大家勉强维持秩序、养活身家罢了。听说李训的一个兄长、王涯的从孙等都逃亡到刘从谏那里，得到他的庇护。

要大有作为，就要冒大风险，李训、郑注的急起急落、身死族灭，就是例子。与其如此，还不如保守一些，何必拿自己的项上人头做赌注。一些大臣见朝局如此，也无心留在朝中为官，如令狐楚就多次请求外任，皇帝便让他去担任山南西道节度使。

在洛阳，裴度邀请白居易欣赏自己新修的绿野堂。白居易两年前的夏日就应邀参观过这处田庄，那时这处田庄还是大片的田地，给他印象深刻的只有两三只老鹤、众多新竹而已。如今这里模样大变，他在绿野堂中，一边与众人饮酒、闲谈，一边向南远望嵩山的峰峦，向下俯瞰方池中的乌龟、游鱼和白鹤。可以望见一处延绵数里的草坡"小儿坡"，裴度特地命人把一群白羊放养在草地上，觉得这是绝佳的点缀，"芳草多情，赖此妆点也"[1]。裴度时而邀请友人在此酣宴，以诗酒琴书自乐。在同州当刺史的刘禹锡也寄来和诗，祝贺绿野堂落成这一雅事。

裴度写诗感叹一日日、一年年的年华流逝，白居易便作了《和裴令公一日日一年年杂言见赠》，称颂对方的功德，表明自己乃是闲散之人：

一日日，作老翁。一年年，过春风。

---

1 （后唐）冯贽，张力伟.云仙散录·序·云仙散录·一五九 白羊妆点.北京：中华书局，2008，89。

公心不以贵隔我，我散唯将闲伴公。

我无才能忝高秩，合是人间闲散物。

公有功德在生民，何因得作自由身。

前日魏王潭上宴连夜，今日午桥池头游拂晨。

山客砚前吟待月，野人樽前醉送春。

不敢与公闲中争第一，亦应占得第二第三人。

　　听说宫廷中牡丹花开的时候，皇帝扶着栏杆赏花，想起去年被害的宰相舒元舆的文章《牡丹赋》，他一边念诵此赋，一边流泪。如此情形；难免让人私下感叹，皇帝未尝不是宫廷中的囚徒。

　　据说，当今宰相郑覃亲近李德裕，在他的建言下，皇帝下诏调之前被贬袁州长史的李德裕出任滁州刺史。四月六日，在洛阳的李绅也接到任命公告，出任河南尹。此后，朝中形势又有变化：皇帝任命李固言回朝任平章事兼管户部，与郑覃、李石一起执政。李固言比较亲近李宗闵、牛僧孺，在他的建言下，调之前被贬为江州刺史的李珏到洛阳出任太子宾客、分司东都，被贬潮州司户的李宗闵改任衡州司马，化州刺史张仲方也得以入朝担任秘书监。

　　五月，白居易到香山寺中守斋。结束之后因为天气燥热，他继续留在香山寺中避暑。一天雨后，山下的河水猛涨，冲击石滩的响声不绝如缕，他在畅禅师的房中睡不着，起来扶着栏杆仔细倾听。等到天气凉快以后，他才在一个月夜决定回城。他戴着纱巾，穿着草鞋，带着仆从走下香山，然后坐在肩舆上被抬着回城。

　　不久之后，洛阳官场又有人事变动。六月二十六日，皇帝任命李绅任宣武军节度、宋亳汴颍观察等使，让太子宾客李珏接任河南尹。七月三日，宦官刘泰押送节度使的旌节到了洛阳，李绅连日与官僚、士人告别。五日早上，他带着随从出城门时，洛阳数万士人、百姓都挤到城门口送别。走到白马寺时，有人哭着不让李绅的马车离开。河南少尹严元容为了驱散人群，下令鞭打那些阻止李绅离开之人，监察御史杜牧也让御史台的吏员驱赶百姓让开道路，拆掉他们摆放酒食的帐幕，让李绅有点不快。

　　白居易觉得这些人事纷争与自己无关，他整日在自家的园林中悠闲度日，越来越虔诚信佛。夏末在斋戒时他见到满地的槐花，又一次想起湘灵，想起故交、旧事，写了一首尽在无言中的诗作《暮立》：

> 黄昏独立佛堂前，满地槐花满树蝉。
> 大抵四时心总苦，就中肠断是秋天。

他家门口的槐花掉落了一地，因为很少有客人来，仆从也就没有打扫。他在《秋凉闲卧》中记述自己的日常闲散生活：

> 残暑昼犹长，早凉秋尚嫩。露荷散清香，风竹含疏韵。
> 幽闲竟日卧，衰病无人问。薄暮宅门前，槐花深一寸。

这是官场的常态，掌握实权的人门前最热闹，即使白居易这样名满天下之人，当了个没有职权的闲官，门口也少有人登门。

自家的园林中也栽种了梧桐，秋天梧桐叶掉落时，他特意叮嘱童仆不要扫走叶子。他喜欢挂着藤杖，走在黄色的梧桐叶子上，这是晚秋闲居的乐事之一。一天晚上，斜月当空，望着梧桐树的影子，听着蟋蟀的叫声，他再一次想到故去的亲友，想起旧日的友人、亲人、情人，一夜无法入睡，天快亮时写下一首《夜坐》：

> 斜月入前楹，迢遥夜坐情。梧桐上阶影，蟋蟀近床声。
> 曙傍窗间至，秋从簟上生。感时因忆事，不寝到鸡鸣。

他想到的，或许也有那个"孤直"的青年的过往和现在，他的亲人、情人、友人大多都故去了，只剩下一个寂寞的老人。

他把自己近来的诗文又编成五卷，这下子《白氏文集》就有六十五卷之多，包括三千二百五十五篇诗文。他抄写一份送给洛阳圣善寺法宝严持院（又名钵塔院）保存，当作自己做的一桩功德，如此，自己的诗歌在庐山东林寺、洛阳圣善寺都有抄本，想必不会如李白、杜甫那样散失许多诗篇吧。

名望高、俸禄多，白居易乐于当个闲官。年轻文士却无法像他这样悠闲，从长安朝中被排挤到洛阳当官的中青年文士大都心有不甘。比如，去年八月出任监察御史分司东都的杜牧就是这样的心情，他就住在履道坊一处租来的房舍中，当然知道白家的大门朝哪个方向开。可是，他从来没有来拜访白居易。

　　三十三岁的杜牧厌恶白居易，是因为以前白居易讽刺过他的祖父杜佑。贞元十九年（803）年初，淮南节度使杜佑入朝任相，时年七十岁，按惯例他已是告老还乡的年纪。随后宪宗皇帝登基，他很尊重这位老臣。元和二年（807）春天，七十三岁的杜氏主动请求退休，宪宗皇帝不允许，让他三五天上朝一次。杜氏再次上书请求退休，皇帝依旧委任他为太子太保、同平章事，让他每月到中书省议政三次。皇帝在他奏事的时候称之为司徒而不称名讳。杜佑看不上元稹，觉得他轻薄。元稹和宦官为争夺驿站的房间发生冲突后，皇帝贬谪元稹时，杜佑没有替元稹辩白，让翰林学士白居易感到气愤。白居易也不满杜佑年过七十还不退休，写了《秦中吟十首·不致仕》《司天台》等诗歌讽刺年迈的司徒杜佑等人贪恋名位不肯退休、妒贤碍才。那一年八月，白居易的座主高郢致仕时，起草诏书的司封员外郎、知制诰裴度也在文中"以年致仕，抑有前闻。近代寡廉，罕由斯道"讥讽杜佑这类人。白居易在奉命撰写的《答高郢请致仕第二表》中若有所指的称赞高氏"始终有道，进退有常。援礼引年，遗荣致政。人鲜知止，卿独能行。不惟振起古风，亦足激扬时俗"，又在称赞高郢主动退休的诗《高仆射》中再次提及"遑遑名利客，白首千百辈"，针对的依旧是杜佑。京城官场各种言论的流传十分迅速，杜家子弟当然知道白居易的诗文意有所指。其实，杜佑能否退休，也不是他自己能决定的。皇帝留他在朝中，是要树立老臣的榜样，是做给朝臣看的。一直到元和七年，杜佑实在病重，皇帝才允许他退休。杜佑在长安安仁里有豪宅，在城郊杜城有别墅，他病逝后，几个儿子分家各过各的。杜牧的父亲杜从郁分得安仁里三十间房舍，可惜他在驾部员外郎任上早逝，留下三个儿子相依为命，杜牧排行第二，三弟又患有眼疾。很快家道中落，经济颇为拮据，到处借债度日，元和末年只好把长安安仁坊的旧屋卖掉，搬到一处偏僻的小院居住，八年搬了十次家，最后只剩下一个奴仆跟从，只能到延福坊的杜氏祠堂勉强住了三年。

　　杜牧从小刻苦攻读，二十三岁就写出了《阿房宫赋》。他多才多艺，善书画、围棋、音乐，爱研习兵法武略。大和二年（828）二十六岁的他考中进士，之后他又在京城考中贤良方正直言极谏科，授弘文馆校书郎，有了一个良好的开端。大和七年（833），他去淮南节度使牛僧孺的府中担任推官、掌书记，负责节度使府的公文往来，京衔是监察御史。在牛僧孺的帮助下，两年后杜牧入朝担任监察御史分司东都，变成了在朝廷任职的实职官员。这个官职并不是闲官，可以监察东都的官吏，而且监察御史的任期是二十五个月，任满后如能得到顺利升迁，往往可以成为京朝官，是升官的良好跳板。可对雄心勃勃的世家子弟杜牧来说，洛阳毕竟不是长安，离皇帝、朝中高官距离有点远，无法让他们就近了解自己的才能。

　　杜牧的诗歌在年轻士人中小有名气，而这时在洛阳闲居的白居易是当时全国最著名的诗人。杜牧比白居易小三十一岁，提携他的贵人牛僧孺与白居易关系比较亲近。如果杜牧请求牛氏引介，很容易就能与白居易交往。可是因为白居易从前讽刺过他的祖父，他对白居易极为厌恶，从没有拜访白居易的打算。他对白居易的诗风也有看法，觉得元、白一派的诗风太俗气，韩愈一派的诗风太古怪。他说自己的诗歌"本求高绝，不务奇丽，不涉习俗，不今不古，处于中间"（《献诗启》），他心目中在意的本朝诗文作家包括写诗的李白、杜甫，撰文的韩愈、柳宗元，认为"李杜泛浩浩，韩柳摩苍苍。近者四君子，与古争强梁"（《冬至日寄小侄阿宜诗》）。他在洛阳交好的年轻士人李戡也抨击元和以来流行的元稹、白居易之诗"纤艳不逞，非庄士雅人，多为其所破坏。流于民间，子父女母，交口教授，淫言媟语，冬寒夏热，入人肌骨，不可除去。吾无位，不得用法以治之"[1]。

　　杜牧、李戡这些年轻士人经常在言谈中攻击白居易的诗歌。杜牧年轻气盛，举止也颇为轻狂。去年他刚到洛阳出任监察御史时，恰好徐州刺史、武宁军节度使李愿因为患病离任，回到洛阳的宅邸闲居。他家乐伎的技艺著称洛阳，他也经常举办宴会招待洛阳知名人士。一天他在宅邸举办盛大的宴会，招待洛阳的官员、名士。由于杜牧是监督官吏举动的监察御史，便没有请他与会。杜牧听说李家乐伎的歌舞非常著名，早就想去欣赏，于是托人转告李愿说自己也想到李家见识一下。李愿不得已，只好也派仆从请他来赴宴。恰

1　开成二年（837）杜牧给病逝在洛阳的友人李戡撰写的《唐故平卢军节度巡官陇西李府君墓志铭》中特意提到这句话，显然是赞同友人的看法。（唐）杜牧，何锡光. 樊川文集校注·樊川文集第九唐故平卢军节度巡官陕西李府君墓志铭. 成都：巴蜀书社，2007，682。

好杜牧已在家中喝得有几分醉意，闻讯急忙骑马赶到李府。此时歌舞表演已经结束了，席上众人都在饮酒，一百多名歌姬分头佐酒助兴，个个貌美如花。杜牧独自在南面坐下，盯着她们一一打量。满饮三盏之后，他开口问主人道："听说有个名叫紫云的，是哪一位？"李愿指给他看，杜牧凝眸注视良久，说："果然名不虚传，最好把她送给我。"李愿低头发笑，诸妓也都回头笑话这个莽撞之人。杜牧又自饮三盏，站起来高声吟诗一首，旁若无人。李愿是西平郡王李晟之子，兄弟都是高官显宦，见过大世面，没有讨好杜牧的必要，也没有赠送这位乐伎给他。

去年年底爆发的"甘露之变"，让杜牧这样的年轻官员对政坛的残酷也有了些体认，比从前低调了些，心中难免有些忧郁，对国事、对前途都有些无奈。就算春天的柳色也无法让他感到多么振奋，正如《洛中二首·其二》透露的：

> 风吹柳带摇晴绿，蝶绕花枝恋暖香。
> 多把芳菲泛春酒，直教愁色对愁肠。

也是在春天，他写下一首貌似凭吊古迹、古人的诗作《金谷园》。西晋权贵石崇的宠妾绿珠被逼坠楼而死的"旧事"，让他联想到朝堂之人死于非命的"近事"，对此他不敢明说，只能模模糊糊影射一二，透露出深深的无力感：

> 繁华事散逐香尘，流水无情草自春。
> 日暮东风怨啼鸟，落花犹似坠楼人。

杜牧在士人中还算幸运的，已考中进士，已当上监察御史，还有许多一样有才华但却不得志的人，比如怀州河内（今河南沁阳市）人李商隐，比如李贺。

李商隐比杜牧小九岁，大和三年（829）十八岁时拜会过白居易，他依附令狐楚，在郓州、太原充当令狐楚的幕僚，令狐楚出资支持他去京城参加科举考试，可惜他命运不佳，多次应试没有考中。大和七年令狐楚回朝出任吏部尚书，李商隐转投担任华州刺史的表叔崔戎。崔戎赏识他的才华，和他闲谈一天之后，第二天就安排他和自己的两个儿子去终南山的寺院攻读，为即将进行的科举做准备。不料第二年崔戎在兖州观察使任上病逝，李商隐失去了可以依托的大树，回到洛阳家中待了一阵，又去王屋山学道，混了两年，和山上的女道士不清不白，有一段情缘，听说近来又回到长安、洛阳奔走，也不知道下一年参加科考能否考中。

李贺更是命运凄惨。他与李商隐类似，也是疏远的宗室子弟，父亲是个低微小官。李贺从小聪慧，宪宗元和二年（807）十八岁时就在家乡有了诗名，元和三年、元和四年间写的诗文得到韩愈的称誉。可是不久后他父亲过世，他服丧二十七个月后于元和五年秋天考中河南府的解试，年底赴长安准备参加来年的进士考试。有嫉妒李贺的人放出流言，说李贺的父亲叫"李晋肃"，"晋"与"进"犯"嫌名"，所以他不能参加进士考试。李贺听到这类流言蜚语就没有参加那一年的进士考试，韩愈听说后还为他鸣不平。元和六年，李贺作为宗室子弟被推荐出任了从九品的奉礼郎，住在长安的崇义里。他出行时总带着一小奴骑驴相随，小童背着一个破锦囊。李贺在途中、酒宴上写下什么诗句，都会把草稿投在这个破锦囊中让奴仆小心保存。晚上他回家时，母亲就让婢女去看锦囊中的诗稿多不多。如果发现里面诗稿比较多，她就会担忧："这个孩子是要呕出自己的心才罢休啊！"元和九年任满后他在家"守选"，李贺在友人张彻的推荐下，在潞州（今山西长治市）当昭义军节度使郗士美的幕僚。元和十一年郗士美因病离任回洛阳家中休养，友人张彻也回到长安任职。李贺失去依靠，只能回老家昌谷县，不久就病逝了，年仅二十七岁。李贺死前把自己写的诗分为四编，委托友人沈子明保存。前几年沈子明把李贺的诗稿整理为四卷，请杜牧写序。这以后李贺的诗集慢慢得到传抄，有所流传。赏识李贺的张彻是白居易年轻时就认识的朋友，沈子明曾任集贤学士，与白居易有往来。白居易去过他在洛阳的宅邸赏菊、听曲，记得沈家池塘东边的菊花丛、南边的竹林和"色似芙蓉声似玉"的歌姬。但是，李贺和韩愈更相投，对白居易的诗文不感兴趣。李贺有着敏感的年轻人奇幻而险怪的想象，比如他的诗《南山田中行》虽然写的是秋天的田野，可是笔下并没有多提草木，而是刻意描述秋花秋草的颜色，松林中萤火虫在他看来犹如"鬼灯"：

秋野明，秋风白，塘水漻漻虫啧啧。

云根苔藓山上石，冷红泣露娇啼色。

荒畦九月稻叉牙，蛰萤低飞陇径斜。

石脉水流泉滴沙，鬼灯如漆点松花。

　　李贺与白居易的写作路数完全不同，白居易虽然对他有所耳闻，可是从不评价此人的诗文。相比这些年轻而失意的才子，白居易在世人眼中是名位兼具的富贵闲人。或许，一些年轻士人觉得白居易为官碌碌无为，对此白居易也不愿意公然声辩。毕竟，自己年轻的时候，也曾怀着宏图壮志要"致君尧舜上"，可惜，年华老去，壮心已远，他也只能安于在洛阳当个闲官。

　　七月，听说朝廷调滁州刺史李德裕任太子宾客、分司东都的闲官，似乎有重新起用他的可能。九月十九日，李德裕抵达洛阳，住在他的别业平泉山庄中。他性格独特，不喜饮酒，不好声色犬马，也不怎么来洛阳城中与官僚往还，绝大多数时候都住在郊区的山庄，免去了在官场酒宴上与自己厌恶的人见面的尴尬。白居易自从离任苏州刺史后，再没有与他有什么文字交往。他们虽然有刘禹锡、韦楚等几个共同的朋友，但李德裕与白居易再没有任何往来。

　　洛阳龙门西南的伊川涧谷（今洛阳伊川县梁村沟附近）是洛阳官僚别业比较集中的地方，分布着崔群、李绛、令狐楚、韦楚、卢贞等高官、世族的别墅，周围的河流、谷口还有其他人的一些别墅。宝历元年（825）李德裕在浙西观察使任上托人买下那里一处别业，因为平地上有山泉涌出，他命名为平泉山庄。后来李德裕官位越来越高，好友、门生、属下官僚投其所好纷纷赠送花木、赏石给他，"陇右诸侯供语鸟，日南太守送名花"（无名氏《李德裕营平泉远方之人多以异物奉之时有题诗》），比如他的山庄中栽有陈侍御赠送的几株原产剡溪的红桂树。此树白花红心，十分罕见，还有开紫色花的山桂，也相当稀有。当然，那里也栽种了常见的桂树，如从金陵的蒋山移栽的月桂，开浅黄色的芳香花朵。他尤其喜欢赏石，庄中有似鹿石、海上石笋、叠石、泰山石、巫山石、钓石、罗浮山、赤城石等多件奇石。他以石头的造型及其文化寓意为观赏对象，开后世民间造园赏石的滥觞。

　　白居易听闻过平泉山庄的奇木异石，因为他与在同一个山谷中有别业的韦楚、薛家都有交往，之前曾数次前往平泉拜访韦楚。而李德裕的平泉山庄就在韦家别业的西北侧，是邻居。只是他与李德裕关系不佳，自然没有兴趣踏入平泉山庄。

甘露之变把在扬州当淮南节度使的牛僧孺吓得不轻，他连上三表请求退休，可是皇帝对他印象不错，一直没有同意。七月的时候，牛僧孺给白居易寄来手札和一首诗，形容自己"唯羡东都白居士，月明香积问禅师"（《宿香山寺酬广陵牛相公见寄》），透露出想退隐洛阳的想法，白居易去信勉励这位友人继续为国出力。之后，牛僧孺又给他送来筝、酒，诗中表达归隐林下之意，白居易写诗"何时红烛下，相对一陶然"（《奉酬淮南牛相公思黯见寄二十四韵》），表达期待将来在洛阳相聚之意。

不料，牛僧孺还没有动静，刘禹锡就先来洛阳赋闲了。秋末，刘禹锡因为脚疾请假离任同州刺史，被任命为太子宾客、分司东都，也成了闲官。刘禹锡家在洛阳，能来洛阳当闲官也算不错的待遇。从官职来说，他和担任太子少傅分司东都的白居易可谓同僚，都是东宫的僚属，只是如今太子深居长安的宫廷，东宫官职都有名无实，任官之人都是拿着俸禄当闲官而已。

此时在洛阳闲居的众人中，以担任中书令、东都留守的裴度名位最高，以白居易诗名最盛。裴度时常和白居易等人聚会喝酒、吟诗，号称"文酒之会"。如今又能来一位名满士林的写诗高手刘禹锡，众人都心怀期待。在白居易的心目中，李建、李绛、元稹、崔群、刘禹锡是自己最好的朋友，前四人都已故去，让白居易十分寂寞。听说刘禹锡要来洛阳，他自然十分兴奋，给东都留守裴度写诗说"甲子等头怜共老，文章敌手莫相猜"（《喜梦得自冯翊归洛兼呈令公》），认为刘禹锡是可以与自己匹敌的诗文高手，此时彼此已没有强烈的争胜之心，只希望与这位朋友时常来往唱和，一起在洛阳诗酒风流。

刘禹锡到了洛阳，裴度立即邀请他与白居易到家中参加酒宴，三人当即联句作诗。此后刘、白经常到裴度官署、家中做客，赋诗为乐。刘、白二人当然尊崇前辈，常在诗中把裴度比作西汉那位好客、好园林的梁孝王，把自己比作门客枚乘、邹阳。

刘禹锡以诗文著称，因为年纪轻轻就遭贬谪，长期在边荒为官，并不属于如今朝堂上的哪一个派系，相对比较独立。而且，近年来他的个性比从前圆融了许多，不仅与裴度、白居易往来，也与李德裕时而诗歌唱和。李德裕数次寄诗给他。这时刘禹锡已经六十五岁，一头白发；而李德裕才五十岁，正处于盛年，在政坛还有前途。所以刘禹锡经常在诗中勉励对方等待时机再展宏图。

刘禹锡把过去两年与白居易、裴度、吴士钜唱和的诗歌编成《汝洛集》一卷，其中绝大多数都是刘、白二人的诗作。他还希望能弥合李德裕与白居易的关系，一天见面时故意问李德裕："近来看过白居易的文集吗？"

白居易的诗文闻名天下，自然有不少人抄写传阅。李德裕回答说："多次有人给我送来白居易的诗文卷轴，我让人单独存放，未曾批阅。今天因为你，我就读一下吧。"

他的书房角落里有一处存放着白居易的诗文卷轴，已落满尘埃。他打开一卷又急忙卷起来，对刘禹锡说："我对此人有看法已很久了，就算他的文章精绝，何必再看呢？我担心自己看了他的文章会后悔从前的举动，还是不看了。"[1]

白居易因为信佛，守斋，与履道坊的长寿寺僧人时而来往。他觉得自己与这座佛寺有缘，便在守斋期间抄写《白氏文集》六十五卷，捐给长寿寺律院库楼保存，方便僧人、百姓传抄，犹如捐献佛经，也算是一桩功德。等到斋满之日，裴度举行酒宴庆祝，邀请白居易、刘禹锡等一起饮酒、赏乐。

冬天下第一场雪，飞雪飘飘时，裴度派人送来一封信，抱怨白居易、刘禹锡不来拜访自己，说之前下雨时你们都能带着乐伎登门，如今雪花飘飘，竟然不来再续雅事。白居易便以没有得到您的邀请，不敢前去打扰云云敷衍一番。等白居易结束了为期一月的长斋之后，他便带着酒，约了刘禹锡一起去裴家相聚，还写诗打趣说刘禹锡你的酒量不如我，小心不要吐在裴家的地毯上。

裴度喜欢冬天请宾客喝"鱼儿酒"。侍者把加热后的一盏盏酒端上来，当着众人的面在每杯酒中各投入一枚刻成小鱼形状的香料"龙脑"（冰片），让热酒具有一股特殊的香味。龙脑的价格很高，这是权贵的特殊喝法。白居易品尝过这种酒，可是他并不喜欢这般奢侈的喝法，他喜欢酒本身的滋味而

---

1 （五代）孙光宪，贾二强．北梦琐言·卷第一　李太尉抑白少傅．北京：中华书局，2002，24。

不是香料。

十一月，时任浙西观察使的崔郾病逝，朝廷任命李德裕为检校户部尚书、浙西观察使。这是他第三次出镇浙西，十二月四日他离开平泉山庄。此后他在诗文中多次回顾在平泉山庄待的这两个多月的生活，实际上，他大多数时间在地方和长安为官，只是偶然路过洛阳时暂居平泉山庄，在这里停留的时间加起来都不到半年。

据说翰林学士黎埴觉得李德裕一年三次升迁不妥，在宫中对皇帝进言："德裕与宗闵皆是被贬之人，可如今唯独三次提升李德裕的官职。"皇帝回答说："那是因为宗闵推荐郑注，而德裕多次劝我杀掉郑注，你说现在我该把官位给他们哪个？"

黎埴听闻之后不敢再说话，皇帝又指着自己座位前的空地，跟宰相说："这就是李德裕激烈劝说朕不要任命郑注之处。"[1] 皇帝经过之前的事变，也反思自己从前的举措，知道自己任用郑注那样的冒险家、阴谋家太过轻率，闹出差点难以收拾的局面，这才想起李德裕当年在朝的言行的可贵。

这一年宰相李石执掌茶法。年初，在他的建议下，把茶税降低为"十税一"，所以逃税的举动减少了。一些地方年底一算，获取的茶税比往年高出几倍。如今全国上下都流行喝茶，运销茶叶是一桩大生意。当然，仍然有些商人为了躲避征税，周游于河湖江面贩卖"私茶"，还有士人、官吏与之合谋。

开成二年（837）初春，剑南东川节度使冯宿在任上病逝，朝廷任命杨汝士充东川节度使。他是妻子的从兄和旧交，白居易当然写信祝贺。如今，杨嗣复担任西川节度使，他们是同宗，两人可以就近通问，如果哪里发生动乱也可互相支持。

白居易对裴度南庄的映楼桃花、拂堤垂柳记忆犹新，想要去游览。他知道裴度因为担任东都留守，需要在宫城中的官署居住，无法轻易出城，未必方便在南庄接待自己，便写了《令公南庄花柳正盛欲偷一赏先寄二篇》，请求让自己带着村酒、歌姬去那里设宴、赏花，其一云：

> 最忆楼花千万朵，偏怜堤柳两三株。

---

1 （宋）欧阳修，（宋）宋祁，中华书局编辑部.新唐书卷一百八十 列传第一百五·李德裕.北京：中华书局，1975，5334。

拟提社酒携村妓，擅入朱门莫怪无。

他和刘禹锡已是白发老人，又都是闲官，经常一起去参加酒宴、游览。有时候去官府借马出行，有时候借裴度家的船只沿着水路游览。在酒宴上，他们两人能喝酒，能吟诗，自然是人人瞩目的角色，"闻道洛城人尽怪，呼为刘白二狂翁"（《赠梦得》）。刘禹锡年轻时与柳宗元并称"刘柳"，白居易则与元稹并称"元白"。如今柳、元故去，刘白两人被视为当今最著名的诗人。

生日过后，白居易又老了一岁。他觉得，当下自己已把女儿嫁出去，给三个侄儿娶了妻，不必再为后嗣的生活担忧。过去十年自己无病而又安闲，也算是幸运。他作了《咏老赠梦得》，感慨自己"眼涩夜先卧，头慵朝未梳。有时扶杖出，尽日闭门居。懒照新磨镜，休看小字书。情于故人重，迹共少年疏"。刘禹锡也回了一首《酬乐天咏老见示》，除了陈述"身瘦带频减，发稀冠自偏。废书缘惜眼，多炙为随年。经事还谙事，阅人如阅川"的光景，还以"莫道桑榆晚，微（一作为）霞尚满天"互勉，刘禹锡的个性中始终有刚强、不服输的那一面。

洛阳的歌姬流行在酒宴上演唱《杨柳枝》。这是隋代起就在酒宴上常演奏的曲子，曲词多年没有变化。白居易听时起了兴致，新写了几首曲子词，让家妓樊素、小蛮等人演唱。这些曲子词都是以杨柳的风姿比喻世俗的情态，抒发离情别绪，从此洛阳许多歌姬都演唱白居易版本的《杨柳枝》，其中一首云：

六幺水调家家唱，白雪梅花处处吹。

古歌旧曲君休听，听取新翻杨柳枝。

洛河从西向东横穿洛阳城，天津桥是沟通洛河南北的著名桥梁，始建于隋大业元年（605）。最初是用大船连接起来的浮桥，长一百三十步（约70米），用大缆绳维持船只之间的稳定，以铁链勾连船只。铁链两端分别固定在洛河南北两岸，两岸建有"重楼"四所，各高百余丈，是洛阳城中出名的景点。这座浮桥北对皇城正南门端门，南应外郭城的正南门定鼎门，横跨在穿城而过的洛河之上，颇有天汉津梁的气概，故曰"天津桥"，时人也称为"洛阳桥""津桥"。太宗贞观十四年（640），官府把浮桥改建为石础桥。由于洛河经常暴涨，多次冲毁天津桥，武则天执政时，司农少卿韦机奉命改建天津桥。他制造龟背形（两头尖）的桥基以减小流水的冲击，此后多年此桥都没有被冲毁。天津桥两岸的柳树在初春时嫩黄犹金，二月时千万条柳枝随风摇摆，吸引众多洛阳人前去观赏。白居易在《杨柳枝》中写过这一美景：

陶令门前四五树，亚夫营里百千条。
何似东都正二月，黄金枝映洛阳桥。

洛阳人口众多，商业繁荣。天津桥是都城南北往来的要冲，平常十分热闹。春天洛阳人爱到天津桥两侧踏青、赏花，白居易写过一首《和友人洛中感春》：

莫悲金谷园中月，莫叹天津桥上春。
若学多情寻往事，人间何处不伤神。

一天，白居易在南园中栽种柳树之后，在《种柳三咏·其一》中感叹，对自己这样的老人来说，栽种杨柳要比栽种松树、桂树划算，可以早些欣赏其风姿：

白头种松桂，早晚见成林。不及栽杨柳，明年便有阴。
春风为催促，副取老人心。

听说，李商隐总算考中了今年的进士，据说主考官高错是令狐绹的朋友，由于令狐绹私下推荐，李商隐才得以考中。考中进士仅仅是获得"选人"资格，以后仕途如何发展，还要看他的努力和机缘。

三月三日桃花盛开的时候，洛阳官员召集举行一场被禊洛滨的风雅活动。前几日，东都留守裴度、河南尹李珏联合邀请太子少傅白居易，太子宾客萧籍、李仍叔、刘禹锡，前中书舍人郑居中等十五人。当日众人汇聚到码头，登上游船，在洛水上一边欣赏风景，一边举行宴会。从早晨开始，从斗亭经过魏堤，抵达津桥后在河边登上陆地，在酒楼中又举行一场宴会，一直热闹到傍晚，吸引了许多洛阳民众前来围观，成为城中百姓风传的盛事。

酒宴中歌儿舞女献歌、献舞，众人一边欣赏歌舞、饮酒，一边备好笔砚。名望最高的裴度首先赋诗一首，众人纷纷提笔赋诗唱和，白居易也挥毫写了一首《三月三日祓禊洛滨》(《祓禊日游于斗门亭》)，感叹今夜月色清朗，可以在月光的照耀下回家，不必劳烦下人点蜡烛照明。不久后，李珏回朝任户部侍郎；而兵部侍郎裴潾被排挤出朝廷，来洛阳担任河南尹，至此他的家族已经连续六代出任这个重要职务，成了官场佳话。他也是白居易的旧交，来了自然常邀白居易赴宴。

四月从京城传来消息，秘书监张仲方病逝了。他的家人拜托白居易为之撰写墓志铭，白居易对当年张仲方议论李吉甫赠谥的往事只能含糊地一笔带过。他知道这是李德裕和张家都忌讳的，李德裕还有当政的可能，对此还是少提为妙。

这年夏天洛阳久旱无雨，裴潾带着洛阳的官僚到天平寺中斋戒，然后到万安山的九龙祠祈雨。祈雨后，忽然电闪雷鸣，大雨倾盆而下。刘禹锡写了《和河南裴尹侍郎宿斋天平寺诣九龙祠祈雨二十韵》记述此事。此时白居易、刘禹锡和裴潾时常有诗酒之会，刘禹锡一度应邀到裴家的别业清洛苑养病，白居易也曾赠送酒器"银榼"给裴潾。

被宦官辖制的当今皇帝一直记挂裴度这位名高望重的老臣，每次有重要朝臣从东都回京，皇帝必定首先询问裴度的身体状况："你见到裴度了吗？"

五月，皇帝派人传诏，命七十三岁的裴度以本职兼任太原尹、北都留守、河东节度使，让他去太原坐镇。裴度不愿再掌握兵权，数次上表推辞，皇帝还是坚持这项任命。而淮南节度使牛僧孺无心政务，鉴于淮南是财赋重地，需要重臣坐镇，多次上书请求皇帝让自己离开淮南，当闲散官员。牛僧孺在淮南大肆收藏太湖石，也是向朝野显示自己赋闲的心态。皇帝有鉴于此，便调牛僧孺到洛阳担任检校司空、东都留守，调检校户部尚书、浙西观察使李德裕接任淮南节度使。由此可见，这三人都是"简在帝心"的重要人物，皇帝仍然有任用他们的打算。只是，前年的"甘露之变"让不少朝臣寒心，未必人人都情愿到朝中主政。

六月，牛僧孺来到洛阳就任东都留守，按照惯例，他必须住在宫城中的衙署，晚上也不能在外面住宿，不如白居易、刘禹锡这样的闲官可以自由出入洛阳城。牛僧孺和李德裕交接时还出了点事端。五月份牛僧孺接到任命书时，听说是李德裕接替自己，便把节度使府事宜托副使张鹭办理移交，想尽快离开扬州赶往洛阳，不愿与李德裕见面。当时登记该府保存的钱帛合计八十万贯匹，等李德裕到扬州移交，他上奏移交给自己的库存钱物只有四十万贯匹，其余一半都被张鹭花掉了。牛僧孺上表为自己辩白，说自己离开时是八十万贯匹，后续的变化自己无法负责。朝中谏官上表抨击李德裕因为私怨借此打击牛僧孺，应该惩罚他。而李德裕又上奏说，淮南节度使更替时有个惯例，就是新任节度使到任后可以把一半库存钱物用于救济水旱灾害、奖励将士，相当于花钱稳定军心、民心。而牛僧孺之前就任淮南节度使时，花掉的库存财物超过了一半，这依旧是指责牛僧孺浪费钱财之意。皇帝也是息事宁人的态度，并没有追究谁对谁错，此事不了了之。

牛僧孺到了洛阳，邀请白居易、刘禹锡到官署参加酒宴，三人一边欣赏歌舞一边饮酒，畅谈到第二天天明才罢休，随后三人都作诗记录这次聚会。之后牛僧孺又到白居易的宅邸拜会，欣赏他家的歌姬演出歌舞。只是，牛僧孺因为住在宫城，不好频频邀刘、白二人入宫，他作了什么新诗，常寄给白居易、刘禹锡。二人当然也频频唱和，称颂牛僧孺的才情、政绩之类。

牛僧孺和刘禹锡的交往也有一段趣事。三十年前，刘禹锡以诗文著称京城。当时，进京赶考的举人牛僧孺曾到刘禹锡家中投献诗文。刘禹锡比牛僧孺大七岁，他当着客人的面打开文稿，提笔涂改其中不佳的文句，对牛僧孺说"这些地方必然是前辈你没有想到的地方"。牛僧孺当时虽然按礼节表示感谢，可是心中当然不快。一般来说就算要指出别人的诗文有什么不足，也应私下无人时指点，刘禹锡此举狂傲且不尊重人。此后刘禹锡被贬谪远方，两人再无往来。五年前，牛僧孺被外派担任淮南节度使，刘禹锡去当汝州刺史，两人在驿站相逢，在酒宴上，牛僧孺想起当年的往事，写了一首诗《席上赠刘梦得》：

粉署为郎四十春，今来名辈更无人。
休论世上升沉事，且斗樽前见在身。
珠玉会应成咳唾，山川犹觉露精神。

莫嫌恃酒轻言语，曾把文章谒后尘。

　　这是乘着酒意回忆当年的旧事，牛僧孺已两度任相，官位比刘禹锡更高，上朝、退朝走路都在前面走，所以戏称刘禹锡是"后尘"。刘禹锡这才醒悟当年自己的做法让牛僧孺不快，至今仍念念不忘。他经历了官场起伏，晓得人情世故，也知道当年自己的行为比较轻率，再加上如今牛氏官高权大，不想得罪他，于是写了一首诗《酬淮南牛相公述旧见贻》，客气地恭维对方：

> 昔年曾忝汉朝臣，晚岁空余老病身。
> 初见相如成赋日，后为丞相扫门人。
> 追思往事咨嗟久，幸喜清光笑语频。
> 犹有当时旧冠剑，待公三日拂埃尘。

　　刘禹锡先是说当年看到牛氏的文章犹如看到年轻的司马相如的赋，之后又预祝牛僧孺能第三次入朝担任宰相，语气相当谦恭。牛僧孺当然也要说客气话，"三入之事，哪里敢当"。两人相谈甚欢，到很晚才结束酒宴。刘禹锡回到家就拿这件旧事教育两个儿子，说自己当年当众修改牛氏的文章，自以为是帮助牛氏，没有坏心思，但是却让牛氏心中有了怨恨，这是自己年轻时心直口快造成的。当年嵇康也是因为逞口舌之快得罪了钟会，导致后来的祸事，你们以后不要犯这种过失。

　　这件事之后，刘禹锡与牛僧孺渐渐有了些来往。相比之下，牛僧孺和白居易是旧交，关系更亲密。

　　牛僧孺在归仁坊的私宅中修建渠道，引入泉水，让水沿着有层次的石砌河道缓缓流动、跌落，构成"小滩"。他对这处水景颇为得意，假日特别邀请白居易前去欣赏。魏晋以来不断有文人在诗歌中提及江河中的"滩"，描述滩声、滩景，仅仅是诗中提及的众多自然景观中的一种而已。本朝名诗人王维首先把"滩"当作一种独立的自然景观描述。他写自己的辋川别业的组诗中有一首《白石滩》，其中有"清浅白沙滩"一句。王维这处别业的白石滩可能是天然形成的。蓝田县的秦岭北麓多见白石，所以山谷河溪中有"白石滩"。之前元和九年，白居易去游览蓝田的悟真寺时也曾"手拄青竹杖，足蹋白石滩"（《游悟真寺诗》），他还一度有在悟真寺附近买地闲居的打算。近来权贵、高官修建园林时都重视设置水景。之前裴度在长安兴化里的园林中有一处"落泉"的水景，让泉水从一定落差冲下来溅射石块，犹如山间的小瀑一般。九年前白居易、刘禹锡、韦行式、张籍应邀去裴度家中做客，众人在酒宴上作了联句诗《西池落泉联句》，形容此处"散时犹带沫，漎处即跳波"，"喷雪萦松竹，攒珠溅芰荷"，"照圃红分药，侵阶绿浸莎"，让白居易记忆犹新。

"小滩"，即让水流从沙子或者石头铺成的平面缓缓流过，在落差之处发出潺潺水声。白居易对牛家的这处"小滩"欣赏不已，站在岸边可以欣赏水波的回旋，听到潺潺的流动声、淙淙的溅石声，他记述这处景点，"伊流决一带，洛石砌千拳。与君三伏月，满耳作潺湲。深处碧磷磷，浅处清溅溅。埼岸束鸣咽，沙汀散沦涟。翻浪雪不尽，澄波空共鲜"（《题牛相公归仁里宅新成小滩》）。这个园林中还摆放着不少太湖石，这是牛僧孺之前在扬州收集的。牛僧孺家中的这处"小滩"显然是人工设计的，是一种明确的造园行为。只是不知道是他自己想到的，还是造园工匠采用已有的民间做法。牛僧孺之前曾任淮南节度使，驻地在扬州，或许从江淮的河溪水景中得到了启发。

这种淙淙的水景有助消暑，当然，权贵人家还有更高级的避暑方法。当年中宗的爱女安乐公主、玄宗皇帝都曾修建过这种"水亭"或者"凉殿"。顺宗女儿云英公主和驸马刘士泾的府邸建有一座"水亭"，这是一种喷泉装置，把水压到亭子上的四檐喷泻而下，在亭子中举行饮宴时四周水流飞溅，十分凉快。刘禹锡曾应邀参加过刘士泾举行的避暑宴会，归来后他写了一首《刘驸马水亭避暑》：

> 千竿竹翠数莲红，水阁虚凉玉簟空。
> 琥珀盏烘疑漏酒，水晶帘莹更通风。
> 赐冰满碗沉朱实，法馔盈盘覆碧笼。
> 尽日逍遥避烦暑，再三珍重主人翁。

秋天，牛僧孺在城南郊区的别业"城南庄"整修完毕，布置了一座规模更大的园林，在那里展示他收藏的众多太湖奇石。可惜，牛僧孺作为东都留守不好轻易出城，只得邀请白居易、刘禹锡代他前去游赏，他们游览之后当然又是作诗称颂了一番。

古人早有欣赏美玉、奇石之风。把天然形成的石头当作案头或者庭院摆设，可追溯到《尚书》记载的周代。其中列举九州上贡的物品包括"怪石"，可能指形状、色泽特殊的石块，比如像礼器、动物形状的石头等。这些石头被贵族收藏在府库或者摆设在庙堂。在园林中布置假山之风源自汉武帝，他在长安上林苑建章宫的太液池中让人修建"蓬莱三山"，希冀神仙能降临那里给自己赐福赐寿。这是人工修造的小岛和假山，用天然石块堆叠造景，此后"一池三山"就成了皇家、贵族的园林水景常见的布局。东汉外戚梁冀曾在花园中构石为山，高十余丈，连绵数里，想必是以人工堆垒的高大假山象征真实的山岳。到了南北朝，士人欣赏山水之美，园林中布置假山、孤立怪石成为风尚。陆羽记载他在传为东晋士人顾辟疆修建的苏州辟疆园遗址中见到早年的怪石残迹，"辟疆旧林间，怪石纷相向"（《玩月辟强园》）。魏明帝在景初元年改造芳林园时，命人从太行山取来白石英、紫石英、五色文石，修建了一座大型假山"景阳山"，并在山间栽种松竹草木、放养禽鸟野兽。南齐文惠太子于建康开辟私园"玄圃"时也修建土山，布置楼、观、塔及"多聚奇石，妙极山水"[1]此时小型赏石也会被安置在小盘中当作室内装饰，已有了可以观赏的盆景[2]。入唐以来这股风尚依旧流行，宫廷贵族颇喜用盆景点缀居室环境，阎立本《职贡图》描绘藩属以怪石作为礼物进贡太宗皇帝。至于假山，更是权贵的园林中必不可少的景观。太宗皇帝命人在园林中布置假山，在周围栽种桂花树、松树，高宗和武后的爱女太平公主在长安兴道坊的园林号称"山池院"。其中有叠石修造的假山和水景，"列海岸而争岧，分水亭而对出"（《太平公主山池赋》），可见其中安置的赏石、假山数量颇多。

---

1 （梁）萧子显，中华书局编辑部．南齐书卷二十一　列传第二　文惠太子．北京：中华书局，1972，401。

2 山东青州云门山发掘的北齐武平四年（573）的坟墓画像石刻《贸易商谈图》描绘主人与西域商人进行贸易商谈时互赠礼品的场面。主人的随从双手托一浅盆，盆中放置一件怪石，应该是赠送西域商人的礼物。唐代章怀太子墓（建于706年）甬道东壁绘有一侍女手托假山、小树组合的盆景，可见当时宫廷贵族颇喜用盆景点缀居室环境。这种风尚还传到了日本，对以后的日本园林艺术大有影响。

牛僧孺比白居易年轻八岁，今年五十八岁。他爱好享受，宅中美姜众多，因此他经常服用钟乳石这种"春药"，自称前后服用的数量多达三千两。所以白居易作诗《酬思黯戏赠同用狂字》，以"钟乳三千两，金钗十二行"形容他的豪奢生活。

白居易也想恢复床笫之欢，便按照一个炼制丹药的方子尝试炼药。他的技术不过关，又一次炼制失败。他想起本朝太宗因为服用天竺方士耶罗迩婆娑炼制的"长生药"暴亡的旧事，加之宪宗、穆宗、敬宗也都因为热衷服用金丹，或者暴亡，或者服药后性情无常，苛刻对待左右近侍而被弑杀。之前韩愈、李建等官僚也是因为服用丹药而暴亡，这些先例让他心有余悸，觉得就算吃了"大药"也未必有用，甚至可能对身体有害。既然自己没有炼制成功，也是天意，索性就此罢手。他写了《烧药不成命酒独醉》记述这件事，觉得陶然在醉酒之中缓缓老去也可：

> 白发逢秋王，丹砂见火空。不能留姹女，争免作衰翁。
> 赖有杯中绿，能为面上红。少年心不远，只在半酣中。

白居易几乎每天都喝酒，外出的话，常与刘禹锡一起参加各种酒宴。有时两人一连三天都能在酒宴上碰面，为此他写了一首《赠梦得》：

> 前日君家饮，昨日王家宴。今日过我庐，三日三会面。
> 当歌聊自放，对酒交相劝。为我尽一杯，与君发三愿。
> 一愿世清平，二愿身强健。三愿临老头，数与君相见。

入秋后天气凉爽，适合游玩。一天他和刘禹锡相约外出游览，在途中难耐酒瘾，两人下马在酒馆中买酒欢饮一场，约定到重阳节再大喝一顿。白居易写了《与梦得沽酒闲饮且约后期》：

> 少时犹不忧生计，老后谁能惜酒钱。
> 共把十千沽一斗，相看七十欠三年。
> 闲征雅令穷经史，醉听清吟胜管弦。

更待菊黄家酝熟，共君一醉一陶然。

深秋时，南园篱笆边的金色菊花开得格外鲜艳，窗户前的竹林随风作响，让他感觉犹如"篱菊黄金合，窗筠绿玉稠"（《履道新居二十韵》）。他模拟陶潜"采菊东篱下"之意，在中岛栽种菊花的篱笆附近修建了一个茅草遮盖的小亭子，"土阶全垒块，山木半留皮。阴合连藤架，丛香近菊篱"（《自题小草亭》），常在这里招待僧人谈禅，和友人饮酒赋诗。

在重阳节的酒席上，看着眼前摆放的白菊花，他在《重阳席上赋白菊》中感叹自己这个白头老翁被黑发少年环绕的场景：

满园花菊郁金黄，中有孤丛色似霜。
还似今朝歌酒席，白头翁入少年场。

他喜欢在风光清丽时邀客人来家酒宴，喝酒、吟诗、听琴，家童演奏《霓裳羽衣》，小妓歌唱《杨柳枝》，直到"须白面微红，醺醺半醉中"（《自咏》）才散场。

他常生小病，眼睛经常眩晕，大夫劝说他不要再喝酒。他在《眼病二首》记述这时候案头放着佛教著作《龙树论》和治疗眼病的药物"决明丸"：

医师尽劝先停酒，道侣多教早罢官。
案上谩铺龙树论，盒中虚捻决明丸。

他最大的嗜好是酒，年轻时把酒、琴、诗当作"三友"，有"琴罢辄举酒，酒罢辄吟诗"（《北窗三友》）一说。后来又爱上了喝茶。酒让人恍然忘记现实世界，而茶能让人清醒，"驱愁知酒力，破睡见茶功"（《赠东邻王十三》）。作为一个士人、官员，他需要保持清醒；可是作为一个诗人，一个好动情的人，他希望把握恍惚间的那一点点朦胧的自由，让自己沉溺在另一个世界中。相比饮茶，白居易对酒更痴迷，一生写了五十多首提及"茶"的诗，而提到"酒"的诗多达六百多首。这样说来，他爱酒是爱茶的十倍，甚至是嗜酒如命。

京城政坛上，宰相有了变动。四月皇帝提升翰林学士、工部侍郎陈夷行为宰相，十月把宰相之一李固言派去当西川节度使，如今是郑覃、李石、陈夷行三人执政。在兴元（今陕西汉中市）任山南西道节度使的令狐楚十一月十二日病逝，听说他临终前一天召李商隐到跟前起草遗表，劝谏皇帝"自前年夏秋已来，贬谴者至多，诛戮者不少，望普加鸿造，稍霁皇威。殁者昭洗以云雷，存者沾濡以雨露"，又告诫两个儿子令狐绪、令狐绹说"吾生无益于人，勿请谥号。葬日，勿请鼓吹，唯以布车一乘，余勿加饰。铭志但志宗门，秉笔者无择高位"[1]令狐楚也是个有才华之人，虽然曾位居宰相，可是也没有多大空间施展抱负，他大概也有许多遗憾。令狐楚的诗文的风格与白居易不同，两人晚年才有往来。十二年前，他在汴州担任宣武节度使时才与白居易有了书信往来和诗歌唱和。听刘禹锡说，他接到令狐楚讣闻的第三天才收到信使带来的令狐楚亲笔信，当时令狐楚已经生病，仍然写了一首新诗寄给刘禹锡。刘禹锡含泪写了一首和诗并点燃焚烧，以此祭奠令狐楚，希望他在天之灵能够看到自己写的和诗。

　　一个个友人离开，即使不怎么亲密的故交也走了，白居易时常感到寂寞。让他高兴的是，女儿阿罗生下一个女儿，满月时恰逢腊日的第二日"小岁"。这一天家中小辈要给尊长敬酒、祝贺，女婿、女儿带着外孙女来到家中，请他给外孙女起个名字。他想起刘禹锡之前寄来的贺诗有"从此引鸳雏"一句，稍作变化起了个小名"引珠"，期待她降生之后能带来更多的弟妹。女儿嫁人两年才生下个女儿，怕是有些不好意思，他就写诗安慰女儿"怀中有可抱，何必是男儿"（《小岁日喜谈氏外孙女孩满月》）。

　　开成三年（838）元日，残雪未消，早梅初发，白居易特地到刘禹锡家贺年，在酒宴上写了一首《新岁赠梦得》：

> 暮齿忽将及，同心私自怜。渐衰宜减食，已喜更加年。
> 紫绶行联袂，篮舆出比肩。与君同甲子，岁酒合谁先？

　　他们都是大历七年正月出生的，但是他比刘禹锡早生几日，所以刘禹锡

1 （后晋）刘昫，等．中华书局编辑部．旧唐书卷一百七十二　列传第一百二十二·令狐楚．北京：中华书局，1975，4464。

在《元日乐天见过因举酒为贺》中说要让白居易先饮一杯，然后共同举杯祝贺新年。

十九天后，从长安传来消息，说是正月初五宰相李石上朝时，半路上有盗贼用弓箭射他。他受了轻伤，左右侍从见此情况一哄而散。李石只能骑着马奔回住宅，又有盗贼在街坊的门口拦击他，斩断了马的尾巴，但李石侥幸没有受到严重伤害。皇帝听闻消息大为吃惊，命神策六军遣兵防卫，在全城搜捕这帮胆大妄为的盗匪，可是竟然一无所获。官员听说宰相被刺杀的消息都议论纷纷。第二天竟然只有九名官员去上朝。私下流言蜚语众多，对主谋有许多猜测，一种说法是大宦官仇士良不满李石的主张，指使人冒充盗匪暗杀李石。李石也心中疑惧，连连上表，以身患疾病为由请辞相位。皇帝对这桩案子无可奈何，只能任命户部尚书兼盐铁转运使杨嗣复、户部侍郎李珏两人为同平章事，与郑覃、陈夷行共同执政，外派李石担任荆南节度使。这让白居易想到了二十三年前武元衡被当街刺杀的旧事。当年他一心匡扶朝政，当天中午就上书皇帝请求搜捕匪徒，因此被贬谪江州。许多年过去了，京城竟然又出现了类似的事情，只是如今朝臣比当年更加因循无为，已没有直言的朝臣了，他内心也感到凄然。

如今宦官手握禁军的军权，作威作福，朝臣也无可奈何。听说去年春天，吏部侍郎高锴主持省试，河东人裴思谦带着大宦官、观军容使仇士良的口信，进入贡院中高氏居住的小院，请求录取自己为状元。高锴在庭院中当众谴责他，裴思谦却毫不畏惧，退出院子时回头对高氏厉声说："明年打脊取状头！"[1]也不知他这是说自己宁愿冒着被杖打脊背的刑罚也要取得这个状元，还是威胁高氏如果明年你不取中我当状元，小心你要被打脊背、流放，公然以仇士良的权力威胁高氏。今年春天进士考试时，高锴为了防止这个人再来，严禁自己的门童接纳姓裴的人送来的文书、名刺。裴思谦听说后，穿着高级官员才能穿的紫色袍服闯入他的住所，门童见了他的装束以为是哪一位高级官员，不敢阻拦。裴思谦走到高锴房门前，呈上仇士良的书信，信中明确要求点裴氏为状元。高锴以为他是传信之人，便说："状元已定了人选，此外的名次都可以商量。"裴思谦说："我亲耳听观军容使仇大人说，如果裴秀才

---

1 （宋）洪迈，孔凡礼．容斋随笔续笔卷十一·4 高锴取士．北京：中华书局，2005，351。

没有被取中状元，就请侍郎不要公布今年的进士榜单。"高锴低头想了良久，说："那样的话，我至少要见见裴学士。"裴思谦说："卑吏便是。"高锴见裴思谦相貌堂堂，也说得过去，便取他为状元。这件事私下流传甚广。如今朝臣对宦官如此卑躬屈膝、委曲求全，也是让人感叹。

听说，朝中的宰执各有偏向，郑覃、陈夷行亲近李德裕、李绅等人，杨嗣复、李钰则倾向李宗闵、牛僧孺等人，双方暗暗你争我夺。杨、李二人说服皇帝起用被贬为衢州司马的李宗闵，任命他当杭州刺史。

白居易无心卷入政坛纠葛，安心在洛阳当个风雅闲人。最近皇帝调荆南节度使韦长前来担任河南尹。他是韦楚的兄长，来了之后与白居易有些应酬。据说皇帝爱好诗文，想要在翰林学士院设置"诗学士"。杨嗣复首先推荐刘禹锡，觉得当今擅长写诗之人没有人能比得上刘禹锡；但李钰认为设置诗学士没有惯例可依，此事便无疾而终。而另一个擅长写诗之人裴潾也病逝了，他去年末回京任兵部侍郎，不料今年故去了。白居易与之有交往，免不了派仆从代自己去裴家吊唁一番。

在洛阳的牛僧孺也对入朝当官兴趣不大，乐得在洛阳当闲官。他在假日常邀白居易、刘禹锡到洛阳南郊的别业"南庄"聚会。刘禹锡在诗中记述这座庄园位于伊水岸边，西侧的湖泊景色最为动人，"蔷薇乱发多临水，鸂鶒双游不避船。水底远山云似雪，桥边平岸草如烟"（《和牛相公游南庄醉后寓言戏赠乐天兼见示》）。他的园林中有太湖的怪石、天台山的树木、江南的兰花等，"怪石钓出太湖底，珠树移自天台尖"（《和牛相公溪醉歌见寄》）。

夏至时，刘禹锡想起当年在苏州夏至时吃的食物、民俗，写了首诗寄给太子宾客卢周仁。卢氏是刘禹锡之后的苏州刺史，如今也在洛阳当闲官。白居易和卢氏也是旧交，时而在酒宴碰面，以诗歌唱和。他在卢氏那里见到刘禹锡的诗，想起自己在苏州时吃的粽子、鹅肉，想起在苏州齐云楼上酒宴的风流，想起苏州"每家皆有酒，无处不过船"（《和梦得夏至忆苏州呈卢宾客》）的风景，写了一首和诗，让仆从带给刘禹锡和卢周仁。

他与在太原的裴度时而通信，十八年前裴度当北都留守、河东节度使时曾赠送一匹骏马给经济紧张的张籍，于是去信希望裴度能赠给自己一匹马。裴度派人牵来一匹红色鬃毛的良马，还写诗来，声称"君若有心求逸足，我还留意在名姝"，要用这匹马换白居易家中一名乐伎。白居易舍不得家中出色的艺人，写诗说这几个人都是给自己这个老翁唱歌消磨残年的，舍不得。他让家中一名小奴仆跟着裴度派来的人回去当杂役，如此应付了过去。刘禹锡得到裴度寄来的诗，得知此事后写了唱和诗。在汴州（今河南开封）担任汴州刺史、宣武军节度使的友人李绅与裴度、刘禹锡都有交往，听说这件事，派人送来一匹白马给他，没有提交换的条件。白居易写诗致谢，他觉得这匹马性情和善，步履稳当，适合自己这样爱醉酒的人骑。

苏州刺史李道枢送给牛僧孺一方稀有的太湖石，迢迢千里运到洛阳。牛僧孺大为高兴，安置在南庄中，选了个吉日特邀白居易、刘禹锡等同好观赏并写长诗唱和。牛僧孺以廉洁著称，唯独对别人馈赠的上佳太湖石来者不拒，这一点广为人知。这个李刺史也是投其所好。或许是为了与牛僧孺针锋相对，淮南节度使李德裕在扬州大肆收藏赏石，往洛阳南郊的平泉山庄安置了钓台石、似鹿石、海上石笋、叠浪石、泰山石、巫山山、罗浮山石、漏潭石等。他广泛收集各地的赏石，与牛僧孺专注收集太湖石的风格不同。两人在收藏赏石方面似乎也要较量一番。

一天，白居易想到陶渊明的《五柳先生传》，写了一篇《醉吟先生传》总结自己一生：

醉吟先生者，忘其姓字、乡里、官爵，忽忽不知吾为谁也。宦游三十载，将老，退居洛下。所居有池五六亩，竹数千竿，乔木数十株，台榭舟桥具体而微，先生安焉。家虽贫，不至寒馁；年虽老，未及耄。性嗜酒，耽琴淫诗，凡酒徒、琴侣、诗客多与之游。

游之外，栖心释氏，通学小中大乘法，与嵩山僧如满为空门友，平泉客韦楚为山水友，彭城刘梦得为诗友，安定皇甫朗之为酒友。每一相见，欣然忘归，洛城内外，六七十里间，凡观寺、丘、墅，有泉石花竹者，靡不游；人家有美酒鸣琴者，靡不过；有图书歌舞者，靡不观。自居守洛川韦布衣家，以宴游召者亦时时往。每良辰美景或雪朝月夕，好事者相过，必为之先拂酒罍，次开箧诗。诗酒既酣，乃自援琴，操官声，弄《秋思》一遍。若兴发，命家僮调法部丝竹，合奏《霓裳羽衣》一曲。若欢甚，又命小妓歌杨柳枝新词十数章。放情自娱，酩酊而后已。往往乘兴，屦及邻，杖于乡，骑游都邑，肩舁适野。舁中置一琴一枕，陶、谢诗数卷，舁竿左右，悬双酒壶，寻水望山，率情便去，抱琴引酌，兴尽而返。如此者凡十年，其间日赋诗约千余首，岁酿酒约数百斛，而十年前后，赋酿者不与焉……

他在文中说自己最大的癖好是喝酒、吟诗，妻子、弟弟、侄子经常劝他少喝酒。白居易辩解说人都有自己的爱好，相比那些因为爱好财富招来祸患的、爱好赌博导致破产的、爱好炼丹服食而损害身体的，我这两种爱好对家庭、个人没有什么伤害，比上述三种人好多了。

白居易酒量不大，一杯就有点陶然，三四杯就有醉意。在友人中，只能在酒量更小的陈商那里称雄而已。可白居易的确好酒，每餐必饮，闲居要喝，郁闷时要喝，高兴时也要喝。为此家中每年要酿制数百斛酒，家中设有专门放酒的"酒库"。他写了《咏家酝十韵》赞美自己酿造的酒。他的酿酒方法"旧法依稀传自杜，新方要妙得于陈"，"杜"指传说中酿酒的"祖师爷"杜康。这么说是虚晃一枪，实际上他在酿酒方面主要得到同年进士、颍川人陈岵的指点。两人同朝为官时，陈岵将家乡的酿酒技艺传授给了他，他就让仆从按照方子酿制。

洛阳市场繁荣，酒类众多，白居易能喝到不少好酒。这些酒按照来源分，有御用的宫廷酒、各地官府酿造的官酒、酒馆酿造的市店酒以及私人酿制的家酿。宫廷经常举行酒宴，对酒的需求量挺大。除了各地进贡，宫廷还有专门人员负责酿酒，先后酿造出酴醾酒、李花酿等多种名酒，除供皇室成员享用外，也常被分赐重臣。比如从前宪宗皇帝器重翰林学士李绛，曾遣使给他赏赐酴醾酒。酴醾酒据说是用荼蘼花这种香料配制酿成的"重酿酒"。宫廷中还酿制葡萄酒，当年太宗皇帝征服西域的高昌后，当地的酿酒工匠以及葡萄种子被带到长安，在禁苑中栽种马乳蒲桃，酿造绿色的葡萄酒，芳香酷烈，顿时成了宫中贵族爱好的名酒。《景龙文馆记》记载中宗曾给修文馆的学士赏赐葡萄酒。西域的胡人在长安、洛阳乃至河东（今山西）等地酿造葡萄酒，可以在酒馆中买到，并不算稀奇事物。

长安、洛阳城内外有很多酒馆，大点儿的酒馆都有自酿的好酒。长安城内的东、西两市因为商业繁荣，酒楼众多，其他凡是人烟密集的官道两侧如青门、灞陵、渭城、新丰等地的酒家，都以自酿的美酒招待来往旅客。长安东门叫青门（青绮门），是通向洛阳的官道的起点，商旅繁荣。经常有人在这里送别亲友，城门附近有许多酒楼，其中一些还是胡人开设的。李白《送裴十八图南归嵩山》提到在这里送别友人时，"胡姬招素手，延客醉金樽"。出青门东行不远就到了灞陵，这里也有许多酒肆，出产的"灞陵酒"或"灞水酒"颇有名气，就连宫中贵人也喜欢。代宗在大历八年（773）正月曾赏赐桑落火炙酒、灞水酒给重臣郭子仪。位于长安城西官道边的渭城也出产好酒，官僚到这里送西行的宾客时总要在酒楼中畅饮饯别，李白就曾"斗酒渭城边，垆头醉不眠"（《送别》）。长安近郊的新丰镇以酿酒作坊众多著称，许多官吏、商贾和市井游士喜欢假日前去游览风景、品尝美酒。

李肇的《国史补》记载长庆年间的名酒，有"郢州之富水，乌程之若下，荥阳之土窟春，富平之石冻春，剑南之烧春，河北之乾和葡萄，岭南之灵溪、博罗，宜城之九酝，浔阳之湓水，京城之西市腔，虾蟆陵之郎官清、阿婆清。又有三勒浆类酒，法出波斯。三勒谓庵摩勒、毗梨勒、诃梨勒"。其中长安出产的三种，即京城之西京腔，虾蟆陵之郎官清、阿婆清。西京腔为西市的名酒。虾蟆陵，又称下马陵，在京城东南，那里是歌女聚集的地方。白居易在《琵琶行》中写的那位女子就"自言本是京城女，家在虾蟆陵下住"，那里有许多酒楼、制酒作坊。长安好酒的官僚也会在家制作私酿，风雅的主人给家酿起各种好听的名字，亲友之间经常馈送美酒。白居易就曾得到苏州刺史寄送的五酘酒，湖州刺史送的箬下酒。五酘酒指五次投米重复酿制的美酒，比常见的三酘酒滋味更加醇厚，酒精度要高一些，很适合白居易这样的嗜酒之人。

秋日，他去洛阳南郊欣赏龙门附近一条溪谷里的菊花、柳树。此处少有人来，不像寻常的景点周围游人众多、吵吵嚷嚷。他对自己能发现这里颇为得意，写了一首《题龙门堰西涧》：

> 东岸菊丛西岸柳，柳阴烟合菊花开。
> 一条秋水琉璃色，阔狭才容小舫回。
> 除却悠悠白少傅，何人解入此中来。

皇帝频频召东都留守牛僧孺入朝为官，而牛僧孺不愿再入朝主持政务，一直推脱自己身体患病，不愿意回长安。皇帝特地派专使登门颁布诏书，牛僧孺只好答应进京。白居易听闻牛僧孺要离开洛阳，与之约定，把两家的伎乐合并在一起表演一场，为牛氏饯行。到了约定这一天下起了雨，但是邀请的几位洛阳官僚依旧赶来，"玉管清弦声旖旎，翠钗红袖坐参差"，一直闹到深夜，"歌脸有情凝睇久，舞腰无力转裙迟"（《与牛家妓乐雨夜合宴》）。之后，洛阳的一众官员又借裴度的府邸设宴饯别牛僧孺，热闹了一场。

之后，牛僧孺离开洛阳，沿着京洛大道的南路缓缓进京。他走到甘棠馆时，晚上做梦与刘禹锡一起出游，便寄诗给刘禹锡。牛僧孺在"甘露之变"之后心生退意，近年醉心于太湖石、园林、诗酒，也是向官场众人表态自己无意卷入政事，希望能在洛阳当个闲散官员。可是皇帝依旧重视他，只能勉强再次入朝。他到长安后没有拜访任何故旧，皇帝召见他时，他也没有表露出有什么雄心壮志，之后更是称患了足疾在家养病而推辞。皇帝见他是如此心态，只好让他挂着左仆射的尊崇职衔在京城闲居。他闭门不出，时而寄诗给白居易、刘禹锡，表达怀念洛阳的酒宴、风景之意，看样子的确无心再执政。

白居易不像裴度、牛僧孺是皇帝重视之人，依旧可以在洛阳当闲人。只是他这几年也是年老多病，时而感到意兴阑珊。水池边那艘从苏州带回的小游船"青雀舫"的红色窗户、木梁破旧了，从苏州移栽的白莲枯死了，刘禹锡赠送的华亭白鹤也病死了，他也无心再收拾园林。他觉得自己如今是个白头老翁，风烛残年，身形消瘦，戏称自己是"贫闲老瘦人"（《雨后秋凉》）。

一天，当年在苏州的属下官吏来拜访，他招待故人时写了一首短诗《苏州故吏》，感叹自己年华老去：

江南故吏别来久，今日池边识我无。
不独使君头似雪，华亭鹤死白莲枯。

这时，听闻奉国寺高僧神照禅师寂灭，终年六十三岁，弟子修塔安葬他的骨灰、舍利，拜托白居易撰写《唐东都奉国寺禅德大师照公塔铭并序》。他与这位大和尚是故交，一边写文章，一边想当年的旧事。人难免一死，因此人人都焦虑死后能否超脱，可惜，活着的人无法向故去的人询问详情。

此时从京城传来太子李永暴亡的消息。据说，太子之母德妃近年来失宠，今年年初病逝，而皇帝近年宠信的贤妃杨氏经常在皇帝身边说太子的坏话，如太子亲近小人、不遵法度之类。九月时皇帝一度想要废太子，因为御史中丞狄兼谟垂泪劝谏才暂且不提。结果当晚就把太子软禁在少阳院，处死太子亲近的宫人数十人。不到一个月太子暴亡，于是就有了各种传言。有的人说太子是被小人谗言所害，也有人说太子与亲信密谋杀害父亲称帝，皇帝得知阴谋之后才秘密下诏赐死太子。友人翰林侍讲学士王起因博通经史，之前皇帝让他兼任太子侍读，经常入宫为太子讲授。他奉命起草太子的哀册，所撰册文婉转华美，传诵一时。

白居易听到官僚议论宫中的各种事端，感叹不已。他虽然闲居洛阳，毕竟也是官僚，对这些年政事的得失，时有耳闻，心中也有自己的判断。当今皇帝缺乏定见，容易受身边人的影响，不少举措都比较轻率，比如之前任用李训、郑注即是如此。而父子相残是皇家忌讳，不便直接议论，他便写了《思子台有感二首》，借汉武帝杀太子的典故影射此事。当年汉武帝因为江充进谗言而猜忌太子，太子被逼起兵杀死江充，自己也被诛杀。之后汉武帝追悔莫及，修建一座思子台追怀太子。在他看来，此事的关键在皇帝自己是否明理和信任太子。皇帝自己昏聩的话，身边的小人才有兴风作浪的机会，"暗生魍魉蠹生虫，何异谗生疑阻中。但使武皇心似烛，江充不敢作江充"。他在小序中特别点明"凡题思子台者，皆罪江充，予观祸胎，不独在此，偶以二绝句辩之"。

冬末天寒地冻，他在晚上沐浴之后，戴上夹乌帽保护耳朵，披着长白裘温暖身体和腿脚，在室内就着炉火，喝了一杯酒，然后吃了一碗粥。身体舒泰时，他不由想起园林之外的那些穷困之人。最近天气寒冷，据说黄河都被冻住无法流动，如此情况下，"何处征戍行，何人羁旅游。穷途绝粮客，寒狱无灯囚"。只是，"劳生彼何苦，遂性我何优。抚心但自愧，孰知其所由"，自己也不知道如何才能天下大同，是否有天下大同。年轻时，自己也曾有清平天下的雄心壮志。这些年过去，似乎这些心愿已化为梦幻泡影，不知道从何说起。

开成四年（839）年初，他把近三年写的诗文编辑成两卷，列入"后集"之中，这样后集共有十七卷。至此，《白氏文集》总计有前集五十卷、后集十七卷，共计六十七卷、三千四百八十七篇诗文。他让人抄写了三套，分送洛阳圣善寺钵塔院律库、庐山东林寺、苏州南禅寺千佛堂保存。如此就算其中任何一个地点发生水火灾害，自己的著作因为分开保存，也能流传下去。他把自己的诗文当作自己的"业"，表示"愿以今生世俗文字放言绮语之因，转为将来世世赞佛乘转法轮之缘也"（《苏州南禅院白氏文集记》）。他觉得至少自己所写的那些心向佛法的诗文有助传播佛法，捐献文集给佛寺供众人阅读、传播，等于自己做功德。

让他高兴的是，女儿阿罗在谈家又生下一个孩子，是男孩，他急忙写了首诗《谈氏外孙生三日喜是男偶吟成篇兼戏呈梦得》向刘禹锡报喜，感谢他前年祝贺阿罗生女的贺诗中"从此引鸳雏"的预兆，如今果然一女一男，让他大为宽慰。随后他给这个孩子取了个小名"玉童"。

听说，河东节度使、守司徒、中书令裴度去年年底身体欠佳，他一再上书请求辞职返回洛阳家中休养。但是皇帝看重这位老臣，派宦官前往河东，命裴度进京参与朝政决策。裴度并不是假托有病，而是确实年老病重。闰正月十六他到京以后，因身体羸弱难以朝见皇帝，只能在家休养。皇帝连连派遣御医去裴家为他诊治，也没有什么效果。三月初三上巳节，皇帝在曲江池举办宴会招待群臣宴饮，众人纷纷赋诗，皇帝觉得没有裴度的诗是个遗憾。三月初四一早，皇帝特别赋诗一首，派宦官带给裴度，并附上自己的亲笔书信说："朕想见到你的唱和诗，因此命人把此诗带给你看。你病未痊愈，必定乏力无心和诗，尽管改日将诗进献给我。春季，通常是难于养病的季节，需要尽力调养护理，尽快血气和顺。心中怀念千百，所写不及一二。药物治病所须，不要顾忌奏请频繁。"皇帝的诗云：

注想待元老，识君恨不早。我家柱石衰，忧来学丘祷。

皇帝说自己要像孔子当年那样为裴度祈祷，盼望裴度能病愈归朝，也承认以前对裴度这位元老的柱石之勋认识不够，没有能任用他，希望裴度能转危为安。宦官带着皇帝的诗、信刚走到裴度家门口，裴度已然逝世，享年七十五岁。传说他临终告诉门人，自己没有什么大事牵挂，就是遗憾"午桥庄松云岭未成，软碧池绣尾鱼未长，《汉书》未终篇，为可恨尔"[1]。可见他还牵挂着洛阳园林中的松云岭、绣尾鱼，还有那部未能读完的《汉书》。

白居易听说裴度在长安故去，也是大为感伤。裴度自二十二年前立下平定淮西的大功，历任四朝宰相以及尚书省的仆射、门下省的侍中、中书省的中书令这等尊显的荣衔，德高望重，是最近二十年朝野最受尊崇的大臣，连周边的夷蛮酋长也知晓他的大名。可惜在朝臣党争、宦官干政的局面下，他这样的人物也有许多不得已处、不得意处，晚年更是无心回朝执政，心中的那许多遗憾也随着他的逝世而不为人知。政事如此，可叹，可惜。

如今，朝中四位宰相分为两派，对政策的观点经常对立，皇帝也是无奈。五月，皇帝免去郑覃、陈夷行两人的相位，提拔太常卿崔郸为相，与杨嗣复、李钰共同执政。另一位重臣牛僧孺在京城闲待了将近一年，皇帝见他的确无意在朝执政，便任命他为山南东道节度使、襄州刺史，去襄阳镇守。白居易的另一位友人、剑南东川节度使杨汝士则被调回朝中出任吏部侍郎。皇帝下诏立侄子李成美为太子。在宫内的酒宴上有杂技表演，有个演杂技的小孩爬上竖立的高杆表演。他的父亲在底下一脸焦急地来回转，生怕儿子不慎掉下来。见到这样的场景，皇帝想起已故的太子李永，对左右侍从说："我拥有天下，却不能保全一个儿子。"他流下眼泪，命令把去年诋毁李永的坊工刘楚才等数人交给京兆府处死，又把宫中女倡十人处死。皇帝自己没主见才造成种种祸事，如今又迁怒李永当年的身边人。

十月，六十八岁的白居易因为"风痹之疾"（中风）卧床一个多月。最严重的那些天他左足几乎瘫痪，眼睛眩晕，难以行走。他只好停止饮酒，停止欣赏歌舞，卧床养病。他有了让樊素、小蛮离开的想法，作了一首《别柳枝》：

> 两枝杨柳小楼中，袅娜（一作袅）多年伴醉翁。
> 明日放归归去后，世间应不要春风。

他担忧自己可能不治，觉得自己是当代第一诗文名家，不必假手他人撰

---

1 （后唐）冯贽，张力伟.云仙散录·序·云仙散录·二五　松云岭.北京：中华书局，2008，29。

写墓志铭，白白让家人浪费一大笔钱，于是提前写了篇《醉吟先生墓志铭（并序）》，简略总结自己的一生，以所撰诗文为自己一生的最大成就 [1]：

> 先生姓白，名居易，字乐天，其先太原人也，秦将武安君起之后。高祖讳志善，尚衣奉御；曾祖讳温，检校都官郎中；王父讳锽，侍御史河南府巩县令；先大父讳季庚，朝奉大夫襄州别驾大理少卿，累赠刑部尚书右仆射；先大父夫人陈氏，赠颍川郡太夫人；妻杨氏，弘农郡君；兄幼文，皇浮梁县主簿；弟行简，皇尚书膳部郎中；一女，适监察御史谈弘谟；三侄，长曰味道，卢州巢县丞，次曰景回，淄州司兵参军，次曰晦之，举进士；乐天无子，以侄孙阿新为之后。乐天幼好学，长工文，累进士、拔萃、制策三科，始自校书郎，终以少傅致仕。前后历官二十任，食禄四十年。外以儒行修其身，中以释教治其心，旁以山水风月、歌诗琴酒乐其志。前后著《文集》七十卷，合三千七百二十首，传于家；又著《事类集要》三十部，合一千一百三十门，时人目为《白氏六帖》，行于世。凡平生所慕、所感、所得、所丧、所经、所遇、所通，一事一物已上，布在文集中，开卷而尽可知也，故不备书。大历六年正月二十日，生于郑州新郑县东郭宅，以×年×月×日，终于东都履道里私第，春秋×有×。以×年×月×日葬于华州下邽县临津里北原，袝侍御、仆射二先茔也。启手足之夕，语其妻与侄曰："吾之幸也，寿过七十，官至二品，有名于世，无益于人，褒优之礼，宜自贬损。我殁，当敛以衣一袭，送以车一乘，无用卤薄葬，无以血食祭，无请太常谥，无建神道碑。但于墓前立一石，刻吾《醉吟先生传》一本可矣。"语讫命笔，自铭其墓云：

> 乐天乐天，生天地中，×有×年。其生也，浮云然；其死也，委蜕然。来何因，去何缘。吾性不动，吾行屡迁。已焉已焉，吾安往而不可，又何足厌恋乎其间？

1　今人对《醉吟先生墓志铭》是否为白居易撰写有争论，岑仲勉认为并非白居易所撰，而耿元瑞、赵从仁认为当为白居易所写，近来学者根据日本内阁文库藏《管见抄》本《墓志》的题注："开成四年，中风疾后作"确认这是白居易此年所作，但是此文后来遭后人妄改和补笔，所以本文引用时把有关年龄、年号之处以×××表示空白。芳村弘道，秦岚.据《管见抄》本题注考辨白居易《醉吟先生墓志铭》之真伪//长江学术.2011年第2期，24-31。

最让他遗憾的是，妻妾生下的三个女儿和一个儿子早夭，唯有女儿罗子顺利长大，十九岁时嫁给了监察御史谈弘暮并生下一女一子。白居易钟爱外孙女和外孙，常写信让女儿带他们来探望自己。他们来了，他就让仆从把小狗、小鸡放入庭院中，看儿童追逐小狗、小鸡玩耍。另外，大哥的儿子宅相（白景回）、弟弟白行简的儿子味道、晦之、景受（龟郎）等几个侄子都是他带在身边养大的。他还做主给景受娶了杨鲁士之女为妻。他把景受的儿子白邦翰（小名阿新）过继为嗣孙，因为他既是自己的侄孙，又是妻子杨氏的从侄孙，血缘亲近一些。让他感到安慰的是，自己养大的三个侄子如今都成家立业、出仕为官。味道是庐州巢县的县丞、景回是淄州司兵参军、晦之则通过解试成了举人，只是还未能考中进士。

　　一日，白居易想起自己来洛阳已经十年了，经常春天去各处赏花，秋天去各家做客饮酒，欣赏过许多歌舞，家中的乐伎已然换了三拨。他喜欢青春年少的女子，所以家中乐伎一旦年过二十，大都会被遣散，唯有樊素、小蛮因为才艺突出，一直留在家中。或许，她们就是湘灵的替代品。于是，他作了一首《追欢偶作》：

> 追欢逐乐少闲时，补贴平生得事迟。
> 何处花开曾后看，谁家酒熟不先知。
> 石楼月下吹芦管，金谷风前舞柳枝。
> 十听春啼变莺舌，三嫌老丑换蛾眉。
> 乐天一过难知分，犹自咨嗟两鬓丝。

　　他觉得自己年老多病，恐怕无法再骑马出游、歌舞娱乐，决定减少家中的开支。他要把二十多岁的乐伎樊素打发出门，把那匹骏马"骆马"卖掉。圉人牵着骆马出门去集市，那匹马出大门的时候回头鸣叫，似乎知道自己将要离开主人；樊素在堂前正辞别，恰好听到马叫，脸色有些凄惨。她对白居易陈述自己的经历，说"素事主十年，凡三千有六百日。巾栉之间，无违无失。今素貌虽陋，未至衰摧"。白居易觉得有些难受，让仆从把骆马牵回马厩，让樊素也暂且留下，自饮一杯酒，快吟数十声，作了一首《不能忘情吟》，感慨"吾疾虽作，年虽颓，幸未及项籍之将死。亦何必一日之内，弃骓兮而别虞兮，乃目素兮素兮。为我歌杨柳枝，我姑酌彼金罍，我与尔归醉乡去来"。

一天，他梦见与元稹一起游览，早上对这个梦记忆犹新，想起友人已故去数年，大为伤感。可惜，元稹的二女儿道卫、大女婿韩氏先后早逝，也不知道元稹地下是否知晓。白居易写了一首《梦微之》，告慰另一个世界的友人：

> 夜来携手梦同游，晨起盈巾泪莫收。
> 漳浦老身三度病，咸阳宿草八回秋。
> 君埋泉下泥销骨，我寄人间雪满头。
> 阿卫韩郎相次去，夜台茫昧得知不。

妻子的从兄杨汝士时任剑南东川节度使，也有心引退，在洛阳购置了宅邸，为园林搜罗了一块太湖石。可惜他在外为官，这块石头闲置在园林中无人欣赏。白居易听说后，去信表示想借这块太湖石，放在自己的园林中，写了一首《杨六尚书留太湖石在洛下借置庭中因对举杯寄赠绝句》记述此事：

> 借君片石意何如，置向庭中慰索居。
> 每就玉山倾一酌，兴来如对醉尚书。

欣赏这块奇石时，他觉得这块石头天然有一种吸引人的"天资"，可是又不适应时代所需，无法用来磨刀、捣砧，没有什么实用功能。他联想到自己在这个时代也犹如这块石头一般无所作为，没有得到皇帝的重视，写下一首《太湖石》，以石自喻：

> 远望老嵯峨，近观怪嵌崟。才高八九尺，势若千万寻。
> 嵌空华阳洞，重叠匡山岑。邈矣仙掌迥，呀然剑门深。
> 形质冠今古，气色通晴阴。未秋已瑟瑟，欲雨先沈沈。
> 天姿信为异，时用非所任。磨刀不如砺，捣帛不如砧。
> 何乃主人意，重之如万金。岂伊造物者，独能知我心。

一些老年官僚希图依靠修炼内丹、服用外丹求得长生，"以之资嗜欲，又望延甲子"，为此"朝吞太阳精，夕吸秋石髓"，在白居易看来"微福反成灾，药误者多矣"。他认识的人中韩愈爱服硫黄，元稹常吃秋石[1]，都因此一夕暴亡。所以他写了一首《戒药》，劝说人们不必追求长生不死。三十年前，他就写过《新乐府·海漫漫（戒求仙也）》，说老子的《道德经》"不言药，不言仙，不言白日升青天"。

传说皇帝也生了病，自感时日无多，一天在思政殿与翰林学士院的值班学士周墀一边喝酒一边闲聊。皇帝问周墀："朕可以和前代的哪些帝王相比？"周墀当然不能乱说话，奉承皇帝说："陛下是尧、舜一类的帝王。"皇帝有自知之明，当即说："朕岂敢和尧、舜相比！我问你的意思是，我是否能赶上周赧王和汉献帝？"这是暗示他在宫中的处境与那些亡国之君相似。周墀大惊，连忙说："周赧王和汉献帝都是亡国之君，怎么比得上陛下的大圣大德！"皇帝说："周赧王、汉献帝不过受制于各地强大的诸侯，而今朕受制于家奴。就此而言，我还不如他们！"皇帝说着流下眼泪，周墀连忙拜伏在地，泪流不已。

此后皇帝病情加重，甚至无法上朝听政。宫中、朝中气氛诡异。之前因为皇帝的儿子早夭，在宰相李珏的建议下，皇帝已下诏立侄儿李成美（敬宗之子）为太子，此事宫中、朝中皆知，但还未正式举办册立太子的典礼。据说，皇帝宠爱的杨贤妃曾经请皇帝立安王李溶（穆宗第八子）为皇太弟，因为李珏的反对未果。如今见皇帝病重，杨贤妃与其族兄、另一宰相杨嗣复或许还有再立安王的意图。

开成五年（840）正月初二，病重的皇帝命知枢密刘弘逸、薛季棱召宰相杨嗣复、李珏进宫，打算命他们辅佐太子李成美监国。而掌握禁军军权的左、右神策军护军中尉仇士良、鱼弘志鉴于当初立李成美为太子的时候，自己没有一点功劳。于是他们假称接到诏令，率禁兵至十六宅宫，迎接皇帝的弟弟颖王李瀍（穆宗第五子，后世称为武宗）到宫中，立为皇太弟，让百官

1　太阳精有两指，或指人的唾液，或为《太清金液神丹经》所指丹砂、雄黄、雌黄等矿物质经研磨、封闭于土釜长期加热氧化之后获得的化学提炼物，因发出紫色光芒而得名"金液"，秋石指在八月金秋节气时提炼的人尿中的白色无机盐成分。朱晶.丹药、尿液与激素：秋石的历史研究.2008；朱晶.秋石方的早期记载新考//中药材.2012年35卷1期，152-156。

在思贤殿拜见他，而把太子李成美改封为陈王。初四，文宗皇帝在太和殿驾崩，初六仇士良劝说皇太弟李瀍赐死了杨贤妃、安王李溶、陈王李成美，以及诛杀了文宗亲近的乐人、内侍四千多人，长安城内又是一番腥风血雨。十四日，文宗的尸体入棺大殓，时年二十七岁，新帝李瀍即位。

京城的风云变幻当然也让洛阳士人热议了一阵，白居易听闻各种消息，只能默然。他是闲官、闲人，如今又身体有病，只能勉强在仆从的搀扶下走到园林中散散步。他见到南池中那艘小船的窗户已经破了，物犹如此，人何以堪。长安的那些事，与自己无关。

因为腿脚不便，寒食前后他也只能在家中待着，这是他成年以后的第一次没能去踏青游览。就连在家观赏歌舞表演的心也淡了，只是靠喝药酒自娱。他觉得自己老病交加，时日无多，终究还是让歌姬樊素、小蛮自谋生路去了，"樱桃樊素口，杨柳小蛮腰"成为记忆。

三月十五日，他施舍俸钱三万，命画匠杜宗敬按照《阿弥陀》《无量寿》二经的内容描画西方净土变相图捐献给香山寺。这时民间盛行净土宗，这一派僧人鼓励民众捐资修缮佛寺、抄写佛经、供养佛像和僧人，宣扬信徒虔诚念诵佛号、斋戒、做善事的话，死后可以去弥勒佛护持的"兜率天"或阿弥陀的"西方极乐世界"享福，而不是下地狱轮回受苦。白居易也受到这种说法的影响，他为了做功德，经常斋戒、念佛、抄写佛经、给佛寺撰写赞文，并捐资修建香山寺、开凿龙门八节石滩。在撰写的《画西方帧记》中，白居易先赞叹极乐世界与阿弥陀佛的殊胜，而后郑重发愿："弟子居易焚香稽首，跪于佛前，起慈悲心，发弘誓愿。愿此功德回施一切众生。一切众生有如我老者，如我病者，愿皆离苦得乐，断恶修善。不越南部，便睹西方，白毫大光，应合来感，青莲上品，随愿往生。从见在身，尽未来际，常得亲近而供养也。欲重宣此愿而偈赞云：极乐世界清净土，无诸恶道及众苦。愿如老身病苦者，同生无量寿佛所。"[1]

他也请画师为香山寺画了一幅弥勒上生兜率陀天图，并撰写《画弥勒上生帧记》，记中说："今因老病，重此证明，所以表不忘初心而必果本愿

1 （唐）白居易，谢思炜．白居易文集校注·卷第三十四　碑记铭吟偈·画西方帧记．北京：中华书局，2011，2008。

也。"本愿"是指"乐天归三宝,持十斋,受八戒者,有年岁矣。常日日焚香佛前,稽首发愿。愿当今来世与一切众生同弥勒上生,随慈氏下降,生生劫劫与慈氏俱,永离生死流,终成无上道"[1]。白居易渴望自己逝世后能随侍弥勒,进入西方极乐世界。

不仅仅白居易如此,已故的宰相裴度也亲近佛教。他之前在洛阳集贤坊闲居时,为了做功德也经常布施,曾捐出大笔钱财重修大福先寺。修好后他本来想请白居易撰写碑文,不意也有点名气的文士皇甫湜自告奋勇,请以斗酒为报酬,回到家中撰写了一篇碑文。次日他就将碑文呈给裴度,果然文思高古、字字珠玑。裴度遣人送去礼物感谢他,皇甫湜说自己撰写的这篇文字非寻常可比,若要酬谢,全文三千二百五十四字,每一个字非三四匹绢不可。裴度听后就按照这个标准给他报酬,就当是捐资做功德了。

乐伎离开后,家中不再有歌舞表演。白居易也身体虚弱,病躯奄奄。这年春天他过得兴味索然,三月三十日春日将尽,他写下一首《春尽日宴罢,感事独吟(开成五年三月三十日作)》,慨叹春光似乎也随着樊素而去,只剩下疾病与自己相伴:

> 五年三月今朝尽,客散筵空独掩扉。
> 病共乐天相伴住,春随樊子一时归。
> 闲听莺语移时立,思逐杨花触处飞。
> 金带缍腰衫委地,年年衰瘦不胜衣。

刘禹锡对樊素的色艺一直有印象,听说此事,特别写了一首《杨柳枝》打趣,慨叹也不知樊素又去了哪一户人家:

> 轻盈袅娜占年华,舞榭妆楼处处遮。
> 春尽絮飞留不得,随风好去落谁家。

---

1 (唐)白居易,谢思炜.白居易文集校注·卷第三十四 碑记铭吟偈·画弥勒上生帧记.北京:中华书局,2011,2011。

白居易写了一首七言绝句《前有别杨柳枝绝句梦得继和云春尽絮飞留不得随风好去落谁家又复戏答》，由柳絮随风飘散到别人家联想到人生百态，说自己已是衰迈老人，没有力气像孩童那样追逐柳絮，只能任凭它们飞到别人家：

柳老春深日又斜，任他飞向别人家。
谁能更学孩童戏，寻逐春风捉柳花。

闲来无事，他参考牛僧孺家的那处"小滩"，对自家的园林做第三次改造。这次的设计侧重"西园"的水景布置。

他把从嵩山拉来的石块堆叠在西溪这条水渠中，延缓水流并制造潺潺流瀑的景色和声响，远远望去可以想象伊水冲击山峰的样子。之后的一段渠道中铺上小石块、沙子，让水缓缓流过，形成一处景点"新小滩"。这是他作为造园家的最后一项设计，依旧涉及他喜欢的水、沙、石这几种元素。他又在这条渠道两岸栽种树林，在新小滩对面新修一座小亭"新涧亭"观景，即"夹岸罗密树，面滩开小亭"（《亭西墙下伊渠水中置石激流潺湲成韵颇有幽趣以诗记之》）。

白居易对这处"新小滩"十分得意，修完之后就给王屋山的张道士、在洛阳郊区有别业的李仍叔、卢贞寄诗夸耀自己的这处设计，还写了首《新小滩》寄给在襄阳的山南东道节度使牛僧孺：

石浅沙平流水寒，水边斜插一渔竿。
江南客见生乡思，道似严陵七里滩。

他在诗中说自己新修的小滩虽然"小"，可是"石浅沙平"，更有江南浅滩的韵味，像是严子陵钓台的七里滩一般。牛僧孺知道他是从自己的归仁坊园林的小滩得到启发设计这处景点的，所以在唱和诗《答乐天见寄履道新小滩诗》中自豪而风趣地提醒白居易"请向归仁砌下看"，意思是自家的小滩要高出一筹。白居易则写诗《赠思黯》，与他开玩笑说："若道归仁滩更好，主人何故别三年？"牛僧孺也是身不由己，他虽然也有退隐的打算，可是并不像白居易坚决，至今还在政坛坚持。

白居易很喜欢听新小滩那潺潺的流水声，这是深山幽谷中才能听到的泉韵，本是隐士居住的山林才有的，自己身在都市就能享受这样的美景，无疑是幸运的。他特地写了《滩声》记述自己的感触：

> 碧玉班班沙历历，清流决决响泠泠。
> 自从造得滩声后，玉管朱弦可要听。

这时，朝堂又有了波动。五月，皇帝免去杨嗣复的相位，让他继续担任吏部尚书，另外提拔刑部尚书崔珙为相，与李珏、崔郸共同执政。杨嗣复之前与宫中的杨贤妃勾结，试图拥立安王即位，恐怕当今皇帝听闻了一些传言，难免心生芥蒂。

七月初秋，白居易到龙门的香山寺小住，这是去年秋天生病以后他第一次到龙门。他还是像从前一样住在畅（疑即《送文畅上人东游》中的文畅）禅师所在的院子，晚上能听到外面伊水淙淙流过的声响，这处"滩声"可比家里的新小滩大多了。住的院子靠近寺中的石楼、石盆泉、石楼潭，都是他熟悉的地方。从前，八月十五他在石楼望月，月夜在泉水积聚而成的石楼潭中洗澡。只是，现在的自己年纪老大，旧友大多故去，樊素那些"歌伴"也已离开，"从此香山风月夜，只应长是一身来"（《五年秋病后独宿香山寺三绝句》），只剩下自己这个老头子一个人独自面对这里的景色了。

听说八月十七日是先帝下葬之日，知枢密刘弘逸、薛季棱两位高级宦官被诛杀，或许是他们之前拥立陈王之事引起皇帝、仇士良猜忌所致。同一天，皇帝免去李珏的相位，降为太常卿，显然对他的言行有所不满。不久后，又外派吏部尚书杨嗣复为湖南观察使，太常卿李珏为桂管防御观察等使，与他们交好的御史中丞裴夷直也被外派任杭州刺史。

皇帝召淮南节度使李德裕回朝，显然要任用他。据说，担任淮南监军的宦官杨钦义回宫担任知枢密。他向皇帝称赞李德裕的治理功绩、为人、谋略等。李德裕这次接到诏书后为了防止夜长梦多，匆匆赶路。路过洛阳时，他只在别业平泉山庄停留了一晚。他晚上让仆从打着灯笼参观园中景色，第二天清早就赶往长安。之前应召入朝时因为走得太慢，他曾有被李宗闵抢先任相的教训[1]。

九月初，皇帝任命赶到京城的李德裕为门下侍郎、同平章事，成为宰相，与崔郸、崔琪一起执政，又命宣武军节度使李绅接任淮南节度使，在扬州镇守这一财赋重地，这或是李德裕推荐的结果。

这些事让白居易心生警惕。他与杨嗣复交好，杨氏经常给他赠送茶、药、衣裳等礼物，白居易也写过感谢的诗歌。或许，有人会拿这件事做文章？自己与牛僧孺也交好，这是洛阳的官僚都知道的。他明年七十岁，到了惯常的致仕年纪，那时上表请求退休顺理成章。可是如今李德裕当政，他知道李德裕对自己素有看法，尽管自己是个闲官，他也有点害怕继续当这个官惹人嫉恨，惹出什么麻烦，便思考是否早点退休。

他在香山寺中犹豫许久，要说当这个官有什么好处，就是俸禄多。如果退休的话俸禄要减少一半。可是如今自己已遣散了女乐，卖掉了马匹，花费比以前少，有一半俸禄也足够养家、养老。他假托自己游览嵩山，见到岭上云、石上苔、林下樗、涧中鱼、洞中蝙蝠等五种物象，就此作了《山中五绝句》，其实都是隐晦地表达对"风涛翻覆沸天池""鲸吞蛟斗波成血"的政坛斗争的畏惧，希望自己能如林下樗、涧中鱼、洞中蝙蝠一样躲开纠缠，独善其身。但是他又有点怀疑，自己像白蝙蝠一样藏到洞里，尽管保全了性命，可一生都活在幽暗中，这样做又有什么意义？毕竟，当年他也有过理想，也敢于直谏，不是那种一味躲避之人。

白居易是著名的佛教信徒，之前曾捐资修复香山寺的建筑。鉴于香山寺中仅有数百卷佛经而且不少是残缺的，这几年他便收集整理佛经，以《开元经录》为标准校对、抄写、补充残缺佛经，收辑经律五千二百七十卷，又施舍钱财改造一座旧建筑为经藏堂。九月二十五日经藏堂修好，所有经典也移入其中保管，僧人举行法事庆祝此事，白居易作了一篇《香山寺新修经藏堂记》，刻石立在堂前。

听僧人议论，当今皇帝登基之初佛、道并尊，可是今年秋天似乎情形有变。皇帝召方士赵归真等八十一人到宫中举行法事，皇帝自己登坛接受法箓，成了在家道士。此后皇帝越来越崇信道教，厌恶佛教。他刚任用的宰相李德

1 （宋）王谠，周勋初.唐语林校证·卷七·补遗.北京：中华书局，2008，61。

裕也以道教徒自居，对佛教颇为反感。他在浙西做官时曾拆毁私人设立的佛堂一千四百余所，在西川任节度使期间也曾拆毁私人设立的寺观，把寺院土地分给农民。他在宝历二年前后自居茅山道士的传法弟子，捐资修建茅山崇元观的老君殿以及老君、孔子、伊真人神像，其妻刘氏也信道，曾在茅山获上清派道士传授法箓。不过，李德裕觉得赵归真并非有道之人，曾劝说皇帝远离此人，皇帝并没有听从。

道教的势力一向不如佛教，信徒数量也比佛教少。西汉末年，天竺的佛教传入中土后，在南北朝时兴起。北魏孝文帝时全国有三万余所佛寺，出家僧尼两百余万人，洛阳是当时佛寺最密集、僧徒最多的宗教中心。由于佛教寺院土地不输课税，僧侣免除赋役，许多人都热衷出家为僧。也有许多农民投靠寺院为寺户、佃户，寺院拥有许多土地和劳动力，因此十分富裕，而官府的纳税户口却大为减少，常引起儒臣的担忧。加上道教和佛教彼此竞争，佛教诸如僧人不拜父母、君主的戒律也与中土的旧有伦理风俗大不相同，常常遭儒、道攻击。一些人还以各种理由劝说皇帝抑制佛教，历史上曾出现北魏道武帝、北周武帝"灭佛"之举。后隋文帝杨坚大力复兴佛教，隋代时有数千佛寺，数万僧人，虽相比佛教鼎盛时期已大为衰弱，可是佛寺、僧人的数量仍然远远超过道观、道士，对普通人的日常生活影响巨大。人们大都相信僧人宣讲的因果报应之说。

思来想去，白居易觉得自己年纪已老，还是及早抽身而退，躲到自己的园林中做个退休老头为好。

于是，十月底他以身体有病为由请了长假。这样到明年年初满一百天时，就可以自动离职，随后就可以上表请求退休。他觉得如果直接向朝廷申请致仕，还要经过相应程序，皇帝有可能不允准，自己又要再三再四地上书乞求退休，一拖就是好几个月，还不如自己先请病假自动离职，这样自己身体有病的情况也就为朝廷所知。到时候以年老、病重为由请求退休，应该更有可能尽快得到批准。

这是白居易的惯伎，他在担任苏州刺史、刑部侍郎、河南尹、同州刺史时或因为真生病，或因不愿卷入朝中争斗，多次请病假，等满百天以后按照惯例自动离职，随后就出任闲官。他这个太子少傅本来就是闲官，并无公务可供处理，也无须如京城的官员那样上朝，如今却以生病为由请辞，外人看

308

了，恐怕也觉得可笑。有些人或许会想到他这样做与李德裕再次任相有关，觉得他胆小。

不管外人如何议论，白居易如今完全不想卷入朝中是非。请假之后，他就整天待在家中。闲来无事，他把大和三年（829）到洛阳以来十二年间写的八百首诗歌编成《白氏洛中集》十卷，抄写一份送到香山寺经藏堂收藏。

会昌元年（841）正月，他与刘禹锡都已七十岁，深感"已为海内有名客，又占世间长命人。耳里声闻新将相，眼前失尽故交亲"（《偶吟自慰兼呈梦得》）。白居易常服用云母散，可是并不痴迷炼制的"金丹"这类"大药"，觉得或可偶然一试，但是颇为怀疑其效用。因为他认识的韩愈、元稹、杜元颖、崔玄亮四人都好吃丹药，都中年病逝，可见服食丹药未必能受益；自己没有像他们那样特种服食丹药，却活到了七十岁。比他们都幸运，自己的爱好是诗癖、酒癖，且在醉眼蒙眬中度过余生就好。

二月初，他请假已满一百天，自动离任太子少傅官职。他无心再为官，随即上书皇帝，以自己年老、多病为由上书请求允许自己致仕（退休）。按照朝廷制度，退休官员可以按照致仕时的官职领取"半俸"养老。一般状况下他应该能领取半俸，即每月五万贯钱。可是这时候李德裕是最受重用的宰相，他故意拖延此事，朝廷迟迟没有同意白居易退休，也没有任命新职务。于是白居易成了没有职务的"待职官员"（前资官），没有任何俸禄，而他家中有妻子、儿子、外甥、侄子等一大家子依靠他生活，经济难免有些紧张。

长安最近风声颇紧，正月皇帝下诏："内外文武官犯人已赃绢三十匹，尽处极法。"二月再次严令，官吏如果贪污满一千钱即处以死刑。当今圣上宣示要严惩贪腐、整顿吏治，官员们比从前收敛了不少。

皇帝提升御史大夫陈夷行为宰相，与李德裕、崔郸、崔珙一起执政。而白居易认识的几个友人先后遭贬。三月，湖南观察使杨嗣复被贬为潮州刺史，桂管防御观察使李钰被贬为昭州刺史。不久后传来内幕消息，说是宦官仇士良重提文宗弥留之际的废立之争，劝皇帝除掉杨、李二人。当日傍晚皇帝就派出两名宦官分别前去潭州、桂州赐死杨嗣复、李钰。李德裕听闻消息后，第二天早上连上三状劝谏皇帝，与其他三位宰相一起进宫劝皇帝慎重考虑，说这两位前任宰相就算有罪，可以贬谪他们，就算有逆反大罪也应审讯之后再定罪、诛杀，贸然派遣宦官前去赐死会引起人们的怀疑和恐惧。多次劝谏之后，皇帝命人快马追回已派出的两名宦官，然后下诏贬谪杨、李两人到更远的地方。据说，之前文宗皇帝病重时，杨嗣复曾写信给杨贤妃，劝她："姑何不效则天临朝？"朝臣干涉皇帝的废立，这是大忌，也不知他真写过这样的信还是宦官诬告他。总之，李德裕与杨、李关系不睦，却能在紧要关头进言皇帝莫要任意诛杀，算是有大臣的见识、担当。

友人王起升为检校尚书左仆射、东都留守、判东都尚书省事，成了洛阳最高官员。他来了以后，三次与白居易在酒宴上相见，也常与刘禹锡唱和。王起当年曾被任淮南节度使的李吉甫辟为掌书记，与李吉甫、李德裕父子交好。李吉甫病逝后，他受托撰写过《李赵公行状》。如今李德裕当政，他当然也是受益之人。

刘禹锡也与李德裕交好。在这位宰相的关照下，暮春时，朝廷授予刘禹锡检校礼部尚书、太子宾客、分司东都的官衔。检校是散官，是授予资深官员的荣衔。这是让刘禹锡享受"正三品"官阶的待遇。河南尹卢贞为此举行酒宴庆祝，白居易与会，感叹自己与刘禹锡都是白发苍苍的老人。他想到被贬谪边荒的杨嗣复，有感而发，作了一首《会昌元年春五绝句（劝梦得酒）》：

谁人功画麒麟阁，何客新投魑魅乡。
两处荣枯君莫问，残春更醉两三场。

官场就是如此无情，有人被贬，有人荣升。白居易只能庆幸，自己及早抽身，免得到老还要遭受折腾。他写诗寄给在潮州的友人杨嗣复，以佛教的空幻观安慰他：你从前当宰相，如今被贬谪，都是一场空，"不独荣空辱亦空"（《寄潮州继之》），了悟之后应该看开一点。

白居易处于既没有退休也没有官职的空白状态。没有了薪俸，亲友有点担忧他的经济状况，他就写了《官俸初罢亲故见忧以诗喻之》《醉中得上都亲友书以予停俸多时忧问贫乏偶乘酒兴咏而报之》等诗安慰亲友。他在《遇物感兴因示子弟》中告诫侄子、外甥为人处事"不可苦刚强""不得全柔弱"，而要善于在"强弱刚柔间"独善其身，这是他对自己一生官场经验的总结。他知道，自己现在无人可以依靠，难以对抗李德裕的折腾，最好闭嘴，等待转机。

六月十一日是当今皇帝的生日，按照惯例这一天宫中要设立斋会，召道士、僧人在御前讲经说法。仪式结束之后，皇帝会赏赐道士、僧人。可是让僧人们不满的是，这一日僧、道讲经之后，皇帝只给两名讲道经的道士赏赐了紫衣，却没有给辛苦一场的僧人赏赐袈裟，让长安、洛阳的僧人私下议论纷纷，觉得皇帝偏心。皇帝如今尊崇道教，封衡山道士刘玄靖为银青光禄大夫、充崇玄馆学士，赐号"广成先生"，让他与赵归真两人在宫中举行法事给自己传授更高一级的法箓。左补阙刘彦谟上疏劝谏皇帝莫要沉迷道法，反倒被贬为河南府户曹参军。自肃宗以来的历任皇帝都在皇宫内的长生殿设立内道场，供奉佛像、佛经，抽调长安的僧人轮番到那里念诵佛号，为皇家祈福。但是当今皇帝下令拆毁长生殿供奉的佛像，焚毁那里保存的佛经，改为供奉天尊、老君等道教神像，让道士在那里念诵道经。显然，当今皇帝更亲近道教，对佛教颇为排斥。据说，这是因为有道士对皇帝说李氏皇位传到第十八代气数将尽，会出现"黑衣天子"治国，因为僧人穿的缁衣是黑色的。这番话显然是预言将来有僧人会夺取李唐皇权，而当今皇帝正好是李唐第十八位皇帝，他或许是因此才对佛教、僧人心生厌恶。白居易是佛教徒，也听闻过洛阳僧人私下议论长安的各种消息，只是他年老闲居，不敢议论皇帝的举措，怕招惹是非。

一日，他在园中闲逛，偶然见到从杭州带来的太湖石上陈结之刻下的三个字。他想起陈结之的风姿，她在自己要离开苏州时便回老家去了，也不知现在在哪里，过得如何。五年前，他就曾想起过她，感慨"欢爱今何在？悲啼亦是空"（《结之》），石头上的字又勾起他对这位女子的情思，便写了一首《感旧石上字》：

闲拨船行寻旧池，幽情往事复谁知？
太湖石上镌三字，十五年前陈结之。

分手十五年后，他仍念念不忘这位聪慧可人的歌姬。实际上，他是在怀念自己当风流太守的岁月。如今，风流云散，只剩下一位老人默默在园中独坐。

他在杭州、苏州都当过刺史，两地的山水各有特色。可是在苏州的一年多时间里他有好几个月都在养病，游览的地方不算多，真正印象深刻的还是杭州的风物。洛阳和杭州，是两处让白居易感到放松、闲适的地方，他对杭州"日出江花红胜火，春来江水绿如蓝"的风光一直念念不忘，在《寄题余杭郡楼兼呈裴使君》中直言自己最喜欢的任官之地是杭州，说自己"官历二十政，宦游三十秋。江山与风月，最忆是杭州"。

闰八月，听说汉江发洪水，冲毁了襄阳沿岸的许多房舍。宰相李德裕以镇守襄阳的山南东道节度使、同平章事牛僧孺疏于防备、处置不力为由，将他调回朝，改授太子少师，削去了宰相的头衔，成了闲官。

在李德裕的主导下，朝廷把东都留守王起调回朝廷担任吏部尚书，改让年老多病的检校司徒、右仆射李程到洛阳接任东都留守。李程也是白居易的故交，来了之后，特地来白家拜访。他们坐在小船上在南池泛舟，在小岛赏菊，一边饮酒，一边闲聊，说起当年同任翰林学士时的旧事，又勾起白居易的遗憾。"同时六学士，五相一渔翁"（《李留守相公见过池上泛舟举酒话及翰林旧事因成四韵以献之》），元和年间的五位翰林学士同僚后来都位居宰相，只有他自己与宰相之位近在咫尺却无缘触及，只能怪自己命运不佳。李程比白居易还大六岁，两人白发苍苍，精力不济，见过这次之后也没有频频聚会的兴趣，只是偶有书信往来而已。

白居易因为年老，偶尔才外出一趟，大多在家闲待着。闰九月九日，他一个人独饮，感叹自己从五十五岁开始坚持正月、五月、九月斋戒，已十五年没在重阳节这一天饮酒，有些遗憾，如今碰上闰九月，能在菊花丛中一边听家仆管弦演奏，一边喝酒，也算得到一点补偿。他写过《斋戒》一诗，表达自己追随"竺乾师"即释迦牟尼佛的心志：

> 每因斋戒断荤腥，渐觉尘劳染爱轻。
> 六贼定知无气色，三尸应恨少恩情。
> 酒魔降伏终须尽，诗债填还亦欲平。
> 从此始堪为弟子，竺乾师是古先生。

入冬后，一日下雪，他与刘禹锡、退休的太子宾客裴氏、尚书王氏聚饮，从中午一直喝到黄昏。裴氏已九十多岁，王氏八十多岁，自己与刘禹锡七十岁，在场的四位白发老人频频举杯，白居易不由感叹"四个老人三百岁，人间此会亦应稀"。(《雪暮偶与梦得同致仕装宾客王尚书饮》)

会昌二年（842）年初，听说宰相李德裕进位司空。他今年才五十六岁，已经位居三公，可见大受皇帝宠信。去年冬天，另一位宰相崔郸出任剑南西川节度使，如今朝中是李德裕、崔珙、陈夷行为相。二月，旧友、淮南节度使李绅得到李德裕的推荐，回朝出任中书侍郎、平章事、判度支，主管财政事宜，与李、崔、陈共同执政。这几人都与李德裕友善，政务主要按照他的意思处理，倒是少了许多争端。

新到任的浙东观察使李师稷托人带给白居易一个消息，说之前有个商人乘船出海，在途中遭遇风浪，漂流了一个多月。直到他漂到一座海岛上，岛上有个须眉皆白的"道士"在犹如大寺观的宫殿中接见他，还派懂唐人语言的侍从引导他参观宫内数十座院落。每个院落各有名称，其中一个锁着的院子里栽种了许多花木，那位侍从介绍说这是"白乐天院"[1]。这位道士喜欢白居易的诗歌，希望将来能在这里招待白居易。有人据此说海商所到的海岛就

---

[1] 此传闻见晚唐卢肇所撰《逸史》，此客商参观的地方或许是日本宫廷，那位"须眉皆白"的"道士"或许就是已退位的嵯峨天皇（786—842在世，809—823在位），当时日本贵族穿着犹如道士的袍服，让商人误以为是"道士"。嵯峨天皇喜欢白诗，日本《国史略·江谈抄》记载"嵯峨天皇尝幸河阳馆，赋诗曰'闭阁唯闻朝暮鼓，登楼遥望往来船'以示诸篁（小野篁），篁曰'遥'改为'空'更妙。天皇惊曰：此白氏句也，本作'空'，卿诗已同朱天耶"。《文德实录》卷三记载仁明天皇时"承和五年（837）五月二日，大宰少贰藤原岳守检校大唐人货物。适得《元白诗笔》，献朝廷。帝甚耽悦，授五位上"。可见因为嵯峨天皇的提倡，当时日本贵族中流行白居易的诗歌。严绍璗在《白居易文学在日本中古韵文史上的地位与意义》中写道：日本天台宗第五代座主圆珍与惠萼至天台求法时，曾分别携归白居易的《白氏文集》，对日本文坛产生了深远的影响，成为日本竞相模仿的对象。日本醍醐天皇《题菅原道真所献家集》诗注："平生所爱，《白氏文集》七十五卷是也。"具平亲王在《和高礼部再梦唐故白太保之作》中亦自注云："我朝词人才子，以《白氏文集》为规摹。"惠萼在苏州南禅院抄写的六、七卷本《白氏文集》一事发生在会昌四年（844），对白氏诗歌的流行进一步推波助澜。据藤原佐世编撰的《日本国见在书目录》，平安朝前期传到日本的有《白氏文集》（七十卷），《白氏长庆集》（二十九卷），当时在日本流传的多是初唐人的作品集，如《许敬宗集》《王勃集》《卢照邻集》《李峤集》《武则天集》，盛唐别集仅有《张说集》、《李白集》（《李白歌行集》三卷）、《王维集》、《王昌龄集》等，《杜甫集》还未传入日本，所以白居易是最为流行的唐朝诗人。在平安文士大江维时编辑的《千载佳句》中，共收汉诗一千八百一十二首，白居易一人之作品即占了五百零七首（其次为元稹，六十五首）。稍后的诗集《和汉朗咏集》共收录五百八十九首诗，其中白居易的诗就达一百三十七首之多。可见白居易在日本之流行。雷雅杰.日本平安文学对白居易的接受研究.山西大学硕士论文，2021；杜晓勤.日本古代典籍对唐诗研究之价值//光明日报.2019年12月16日13版。

是传说中的海中仙山，看来仙人们也知道白居易的诗名，以后他过世恐怕要去那里做仙人。

白居易听了这则传说，也觉得神奇，又觉得有点耸人听闻，不太敢说什么，写了一首《客有说》记述此事：

> 近有人从海上回，海山深处见楼台。
> 中有仙龛虚一室，多传此待乐天来。

因为自己信佛，他又写了一首《答客说》寄给李师稷，说自己修禅、向佛，以后自己的归宿是弥勒佛所在的兜率天、西方净土而不是海中仙山：

> 吾学空门非学仙，恐君此说是虚传。
> 海山不是我归处，归即应归兜率天。

如今的白居易，在洛阳官场其实有点小尴尬。因为李德裕，朝廷一直拖着，既没有下诏同意他退休，也没给他任命新官职。他既无法领取退休官员的半俸，也没法领取现任官员的全俸，让他颇为无奈。众人知道这是因为李德裕当权，故意如此冷落这位名士。白居易已七十一岁，他小心谨慎，不愿、不敢出言抱怨当权者，只是常在诗中感叹自己的"穷""贫"。让他略微高兴一点的是，堂弟白敏中结束了丁忧，被任命为殿中侍御史、分司东都，两人可以时常相聚。

在春光中，白居易坐在池边，感慨自己在洛阳家中住了十八年，已"望月桥倾三遍换，采莲船破五回修"。自己栽种的小树都长高了，邻居有的故去，有的变老，"园林一半成乔木，邻里三分作白头"（《会昌二年春题池西小楼》）。比如东邻王大理（曾任职大理寺）大和五年（831）去世，南邻崔群大和六年病逝，其他两个邻居苏弘、李道枢也先后辞世，家妓陈结之、樊素离开后杳无音信，自己也变成老病之人。园林也开始衰败，从中可以体会出年迈的无奈。

此时家中有妻子、侄子、继嗣（侄孙）等和家童仆妇之类几十人依靠他。没有了俸禄，一时生计有点紧凑，导致"妻孥不悦甥侄闷"。他特别写了一首《达哉乐天行》安慰他们，说以后实在不行的话就"先卖南坊十亩园，次卖东都五顷田。然后兼卖所居宅，仿佛获缗二三千。半与尔充衣食费，半与吾供酒肉钱"，戏称自己如今已经眼昏、须白并患有"风眩"病，活不了几年，不用担心给自己养老的问题，在卖出这处房舍之前应该保持乐观："未归且住亦不恶，饥餐乐饮安稳眠。死生无可无不可，达哉达哉白乐天。"

当然，这是诗人故意哭穷，不必当真。他是大名鼎鼎的白居易，当今第一名士，如果放下身段像韩愈那样多点写吹捧富贵人物的墓志文，一篇文章收入几十万钱完全不是问题。

夏末最热的时候，堂弟白敏中调任户部员外郎，前来辞别。白居易勉励了一番，叮嘱他在朝为官要言行稳健，莫要如自己当年那样冒失。如今李德裕为相，更要小心。听说陈夷行已被免去相位，皇帝命尚书左丞李让夷为相。

七月，曾在洛阳相处五年多的刘禹锡在家中病逝，终年七十一岁。朝廷追赠为兵部尚书，家人把他安葬在荥阳县西的檀山原。刘禹锡是白居易敬重的诗坛高手，称之为"国手""诗豪"，能与自己这位"诗仙""诗魔"比肩而立。不料，年纪相同的刘氏先自己而去。一个个知心朋友先后逝世，让白居易感到悲伤，他在《哭刘尚书梦得二首·其一》中希望刘禹锡去了地下能与也擅长诗歌的友人元稹（字微之）做伴：

> 四海齐名白与刘，百年交分两绸缪。
> 同贫同病退闲日，一死一生临老头。
> 杯酒英雄君与操，文章微婉我知丘。
> 贤豪虽殁精灵在，应共微之地下游。

白居易借用《三国志》中曹操对刘备说的话"天下英雄，唯使君与操耳"评论自己和刘禹锡在诗坛的地位，这话他以前也对好友元稹说过。对他来说，大半生的好友元稹、晚年关系密切的刘禹锡都堪称诗坛豪杰，是自己最重视的两位诗人。元稹的诗风与自己类似，他觉得写这类诗歌自己要比元稹更出色；而刘禹锡的诗歌另有情调，独树一帜，比如"雪里高山头白早，海中仙果子生迟""沉舟侧畔千帆过，病树前头万木春"等诗句的奇思妙想让他有些羡慕，觉得自己的诗歌在"神妙"方面似乎略逊一筹。

直到八月，白居易才接到诏书，同意他以正三品的刑部尚书官衔致仕。此时朝中李德裕、崔珙、李绅、李让夷四人为相，这或许是李绅帮忙说好话的结果。他既与李德裕关系密切，也和白居易是旧交，或许是在他的努力下，才让白居易这位年老的名士得以顺利退休。

等了一年多，白居易总算退休了。从此他每月能领取五万贯俸禄，每年能领二千石粟，这些收入可以轻松养活一大家子人。谁能料到，祸福相依，不几日却传来噩耗，在太原的女婿谈弘谟不幸病逝。女儿罗子带着一女一子，从太原回到洛阳，依靠父亲生活。外孙名叫"玉童"，今年刚三岁。看着他蹒跚走路的样子，白居易不由想起早夭的儿子，心中一阵茫然，也不知道女儿能否如蔡文姬那样女承父业，外孙是否有司马迁那样的文才，这都是以后的事情。等到外孙长大，自己早已化为朽木，哪里能知道未来是怎样的。

白居易为了守斋，到香山寺住了一段时间。他趁空闲较多，把在洛阳十二年中所作律诗编成《白氏洛中集》，抄写一部保存在香山寺藏经堂。他请人到藏经堂给自己画像，打算保存在香山寺。这时他已七十一岁，不由想起元和五年（810）皇帝命宫廷画师李放给自己绘制写真像的事情。那时他三十七岁，正在壮年，怀着雄心壮志出入宫廷，忠心事上。可惜三十多年来，皇帝换了好几个，自己也成了苍颜白发的老人，行将就木，没有什么值得言说的功绩。大约，只有这些诗文勉强算是"立言"，尽管与政教那类更重要的言说没什么关系。

心有所感，他写了一首隐约其词的诗《梦仙》，表面描写的是修仙之事，实际是曲折表达自己没能当上宰相的遗憾[1]：元和二年（807）他被皇帝提拔为翰林学士，那时梦见仙人说自己十五年后就能成为宰相，可惜"帝言汝仙才，努力勿自轻。却后十五年，期汝不死庭"。那时他有成为宰相辅佐君主澄清天下的志向，可惜"空山三十载，日望辎軿迎。前期过已久，鸾鹤无来声。齿发日衰白，耳目减聪明"。他终究没有能位居宰辅，觉得这是因为自己"苟无金骨相，不列丹台名。徒传辟谷法，虚受烧丹经。只自取勤苦，百年终不成。悲哉梦仙人，一梦误一生"。这是感叹自己没有当宰相的命，没能大展抱负，

1　陆扬. 孤独的白居易：九世纪政治与文化转型中的诗人 // 北京大学学报（哲学社会科学版）. 2019 年第 6 期，120-121。

只能把从前的志向、官场的经历当作一场梦而已。

这年秋末，长安朝廷上，朝臣议论的大事是如何对付回鹘乌介部侵扰之事。宰相李德裕认为回鹘各部内部纷争，可以趁此时机攻打他们，而太子少师牛僧孺认为应该固守边境，伺机出击。皇帝支持李德裕的政策，让他遣军调将、筹划边疆的军事事宜。

传说当今皇帝一度欲起用白居易辅佐政事，询问宰相李德裕的意见。李德裕对他素来轻视，加之听闻白居易病后身体衰弱，便回复说："白居易年老多病，恐不堪担负朝廷重任。其从弟白敏中文辞不低于他，也有器度，可加以任用。"于是，九月十三日，皇帝下诏让时任左司员外郎白敏中充任翰林学士，从此成了皇帝近臣。李德裕说这番话倒也不是没有根据的虚词，白居易自从中风之后，的确精神有些委顿，身体不如从前，恐怕确实难以频繁上朝。友人寄信来向他通报有关的传闻，白居易则写诗表示自己"禽鱼出得池笼后，纵有人呼可更回"，说自己并没有回到朝堂的想法（《题新涧亭兼酬寄朝中亲故见赠》）。

白居易按时斋戒，在守斋的月份每日念佛、吃素，作了一首《念佛偈》号召佛教信徒都要勤念阿弥陀佛：

> 余年七十一，不复事吟哦。看经费眼力，作福畏奔波。
> 何以度心眼，一声阿弥陀。行也阿弥陀，坐也阿弥陀。
> 纵饶忙似箭，不废阿弥陀。日暮而途远，吾生已蹉跎。
> 旦夕清净心，但念阿弥陀。达人应笑我，多却阿弥陀。
> 达又作么生，不达又如何。普劝法界众，同念阿弥陀。

秋天的晚上，白居易睡不着觉，再次想起逝去的亲人、情人、友人，觉得只有开败的菊花、衰老的兰草、清冷的明月与衰弱的自己相伴，写下《杪秋独夜》：

> 无限少年非我伴，可怜清夜与谁同。
> 欢娱牢落中心少，亲故凋零四面空。
> 红叶树飘风起后，白须人立月明中。

前头更有萧条物，老菊衰兰三两丛。

这时，传来东都留守李程病逝的消息，让白居易有些感伤。在李德裕的建议下，皇帝任命牛僧孺以太子太傅身份兼任东都留守，他再次来到了洛阳。这一次，他们又老了几岁，而且如今政治风向不比从前。两人没有多少心思再像从前那样频频参加酒宴，也很少见面了。

让白居易无奈的是，如今与他交往的那些僧人都有些愁眉苦脸。三月，皇帝下令没有在官府登记、私自剃度的僧尼都要还俗，不许童子到佛寺当沙弥。五月，皇帝取消了僧人进宫廷举行法事的资格。十月，据说是在道士赵归真等人的劝说下，皇帝下令核查天下僧尼的履历，有犯罪记录的、不能持戒的、奉行咒术的、炼药的僧人都必须还俗，官府要没收这些人的钱物、田地，其他情愿还俗的僧人则可以保有私人财产，但是要重新登记户口，成为平民担负两税、徭役。三个月内，仅京城一地就有三千四百九十一名僧人因此还俗。这实际是打压佛教，鼓励僧人还俗，佛教的僧人、信徒当然议论纷纷。

会昌三年（843），友人王卿去苏州当刺史，路过洛阳，白居易应邀参加了迎来送往的酒宴。白居易依旧记得苏州的美景，有苏州官员、士子来拜访他，他会打听苏州的人物、风俗，托友人看看刺史官署中木兰西院的木兰花是否依旧美丽，写有一首《送王卿使君赴任苏州因思花迎新使感旧游寄题郡中木兰西院一别》：

一别苏州十八载，时光人事随年改。
不论竹马尽成人，亦恐桑田半为海。
莺入故宫含意思，花迎新使生光彩。
为报江山风月知，至今白使君犹在。

如今洛阳、长安百姓热议的事情是官军在西域大破回鹘、迎回公主之事。回鹘的乌介可汗率人马侵扰振武城，在李德裕的支持下，河东节度使刘沔派遣麟州刺史石雄等率领三千骑兵前去支援。石雄观察发现敌军把帐篷驻扎在城外，防备稀疏，于是从城墙下挖开十多条地道，正月十一日晚让士兵从地道秘密出城，逼近敌军后突然袭击，斩首三千。乌介可汗丢弃辎重逃亡而去，

318

部属两万多人归降朝廷，远嫁回鹘多年的太和公主也得以回国。正月末消息传到长安、洛阳，朝野热议了许多天。据说皇帝还想借助黠戛斯部落从吐蕃手中夺回安西、北庭，但李德裕觉得就算收回那两处地方，距离也太过遥远，朝廷要驻兵守卫的话花费巨大，得不偿失，劝阻皇帝压下了这个念头。

太和公主是宪宗皇帝之女，如今能回归朝廷，也是大唐重振国威的象征。皇帝特意命令官员大肆办理迎接的仪式，以此彰显武功。二月二十五日，左右神策军的四百士兵、太常寺的仪仗队到长乐驿整备迎接公主入城，宰相率朝廷百官在章敬寺门口站立迎接，公主乘辂车先去祭拜宪宗、穆宗两位皇帝的灵位，然后入宫拜见皇帝、太皇太后，被晋封为安定大长公主。这件事轰轰烈烈，成了百姓议论的佳话。李德裕主持朝政和军事取得大胜，越发受皇帝信重，而另一位宰相崔珙被免去相位，如今由李德裕、李绅、李让夷三人执政。

听说皇帝日益虔信道教，为了祈求道教神祇护佑，四月一日召道士八十一人在宫中的"九天道场"举行法事祭祀天尊、大罗天等道教神灵，进献干脯、酒肉，每日持续举行法事，要一直到七月十五日才结束。

五月，白居易应东都留守牛僧孺之邀写了一篇《太湖石记》，记述牛僧孺对于赏石的癖好和众多的收藏："公于此物独不廉让，东第南墅，列而致之……三山五岳，百洞千壑。视缕簇缩，尽在其中。百仞一拳，千里一瞬，坐而得之。"他称赞牛僧孺嗜好石头就如著名隐士皇甫谧好读书、嵇康好弹琴、陶渊明嗜酒一样，是一种雅好。他还若有所指地强调"石有族聚，太湖为甲，罗浮、天竺之徒次焉，今公之所嗜者甲也"。这或许隐约针对李德裕，他知道李德裕广泛收藏各类赏石，而牛僧孺只收集太湖石。他在文中推崇太湖石为最佳赏石，似乎是有意抬高牛僧孺的品位 [1]。

李宗闵已在洛阳当了三年太子宾客、分司东都，时机不利，他比从前低调了许多，很少交接宾客。因他从前为相时与前任昭义军节度使刘从谏亲近，或许宰相李德裕觉得他留在洛阳有不便之处，把他调任湖州刺史，去江南当官去了。

朝臣关注的大事是讨伐刘稹之事。四月时昭义节度使刘从谏病逝，他的

1　贾珺，黄晓，李旻昊．古代北方私家园林研究．北京：清华大学出版社，2019。

侄子、牙内都知兵马使刘稹自称留后，自领军务，朝廷令他护送刘从谏的棺木到洛阳听候朝廷安排，他不奉诏令。刘稹的父亲刘从素在朝中担任右骁卫将军，朝廷令其写信劝说儿子，刘稹也拒绝听从。他想要效仿河北三镇自行授受，上书请朝廷任用自己为节度使。敬宗以来朝廷对武将的这等举动多采取息事宁人的策略，拖几个月如果对方阵营没有发生分裂、动乱，一般会下诏正式任命，他也期望如此。昭义节度使辖潞州（今山西长治）、泽州（今山西晋城）、邢州（今河北邢台）、洺州（今河北肥乡）、磁州（今河北磁县）五州，李德裕认为其辖区与河北的成德、魏博两节度使辖区相邻，是山东要害之地，不能姑息，否则让昭义军形如半独立的状态的话，以后他们与河北三镇勾结，对朝廷威胁太大，于是建议讨伐刘稹。

虽然不少朝臣觉得与回鹘战事还未完全结束，不应另起战事，但是皇帝与李德裕决定开战，计划命在昭义军周围的节度使出兵夹攻刘氏，如此则不必派遣禁军，免得引起成德军、魏博军的疑忌。五月十三日，皇帝公开下诏讨伐刘稹，在其东面的成德节度使王元逵、南面的魏博节度使何弘敬与河阳节度使王茂元、河东节度使刘沔、河中节度使陈夷行都派兵围攻。同时，派京兆府的官吏前去逮捕昭义节度使府派驻京城的办事官员，可是该人提前听到风声逃走了。有人报告说他剃去头发冒充僧人躲藏在佛寺中，于是皇帝让两街功德使、京兆府派遣官吏搜查长安各个佛寺，凡是在官府没有备案的僧人都勒令还俗，押送回户籍所在地，没有合法证明的僧人可以当即处死。几天之内，被打死的僧人多达三百人，让长安的佛寺一片惊恐。

皇帝任命中书舍人崔铉为相。此人从前并无什么突出的政绩，不知怎么得到皇帝的赏识，又得到宰相李让夷的举荐，一夕之间就成了宰相，与李德裕、李绅、李让夷共同执政。有人猜测这是为了制衡李德裕。不过，皇帝依旧信任李德裕，为了表示尊崇他，又升他为司徒。

听说皇帝跟从道士修炼"仙术"，想要长生不老，五月命三千名神策军士在大明宫修筑"望仙台"（望仙观、望仙楼），期望仙人能够降临。皇帝还想让国子监学生、进士及第的官员都加入道教，因没有人愿意主动当道士才作罢。按惯例皇帝生日时，僧人、道士奉命入宫讨论教义。皇帝最近两年都只给道士赏赐紫衣而不给僧人任何赏赐，显然有意抬高道士、冷落僧人。信佛的太子詹事韦宗卿或是为了感化皇帝，主动进呈自己撰写的《涅槃经疏》

二十卷、《大圆伊字镜略》二十卷。皇帝大怒，以他不遵从儒家学说却沉溺佛教这一"邪说"为由，下令贬谪韦氏为成都府尹，焚毁他进呈的两部著作，还让官吏到韦氏家中焚毁草稿，不许外传。

让白居易高兴的是，从弟白敏中在翰林学士院颇受皇帝赏识，年底升为职方郎中充翰林学士承旨，赐给紫色官服。听说，宰相李德裕觉得进士和考官结成"门生""座主"的关系，容易拉帮结派，如牛僧孺、李宗闵就是同年进士，关系密切。所以他上疏劝皇帝下令限制进士与座主彼此结交，从今以后考中进士之人只可以集体去拜见考官一次，之后不许再去拜见考官和参加考官家的宴会，不许称呼考官为"座主"，停止举办新进士和朝廷官员在曲江的集体宴饮、雁塔题名等活动，命人将慈恩寺雁塔内的历届新科进士题名全数抹掉。

会昌四年（844）春，又到了桃花盛开时。洛阳城东永通门外有个赵村，栽种有上千株杏树，每年杏花开放时都会吸引洛阳城中的士民前去观赏，白居易以前多次去那里赏花，曾写诗《洛阳春赠刘李二宾客》邀刘禹锡、李仍叔两位太子宾客一起去赵村欣赏杏花。如今，他已七十三岁，觉得自己快走不动了，恐怕以后难以到野外赏花，便决定最后一次去赵村，游览之后写了一首诗《游赵村杏花》，与那些杏花告别：

> 赵村红杏每年开，十五年来看几回。
> 七十三人难再到，今春来是别花来。

听说，皇帝继续在京城抬高道教、打压佛教。二月他驾幸女冠修行的金仙观，赐绢一千匹，还命宦官主持整修这座道观，在观中修建一座新建筑金仙楼。三月，皇帝任命得宠的道士赵归真为左右街道门教授先生，赵归真每次见到皇帝都竭力诋毁佛教，说他们并非中土宗教，蠹耗生灵。之后，皇帝不断颁布各种压制佛教的命令，因为佛教信徒经常到五台山、法门寺等地礼拜佛骨舍利，三月皇帝下令不许代州五台山、泗州普光王寺、终南山五台、凤翔法门寺开启佛塔取出舍利供奉和展示。有人敢于给它们供奉一个铜钱就要杖打脊背二十下，接受铜钱的僧尼也要被杖打脊背二十下。这实际是限制了佛寺的收入，僧人们当然心有不满，私下议论纷纷。

因为皇帝的态度，这几年佛教的发展大受影响。日本僧人慧萼因为知道本国贵族爱读白居易的诗歌，便在学佛的同时特地到苏州南禅寺抄写《白氏文集》。这时各地官府已经在限制僧人的活动，为了避免暴露自己的僧人身份，他改变打扮，把光头裹起来，自称"空无居士"。三月他到南禅寺时，僧人们已有了危机感。为了能让与佛寺有缘的白居易著作流传下去，南禅寺僧人商议之后，决定派擅长书写的几位僧人帮助慧萼抄写、校勘《白氏文集》。可惜朝廷对待佛教日益严厉，四月十六日南禅寺便被官府严密监控，慧萼等人只能日夜赶工抄写、校勘。到五月二日，官府派人监督拆毁南禅寺，他只好带着还没有校勘完毕的《白氏文集》抄本匆匆前往楚州的港口，想从那里乘船出境。可惜港口已被封锁，他只能隐姓埋名躲起来等待回国的时机。[1]幸好，还有一些虔诚的信徒愿意帮助僧人隐藏身份、保存佛像和佛经。

六月，皇帝过生日时宣布只允许道士入宫讲法和举行法事活动，不再按照惯例让僧人也入宫举行法事，这等于皇帝宣告彻底断绝宫廷与佛教的关系。七月，皇帝敕令毁拆天下没有官府颁布的寺额的一切私设寺院、佛堂、兰若等，其中的僧尼必须全部还俗，其中长安城内各坊被拆除的佛堂就有三百多所。七月十五日，有许多信徒到佛寺中施舍花果、香药等供养佛像、僧人。皇帝却下令把佛寺中供养在佛像前的花果、香药都搬到兴唐观祭祀道教的神仙元始天尊，自己也御驾亲临兴唐观礼拜神灵，又下诏让京城百姓前去参观。许多信佛的百姓都感到气愤，议论说："夺佛供养祭鬼神，谁肯观看！"听说李德裕鉴于州县官吏冗员太多，奏请减少了 1214 个州县佐官员额，丢官的人自然都抱怨李德裕。

此时，李德裕主持朝政，与他交好之人自然可以升官。友人王起因为与李德裕是故交，李德裕为相后推荐他入京担任吏部尚书、判太常卿事，今年年初升尚书左仆射、封魏郡公，四月更是被任命为同平章事、山南西道节度使。以前文臣都是成为宰相之后才可能带着宰相官衔"同平章事"去地方任职，号称"使相"。王起之前未任宰相而现在直接成为使相，这一特殊待遇显然有违惯例。只是，这是李德裕的主意，其他人也不敢多说什么。

---

1 慧萼在唐宣宗即位后的大中元年才返回日本，他带着的《白氏文集》献给了天皇、橘皇太后。陈翀. 慧萼东传：《白氏文集》及普陀洛迦开山考 // 浙江大学学报（人文社会科学版）. 2010年第 5 期，44-54。

听说另一位宰相李绅因为中风，不便上朝，不得不向皇帝上书请求辞去相位，打算还乡养病。皇帝因为他是无锡人，闰七月让他带着检校尚书右仆射、同平章事的宰相头衔去扬州当淮南节度使。李绅以前就曾担任过淮南节度使，驾轻就熟，无须耗费太多心力，实际是让他在靠近老家的地方的养病。以朝廷重臣的身份坐镇东南，这是优待老臣的做法。同时，朝廷调原淮南节度使杜悰回朝当中书侍郎、同中书门下平章事、诸道盐铁转运使，与李德裕、李让夷、崔铉共同执政。

到了八月，从北面传来好消息，昭义军刘稹所属的山东三州在围攻之下被迫投降。随后他们内部发生变乱，手下将领郭谊、王协反戈一击，把刘稹斩首，宣布归顺朝廷。刘稹的首级被送到京城，皇帝下诏举行大典，京城又热闹了一阵。河中节度使石雄率军进入潞州城，把郭谊、王协等叛将也都押送到京城处斩。李德裕在朝出谋划策、调兵遣将，是推动这一战事的最大功臣，因此皇帝封他为太尉、卫国公、食邑三千户。入唐以来仅有七人官拜太尉，李德裕如今能获得这一荣衔，令人瞩目。李德裕三次上表表示推辞，但是皇帝觉得他功勋卓著，坚持授予他这一荣衔。

白居易的从弟白敏中夏初升为中书舍人，如今再次升官，成了户部侍郎、知制诰、充翰林学士。另一位得到李德裕欣赏的文臣是封敖，与白敏中资历相当，充任翰林学士之后也连连升官，三年之内就升至工部侍郎、知制诰、充翰林学士。

同时，李德裕追究大和年间牛僧孺、李宗闵执政时放纵刘稹之叔刘从谏的旧事，河南少尹吕述致信李德裕，说刘稹被平定的消息传到洛阳时，太子少傅、东都留守牛僧孺在闲谈中曾出声惋惜。李德裕把这封书信呈给皇帝，皇帝大怒，下诏贬降牛僧孺为太子少保、分司东都，湖州刺史李宗闵为漳州刺史，几日后又下诏贬谪牛、李分别为汀州刺史、漳州长史。显然，这是李德裕推波助澜的结果。

平定刘稹的叛乱后，皇帝志得意满，在宴会上公开说如今平定了叛军，只剩下除去天下佛寺这件大事要办。他觉得已经没有了外患，自己可以无所顾忌地摧毁佛教，于是十月令天下各州拆毁小佛寺，把佛经、佛像搬到大寺中，把从小佛寺中搜集的铜钟都转移到道观中。仅在京城，就又有三十三座小寺被拆毁。皇帝还命左右神策军调拨三千军士，在城南的社稷坛边上修建一座一百五十尺高的高台"望仙台"，要在那里迎接仙人降临。

皇帝一步步打压佛教，而虔诚信佛的白居易与洛阳的僧人来往密切，对此当然忧心忡忡。龙门潭南侧有八节滩、九峭石两处险要地方，长约十里的河道中有许多石块。来往的船只经过这里经常撞船、搁浅，让僧人、信众、商人十分不便。尤其是冬季枯水期，船工经过这里经常要跳到水中，冒着严寒推动搁浅的船只。僧人道遇与白居易一起发起慈善活动，有钱的捐钱，有力的出力，雇请工匠凿碎这一段河道中的礁石，让船只可以更顺利地通过此处，大大方便了过往的民众。白居易捐了钱物支持此事。顾及当下的政治局势，他在《开龙门八节石滩诗二首并序》特别解释自己的行为不单单是追求"功德福报"，也是为了方便民众、有益后人。他把这两首刻在石壁上，其中还有引用僧人的言论，显然有帮僧人张扬声誉的念头，以比较隐晦的方式宣传佛教教义。

在李德裕的操纵下，朝廷又在十一月贬牛僧孺为循州（今广东惠州市）员外长史，流放李宗闵到封州（今广东封开县）。听闻消息，白居易只能默默叹息。他年轻时交好的几位友人中，牛、李都被贬谪边荒，而王起、李绅健在而且享受荣华富贵，于是他写了一首《予与山南王仆射起、淮南李仆射绅，事历五朝逾三纪，海内年辈，今唯三人，荣路虽殊，交情不替，聊题长句，寄举之、公垂二相公》，感叹"故交海内只三人，二坐岩廊一卧云。老爱诗书还似我，荣兼将相不如君"。李绅、王起先后都当了宰相，他对自己没有当上宰相还是有些遗憾的，戏称他们是"阿阁鸾凤"而自己是"野田鹤"，只是个闲人而已。

听说，会昌五年（845）正月一日，宰相李德裕率百官给皇帝上尊号"仁圣文武章天成功神德明道大孝皇帝"。这一带着"明道"字眼的尊号迎合了皇帝崇道之心，据说最初讨论这个尊号时没有"道"字，是皇帝亲自让加上的，可见他如今的心思。之后，皇帝到南郊祭祀天地，大赦天下，赏赐文武官员，李德裕被加衔为"特进"。李氏如今位极人臣，居安思危，以自己身体患有风毒脚气、渴疾（今人所言糖尿病伴高血压）[1]病为由，一再上表请求退休，皇帝一度下诏让他去任江陵尹、荆南节度使，但是随后又取消了诏令，

1　傅璇琮.李德裕年谱会昌三年癸亥（八四三）五十七岁.北京：中华书局，2013，366。

让他依旧在朝为相。

皇帝痴迷求仙，又召罗浮山道士邓元起入宫供奉，此人与赵归真、衡山道士刘玄靖以成仙、长寿之说蛊惑皇帝，在南郊的天坛边修建"望仙台"，敕令道士炼制仙丹，渴望服用丹药之后能够长生不老。三月，望仙台修建完毕，高一百五十尺，上层为圆形台面，台上修建了一座五峰楼，中间有一座高耸的"仙山"，四周是用终南山的磐石堆叠的四座山崖，山石之间栽种松柏。皇帝命令七名道士在高台上举行法事求仙。

白居易听说皇帝如此作为，唯有叹息，如今的朝廷，早没有了韩愈那样执拗的进谏者。他写了一首《斋居春久感事遣怀》，感慨自己因为亲近佛法所以看透世情，"赖学空为观，深知念是尘"，过去这些年自己闲居洛阳。"久作龙门主，多为兔苑宾。水嬉歌尽日，雪宴烛通晨"，也算享受了一场，就人生来说不虚此行。对政事，他只能装聋作哑，无能为力。

三月二十一日，白居易邀八十九岁的前怀州司马胡杲、八十六岁的卫尉卿吉皎、八十四岁的前右龙武军长史郑据、八十二岁的前磁州刺史刘真、七十二岁的前侍御史内供奉官卢真、七十四岁的前永州刺史张浑等六位七十岁以上的老人以及年龄小些的秘书监狄兼谟、河南尹卢贞到自家履道里宅邸聚会，赋诗为乐。

夏日，一百三十六岁的李元爽、九十五岁的僧人如满两人也参加了七老的聚会。于是白居易请人绘制九老的画像，命名为《九老图》，写了一首诗记述此事。这是他隐晦地支持佛教的举动，如满是驻在佛光寺的有名禅僧，是马祖道一的徒弟，与白居易时常往来。不久之后，如满就逝世了，被徒弟火化之后，葬在香山的半山腰，还修了一座佛塔。

白居易因为身体衰弱，无法出远门游览，整日待在园林中，整理自己的诗文稿件。他关心自己诗歌能否流传后世，把自己的诗文最后编辑为七十五卷，作了一篇《白氏集后记》放在最后，其中特别叙述了自己诗文集的保存状况："白氏前著《长庆集》五十卷，元微之为序；后集二十卷，自为序；今又续后集五卷，自为记。前后七十五卷，诗笔大小凡三千八百四十首。集有五本：一本在庐山东林寺经藏院；一本在苏州南禅寺经藏内；一本在东都圣善寺钵塔院律库楼；一本付侄龟郎；一本付外孙谈阁童。各藏于家，传于后。其日本、新罗诸国及两京人家传写者，不在此记。"在他看来，把自己的文集送给佛寺保存，不仅能使文集得到流传，也是一桩功德，有助于自己往生极乐净土。可惜当今皇帝严厉对待佛教，自己送给佛寺的文集，也不知道未来结果如何，白居易对此也只能无奈摇头。

在长安的皇帝又下诏打压佛教，规定四月一日起，年纪在四十岁以下的僧人都要还俗回到户籍所在地。十六日起，又命五十岁以下僧人全部还俗回家。五月又命五十岁以上但是没有获得祠部凭证的僧人全部还俗，没有获得祠部凭证的外国僧人必须全部回国。这样佛寺中就只剩下老年僧人，衰弱不堪，没有后继者。若干年后等老僧一一谢世，也就没有佛教这回事了。

入夏后，皇帝又调整宰相人选，免去与李德裕颇有分歧的崔铉、杜悰两人的相位，升户部侍郎李回为相，与李德裕、李让夷共同执政，随后又召与李德裕交好的山南东道节度使郑肃回朝为相。听说，李钰之前得到杜悰帮忙说话，被调到环境稍好一些的郴州当刺史。

听说大明宫里建成一座望仙观，其中包括一座高台（疑似《杜阳杂编》记载的降真台），在其上修建了一座高达百尺的楼阁，包括廊舍五百三十九间。其中摆放着外国进贡的玳瑁帐、火齐床，焚烧的是龙火香、祭祀用的是珍贵的无忧酒。皇帝两次到大明宫，亲自登台让道士做法事，要亲自观看神仙降临或者道士飞升为仙的盛况。可惜并没有道士能飞升，皇帝责怪道士无能。而做法的道士辩解说这是因为国内佛教、道教并行，佛教的黑气妨碍了道士成仙。于是，皇帝下诏"并省天下佛寺"[1]，即合并、减少佛寺，敕令禁止天下寺院拥有庄园，又令官府核查所有寺院及其所属僧尼、奴婢、财产之数，命僧尼都裹头回到出家前的户籍所在地登记。

七月，皇帝下令在全国拆毁佛寺、销毁金属佛像，命长安、洛阳各保留四座佛寺（长安左街保留慈恩寺、荐福寺，右街保留西明寺、庄严寺），每寺只能留下僧人各三十人；天下有节度使、观察使官署的上州和同州、华州、商州、汝州四个州的州府所在地各留一座佛寺，按照大小保留十名或七名僧人；其他所有佛寺全部都要拆毁，僧尼全部还俗。之后又命令把所有废寺的金银佛像上交皇帝，铜像、铜钟等全部砸碎后交给盐铁司铸造钱币，铁像、

1　圆仁《入唐求法巡礼行记》记载五月长安就有并寺传闻，朝廷令其还俗，五月十五日被迫离开长安，六月二十八日他在扬州见到僧尼被赶出佛寺，递解到户籍所在地。

铁器交给本州官府铸造农具，拆下来的寺院建筑材料用来修缮官署、驿站。而且，还命士人、百姓必须把自己家中供奉的所有金、银、铜、铁佛像在一个月内上交官府，否则就要按照触犯禁铜法令追究罪责。皇帝派出四名御史到各地巡视，监督官吏拆毁佛寺。主客郎中韦博认为朝廷废佛的举措不宜太激进，显然对这一政策不满，李德裕听闻之后，就外派他去担任灵武节度副使。

夏秋时各地僧人听闻诏令，都仓皇失措，信徒也人心惶惶，有的僧人回老家躲在亲友家中，有的僧人带着佛经躲藏在信徒家中、山中。佛教徒白居易对此也心有不满，可是他是退休高官，加之年已七十四岁，风烛残年，不敢多说什么。他常去的香山的数座佛寺都遭到拆毁，捐资修建的经堂成了瓦砾，对此他只能沉默无言。他也受到一点小小的牵连，洛阳圣善寺的一尊银佛在安史之乱中被盗贼截去一个耳朵，白居易捐献三锭银子让人修补，但是没有原来的精美。这次皇帝命令宦官监督拆毁两京的佛寺，熔化金银佛像并把所得金银收入内库。有人说白居易捐献的新耳朵比旧耳朵少了数十两银子。又有宦官竟然派人到白居易府上追查短少的银子[1]，这事听起来就荒诞，白居易是捐献者又不是窃贼，但如今的世事就是这般可笑。宫中这位宦官估计也知道当权的宰相李德裕不喜欢白居易，而白居易如今退休无权，故意找他的麻烦，目的不外乎讹诈一些钱财。

拆毁佛寺的举动雷厉风行，到八月，朝廷统计一共拆毁了在祠部登记的佛寺四千六百余所以及没有登记的佛堂、兰若四万余所，没收寺产数千顷[2]。总计二十六万零五百名僧尼被迫还俗。寺庙的奴婢十五万人都重新登记为纳税的百姓户籍，把佛寺所属上等良田变卖的钱财收归户部，中等、下等田地则分给寺院役使的奴婢中的男丁，每丁分给十亩地。依附佛寺的良人五十多万人也都各回各家。同时，大秦景教（基督教）的穆护、祆教的教士也都被强制还俗，他们的寺庙也被拆毁。但当时地方藩镇割据，皇帝的命令并没有完全贯彻下去。如镇州、幽州、魏博、潞州的节度使尊崇佛法，没有严格执行朝廷的命令，其他一些地方官员执行命令时的尺度不一，信佛的主政官员

---

1 （唐）李绰，罗宁．尚书故实．北京：中华书局，2019，132。

2 李德裕《贺废毁诸寺德音表》记载为数千顷，杜牧《杭州新造南亭子记》《旧唐书》作"数千万顷"，此数额过大，今人疑"顷"应为"亩"。

大多手下留情，比如岐州地方官仅仅毁去了法门寺佛骨舍利的"影骨"（仿制品），真的舍利还在地下埋着。一些开明的官员私下也会庇护僧人，如日本僧人圆仁因为没有祠部文牒，被迫还俗，只能四处躲藏。白居易妻子的亲戚、时任职郎中的杨鲁士听说后派儿子给圆仁送去书信、绢、茶、钱慰问，还带去两封引荐信给他，想要帮助他顺利返回日本。

皇帝、官府从废佛运动中得到大量财物、土地和纳税户，是得益者。对僧尼们来说这无异于一场浩劫，寺院的财产被剥夺，建筑遭拆毁，僧尼被迫还俗，经籍四处散佚，从前依附佛寺生活的几十万人回乡以后也生活艰难。只是，大势如此，人们只能叹息自己命运多舛。听说皇帝命东都留守李石用从佛寺拆下的木材在东都修复太庙，供奉祖宗神位。东都太庙本来设有九室，供奉本朝历代二十六位皇帝的牌位，安禄山叛乱之后，太庙被当作军营，牌位则被移到太微宫内的一间小屋供奉。

白居易时常听说哪里又有佛寺被毁，哪里又有高僧故去、逃难的消息，只能默默静听。

或许因为服用了太多丹药，皇帝如今喜怒无常，九月甚至下令禁止民众使用独轮车，有人敢于在路上推独轮车就会被逮捕处死。据说因为皇帝相信独脚车碾在道路的中心，寓意"碾破道心"，会让道士心神不安。他还下令禁止民间养黑猪、黑狗、黑驴、黑牛等，觉得黑色乃僧人服装的颜色，黑色太多会妨碍穿黄色服装的道士以及皇帝自己的命运。秋冬时，皇帝生了病，道士却说这是"换骨"的症状，宣称修道者虔心修行可以换"凡骨"为"仙骨"，脱"凡胎"成"圣胎"。皇帝对此深信不疑，觉得自己并不是得病，对自己的身体状况秘而不宣，也不传召太医治疗。因为皇帝身体不佳，接见朝臣的时间大为缩短，宰相李德裕等入宫奏事只能来去匆匆。可是，这件事终究瞒不住外臣，因为皇帝的疾病越来越重。为了治病，他又吃更多丹药，吃了丹药病情又会进一步加重，近来已无法行走、说话，不得不取消来年的正旦朝会。朝野对皇帝的疾病有许多议论，躲在民间的佛教僧人与信徒则窃窃私语，不少人觉得皇帝这是遭了报应，活该如此。

年底因为星象异常，宰相李德裕主动上表辞相，给事中韦弘质也趁机上书认为中书权力太重，宰相不宜兼管三司财政事宜。据说宫内宦官也不满李德裕权力过大，时而在皇帝面前说李德裕专权之类的话，不过皇帝依旧信任李德裕，把韦弘质贬官，以示自己支持李德裕的态度。年底统计天下户籍，总数是四百九十五万户，比当今皇帝登基之初的二百一十一万户增多了一倍有余，群臣自然又是上表祝贺一番。

会昌六年（846），海州官员给李德裕送来一具二丈五尺长的巨鱼肋骨，安置在平泉山庄，外人听了都觉得稀奇。上元节前后，洛阳城热闹起来。白居易想起贬谪到循州的牛僧孺、潮州的杨嗣复、流放封州的李宗闵，想起自己在春天出城踏青游览的经历，感叹"试作循潮封眼想，何由得见洛阳春"（《六年立春日人日作》），庆幸自己比他们幸运，还能夫妻偕老、甥侄相聚。他偶有来往的都是老年退休官僚，太子少傅吉氏、咨议大夫郑氏年纪比他还大，太子庶子韩氏、员外郎刘氏比他更穷。他觉得自己比上不足，比下有余，应该感到满足，不必再奢求什么。

从正月起，皇帝无法再上朝接见群臣。李德裕等几位宰相也不知道皇帝的安危，只能从宦官那里探听消息。皇帝喜怒无常，经常十多天无法说话。也不知谁出了个主意，认为本朝就五德运转而言属于"土德"。当今皇帝名叫"瀍"，属"水"，土可以压制水，所以皇帝应该改名。于是三月初一宰相奉命撰文《仁圣文武章天成功大孝皇帝改名制》，宣布皇帝改名为"炎"，希望能以此挽救皇帝的性命。李德裕还奉命作《改名告天地文》《祈祭西岳文》，祈求天地、西岳神灵福佑天子，可惜并没有什么用。三月二十三日，武宗皇帝在宫中驾崩，享年三十三岁。马元赞等宦官把持宫廷和禁军人事，他们密谋之后颁布"遗诏"，以武宗的五个儿子年幼为由，迎接武宗的叔父、时年三十七岁的光王李忱（后世所称宣宗）为皇太弟。

李忱是宪宗皇帝的第十三子，他有点口吃。之前文宗、武宗当皇帝时，每次到十六王宅举行宴会时，就故意逗他多说话，以看他口吃受窘的样子为乐。武宗还戏称他为"光叔"，这位叔叔虽然不敢说什么，可是心中一直记恨文宗、武宗如此对待自己。宦官或许觉得他沉默寡言，比较好控制，所以才拥立他为皇太弟。

三天后皇太弟登基为帝，典礼完成后，新帝故意对左右内侍说："刚才靠近我的官员莫非是李太尉？每当他看我，都让我紧张得毛发直竖。"[1] 这是

1 （宋）司马光，（元）胡三省，标点资治通鉴小组.资治通鉴·卷第二百四十八　唐纪六十四·武宗至道昭肃孝皇帝下·六年.北京：中华书局，1956，8023。

借"芒刺在背"的典故向宫内、朝内放风，表明自己对李德裕的忌惮、厌恶。李德裕是武宗最为信任的宰相，之前李德裕当政六年，可谓一人之下，万人之上，有许多功绩，但是许多举措也得罪了不少人。新帝如此对待李德裕，或许是担心他心怀故主，有可能拥立武宗之子什么的。

新帝上台，照例要更动人事。白居易冷眼旁观，听别人谈论京城的各种内幕。人事变幻，春去秋来，谁也无法永远光彩耀人，总要老去、死去。洛阳永丰坊西南角的废园中，有一株垂柳的枝条众多，白居易曾经数次前去欣赏，以前顺手写了一首《杨柳枝》：

> 一树春风万万枝，嫩于金色软于丝。
> 永丰坊里东南角，尽日无人（一作言）属阿谁。

这首曲子词在歌姬中传唱。新皇帝在宫中听到有人演唱这首曲子词，问侍从"永丰"是什么地方，知道是洛阳的一个坊后，下诏让人去那里移栽两株柳枝到长安的禁苑栽种。这件事一时成为洛阳、长安的新闻，白居易听说后也有点得意，又作了一首《诏取永丰柳植禁苑感赋》，记述这件让自己感到荣耀的事情：

> 一树衰残委泥土，双枝荣耀植天庭。
> 定知玄象今春后，柳宿光中添两星。

皇帝这是向众人表明自己对白居易的诗歌的欣赏，而李德裕讨厌白居易也是官场众所周知的事情。这件事传扬开来，众人细想觉得别有玄机。尤其是，白居易的从弟白敏中恰好是以兵部侍郎身份充任翰林学士承旨，能接触到皇帝。

四月初，皇帝下诏外派李德裕为检校司徒、同平章事、江陵尹、荆南节度使，实际目的是让他离开朝堂，方便自己进一步调整人事、政策。几日后，与李德裕亲近的工部尚书、判盐铁转运使薛元赏被降职为袁王傅，他的弟弟京兆少尹薛元龟更是被贬谪为崖州司户参军，只能去遥远的海岛，右散骑常侍、权知吏部尚书柳仲郢也被外派担任郑州刺史。显然，这是为了打击李德裕。

有人降职，当然也有人升官，最引人注目的就是白敏中。五月初五皇帝提升他为同中书门下平章事，成为宰相，与郑肃、李让夷、李回一起执政。同一天，皇帝大赦天下，令在京城增加八座佛寺，允许还俗僧人再次出家，还命令杖死赵归真等十二名游说武宗灭佛的道士。不过，那个衡山道士刘玄靖（一作静）却得到新帝赏识，依旧出入宫廷。

皇帝频频更动人事，提升原剑南东川节度使卢商、户部侍郎马植为相。七月，李绅在淮南节度使任上病逝，皇帝便派宰相李让夷去接任。如今白敏中得宠，比其他几位宰相更受皇帝信任。

白居易因为衰病，近来卧床不起，只能静养。他知道，快到生命的最后时刻了。

是啊，再也见不到洛阳的春光了。洛阳是他居住时间最长的地方，贞元十四年（798）他随母亲迁居到洛阳，断断续续住了将近一年。两年后考中进士，还曾回到洛阳住了几个月。长庆四年（824）他到洛阳担任太子左庶子分司东都，住了十个月。大和三年（829）三月末起到现在，他在洛阳住了近十八年。

是啊，也要与自己的园林告别了。与南池、西溪、竹林、青石们告别，与自己欣赏过的每一株花木告别。

回想一生，当然有遗憾：忘不了的初恋；够不着的相位；没养大的儿子；带不走的园林。

白居易经常用牡丹、柳枝、石榴之类的花木形容女子的容貌、身材。写徐州美妓盼盼酒醉的娇羞犹如"风袅牡丹花"，写自己家的歌姬樊素、小蛮为"樱桃樊素口，杨柳小蛮腰"。可是，唯有两个女子他觉得无法用任何具体一种花草指代。

一个是初恋情人湘灵，年轻时，他曾用"旱地莲"形容湘灵，后来，却觉得具体某种花木难以概括她的形象，只能用十分空灵、抽象的语句"花非花，雾非雾"比喻她。老年的时候，他和湘灵曾在路途中偶然相逢，写过一首《逢旧》记录这次偶遇：

我梳白发添新恨，君扫青蛾减旧容。

应被傍人怪惆怅，少年离别老相逢。

有一晚，他又想到了初恋，就以琴弦比喻。觉得琴弦如果断了，给它"续弦"可以让它恢复发声；可是当初的"衷肠"一旦消失，就再也无法修复了。在他看来，初恋时那种真情是无法取代的，于是写下一首《有感》：

绝弦与断丝，犹有却续时。唯有衷肠断，无应（一作应无）续得期。

另一个是妻子杨氏，白居易也从没有用任何花木比喻过，甚至没有诗句描述她的相貌。他一生写过六首标题与妻子有关的诗，《寄内》《赠内子》《舟夜赠内》《妻初授邑号告身》及两首《赠内》，都平平淡淡。除了感情本身比较平淡，另一个因素是妻子杨氏不怎么识字，不懂得欣赏诗文，所以他也就没有多少兴趣对她诉说。他给妻子的第一首诗是新婚时写的，以"庶保贫与素，偕老同欣欣"相勉。还有两首是在贬谪江州途中写的，他奉劝妻子不要老是向船外张望、不要对着月亮思念故乡和亲人，忧愁会让她变老、生病。到了江州，在司马官舍内，一晚他看到妻子在灯下补衣服，女儿在床头玩耍。在那寂寞清冷的日子里，妻子让他感到人间的温暖，觉得彼此可以依靠。可是他那时写的诗中仅以"贫中有等级，犹胜嫁黔娄"这样无趣的话收尾，意思是妻子虽然嫁给了自己这个贫穷的士人，比嫁给贫穷的平头百姓好。后来，他回到京城当官，给妻子（弘农郡君）写过一首《二年三月五日斋毕开素当食偶吟赠妻弘农郡君》，其中写道：

况观姻族间，夫妻半存亡。偕老不易得，白头何足伤？

以后他在杭州、苏州、洛阳等地为官、闲居，再也没有给妻子写过这类诗。他的心永远属于那个"花非花、雾非雾"一样的湘灵。在晚年，"她"已经不是真实的人物，而是想象中的"灵"，成了他的记忆、感情的投射，那里有他的青春、他的天真、他的快乐，他难以忘怀的爱情。

会昌元年（846）八月十四日，他闭上了眼睛，享年七十五岁。这位名士故去的消息，在洛阳、长安传扬了一阵。皇帝听闻后，赋诗一首纪念这位当代最著名的诗人：

> 缀玉联珠六十年，谁教冥路作诗仙。
>
> 浮云不系名居易，造化无为字乐天。
>
> 童子解吟长恨曲，胡儿能唱琵琶篇。
>
> 文章已满行人耳，一度思卿一怆然。

　　十一月，家人把白居易安葬在洛阳南郊龙门东山（香山双塔寺北的琵琶山巅）如满法师佛塔边上。河南尹卢贞请宰相白敏中书写白居易自撰的《醉吟先生传》，刻碑立在坟前[1]。每年寒食前后，洛阳士人、游客去附近游览，路过这处墓地时，知道白居易好酒，都会洒酒祭奠他。所以他墓前的那一小块土地经常是湿润的，飘散着一股淡淡的酒香。

1　结合《唐语林校正》卷四和陈思《宝刻丛编》卷四引《复斋碑录》的有关记载，此碑文为白居易生前自撰，白敏中书，尹贞立。芳村弘道．据《管见抄》本题注考辨白居易《醉吟先生墓志铭》之真伪．秦岚，译∥长江学术．2011 年第 2 期，24-31。

参考文献

[1] 朱金城 . 白居易集笺校 [M]. 上海：上海古籍出版社，1988.

[2] 顾学颉 . 白居易集 [M]. 北京：中华书局，1979.

[3] 周勋初 . 唐人轶事汇编 [M]. 上海：上海古籍出版社，1995.

[4] 傅璇琮 . 唐才子传校笺 [M]. 北京：中华书局，1990.

[5] 傅璇琮 . 李德裕年谱 [M]. 北京：中华书局，2013 年 .

[6] 王溥 . 唐会要 [M]. 上海：上海世纪出版有限公司，2006.

[7] 李林甫，等 . 唐六典 [M]. 陈仲夫，点校 . 北京：中华书局，1992.

[8] 李吉甫 . 元和郡县图志 [M]. 北京：中华书局，1983.

[9] 刘昫，等 . 旧唐书 [M]. 北京：中华书局，1975.

[10] 欧阳修，宋祁 . 新唐书 [M]. 北京：中华书局，1975.

[11] 司马光 . 资治通鉴 [M]. 标点资治通鉴小组，校点 . 北京：中华书局，1956.

[12] 陈寅恪 . 元白诗笺证稿 [M]. 北京：生活 · 读书 · 新知三联书店，2001.

[13] 谢思炜 . 白居易集综论 [M]. 北京：中国社会科学出版社，1997.

[14] 顾学颉 . 白居易家谱 [M]. 北京：中国旅游出版社，1983.

[15] 褚斌杰 . 白居易评传 [M]. 北京：人民文学出版社，1980.

[16] 陈友琴 . 白居易资料汇编 [M]. 北京：中华书局，1962.

[17] 朱金城 . 白居易研究 [M]. 西安：陕西人民出版社，1987.

[18] 朱金城 . 白居易年谱 [M]. 上海：上海古籍出版社，1982.

[19] 彭安湘 . 白居易研究新探 [M]. 重庆：西南师范大学出版社，1989.

[20] 肖伟韬 . 白居易诗歌创作考论 [M]. 南昌：江西人民出版社，2014.

[21] 肖伟韬 . 白居易研究的反思与批判 [M]. 兰州：甘肃人民美术出版社，2008.

[22] 文艳蓉 . 白居易生平与创作实证研究 [M]. 上海：上海古籍出版社，2016.

[23] 文艳蓉 . 白居易诗文在日本的流传与受容 [M]. 郑州：中州古籍出版社，2017.

[24] 埋田重夫 . 白居易研究：闲适的诗想 [M]. 王旭东，译 . 西安：西北大学出版社，2019.

[25] 马铭浩 . 唐代社会与元白文学集团关系之研究 [M]. 台北：台湾学生书局，1991.

[26] 尚永亮 . 贬谪文学与贬谪文化：以中唐元和五大诗人之贬及其创作为中心 [M]. 兰州：兰州大

学出版社，2004.

[27] 严耕望.唐史研究丛稿 [M].香港：新亚研究所，1969.

[28] 严耕望.唐代交通图考 [M].上海：上海世纪出版集团，2007.

[29] 向达.唐代长安与西域文明 [M].石家庄：河北教育出版社，2001.

[30] 萧驰.诗与它的山河：中古山水美感的生长 [M].北京：生活·读书·新知三联书店，2018.

[31] 俞钢.圆仁闻见的会昌法难 [J].上海师范大学学报（哲学社会科学版），1999(1)：95-100.

[32] 王永平.唐代长安的庙会与戏场：兼论中古时期庙会与戏场的起源及其结合 [J].河北学刊，2008(6)：72-78.

[33] 中国社会科学院考古研究所洛阳唐城队.洛阳唐东都履道坊白居易故居发掘简报 [J].考古，1994(8)：692-701.

[34] 陈尚君.唐诗求是（下)[M].上海：上海古籍出版社，2018：525-544.

[35] 陆扬.孤独的白居易：九世纪政治与文化转型中的诗人 [J].北京大学学报(哲学社会科学版)，2019(6)：104-121.

附录一 诗人的七座花园

　　长安是唐朝的帝都，聚集了最多的权贵、官员、武将、文士。在这个"名利场"[1]，有人建功立业，有人落魄风尘，有人愤愤不平，有人掉了脑袋。

　　贞元十五年（799），白居易进京赶考，路上听闻在江淮有点名气的文人顾况在此，便带着诗文卷轴去拜会。刚一进门，顾况就拿他的名字开玩笑："米价方贵，居亦弗易。"长安米价高，房价更贵，去那里生活绝非易事。许多文士终其一生都无力在那里购房安居，只能借宿旅店、寺观当匆匆过客。顾况自己就是如此，十年前他在京师当著作佐郎，心高气傲，得罪了同僚，落得贬谪的下场。可是，打开眼前的文稿，读到"野火烧不尽，春风吹又生"这首诗时，顾况赞叹说："能写出这种诗句的人，留在京城是件容易的事。"

　　许多年后，白居易在长安有了自己的房舍，有了巨大的声誉。他考中了进士、科目试、制科，入仕后历经德宗、顺宗、宪宗、穆宗、敬宗、文宗、武宗七位皇帝。尽管没有成为执政的宰相，没有什么显赫的政治功绩，可毕竟当上了从二品的高官。更重要的是，他成了他那个时代最有名的在世诗人，有人称他为"诗仙"，也有人带点戏谑地称他为"诗魔"[2]。

　　在世俗意义上讲，他当然是个成功人士，不仅在长安购置了宅院，还在洛阳拥有一座带园林的大宅。

　　白居易一生长住过十几处地方，包括：新郑的祖宅，符离的田庄，租住的常乐坊、新昌坊、昭国坊三处小院和华阳观的院落，自己购置或修建的五处私宅，还在盩厔县尉、江州司马、忠州刺史、杭州刺史、苏州刺史、河南尹任上住过官舍。这些宅子都是院落式的，每个宅子至少带一个庭院，每个

1　白居易《常乐里闲居偶题十六韵兼寄刘十五公舆王十一起吕二炅吕四颖崔十八玄亮元九稹刘三十二敦质张十五仲元时为校书郎》有"帝都名利场"一说，《问淮水》中有"自嗟名利客，扰扰在人间"一说。本文之后引白居易诗文一般仅随文注出诗文名称。
2　（唐）白居易，谢思炜. 白居易文集校注·卷第八　书序·与元九书. 北京：中华书局，2011，327。

庭院都可以当花园或者园林看待。所以，他一生经历的花园至少有十几个，而他参观过的寺观、官署、私宅的庭院、园林至少有一百个。

细数的话，他自己购置或修建的五处私宅都有花园或者说园林：一处是长安远郊区的"渭村旧居"，这是个带园林的小田庄；一处是在长安城新昌坊的私宅，带有一处庭院和一处园林（第二次扩建所成）；一处是宣平坊的宅院，那是母亲住的地方，至少有一个花园；一处是在江州当司马时自己设计、修建的庐山草堂；一处是晚年在洛阳履道里的大宅，这里有南、北、东三个庭院，有约十亩大的园林"南园"和小一些的"西园"。如果进一步细分的话，上述五处私宅共有十个庭院。

他自称"野性爱栽植"，这一点也不算夸张。他是一个亲力亲为的造园家兼园艺家，一生设计或改造的园林就有七座：租住的常乐坊的"竹园"、新昌坊的"松树庭院"这两处他仅仅是略作改造，其他五个都是亲自设计或者有重大改造，包括江州司马官舍设计的"小池"、庐山边的遗爱草堂、在忠州开辟的花果园"东坡"、扩建的新昌坊宅邸园林、改造的履道里宅邸园林。其中，东坡以外的四处园林都有水景。

在我看来，在江州司马官舍里设计的一方小池是白居易成为园艺家的标志：白居易之前的"种树""引泉"都是局部改动，此处则是设计了一处相对独立的"空间"，运用了水、石、莲、鱼多种元素。更有意思的是，这个小小的池塘是介于官有和私人空间之间的"暧昧空间"。尽管它在产权上属于官宅，可是在文化意义上却是白居易的个人创造。这一行为与他的"吏隐"观念颇为契合。

白居易的造园行为很早就受到文学家、园林史家的注意，园林史著作中或多或少都会提到白居易的几处园林、有关的诗歌。只是，很少有人关心：他为何如此喜欢园林？

唐代之前，西晋的士人潘岳、石崇和南朝的谢灵运、冯亮都曾亲自设计园林。他们都是士族之后，在政坛遭遇挫折以后闲居，致力营造自己的田庄兼别业。潘岳在《闲居赋》中记述自己在田庄中筑室、穿池、种树的经历，他的这座田庄中"池沼足以渔钓，春税足以代耕。灌园鬻蔬，以供朝夕之膳；牧羊酤酪，以俟伏腊之费"。尤其是水池边的景色十分优美，"长杨映沼，芳枳树篱，游鳞瀺灂，菡萏敷披，竹木蓊蔼，灵果参差”[1]。

潘岳的友人石崇在洛阳城南郊的金谷涧中开辟了一处田庄，叫金谷园，又名“河阳别业”。石崇在《思归引序》记述道：“其制宅也，却阻长堤，前临清渠，柏木几于万株，流水周于舍下。有观阁池沼，多养鱼鸟。家素习技，颇有秦赵之声。出则以游目弋钓为事，入则有琴书之娱。又好服食咽气，志在不朽。”[2]石崇的《金谷诗序》透露，这个园林是个田庄，栽种了果、竹、柏、药草，有水碓、鱼池、土窟、金田十顷，养了两百只羊以及鸡、猪、鹅、鸭之类，可见是个规模宏大的田庄。可惜，石崇、潘岳在权力之争中落败，同一天死在了洛阳的刑场上。

南朝刘宋时期，谢灵运在政治上受挫以后，回到谢家在会稽的“始宁墅”（今浙江绍兴上虞区西南东山下或嵊州嵊浦一带）闲居，在这个田庄中大肆营造。他自视甚高，觉得前人的园林要么选址不好，要么不是为了居住和游赏而建，就连皇家园林因为地处都城之内，也无法兼有山川之美。于是他“选自然之神丽，尽高栖之意得”，在《山居赋》中他详细记载自己的设计和修造行为，“葺骈梁于岩麓，栖孤栋于江源。敞南户以对远岭，辟东窗以瞩近田。田连冈而盈畴，岭枕水而通阡……面南岭，建经台；倚北阜，筑讲堂。傍危峰，立禅室；临浚流，列僧房”[3]。其中果园就有北山二园、南山三苑，山谷中分布着溪流、瀑布，可见他家这处田庄的占地规模之大。

南梁士人冯亮被北朝俘虏后，隐居嵩山念佛清修。他因为雅爱山水，心思巧妙，在山中修建的屋舍、园林甚为有名。宣武帝元恪听说后给他提供材料、人力，让他在嵩山设计修建一座佛寺，“林泉既奇，营制又美，曲尽山居之妙”[4]。

入唐后，太宗、高宗、中宗、武后、玄宗等几代皇帝都雅好宫室园林，

---

1 （唐）房玄龄，等，中华书局编辑部．晋书·卷五十五列传第二十五·潘岳．北京：中华书局，1974，1505、1506。

2 （清）严可均．全上古三代秦汉三国六朝文·全晋文卷三十三·石崇·思归叹．北京：中华书局，1958，3299。

3 （清）严可均．全上古三代秦汉三国六朝文·全宋文卷三十一·谢灵运·山居赋．北京：中华书局，1958，5208、5210、5213。

4 （北齐）魏收，中华书局编辑部．魏书·卷九十列传逸士第七十八·冯亮．北京：中华书局，1974，1931。

许多王公、公主、高官、世家颇为重视营造园林，如王维就在诗作中记述了辋川别业的各处景观。绝大多数官僚、士人都仅修造一处田庄兼园林而已，而且未必都是自己设计，仅有潘岳、谢灵运、冯亮被明确记载参与设计园林。

比起上述几人，白居易更进一步：

第一，他持续设计、新建或改造了至少七处庭院和园林，堪称中国第一个持续从事园林设计的"造园家"。正如他所言："从幼迨老，若白屋，若朱门，凡所止，虽一日二日，辄覆篑土为台，聚拳石为山，环斗水为池，其喜山水病癖如此。"[1]；

第二，他在诗文中详细记述上述庭院、园林的修造过程、布局、花木品种、游览感受等，是中国历史上第一个详细记载自己的造园实践的文人造园家。这些花园既是他生活中的实际场景，也是他在世界观、生活观和个性的具体化、物质化的呈现[2]；

第三，在设计和修造物质性的园林的同时，他也不断在诗文中描述自己的庭院。这是一个兼具物质性和精神性的双重"形色世界"，是释放在空间中的"大我"。就他信奉的佛教观念来说，这些花园、花木和文字，或许也在"有无""是非"之间或之外，美好的"对象"犹如梦幻一样遇见他、感动他，又恍然逝去。

这本书追溯了白居易作为士人、诗人、造园家的成长之旅。他长于庭院，终于园林。在一座座美丽的花园中，他得到了什么，失去了什么，又为何对这一切如此迷恋。庭院和园林，是他的游乐园、避风港，保护他，也限制他。

在园林中，他欣赏雪月风花，也抒发无奈、烦恼和遗憾。可他也有自己的坚持和不屑，只是不大声喊出来而已。他不是激进的冒险家，也不是阴险的权术家，更不是隐居山林的隐士、怪人。他温和地活了一生，就像老朋友一样念旧、唠叨。他热爱世俗的生活，喜欢林泉、风月，喜欢城市生活的便利，又不乏超脱的趣味。他以自己的方式书写日常生活、个人情绪，尽管历史背景有了千年的变幻，依旧让人们感到亲切。

白居易在洛阳履道里坊的大宅经历了晚唐的战乱，一部分地方成了民

1 （唐）白居易，谢思炜．白居易文集校注·卷第六记序·草堂记，北京：中华书局，2011，255。
2 埋田重夫．白居易研究：闲适的诗想．王旭东，译．西安：西北大学出版社，2019。

居，一部分地方改造成了佛寺。五代时一度荒废，后唐庄宗同光二年（924）改为普明禅园，北宋初年被称为"大字寺园"，后来这里的一半园林被张氏买下，命名为"会隐园"，以水边的竹林景观著称。水、木依稀还是白居易诗中的样子，而且还有残存的白居易所作石刻，而亭台楼阁已经荡然无存了。到元代，蒙古将军塔里赤攻占洛阳后得到了白居易故宅这处地方。大约到了元末，战乱中洛阳城许多地方成为废墟，履道坊这里沦为农田和石灰窑，园中残留的柱石、碑刻大都成了烧石灰的原料。

1992 年年底，中国社会科学院考古研究所洛阳唐城队对洛阳东南郊安乐镇狮子桥村村东北的一片田野进行了考古勘察和发掘，发现这里就是履道坊白居易故居。考古学家发掘出宅院、庭院、水渠、坊间道路、园中瓦渣小路等遗迹并出土了大批唐宋遗物。他们由此判断白居易宅院的北部为两进式的宅院，宅园西部有西园，宅园和西园的南部为园林"南园"。

履道坊的西门就在狮子桥村的东口，村东的南北大道正是唐代的坊间大道，由村口一直向东的田间小路则是履道坊西门内的十字大道。"南园"出土的一件 31 厘米高的六面体石经幢残件，六面都刻有楷书汉字，其中一至三面刻《佛顶尊胜陀罗尼》的咒语，四至六面刻《大悲心陀罗尼》的咒语及题记，题记部分有"唐大和九年""开国男白居易造此佛顶尊胜大悲心陀罗尼……"等文字，应该是白居易的手迹，现已被列为国家一级文物。

白居易在大和五年（831）至大和九年的爵位是晋阳县开国男，这件石经幢应该是他在此期间修造的。佛教徒相信在高大的石幢上书写陀罗尼经文、安置在高山、楼台、水池中，如果靠近或者见到石幢就可以免于堕入恶道、地狱受苦，不会被罪垢染污。这种信仰的广泛流行和唐代宗有关。大历十一年（776）他颁布诏令，命天下僧尼一个月内都要学会念诵佛顶尊胜陀罗尼经文，每日都要念诵二十一遍，使得《佛顶尊胜陀罗尼经》超越了宗派，成为佛教最普遍通行的经典。全国各地寺院纷纷建造尊胜经幢供僧尼、信徒念诵、拓印传播。[1]

历史就是这样有趣，白居易修造的尊胜经幢有幸流传下来，成为今人可以欣赏的文物。或许，可以说，他仍然以自己的方式继续生活在洛阳这座城市。

1　韩建华.试论洛阳白居易宅院出土经幢的咒语版本// 西部考古.2019 年第 1 期，208-226。

附录二 白居易的官职列表

时间	年龄	官职（职事官）	品级	任职地点	其他事项
贞元十六年（800）	29				考中进士
贞元十九年（803）	32	秘书省校书郎	正九品上	长安	考中吏部科目试
元和元年（806）	35	凤翔府盩厔县尉	正九品下	盩厔	考中制举
元和二年（807）	36	先任盩厔县尉充集贤院校理，后任盩厔县尉充翰林学士	正九品下	长安	
元和三年（808）	37	左拾遗充翰林学士	从八品上	长安	结婚
元和五年（810）	39	京兆府户曹参军充翰林学士	正七品下	长安	
元和六年（811）	40			下邽	为母丁忧
元和九年（814）	43	左赞善大夫	正五品上	长安	
元和十年（815）	44	江州司马	正五品下	江州	被贬谪
元和十四年（819）	48	忠州刺史	正四品下	忠州	
元和十五年（820）	49	先任刑部司门员外郎，后任礼部主客郎中、知制诰	从六品上（司门员外郎）至从五品上（礼部主客郎中）	长安	
长庆元年（821）	50	中书舍人兼知制诰	正五品上	长安	加朝散大夫，从五品下
长庆二年（822）	51	杭州刺史	从三品下	杭州	
长庆四年（824）	53	太子左庶子、分司东都	正四品上	洛阳	
宝历元年（825）	54	苏州刺史	从三品下	苏州	
大和元年（827）	56	秘书监	从三品下	长安	
大和二年（828）	57	刑部侍郎	正四品下	长安	封晋阳县男，从五品上

时间	年龄	官职（职事官）	品级	任职地点	其他事项
大和三年（829）	58	太子宾客、分司东都	正三品	洛阳	
大和四年（830）	59	河南尹	从三品	洛阳	
大和七年（833）	62	太子宾客、分司东都	正三品	洛阳	
大和九年（835）	64	太子少傅、分司东都	从二品	洛阳	封冯翊县侯，从三品
会昌元年（841）	70				请长假离任太子少傅
会昌二年（842）	71				以正三品刑部尚书致仕
会昌六年（846）	75				逝世

附录三　白居易的园艺与园林营建活动列表

年份	城镇	位置	园艺活动	类型
贞元十九年（803）	长安	常乐坊关相国"东亭"小院	清理竹林，撰《养竹记》	租赁私宅
约贞元二十年（804）	长安	秘书省官署庭院	移栽竹子	官署园林
元和二年（807）	盩厔县城	县衙庭院	移栽数丛蔷薇花、两株松树	官署园林
元和三年（808）	长安	新昌房两重院落	移栽竹子到北院	租赁私宅
元和六年（811）	华州下邽县	义津乡金氏村田庄	栽种上百株榆树、柳树、桃树，修筑可以观景的数尺高的平台，在上面修建茅屋，在东侧修建了观景的"东亭"，在周围栽种柳树、桃树，在台阶前种下青槐，又"引泉来后涧，移竹下前冈"	私宅
元和十年（815年）	江州城	官舍	移栽几株山樱，上百竹子。开凿一丈见方的"小池"，池底铺白沙，四壁砌青石，栽种荷花，放养游鱼，之后又移栽松树、柳树、山石榴等	官有住所
元和十二年（817）	江州庐山脚下	香炉峰北麓山脚遗爱寺西侧	修建庐山草堂，包括五架三间"草堂"、开凿十丈方圆的"方池"，草堂外围栽种上千株竹子，北侧半山腰开辟茶园	私宅
元和十四年（819）	忠州	刺史官署	从庐山移植山石榴花，次年又"栽松满后院，种柳荫前墀"，并移栽萱草、一株桂花树和一棵荔枝树，修建可观景的"西楼"	官署园林
元和十五年（820）	忠州	名胜之地	开辟道路通往隆昌寺，在巴子台周围、通往城东郊的开元寺的"东涧"水岸边栽种柳树，又在城东清理"东坡"，栽种野桃、山杏、水林檎等果树苗木。在东坡前的小溪中栽种荷花，在溪边修筑平台赏景	公共景观

年份	城镇	位置	园艺活动	类型
长庆元年（821）	长安	新昌坊两进院落	修建一座可以乘凉、读书的斋堂，在北窗之外栽种竹子	私宅
长庆二年（822）	长安	新昌坊两进院落	在南庭院的"松庭"的十棵松树下部铺上青瓦、撒上白沙，即"承之白沙台"，白沙之间铺设了大而平的石板供人行路。之后购买扩建新昌坊宅院，买下丹凤楼后、青龙寺前一块废弃的田地，扩建为房舍和园林，具体包括"檐漏移倾瓦，梁敧换蠹椽。平治绕台路，整顿近阶砖。巷狭开容驾，墙低垒过肩"，还在其中栽种松树、竹子、花草、青苔等等，形成了"篱东花掩映，窗北竹婵娟"的景致	私宅
长庆四年（824）	杭州	西湖	督导清理西湖的淤泥，以挖出的淤泥把旧有湖堤（钱塘门外自东向西与白堤东端相接，相当于今湖畔居至宝石山麓）增高数尺，如此就可以增加钱塘湖的容水量，在通往孤山寺的道路上铺设白沙，撰写《钱塘湖石记》	公共景观
	洛阳	履道坊宅院	在庭院中栽花种草，在南塘畔的竹林边修建纳凉的"竹阁"，栽种松树。在水池中的中岛上修建观景的小亭子，修建环绕南塘的道路。在池东修建了观景的小亭子和一个存放粮食的小仓库"粟廪"，在池北修建了"书库"，在池西修建琴亭、石樽以及"酒库"。又在池西西平桥附近修建了"池西小阁"，可以在此闲坐观景	私宅
宝历元年（825）	苏州	从阊门至虎丘的河道及河岸	督导疏通从阊门至虎丘寺的人工运河山塘河，拓展河堤，在两岸栽种桃树、李树，在河中栽种莲花（睡莲）、荷花，总数达两千余株	公共景观
宝历二年（826）	苏州	刺史官署	在池塘边栽种七株梅树，移栽几株紫薇花到"花堂"的庭院	官署园林

年份	城镇	位置	园艺活动	类型
大和元年（827）	洛阳	履道坊宅院	春天"平旦领仆使，乘春亲指挥。移花夹暖室，徙竹覆寒池"（《春葺新居》），在"南塘"偏西的岛屿与居中的岛屿之间修建了"中高桥"相连，在桥上修建了"桥亭"	私宅
大和三年（829）	洛阳	履道坊宅院	改造和修整"西园"，重新修筑一条石砌的渠道，从院外伊水的渠道引水入西园的"新涧"（又名"小涧"或"西溪"），流入小池沼，在周围修筑了观景的高台和水轩、西亭（"新涧亭"），周边栽种竹子	私宅
大和五年（831）	洛阳	河南尹官署	在官署西池之北整修水渠，堆叠青石形成小瀑布，制造出"石叠青棱玉，波翻白片鸥。喷时千点雨，澄处一泓油"之景，这一道水流向一个新挖的水池，用挖出的泥土在水边修筑高台，其上有一座可以观景、小憩的"水斋"	官署园林
大和八年（834）	洛阳	履道坊宅院	在宅院西墙外的伊水渠中"雇人栽菡萏，买石造潺湲"，即堆叠石块形成"石滩"，从此可以看到水激石块，听到水声潺湲，还命人依西墙修建了一座小楼（又名"西楼"），可以扶着二楼的朱槛欣赏墙外这段水渠的莲花、石滩	私宅
开成五年（840）	洛阳	履道坊宅院	从嵩山拉来的石块堆叠在西溪这条水渠中，之后的一段渠道中铺上小石块、沙子，让水缓缓流过，形成一处景点"新小滩"。在这条渠道两岸栽种树林，在新小滩对面新修一座小亭"新涧亭"观景	私宅

白居易逝世的同一个月，唐宣宗下令以循州司马牛僧孺为衡州长史，封州流人李宗闵为郴州司马，恩州司马崔珙为安州长史，潮州刺史杨嗣复为江州刺史，昭州刺史李珏为郴州刺史。李宗闵还没接到消息，就在封州病逝了。

九月，皇帝调荆南节度使李德裕到洛阳担任东都留守、东畿汝都防御使，并解除了他的同平章事的宰相职衔。因宣宗忌讳李德裕，宰相白敏中指使党羽检举李德裕辅政时的过失。大中元年（847）二月，李德裕被贬为太子少保、分司东都。给事中郑亚作为李德裕提拔的人才，也受到牵连，被外派担任桂州刺史、桂管观察使。他聘请才子李商隐为掌书记一同前往桂州，帮自己处理文书等事宜。三月，皇帝下诏允许新科进士在杏园宴集，这是会昌三年李德裕上书请求朝廷禁止的事情。闰三月，皇帝又下令全面恢复之前被拆毁的佛寺，任凭僧人自行募资复建。

李德裕在洛阳平泉山庄闭门不出，编辑整理会昌年间所撰制诰、奏章为十五卷，秋天寄给郑亚请他再作编辑并作序。郑亚重新编辑为二十卷，让李商隐起草了一篇《会昌一品集序》，自己又作了修改，寄回给李德裕。

大中二年正月三日，李德裕接到被贬潮州司马的诏命，当日就带着妻子刘氏、二子李浑和几个女儿匆匆离开平泉山庄，乘坐船只沿着水路而行，留下小儿子李钜看家。李德裕路过汝州时，正在那里担任汝州长史的牛僧孺设盛宴招待李德裕。两人从前有重重矛盾，但牛僧孺晚年其实无意在仕途上争斗，颇有悠游林下之意。他解说岭南与中原的气候、风俗差异，好言安慰李德裕，没有提及从前两人的仇怨。

可惜，掌权的白敏中等人还不罢休，又借一桩陈年旧案打击与李德裕交好的官员，好几位官员因此被贬。如桂官观察使郑亚被贬为循州刺史，他的幕僚李商隐只好返回洛阳家中。途中，李德裕一再想起自己的平泉别业，写诗《夏晚有怀平泉林居》回忆那里的美景，想到了小儿子还在那里等待自己，不知何年何月才能返回这座山庄，其中有这样的句子：

密竹无蹊径，高松有四五。飞泉鸣树间，飒飒如度雨。

菌桂秀层岭，芳荪媚幽渚。稚子候我归，衡门独延伫。

五月他抵达潮阳，听说，牛僧孺已调任太子少保、分司东都。有个叫允躬的僧人还编写了《南中李太尉事》，造谣说李德裕到岭南后"天厌神怒，百祸皆作，金币为鳄鱼所溺，室宇为天火所焚"[1]，在民间传播颇广。这是因为之前武宗灭佛，许多僧人、信徒迁怒于李德裕，编造了许多关于他的不实消息。李德裕对此也心知肚明，却也无可奈何。

李商隐听闻皇帝让朝臣商议之前太宗、代宗、德宗时期在凌烟阁所绘功臣画像之外被忽略的前代功臣，要图绘他们的形象供后人瞻仰。众官员提交的功臣名单多达三十八人，从太宗朝的王珪、马周、褚遂良等人一直到德宗时的将领马燧、宪宗朝的宰相李绛。李商隐有感而发，联想到李德裕在武宗一朝立下征伐回纥、平定藩镇的大功，如今却没有朝臣敢提及他的名字，写了一首《旧将军》，因李德裕当过"太尉"，这是主管军事的尊衔，他便以"李将军"影射李德裕：

云台高议正纷纷，谁定当时荡寇勋。

日暮灞陵原上猎，李将军是旧（一作故）将军。

朝中政敌要把李德裕折腾到死。十月十六日，李德裕又接到被贬崖州（今海南海口东南）这座遥远的海岛担任司户参军的公文。他的二儿子李烨时任检校祠部员外郎、汴宋亳观察判官，一个月后也受牵连，被贬到岭南当立山县的县尉。

在南下途中，李德裕听说牛僧孺已于十月二十七日在洛阳病逝，享年六十九岁。让他感慨的是，之前趋附他的那些人纷纷躲开了，"十五余年车马客，无人相送到崖州"（《南迁途中感愤》）。这种人情冷暖在官场并不鲜见，

1　（宋）王谠，周勋初.唐语林校证·卷七·补遗.第2版.北京：中华书局，2008年1月，
　　618。

他只不过又一次见证了这一现象而已。温庭筠见到曾属于李德裕的御赐屏风出现在别人家中，有感于李德裕的命运，写了一首《题李相公敕赐锦屏风》，慨叹一朝天子一朝臣：

> 丰沛曾为社稷臣，赐书名画墨犹新。
> 几人同保山河誓，犹自栖栖九陌尘。

大中三年（849）正月，李德裕渡海抵达了崖州，在荒僻的岛上做闲官。他住在一处官舍中，周围居民养的鸡经常飞到他的院子里。他在给段成式的信中自嘲说如今自己成了"祝鸡翁"。

已有三位前朝宰相在这座岛上故去。高宗朝的韩瑗被贬为振州刺史，两年后于显庆四年（659）病亡，终年五十四岁；被贬为崖州司马的前朝宰相韦执谊在此病逝，年仅四十八岁；皇甫镈被穆宗贬为崖州司户参军，不久便卒于贬所。在海岛上无人交流，李德裕心中孤寂，不知道还能否回到平泉山庄，写下了《登崖州城作》：

> 独上高楼望帝京，鸟飞犹是半年程。
> 青山似欲留人住，百匝千遭绕郡城。

也有一些士子怀念李德裕。李德裕为相时科举考试的取舍相对公正，许多寒门士子得以考中京兆府的解头，得以在省试及第。而他走了之后，户部尚书崔龟从的儿子崔殷梦就成为京兆府的解元，于是有士子作诗感叹：

> 省司府局正绸缪，殷梦元知作解头。
> 三百孤寒齐下泪，一时南望李崖州。

秋天，李德裕的妻子刘氏不幸病逝。秋末冬初他自己也患了病，岛上物资匮乏，缺医少药，只有右谏议大夫姚勖、十九弟等极少数几个亲友来信通问，托人送来衣物、茶叶、药物等。十二月十日，他病逝在岛上，终年六十三岁。三年后，皇帝才允许李烨护送父、母、兄、弟和两个姐姐的灵柩返回洛阳安葬。据说，皇帝偶然经过"备边库"，见到众多仓库中保存着大量钱物。他从侍从宦官那里得知这是李德裕在会昌五年奏请武宗设立的，度支、户部、盐铁三个财政部门每年把一部分钱物拨入这里保存，加上诸道节度使进献的部分钱物，以备将来军事应用。皇帝这才想起他的功劳，下诏允许其子迁葬家人。

有人想起当年李德裕在苏州的酒宴上争座位、礼仪让白居易难堪的事情，觉得他被白居易的从弟白敏中报复就是源于此事，写过一首《李德裕相公贬崖州三首》，其一云：

> 乐天尝任苏州日，要勒须教用礼仪。
> 从此结成千万恨，今朝果中白家诗。

之所以在此记述李德裕的结局，是因为白居易和李德裕恰好可以对观。白居易是有政治抱负的文学家，而李德裕则是有文学才艺的政治家，后者不仅有《会昌一品集》二十卷，还著有《次柳氏旧闻》《文武两朝献替记》《会昌伐叛记》《异域归忠传》《御臣要略》《西南备边录》等，显然，其诗文足以传世。在中唐的复杂政局中，白居易如果梦想成真，当了宰相，是否能立下那样的功业？是否会遭遇李德裕那样的结局？

本书中的白居易，身历代宗、德宗、顺宗、宪宗、穆宗、敬宗、文宗、武宗八朝，是士人、诗人、造园家，活着时就成为宪宗至武宗朝四十年间最著名的诗人，就名声而言，元稹、刘禹锡比之也要略逊一筹。

今人把白居易看作伟大的"诗人"，但是在他生活的那个年代，他最重要的社会身份应该是"士人"。士人懂得知识道德、写诗作文，唯一的正当职业是当官，牧民治国，替天行道。没有当官的"白衣文人"，在长安、洛阳很难立足。

当官最常见的途径是恩荫和科举，白居易的哥哥以恩荫为官，白居易和弟弟都是靠自己科考成功入仕的。当时，州县学校中考核合格的"生徒"和州县考试选拔出来的"乡贡"可以参加进士、明经、明法、明书、明算等"常科"考试，考中者成为"选人"，获得了当官的资格，但是还需要参加吏部的考试才能获得官位。其中士人注重的是进士、明经考试，其中每年取进士二三十人，取明经一百多人，其他几种考试都被鄙视。白居易就是先考中贞元十五年（799）的宣州乡试，又在贞元十六年参加礼部的贡试考中了进士，获得选人资格。

按照惯例，进士及第后的人一般要"守选"三年，期满就可以参加吏部的冬季铨选，与任职期满或者因故停职的官员（前资官）、其他考中进士和明经但没有被授予官职的士人、靠门荫出身获得参选资格的人、流外官吏获允参选儒流的官吏一起参加考试竞争有限的官位。众多"选人"都要去吏部报到，经南曹磨勘、废置详断、三铨铨试合格后才有可能授予官职。比如韩愈早年比较倒霉，他连考了四次才中了进士，可是之后三次没有通过吏部铨试，因此十年都没有能当官，只能在京城奔走，颇为狼狈。如果不想按照正常程序"守选"三年，就得参加皇帝下诏举行的"制举"（有博学宏词、贤良方正等不同侧重的考试）或吏部组织的"科目选"（有博学宏词科、书判拔萃科、平判科等不同侧重的考试），考中之人可以被立即任命当官。白居易在贞元十九年春天通过吏部的科目选"书判拔萃科"考试，得以出任秘书省校书郎，正式踏入仕途。三年任满后，他又参加了元和元年（806）的制举"才识兼茂明于体用科"，被授予盩厔尉。

从贞元十九年至会昌元年（841），除了为母亲守孝三年和等待任命的一年，白居易当了近三十五年官，先后任秘书省校书郎、盩厔尉、集贤校理充翰林学士、左拾遗充翰林学士、京兆府户曹参军充翰林学士、太子左赞善大夫、江州司马、忠州刺史、司门员外郎、主客郎中兼知制诰、中书舍人、杭州刺史、太子左庶子分司东都、苏州刺史、秘书监、刑部侍郎、太子宾客分司东都、河南尹、同州刺史改授太子少傅分司东都，最后以刑部尚书致仕。让他遗憾的是，与他一起充任翰林学士的李程、王涯、裴垍、李绛、崔群等五人都曾当过宰相，只有他没有能拜相。一方面和他不愿意结党营私有关，另一方面他诗名满天下，朝中重臣都颇为忌惮，背后议论起来都说他"有学士才，非宰臣器"[1]，也不愿意他成为宰相。

既然无法当宰相，白居易只能无奈地安于以诗出名、传世。他是个有明确的"作家意识"的人，晚年的他的确把诗歌当作自己最重要的成就，而且

---

1 （五代）孙光宪，贾二强. 北梦琐言·卷第一·李太尉抑白少傅. 北京：中华书局，2002，24。

有明确的档案保存意识，多次对自己的诗文进行结集，还让人把自己的著作抄写了多份，保存在不同的佛寺和亲友身边，显然是希望自己的著作能传扬下去，不要散失湮灭。

早在元和十年（815），他就把自己约八百首诗作编辑为十五卷，长庆四年（824）请时任越州刺史的密友元稹把自己的诗文编辑为《白氏长庆集》五十卷并请他作序，存诗两千一百九十一首。

大和九年（835）亲自编成《白氏文集》六十卷（包括前集五十卷，后集十卷），存作品两千九百六十四首，请人抄写后供奉在江州庐山的东林寺经藏院。

开成元年（836）编成《白氏文集》七帙六十五卷（包括前集五十卷，后集十五卷），存作品三千二百五十五首，供奉于洛阳的圣善寺钵塔院律库楼。

开成四年编成《白氏文集》六十七卷（前集五十卷，后集十七卷），存作品三千四百八十七首，送去苏州南禅院千佛堂转轮经藏供奉。

开成五年在洛阳香山寺保存《洛中集》十卷，存诗八百首；会昌二年（842）他把补充的后集十卷送去庐山东林寺保存，凑成了七十卷的版本。

会昌五年（845）五月他总结说自己一生写了三千八百四十首诗，包括《白氏长庆集》五十卷、《后集》二十卷、《续后集》五卷，共七十五卷，有五个抄本分别保存在庐山东林寺经藏院、苏州南禅寺、东都圣善寺钵塔院律库楼、侄子龟郎、外孙谈阁童等五处地方。另有《元白唱和因继集》十七卷、《刘白唱和集》五卷、《洛下游赏宴集》十卷以及若干文集流行，日本、新罗诸国及两京士人家中也有他的文集的抄本。

不过，保存在佛寺中的那几部文集也并不保险，在其后的武宗灭佛事件中，那几座佛寺也遭拆毁、破坏，白居易的文集估计也有散失。幸亏还有私人保存着他的文集，最终他的诗文几乎全部保存了下来，比丢失九成诗文的李白要幸运得多。

白居易在世时就是当时天下文人皆知的最著名的诗人，这点也和李白、杜甫不同。李白在天宝二年（743）入京以后才有了一点名气，但是并没有达到天下皆知的程度，如收盛唐诗人作品的《国秀集》（天宝三载）、《箧中集》（乾元三年，760）都没有选入李白的诗。杜甫生前更是名声不显，在长安诗坛并没有什么地位。一直到元和年间，是韩愈、孟郊、元稹、白居易等人推崇"李杜",才让李白、杜甫成为盛唐时代的代表性作家。

在元和年间的文坛上，有不同的集团。其中韩愈、孟郊等人是一派，柳宗元、刘禹锡等人是一派，元稹、白居易等人是一派。在韩愈、元稹、刘禹锡、柳宗元、白居易先后登上文坛之前，一些文士如萧颖士、李华、独孤及、梁肃等提倡古文。韩愈的叔父韩云卿、长兄韩会与他们有交往，所以韩愈自小就受到他们的文章、理念的影响[1]，其创作从一开始就以古文为主，不喜欢当时科举考试的骈文那种讲究对偶和拼凑典故的文风。韩愈以发扬古文、传播儒道为志业，大力奖掖后进，与张籍、李翱、皇甫湜等人亲近。贞元末年韩愈、李翱号称"文章盟主"[2]，柳宗元、刘禹锡则是青年一辈的佼佼者，已经成名。元稹、白居易在元和初年才成名，他们提出"文章合为时而著，歌诗合为事而作"，创作的讽喻诗"新乐府"与韩愈在散文领域的复古思想表现出相同的旨趣，但是侧重不同。到元和十年前后，元、白的诗名超过了韩愈、刘禹锡等，成为当时最著名的诗人。上述几人的共同点是都反对骈文和空洞的格律诗，但是思想底色并不同，如韩愈、孟郊的诗用词造句倾向险怪，元白诗派倾向浅白如话，韩愈的弟子皇甫湜、李翱颇不屑白居易的诗歌，之后的杜牧也暗暗批评白居易的诗浅白通俗。

可是这些批评无损于白居易的流行。以后的漫长岁月里，白居易依旧是最著名、最流行的几个唐代诗人之一，可以与王维、李白、杜甫并称。今天的人仍然不时可以从他的诗作中得到共鸣，我就是其中一分子。最初让我感兴趣的是他写园林、花木的诗作，他既是一个造园家，又是一个园艺家。几年前，在《时光的倒影：艺术史中的伟大园林》那本书中我曾经写到白居易的造园经历，那时我有了写一本关于他的造园生涯的小书的打算。

之后，在写《孤星之旅：苏东坡传》的间歇，我开始阅读白居易的全集，对他的生命历程的复杂性有了更多的体认。这本书越写越多，不知不觉就超过"小书"和园林的限度。我尝试以"视觉主义写作"的方式写白居易的人生，以及他与城市、园林、花木的种种关联，把这位诗人的诗、视、思融合成不规则的多面晶体，从中可以看到一个更立体、更复杂的白居易形象。

---

1 陈寅恪. 金明馆丛稿初编. 北京：生活·读书·新知三联书店，2001. 332-329。
2 （唐）刘禹锡，陶敏，陶红雨. 刘禹锡全集编年校注·卷十九文（开成、会昌）·唐故中书侍郎平章事韦公集纪. 北京：中华书局，2019，2068。

其实，写这本书还有个微小的私人理由。我家中有一处用白石子、青石子布设的小园，来的朋友常称之为"日式枯山水"。每次我都要解释一番，用白石子造园并非日本枯山水的独创，更不是首创，白居易才是第一个这样做的造园家，他在江州、长安、洛阳的宅园都曾以白沙造园，在本书相应章节可以一观。

白居易在世时其诗歌就传到了日本，很受天皇、贵族、僧人欣赏，是当时在日本最流行的大唐诗人。唐敬宗开成三年（日本承和五年，838），日本仁明朝太宰少贰藤原岳守在查阅商船运来的唐朝货物时，发现其中有元白诗作。会昌四年（844），遣唐僧人惠萼抄写苏州南禅院系统的《白氏文集》六十七卷带回日本国，后又有日本僧人抄写了江州庐山东林寺经藏院七十卷本回国。白居易逝世前后十余年间，平安时代的日本贵族、僧人都抄写、学习白居易的诗作，因此白居易对日本平安时代的诗风乃至文化风尚影响甚大。醍醐天皇在《见右垂相献家集》一诗中自注云"平生所爱《白氏文集》七十五卷是也"，藤原为时在《和高礼部再梦唐故白太保之作》中自注"我朝慕居易风迹者，多图屏风"。藤原公任编纂的《和汉朗咏集》中选择的中国诗人制作，三十人中元稹等人入选数均在十一首以下，独有白居易多达一百四十二首[1]。

因此，日本禅宗的"枯山水"庭院使用沙子布景很可能是从白居易的诗中得到启示。更巧的是，"枯山水"中最常和沙子搭配的植物是松树，而白居易恰好就是第一个用白沙、松树造景的园艺家。日本的"枯山水"造景方法或许源自当时禅僧阅读的白居易诗作。如今，有了这本书，我以后在园中可以少说点辩解的话。

周文翰

---

1 萧瑞峰.且向东瀛探骊珠——日本汉诗三论 // 文学评论.1994 年第 2 期，19。

| 作者简介 |

周文翰　艺术和建筑评论家、历史学者、作家。中国文艺评论家协会会员，北京市书法家协会会员。2002年至2008年任文化记者，2008年至2010年赴南亚和南欧考察博物馆、建筑和文化。现从事文化研究、艺术策展和写作，先后在北京、深圳、佛罗伦萨等地策划多个跨界艺术展览，主要作品有《孤星之旅：苏东坡传》《不浪漫：赵孟頫传》《文徵明传：苏州的风雅传奇》《中国艺术收藏史》等艺术史、园林史、艺术博物学专著，《岛上花园》等译著。先后获新闻出版广电总局2016年度"大众喜爱的50种图书"、阅读北京之"2019年请读书目"、2023年度豆瓣读书年度中国文学（非小说类）等荣誉。

白居易的作品

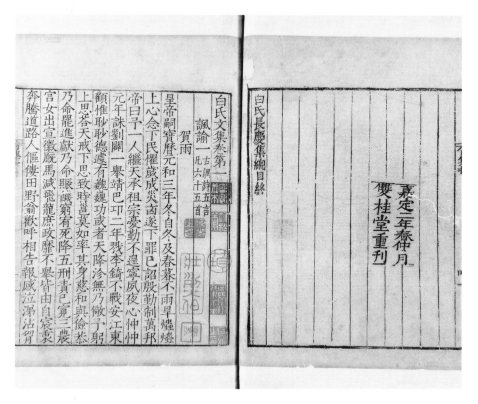

《白氏文集》（明嘉靖十七年，1538）　伍忠光龙池草堂刻本（仿宋刻）三十二册
18.8cm×15.2cm　（明）私人收藏

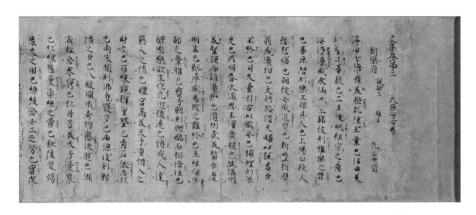

《白氏文集古抄残卷》　纸本墨迹　27.7cm×982.6cm　藤原茂明　日本平安时期（1107）京都国立
博物馆

《琵琶行》图轴　纸本水墨　154cm×46.6cm　（明）佚名　故宫博物院

浔阳琵琶（《仇英人物故事图册》之一） 绢本设色 41.4cm×33.8cm （明）仇英 故宫博物院

琵琶行"六曲一双"屏风　150cm×334cm×2cm　1910年　桥本关雪　白沙村庄桥本关雪纪念馆

　　白居易对日本文化影响深远，不少日本画家曾描绘有关白居易的传说故事、诗文场景等的画面。这是20世纪日本著名画家桥本关雪的代表作。画面中女子在结束琵琶演奏之后，正向白居易讲述自己的身世。不过画家描绘的船只相比唐代官员乘坐的游船显得太小太简陋了。